高等农林院校研究生教材

植物细胞遗传学

（第二版）

主　编　宋同明　陈绍江
副主编　金危危　刘志勇

科学出版社
北　京

内 容 简 介

本书系统地阐明了细胞遗传学的原理与方法，在第一版的基础上，增添了该学科的进展和最新应用。主要内容包括遗传学试验的基本知识和方法，染色体的形态特征及其与遗传的关系，连锁现象的细胞遗传学，连锁交换值的计算，染色体倒位，染色体易位，四倍体遗传，非整倍体遗传，性别决定与性染色体，无融合生殖遗传，组织培养与体细胞遗传，转座遗传因子，原位杂交技术等。

本书的编写参考和综合了国内外新近出版的相关教材和文献，突出理论联系实践的特点，适用于农业院校植物学科特别是遗传育种等相关专业的学生学习，也可供综合性大学、高等师范院校以及科研机构的有关教学和研究人员参考。

图书在版编目(CIP)数据

植物细胞遗传学/宋同明，陈绍江主编. —2版. —北京：科学出版社，2009
(高等农林院校研究生教材)
ISBN 978-7-03-022065-3

Ⅰ.植…　Ⅱ.①宋…　②陈…　Ⅲ.植物学：细胞遗传学-研究生-教材
Ⅳ.Q943

中国版本图书馆 CIP 数据核字(2008)第 190824 号

责任编辑：王玉时 / 责任校对：李奕萱
责任印制：赵　博 / 封面设计：耕者设计工作室

科学出版社出版
北京东黄城根北街 16 号
邮政编码：100717
http://www.sciencep.com
北京科印技术咨询服务有限公司数码印刷分部印刷
科学出版社发行　各地新华书店经销
*
1997 年 9 月第　一　版　开本：787×1092　1/16
2009 年 5 月第　二　版　印张：18 1/2
2026 年 1 月第九次印刷　字数：394 000

定价：89.80元

(如有印装质量问题，我社负责调换)

第二版前言

细胞遗传学是遗传学的重要分支之一，是一门传统学科。近年来，随着分子生物技术在细胞遗传学领域的应用，原教材《植物细胞遗传学》的内容已难以全面反映该学科的新发展，需要进一步修订。

在教材修订过程中，作者参考了国内外部分新教材和最新进展。为保持原教材体系和连续性，此次修订只对部分章节进行了较大调整。其中，原教材第十二章基因的结构和功能因与其他教材有较多重复，在这次修订时不再列入。由于原位杂交在细胞遗传学研究中具有广泛的应用，此次将其专门列为一章。各章仍维持原有名称，但也对内容做了一些调整、补充或更新。例如，第二章染色体的形态特征及其与遗传的关系增加了一些反映有关染色体研究进展的新内容，第四章连锁交换值的计算增加了极大似然估计遗传强度的内容，第五章至第九章作为传统细胞遗传学的主体部分补充了一些近期进展。原教材第十三章转座子改为第十二章，并有所增补。原位杂交作为第十三章。

本书再版之际，我们更加怀念著名细胞遗传学家李竞雄先生，唯愿此版能够承经续典，以昭先贤之功。

本书的写作过程中，王红武、黎亮、李浩川、郭明欣、陈黎明、李辉、徐小炜、胡海晓等同学也参与了校对和编辑，谨此表示感谢。

由于时间仓促和水平所限，本修改稿尚难以全面达到拾英集萃、容故纳新的目的。殷切期望读者在使用过程中，对不妥之处批评指正。

编　者

2008 年 6 月 20 日

第二版前言

[illegible]

第一版前言

1956年青岛遗传学座谈会之后，受“百家争鸣”精神的鼓舞，各地高等农业院校先后开设了介绍经典遗传学的课程。本书第一作者任教北京农业大学期间，曾为各系同学讲授普通遗传学，又根据研究生和高年级学生深入学习的需要，开设了《遗传学专题补充》课，以便灵活地选定讲题。这是当时的高级遗传学的课程，内容以细胞遗传学为主。为此，曾编写了一本讲义，由学校于1962年印出。教学用毕后，将讲义置之高阁，无意再作修改整理了。此后风云浩劫，学校西迁，员工星散，其余编者分别转向，他们的工作侧重点自然也就有所不同了。

党的十一届三中全会以后，四化建设宏图深入人心，在科研和教育战线上重新涌现出欣欣向荣的局面。随着改革开放的推进，许多中青年教师逐渐成长起来，能够闯新领域，追求新知识，从而提高了自己的业务水平，独立地承担高层次的教学和科研任务，继承和发扬前人的业绩。本书的第二作者，从学习、自修、出国进修到承担教学科研工作，一直专心致志于细胞遗传学的领域，掌握了这门学科的国内外动态。经过一段时间的教学体验和相互切磋，我们认为有必要把新旧资料汇总成书，取名《植物细胞遗传学》，以供农业院校和科研单位的教学与研究人员参考。可见本书的编写和出版就是在这种曲折多变的历史条件下实现的。

细胞遗传学与普通遗传学是有区别、有联系的两门学科。严格说来，它们并无特定的范围和界限。国内出版的个别书籍，明明是遗传学的内容，却取名为细胞遗传学。某些学校所以会开成两门课程，完全因教师的专长和不同学习层次的要求而定。一般说来，遗传学涉及现象和原理较多，是细胞遗传学的基础；而细胞遗传学则着重于遗传的物质机制，以及染色体的各种性能、变异和行为等方面。这就是二者的区别。说它们有联系，指的是前后衔接和深化问题。考虑本书章节的时候，就是根据这些划分和前后连贯的原则，并参考北京农业大学的教学实践来安排的。本书对学过普通遗传学的某些师生来说，难免会有部分重复之感。然而，由于细胞遗传学研究有了较大的发展，近年又深入到分子水平，本书的某些内容可能赶不上学科的进展，那是意料所及的。本书无概括一切的意图，而是在植物的细胞遗传学方面作较为深入的论述。

除绪论外，本书分成13章。其中，前面9章基本上是原讲义《遗传学专题补充》的内容，但在编排、选材、例证和文字上均有所删节、补充或改动。考虑到初学者对于遗传研究的基本要求和做法可能较为生疏，特地安排了第一章的内容。为了体现遗传载体的重要性，专门辟出第二章来介绍染色体的特征、特性及其遗传功能，这是细胞学的重要内涵。连锁与交换本来是遗传学的课题，这里把它们放在第三、第四两章进行深入介绍，以弥补一般遗传学教科书的不足。接着在第五和第六章中编进染色体的两种结构变异——倒位和易位，着重介绍玉米中发生的现象，作为细胞遗传学的传统章节。最后联系到它们的进化意义，以及在育种上的应用途径，可使读者开拓思路，增添生物遗传的宏观知识。在随后的第七和第八章中，介绍染色体倍数和染色体个数的增减变异，以及其遗传特点和影响。在原著讲义中本来就有性别决定一章，现在把它编入本书第九章，并作了大量的扩充和刷新。为了反映与植物细胞遗传学有关的新领域和新技术，本书从第十章起增加了无融合生殖、体细胞遗传、分子细胞遗传学，以及转座因子系统这4章。这些新课题，有的是国内十分重视并指望能够放手应用的题目，有的是国际上热衷的前沿领域，都需要从原理上阐明其梗概，以帮助读者达到“温故而知新”的双重目的。

在编著本书时，我们意识到全国范围内学术水平的提高是逐步实现的，其中有一个前后衔接和承上启下的问题。一方面，作者自己感到本身水平有限，未必能把科学进步的精髓全面反映出来；另一方面，是广大读者的理解吸收能力很难在几经波折后迅速提高，一蹴而成。我们考虑的第二个问题是，身在农业领域，教学科研不能不为农业生产着想。因此，在讲授本门学科的时候，总是要把遗传与育种紧密联系起来，尽可能地指出某些理论性问题在生产实践中应用的可能性。我们认为在高等农业院校开设细胞遗传学课程，如果能充分重视前后衔接和联系实际，就可以提高教学质量。

本书写作过程中，曾得到北京农业大学生物学院和农学系遗传育种专业诸位教师的审阅，他们提出了一些修改意见，特此表示感谢。

李竞雄　宋同明

1990 年 10 月

目　录

第二版前言

第一版前言

绪论……1

一、细胞遗传学的研究对象和任务……1

二、细胞遗传学发展简史……1

三、细胞遗传学的实践意义和发展前景……4

第一章　遗传试验的基本知识和方法……6

第一节　高等植物性状发育的遗传基础……6

一、单倍性生物、二倍性生物和二倍-单倍性生物……6

二、高等植物的有性生殖过程……7

三、遗传性状的表现和分离……12

第二节　遗传试验的基本方法和步骤……13

一、纯化和繁殖原种……14

二、杂交和种植后代……14

三、系谱记录……16

四、假设和验证……16

五、基因等位性测验……17

六、连锁群测验与连锁图位置的确定……18

第三节　染色体行为的观察……19

复习题……20

第二章　染色体的形态特征及其与遗传的关系……21

第一节　染色体的一般形态特征……21

一、染色体的大小……21

二、染色质的结构……22

三、着丝粒形态……22

四、着丝粒的结构和功能……25

五、副缢痕、核仁组织者和随体……31

六、染色粒……32

七、染色纽……32

八、端粒……32

第二节　常染色质和异染色质……32

一、常染色质 …… 33
二、结构异染色质 …… 33
三、功能型异染色质 …… 34
四、异染色质的特殊功能 …… 34
第三节　染色体直线图与遗传图 …… 35
一、核型分析与染色体直线图 …… 35
二、染色体图与遗传图的相互关系 …… 37
第四节　特化染色体 …… 38
一、多线染色体 …… 38
二、灯刷染色体 …… 39
三、超数染色体 …… 40
第五节　染色体带型 …… 42
一、染色体分带的发明 …… 42
二、染色体带的类型 …… 43
三、染色体带的应用 …… 45
复习题 …… 46
第三章　连锁现象的细胞遗传学 …… 47
第一节　测定连锁群的技术 …… 47
一、果蝇的连锁群测验 …… 47
二、玉米的连锁群测验 …… 48
第二节　连锁遗传的细胞学基础 …… 49
一、交换的细胞学证据 …… 49
二、交换发生的时期 …… 51
三、多线交换与最大交换值 …… 54
四、交换与交叉的关系 …… 55
五、交叉干扰与染色单体干扰 …… 56
六、交叉对非同源染色体的影响 …… 57
第三节　特殊交换 …… 57
一、体细胞交换 …… 57
二、姐妹染色单体交换 …… 58
三、非对等交换 …… 62
第四节　影响交换的因素 …… 64
一、性别 …… 64
二、着丝粒 …… 64
三、年龄 …… 65
四、温度 …… 65

复习题 …… 65
第四章　连锁交换值的计算 …… 67
第一节　连锁现象的统计鉴定 …… 67
一、对测交后代进行 χ^2 测验 …… 67
二、对 F_2 进行 χ^2 测验 …… 68
三、利用四格联列表进行 χ^2 测验 …… 70
第二节　连锁强度（交换值）的计算 …… 71
一、测交法 …… 71
二、求理论配子次数与合子次数的基本公式 …… 72
三、利用 F_2 资料计算交换值 …… 74
四、以 F_2 数据及测交数据估计重组率的相对效率比较 …… 77
复习题 …… 77
第五章　染色体倒位 …… 78
第一节　臂间倒位 …… 79
第二节　臂内倒位 …… 81
一、杂倒位的细胞学行为 …… 81
二、染色单体“桥”的纽带效应与“桥-断裂-融合-桥”循环 …… 83
三、倒位段与基部段交换值的计算 …… 85
四、花粉和胚珠的败育性 …… 86
第三节　倒位遗传 …… 86
一、倒位的遗传学行为 …… 86
二、对交换的抑制作用与舒尔茨-雷德菲尔德效应 …… 87
三、倒位断点的确定与倒位染色体遗传图的绘制 …… 88
四、纯倒位 …… 91
第四节　倒位与进化 …… 92
第五节　倒位在遗传研究及植物育种中的应用 …… 93
一、倒位对交换的抑制作用与果蝇的 ClB 设计 …… 93
二、着丝粒部位的变动对染色体形态的影响 …… 94
三、染色体缺失对配子和合子发育的影响 …… 94
四、倒位作为连锁遗传的标记 …… 95
五、检验数量性状基因的染色体位置 …… 95
六、研究基因的位置效应 …… 96
复习题 …… 97
第六章　染色体易位 …… 98
第一节　易位的类型与发生 …… 99
一、易位的主要类型 …… 99

二、断点发生的位置与诱发易位的因素 …… 100
第二节　易位的细胞学行为 …… 100
一、粗线期联会 …… 101
二、交叉形成与终变期构型 …… 101
三、中期Ⅰ排列与后期Ⅰ分离 …… 102
四、配子与合子的不育性 …… 104
第三节　多对染色体易位 …… 105
一、独立易位 …… 105
二、复合易位 …… 106
第四节　易位染色体的鉴别 …… 107
第五节　易位的遗传学行为 …… 108
第六节　易位与进化 …… 110
一、曼陀罗的易位与进化 …… 110
二、月见草的易位与进化 …… 111
第七节　易位的应用 …… 113
一、检验基因所属的染色体臂 …… 113
二、利用核不育生产玉米杂交种 …… 115
三、易位与家蚕的雌雄鉴别 …… 117
第八节　B-A 染色体易位 …… 117
复习题 …… 123
第七章　四倍体遗传 …… 125
第一节　四倍体的产生 …… 125
一、自然产生 …… 125
二、人工产生 …… 128
第二节　四倍体的效应 …… 129
第三节　四倍体的细胞学行为 …… 130
一、同源四倍体 …… 130
二、异源四倍体 …… 132
第四节　四倍体的花粉育性与结实性 …… 133
第五节　四倍体遗传 …… 136
一、依染色体和染色单体分离的配子与合子比率 …… 136
二、最大均等式分离与双减数频率 …… 137
三、根据 α 值计算配子比率 …… 138
四、两对独立因子杂交后代的分离比例 …… 140
五、异源四倍体的遗传行为 …… 141
第六节　四倍体与植物育种 …… 142

复习题…… 143
第八章 非整倍体遗传…… 144
第一节 三体遗传…… 145
一、初级三体 …… 145
二、次级三体 …… 152
三、端体三体 …… 154
四、三级三体 …… 155
五、三体在遗传育种中的应用 …… 156
第二节 单体与缺体遗传…… 157
一、单体、缺体的起源与形态特征…… 157
二、单体、缺体的细胞学行为 …… 159
三、小麦的5B效应与Ph基因 …… 161
四、单体、缺体的繁育行为 …… 162
五、单体、缺体在遗传研究中的应用…… 163
六、单体、缺体与品种改良 …… 169
复习题…… 175
第九章 性别决定与性染色体…… 177
第一节 性别决定的类型…… 177
一、雄性异配子型…… 178
二、雌性异配子型…… 179
三、雄性单倍性 …… 179
四、环境决定性别的类型 …… 180
第二节 性激素与性分化…… 181
第三节 性别决定的理论…… 182
一、性基因平衡理论 …… 182
二、Y染色体决定雄性 …… 185
第四节 性别与性状表达…… 186
一、伴性性状 …… 186
二、从性性状 …… 187
三、限性性状 …… 188
第五节 植物的性别决定…… 188
第六节 性染色体的剂量补偿…… 192
第七节 性染色体的演化…… 194
一、主基因突变 …… 194
二、性基因的集中 …… 194
三、性染色体的进化 …… 195

四、高等植物性别分化的途径 …… 198
复习题 …… 199
第十章　无融合生殖遗传 …… 201
第一节　无融合生殖的类型 …… 201
第二节　无融合生殖机制 …… 202
一、营养体生殖 …… 202
二、无孢子形成 …… 203
三、二倍性孢子形成 …… 203
四、不定胚生殖 …… 204
五、单性生殖 …… 204
六、半配合生殖 …… 204
第三节　无融合生殖的遗传及胚胎发育 …… 205
第四节　无融合生殖的鉴别 …… 207
第五节　无融合生殖与作物改良 …… 208
一、固定杂种优势和优良基因型 …… 208
二、单倍体诱导和应用 …… 210
复习题 …… 212
第十一章　组织培养与体细胞遗传 …… 214
第一节　细胞的全能性 …… 214
第二节　组织培养的类型与作用 …… 215
一、愈伤组织培养 …… 215
二、器官培养 …… 215
三、分生组织培养 …… 217
四、细胞悬浮培养 …… 217
五、原生质体培养与体细胞杂交 …… 218
第三节　染色体变异 …… 220
第四节　基因突变 …… 225
一、核基因突变与胞质基因突变 …… 225
二、转座因子活化与基因突变 …… 226
第五节　体细胞变异的遗传 …… 228
一、体细胞变异的遗传特点 …… 228
二、组织培养中的外遗传变异 …… 229
第六节　组织培养与植物改良 …… 229
一、加快育种进程，拓宽种质范围 …… 229
二、诱发与筛选遗传变异 …… 230
复习题 …… 232

第十二章　转座遗传因子 …… 233
第一节　转座遗传因子的分类与鉴别 …… 234
一、转座遗传因子的分类 …… 234
二、转座遗传因子的鉴别 …… 235
第二节　玉米的重要转座遗传因子系统 …… 236
一、Dt-rDt 系统 …… 236
二、Ac-Ds 系统 …… 237
三、Spm 系统 …… 243
第三节　转座发生的时间与控制因子突变的性质 …… 245
一、转座发生的时间 …… 245
二、控制因子突变的性质 …… 247
第四节　转座遗传因子的分子基础 …… 247
一、分子基础 …… 247
二、诱发与活化 …… 252
第五节　转座子的应用 …… 252
复习题 …… 253
第十三章　原位杂交技术 …… 254
第一节　原位杂交基本程序 …… 254
第二节　原位杂交技术的发展 …… 255
一、探针标记方法 …… 255
二、检出方法 …… 255
三、多色荧光原位杂交 …… 256
四、提高分辨率的方法 …… 256
五、不同探针 DNA 序列的 FISH 技术 …… 260
六、提高灵敏度的方法 …… 261
第三节　FISH 技术的应用 …… 262
一、物理定位 DNA 序列，并为染色体的识别提供有效的标记 …… 262
二、基因组进化的研究 …… 263
三、构建植物基因组的物理图谱 …… 264
四、揭示特定染色体区域的 DNA 分子组织 …… 264
五、分析间期细胞核中染色质的组织和细胞周期中染色体的动态变化 …… 265
六、鉴定转基因植物 …… 265
复习题 …… 266
主要参考文献 …… 267
索引与中英文术语对照表 …… 275
图版

绪　论

一、细胞遗传学的研究对象和任务

细胞遗传学（cytogenetics）是遗传学中一门重要的分支学科。它是通过将生物的细胞学行为和遗传现象联系起来进行研究，从而发展起来的。也就是说，细胞遗传学是细胞学（cytology）和遗传学（genetics）相结合的产物，是一门交叉学科。

细胞遗传学的研究对象一般以高等动植物为主，其中对玉米和果蝇的研究最为深入。早期细胞遗传学领域中许多重要的概念和发现，大都是从对这两种生物的研究中得来的。玉米的粗线期染色体和果蝇的唾腺染色体的发现，有力地促进了细胞遗传学的发展。即使是现今的细胞遗传学乃至分子细胞遗传学（molecular cytogenetics）的研究领域，玉米和果蝇仍然占据着重要的地位。当然，研究材料的选择往往取决于研究的目的。从研究方便考虑，凡是生活周期短、容易培养、染色体数目少、染色体较大、有个别性形态特征、繁殖子代多的生物，都是这类研究的好材料。玉米和果蝇不仅具备这些优点，而且还积累了丰富多彩的遗传资料。以基础研究而论，细胞遗传学的目的在于探明生物遗传的基本规律，因此，它所采用的材料不一定要有直接的应用价值，正如研究果蝇那样。然而，就应用研究而言，在育种和品种改良工作中还有不少基础理论问题有待解决，需要进行细胞遗传学研究。这样，就发展为小麦细胞遗传学、番茄细胞遗传学，以及棉属细胞遗传学等又一个层次的分支学科。

细胞遗传学的研究内容也在不断发展。在学科建立的初期，主要侧重于研究遗传现象与遗传物质的关系，探讨基因的分离、重组，以及连锁和交换的细胞学基础。在证实了染色体是主要遗传物质的基础之后，细胞遗传学家就开始转向对染色体进行操作，诱发染色体的结构变异和数量变异，探索这些变异的发生和传递的规律及它们的遗传效应。其他有关研究领域还包括各种无融合生殖的发生及其细胞学基础、细胞质中遗传物质的传递方式及其与核基因的相互作用等。20 世纪后期，细胞遗传学家的兴趣逐渐转移到染色体的细微结构、基因突变和交换机制等更加深入的课题上来。许多事实表明，细胞遗传学研究的每一项进步对整个遗传学科都产生了巨大影响，特别是 20 世纪 50 年代发现的玉米转座因子（transposable element）更是对整个遗传学科产生了深远的影响，大大推动了包括基因定位、基因分离和基因转移等遗传工程技术的发展。

二、细胞遗传学发展简史

细胞遗传学既然是细胞学和遗传学相结合的产物，所以在叙述它的发展史时，将分别从这两个学科的发展史谈起。

细胞学（cytology）是一门比较古老的学科。从 R. Hook（1665）第一次用自制的简单显微镜观察到软木细胞（cell）算起，已有 300 多年的历史。在最初的 200 多年内，人们对细胞的认识一直停留在非常原始的阶段，直到19世纪末，由于显微技术的改进，细胞学才得以迅速发展。1875年，德国细胞学家E. Strassburger首先描述了细胞核内染色体（chromosome）的存在，接着W. A. O. Hertwig（1876）和E. Strassburger（1884）在动物和植物中分别描述了受精过程及精子与卵子的融合现象。1882年，W. Flemming描述了蝾螈体细胞的分裂过程和染色体行为，并第一次提出了有丝分裂（mitosis）这一名词。T. Boveri（1892）和Strassburger（1896）各自描述了动物和植物的减数分裂过程。通过这一过程，染色体实现减半作用。他们的发现证实了A. Weismann（1883）的假设，即有性生殖生物在生殖之前染色体的减半作用和受精过程中的加倍作用相互抵消，从而保持了生物染色体和遗传因子数量的稳定性。

遗传学的发展较为曲折，通过豌豆杂交试验提出分离和自由组合两个遗传定律，虽然已在1865年发表论文，但并没有引起当时科学界的重视。主要是因为当时对生物生殖过程中的细胞学知识还比较贫乏。等到1900年，C. F. J. Correns、E. V. Tschermak和H. De Vries同时重新发现Mendel定律的时候，情况就不同了。由于这时对有丝分裂、减数分裂以及受精过程中染色体行为已经有了比较清楚的了解，所以，W. S. Sutton和Boveri才有可能根据Mendel的遗传因子与染色体行为的平行关系，不谋而合地提出了遗传的染色体理论，把抽象的遗传因子与见到的染色体联系起来。根据Sutton-Boveri假说（1903），在减数分裂中同源染色体将彼此分离，非同源染色体进行自由组合，这就可以圆满地解释Mendel遗传因子的分离和自由组合定律。同时，Sutton、Roux和Boveri等还预见到同一条染色体上的全部遗传因子有发生连锁遗传的可能。

C. E. McClung（1902）曾对不同种的蚱蜢体细胞进行观察，发现雌体比雄体多了一条染色体。E. B. Wilson（1905）证明，这条多出来的染色体就是性染色体，对蚱蜢性别分化起着决定性作用，从而揭示了雌雄性别和染色体之间的联系。

1910年，T. H. Morgan在对黑腹果蝇（*Drosophila melanogaster*）的遗传研究中，发现了白眼睛突变的性连锁现象，首次证明了基因位于染色体上。后来，Morgan和他的助手C. B. Bridges等以果蝇为试验材料，根据大量的事实，提出了基因在染色体上直线排列的著名理论（1912），并运用三点测验法进行基因定位，绘制出果蝇染色体的基因连锁图，使遗传的染色体学说得以确立。Morgan因此而荣获1933年度的诺贝尔生理学或医学奖。

从20世纪20年代到40年代是细胞遗传学顺利发展的鼎盛时期。其间有一系列的重要发现和技术上的突破。由于快速涂抹制片法的创用，人们才能对果蝇唾液腺的多线染色体和玉米粗线期染色体的个体性能一一加以识别。这就大大方便了细胞遗传研究的进行，加强了遗传分析的精密度。以染色体结构变异来说，涂片技术的运用促使有关缺失、重复、倒位和易位的细胞遗传研究更加精细和深入。就染色体的数量变异而言，当时对整倍体和非整倍体的遗传学研究也都有了长足的进步。此外，在核质互作、X射线诱变、基因突变以及超数染色体等领域内，都有突破性的报道。应当指出，B. McClintock从20世纪20年代末开始以玉米作为研究材料，在细胞遗传学上取得一系列的重大发现，做出了超越时代的贡献。1948年，她观察到染色单体的“断裂-融合-

桥-断裂”的周期性变化现象，研究了由此引起的遗传效应，发现转座遗传因子（transposable genetic element）的存在及其对染色体断裂和基因表达的控制作用。转座遗传因子后来被证明在生物界具有普遍意义和重大价值。为此，McClintock 荣获了 1983 年度的诺贝尔生理学或医学奖。

20 世纪下半叶，由于对光学显微镜下观察到的染色体的细胞遗传行为已经基本清楚，遗传学的研究逐渐趋向针对染色体和基因的化学组成、分子结构，以及基因的复制、变换、突变和调控等课题。这些问题的解决，有赖于细胞遗传学家、生物化学家、生物物理学家的共同努力。

早在 1923 年，R. J. Feulgen 采用特定的染色技术，证明细胞中的脱氧核糖核酸（DNA）位于细胞核中的染色体上。1944 年，O. T. Avery 等通过肺炎球菌的转化试验证明 DNA 是遗传物质。1953 年，J. D. Watson 和 F. H. C. Crick 根据 X 射线衍射技术对 DNA 的研究，提出了 DNA 的双螺旋结构模型，并满意地解释了遗传物质的自我复制、信息贮存和传递等特征。1980 年，人类遗传学家 D. R. L. Botstein 等首先提出了 DNA 限制性片段长度多态性（RFLP）可以作为遗传标记的思路，开创了直接应用 DNA 多态性发展遗传标记的新阶段。RFLP 标记的诞生大大加速了各种生物遗传图谱的建立和发展，同时也提高了基因定位的精度和速度。1985 年，DNA 聚合酶链反应（PCR）技术的诞生，使直接体外扩增 DNA 以检测其多态性成为可能。1990 年，J. G. K. Williams 等和 J. Welsh 等两个研究小组应用 PCR 技术同时发展了一种新的 RAPD 分子标记。随后，新型分子标记不断涌现，使得 DNA 标记走向商业化、实用化。基因测序的规模化以及表达的系统分析也为深入认识 DNA 和染色体的本质属性提供了更加直接的手段。

1969 年，J. G. Gall、M. L. Pardue 和 H. A. John 等发展了原位杂交技术，此项技术标志着经典细胞学从此迈入现代分子细胞学时代。早期的原位杂交的信号检出是放射性标记检出的方法。而这些方法不久被 Langer-Safer 等（1982）发展的荧光原位杂交（FISH）所代替。FISH 技术也在不断改进，在近 20 年的现代分子细胞遗传学的发展中起到了关键性的作用。

随着分子细胞学技术的发展和染色体着丝粒研究的不断深入，人工染色体的研究逐渐成为细胞遗传学研究的热点之一。人工染色体是人工合成的具有生物活性的染色体并可在受体细胞中自主复制、自主分离。人工染色体的研究最早始于酵母等低等生物（Murray *et al.*，1983），经过近几十年的发展已获得广泛应用。到目前为止合成的人工染色体有酵母人工染色体（yeast artificial chromosome，YAC）、细菌人工染色体（bacterial artificial chromosome，BAC）和 P1 人工染色体（P1 artificial chromosome，PAC）（Monaco *et al.*，1994）。目前人类人工染色体的研究已逐渐由构建研究转入到应用研究（Ikeno *et al.*，1998），已有研究表明，人类人工染色体携带的目的基因可有效补偿该基因缺失的细胞系（Mejía *et al.*，2001），并且人类人工染色体可在小鼠不同生殖世代中稳定传递（Grimes *et al.*，2001；Voet *et al.*，2001），从而为利用人类人工染色体进行基因治疗带来了广阔前景（Choo，2001；Kuroiwa *et al.*，2000；Tomizuka *et al.*，1997）。这些研究已引起各国科学家的普遍关注。植物人工染色体的构建也伴随拟南芥、水稻及玉米等基因组计划的实施而相继展开，美国芝加哥大学最早开始拟南芥的人工染色体研究，现已获得具有生物活性的拟南芥 minichromosome。最近，玉米人工染色体构建的研究也获得突破（Yu *et al.*，2007；Carlson *et al.*，2007）。

上述一系列发现，结合研究技术和工具的不断改进，包括电子显微技术、放射自显影技术，以及分子生物学技术的发展及其在遗传研究领域的应用，现代细胞遗传学才有可能开辟分子细胞遗传学这一个新的研究领域。

三、细胞遗传学的实践意义和发展前景

细胞遗传学是生命科学中一门基础理论学科。事实上，每一个细胞遗传学理论问题的揭示与阐明，对整个生命科学的发展都起到推动作用。细胞遗传学对农业和畜牧业的发展也具有重要的现实意义，特别是对于新品种的培育和已有品种的改良，已经做出重大贡献。例如，以染色体理论为基础的多倍体育种，已在利用营养体的农作物如蔬菜、果树以及花卉等植物中得到应用。小黑麦是由小麦和黑麦杂交而成的异源多倍体新物种，在某些生产条件下具有超过小麦的更多优点。小麦非整倍体系列化材料已广泛地用作基因定位和连锁群的测定，在育种上还可以用来进行异源染色体的代换、添加和部分外源染色体的导入。利用染色体易位技术在玉米中可以设计出性状转移培育的方案，在家蚕中创造出雌卵、雄卵的早期识别系统，并由此演化为防治害虫的一种有效手段。由无融合生殖的研究发展起来的快速纯系培育和快速核代换，也是植物育种工作中一项很有用的技术。有朝一日，在所需物种中找到其遗传机制后，可使育种家从中选获一种“永久”杂交种，从而可以避免一般制种工作的麻烦。

近年来分子标记技术的发展，使传统的遗传分析更加方便，从而可以建立起以细胞遗传理论为指导、以分子标记为基础的育种技术。通过染色体基因组序列的测定分析结果及 DNA 芯片技术的应用，不仅可以进行大规模的多标记同时筛选鉴定，提高标记鉴定及辅助选择育种效率，而且还可以促进不同植物间的目标性状的标记鉴定工作。可以预测，随着目前研究的进一步深入和新的分子生物学技术的发展应用，更完善、效率更高的新的分子标记辅助选择育种技术体系将很快可以建立起来。届时，DNA 标记辅助育种将会在品种改良中大展身手。

作为细胞遗传研究的重要技术，荧光标记的原位杂交（FISH）已经在植物基因组分析中应用于众多领域，包括物理定位 DNA 序列；分析基因组的进化；揭示特定染色体区域的 DNA 分子组织；分析间期核中染色质的组织和细胞周期中染色体的动态变化；鉴定转基因植物，分析整合特性等。随着免疫分子生物学技术和荧光技术的发展，FISH 技术的不断完善，灵敏度和分辨率不断提高，由二维向三维、四维（三维加时间）发展。FISH 不仅能在 DNA 水平进行，而且可深入到 RNA 水平。同时，FISH 能结合免疫染色等技术，在研究细胞分裂、表观遗传学、探讨基因表达与染色质的关系等基本生物学问题方面发挥更大的作用。

人工染色体是研究染色体结构和功能的有力工具，同时以其为载体可以实现大片段的导入和表达。由于这些人工染色体可以携带 100kb 至几百 kb 的外源 DNA，因而在基因组研究的物理图谱构建、基因图位克隆以及大片段 DNA 转化等领域中均被广泛应

用，这在很大程度上将进一步推动现代生物技术的发展。

展望未来，可以预期：细胞遗传学既有本身领域内尚未完全解决的命题，又有沿着生命科学共同的趋势走向分子水平的高度。在前进的道路上，不同学科的发展和壮大是相互依靠、彼此促进的。细胞遗传学来源于遗传学，遗传学有广阔的服务领域和远大的发展前景。遗传学要为人类的健康和生活服务，为大自然生物繁荣做贡献。细胞遗传学一方面必须有它的宏观指导，那就是以生物进化为至高目标；另一方面，细胞遗传学要研究发育的问题，这有待于各相关学科的深入配合，需要分子生物学知识和技术所进行的微观深入协作。如此看来，学科本身并没有先进与落后之分，它们都在发展，但研究角度可来自四面八方。重要的是，不能忘记源远流长的大自然万物众生及其繁荣昌盛的前景。

第一章　遗传试验的基本知识和方法

第一节　高等植物性状发育的遗传基础

传统遗传试验往往是从遗传性状研究开始，并联系细胞分裂，特别是减数分裂中染色体的行为而进行的。生物体的每一部分都有遗传性状的差异。这些性状何时表现，在杂交后代中何时发生分离，取决于该性状的遗传组成，这就需要了解性状的形态发育、受精方式、胚胎形成，以及有关生物的生活史等。根据生活史的不同，可以把生物分为 3 种类型，即单倍性生物、二倍性生物和二倍-单倍性生物。

一、单倍性生物、二倍性生物和二倍-单倍性生物

单倍性生物（haplont）包括绝大部分单细胞生物、鞭毛藻类和原生动物。在这类生物的生活史中（图 1-1），单倍体（haploid）时期占主导地位，贯穿全部营养体时期。只有合子是二倍体（diploid），减数分裂发生在合子时期。在某些物种中合子变成抗性孢子（resistant spore），使生物度过恶劣的环境。多细胞的营养体是单倍体细胞有丝分裂和分化的结果。

二倍性生物（diplont）是指包括人类在内的所有多细胞动物以及某些藻类。在它的生活史中（图 1-2），二倍体时期占主导地位。成熟个体的全部体细胞都是二倍体的，是合子有丝分裂的产物。它们的营养体生殖（vegetative reproduction）或单性生殖（parthenogenesis）的后代均为二倍体。只有减数分裂产生的配子为单倍体。二倍性生物的减数分裂产物直接起配子的作用，并不构成配子体世代，因而不具有世代交替（alternation of generation），只有细胞核期交替（alternation of nuclear phase）。

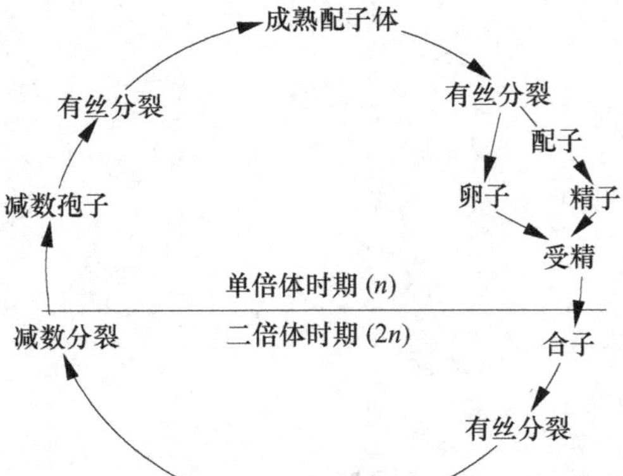

图 1-1　单倍性生物生活史

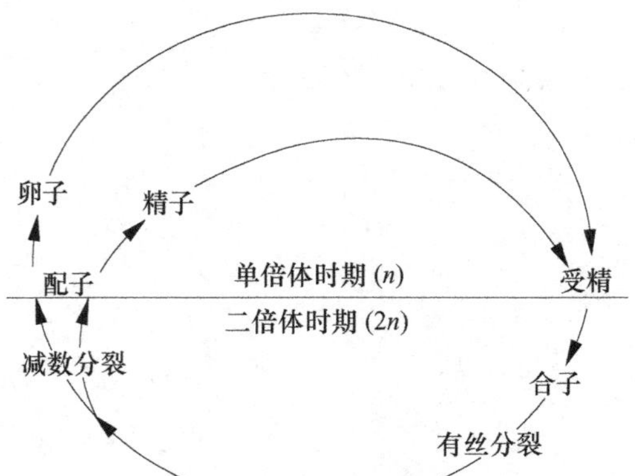

图 1-2　二倍性生物生活史

二倍-单倍性生物（diplo-haplont），包括全部高等植物、许多藻类和真菌。在这类生物的生活史中（图 1-3），有两个不对等的世代，即孢子体世代和配子体世代。孢子体（sporophyte）的细胞具有二倍染色体数（$2n$）。减数分裂不能直接产生配子，只是产生减数孢子（meiospore），减数孢子并不能直接融合，而是继续进行有丝分裂，发育为配子体（gametophyte）。孢子体世代与配子体世代的相互关系随植物而异。在种子植物（spermatophyte）中，孢子体世代占主导地位，而且是独立生活的，可以持续一年至若干年。配子体很小，寄生于孢子体内，只能生活几天至几个星期。在蕨类植物（pteridophyta）中，孢子体也是独立的，占主导地位，常常是多年生的。配子体尽管也很小，但也是独立的，可以生活几个星期或更长时间。对于苔藓植物（bryophyta）而言，配子体世代占主导地位，可以独立生活一年至若干年，孢子体部分地寄生于配子体上，可以生活几个星期。

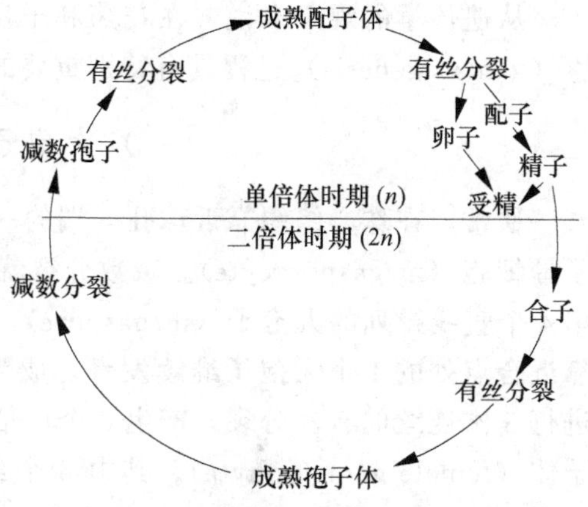

图 1-3　二倍-单倍性生物生活史

二、高等植物的有性生殖过程

图 1-4 是一个被子植物花器纵切面示意图，它由雌蕊（pistil）、雄蕊（stamen）、花瓣（petal）和萼片（sepal）等部分组成。雌蕊部分包括一个基部膨大的子房（ovary）和向上延伸的花柱（style）。花柱末端的特化部分为柱头（stigma）。胚珠（ovule）在子房内，由珠心（nucellus）和内珠被、外珠被（integument）组成。雄蕊包括花丝（filament）和花药（anther）两部分。

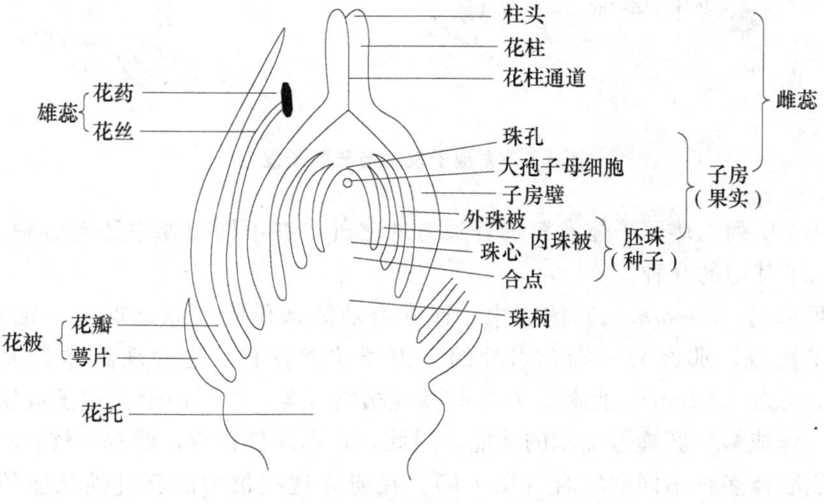

图 1-4　被子植物花器纵切面示意图

从遗传学的观点来说，在花药和子房中进行的孢子发生（sporogenesis）和配子发生（gametogenesis）过程具有特别重要的意义。

（一）大孢子发生和雌配子体

通常，在珠心组织靠近珠孔一端的一个下表皮细胞直接膨大或分裂后膨大成为大孢子母细胞（megasporocyte）。减数分裂就在这个细胞中进行。减数分裂的结果是形成一串4个直线排列的大孢子（megaspore），各具数目减半的染色体（图1-5）。其中最里面靠近合点处的1个大孢子继续发育，成为胚囊（embryo sac），其余3个退化。胚囊再进行3次连续的有丝分裂，产生8个单倍体数的细胞核，处在共同的胞质中，成为雌配子体（female gametophyte）。其中6个细胞核形成细胞膜，3个移向与珠孔（micropyle）方向相反的一端，成为反足细胞（antipodal cell），另外3个移向珠孔一端，组成卵器（egg apparatus）。中间的一个为卵细胞或雌配子（female gamete），两边的为助细胞（synergid），处在胚囊中心的2个核为极核（polar nuclei）（图1-5）。

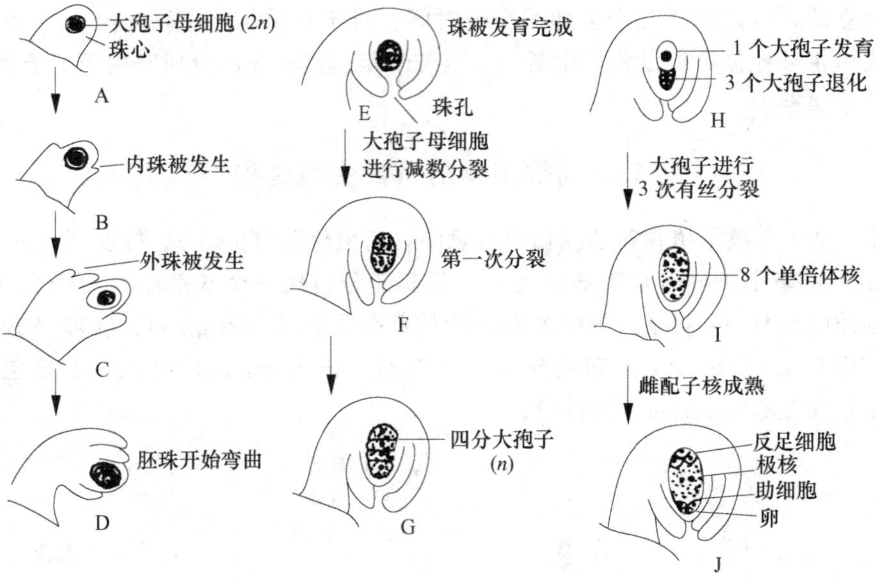

图1-5　大孢子发生与雌配子发生

除图1-5所列的雌配子体发育的普通方式之外，在不同植物中还有各种变异类型，图1-6列示了其中的几种。

在月见草属（*Oenothera*）植物中，通常有功能部位的（靠近珠孔一端）大孢子，如果发生了败育，那么另一端合点处的大孢子才能发育。这种现象称为大孢子竞争（megaspore competition）。此外，在某些其他植物（葱）中，两个大孢子或所有4个大孢子都具有形成多核胚囊母细胞的功能。因此，在不同植物中，就有4核、8核、16核组成的成熟胚囊多种不同的组合（图1-6）。在研究这些植物的胚乳性状遗传时，可以根据其相应的胚乳核组成而获得预期的遗传结果。

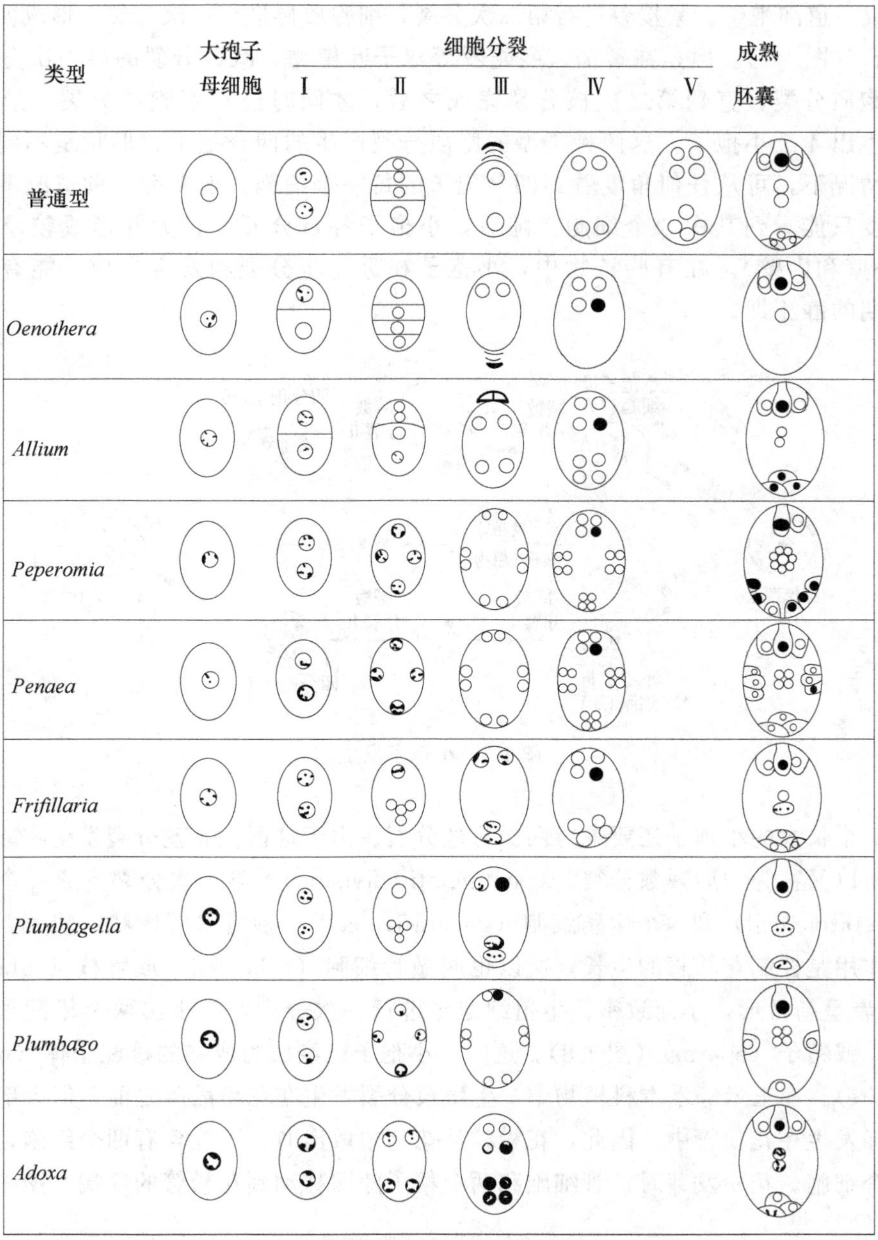

图 1-6　被子植物胚囊发育的几种主要类型

Ⅰ、Ⅱ是减数分裂；Ⅲ、Ⅳ、Ⅴ是有丝分裂

（二）小孢子发生和雄配子体

花药（小孢子囊）中的造孢细胞（sporogenous cell）可以先行分裂几次，成为小孢子母细胞（microsporocyte），即花粉母细胞（pollen mother cell）。减数分裂就在小孢子母细胞中进行。减数分裂的结果是产生 4 个染色体数减半的小孢子（microspore）。在玉米、大麦等单子叶植物中，伴随着减数分裂的第一次分裂，细胞质也进行一次分裂，形成一道细胞壁。紧接着进行第二次分裂，细胞质再进行一次分裂，形成四分孢子（quartet）（图 1-7）。但是在番茄、曼陀罗等双子叶植物，减数分裂的第一次分裂并不进行细胞质分裂，直到第二次核分裂完成之后，才同时进行细胞质分裂，形成细胞壁，产生出 4 个小孢子。这两种类型的胞质分裂产生的四分孢子，形状是不同的。在前一种情况下，可从任何角度看到四分孢子的每一个细胞，而在后一种情况下，从某一个角度只能看到其中 3 个细胞。随后，小孢子各自分开，长大并形成较厚的胞壁（花粉外壁和内壁）。在有些植物中，小孢子在进一步分裂和发育之前，能有几天至几个星期的静止期。

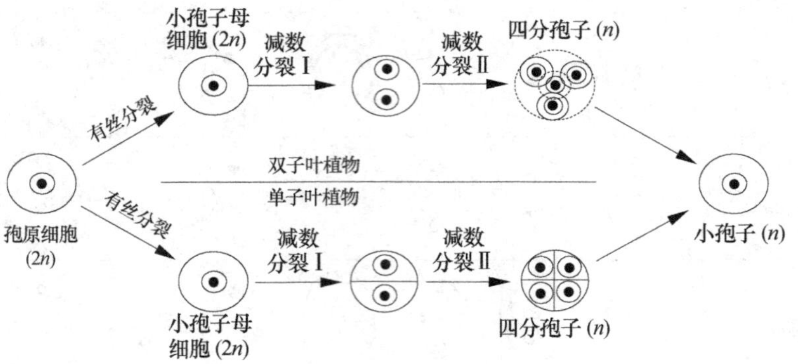

图 1-7　小孢子发生

每一个长大的小孢子还要进行两次有丝分裂。由于这两次有丝分裂发生在减数分裂之后，所以又称为“后减数分裂”（postmeiotic division）。第一次分裂形成一个营养细胞（vegetative cell）和一个生殖细胞（generative cell）。前者呈圆球状，较大。由于它的主要作用是控制花粉管的生长，所以也叫做管细胞（tube cell）或管核（tube nucleus）。后者呈新月形，小而致密。生殖细胞再进行一次分裂，产生出两个雄配子（male gamete）或精子（sperm）（图 1-8）。这时，小孢子已经成为成熟的雄配子体（male gametophyte）。在玉米等禾本科植物中，生殖核分裂发生在花粉散落之前，但大部分双子叶植物却发生在花粉管中。因此，花粉粒从花药中散出时，可能含有两个细胞，也可能含有 3 个细胞。花粉发芽时，管细胞和两个精子随即移动到花粉管的顶端（图 1-8）。

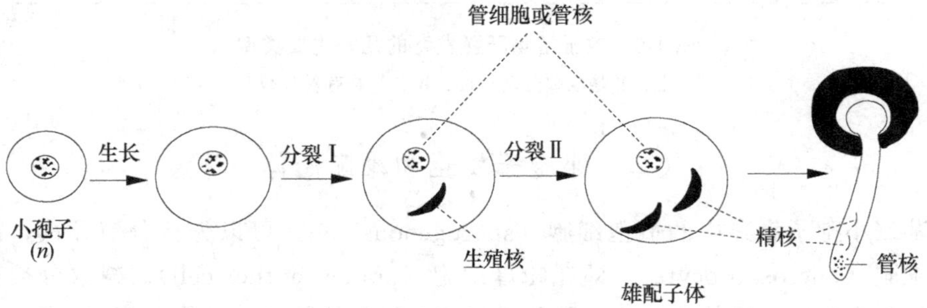

图 1-8　雄配子体发育

（三）双受精、花粉直感与剂量效应

当花粉散落于空中，会迅速脱水死亡，但靠风力或昆虫携带到雌蕊柱头，就会吸水萌发。花粉管由芽孔伸出，长入花柱，穿过珠孔而进入胚囊。时间长短随植物而异。一般栽培植物为6～25h，木本植物可以持续几周至数月。花粉管在胚囊破裂，释放出两个精子，一个与卵融合，形成 $2n$ 的受精卵，将来发育为胚；另一个与两个极核结合，形成具有3个染色体组（$3n$）的初生胚乳核。有时，在精子到达之前，两个极核先行融合，精子核随后加入。这种一个精子与卵结合而另一个精子与极核结合的受精过程称为双受精（double fertilization），它是被子植物所特有的现象。这样，通过受精作用，受精卵又恢复了 $2n$ 染色体数，进入孢子体世代，父母本各自贡献 n 条染色体。对胚乳核而言，情况有所不同，母本贡献 $2n$ 条染色体，父本贡献 n 条染色体，母本对遗传物质的贡献比父本多1倍。胚和胚乳核各自经过多次有丝分裂才长成多细胞的成熟种子。胚乳核分裂在受精后几小时就已经开始。最初，只是快速的核分裂，并不伴随细胞质分裂，也不形成细胞壁。在玉米中，这种自由核状况可以持续3～4天，之后才产生细胞壁，并开始核质同步分裂，成为多细胞组织。在谷类作物中，胚乳是种子的食物贮藏器官，但在豆科作物中，发育中的幼胚子叶才是食物的贮藏器官，代替了胚乳组织的功能。

细胞学和遗传学试验证明，在多数情况下受精作用只是精核与卵核融合，合子的受精卵只有母方的细胞质，并不包括精细胞的细胞质。所以由细胞质基因组所控制的性状，大都具有母体遗传（maternal inheritance）的特性。

在一般情况下，双受精过程中与卵核和极核相结合的两个精子来自同一个花粉粒，但在玉米中曾经报道过一些例外的情况，即与同一个胚囊受精的两个精子，来自不同的花粉粒，这种现象叫做“异雄核受精”（heterofertilization）。玉米的某些品系，异雄核受精率可高达10%以上。

种子是在子房壁内发育起来的。种子包括下列组织（由外到内）：珠被或种皮、残存的珠心层（可能不被保留下来）、胚乳和胚。其中只有胚乳和胚是当代受精的产物，在杂交情况下，它们属于杂种组织，其余部分都属于母本的体细胞组织。

一粒成熟的玉米种子，在植物学上应作为一个果实看待。它的最外面几层细胞是果皮，由原来的子房壁发育而成，属于母体组织，其遗传组成与母体相同。玉米的种皮到成熟时基本上已经消失，所以果皮下就是胚乳组织。紧挨果皮的一层或几层胚乳细胞，因为含有糊粉粒，蛋白质含量很高（可达25%），故叫糊粉层（aleurone）或蛋白质层。其余胚乳部分叫做淀粉层，这两层都属于胚乳的 $3n$ 组织。糊粉层有紫、红、棕等遗传性状，容易观察，因而是玉米遗传长期研究的对象之一。胚乳与胚性状均具有花粉直感（xenia effect）现象。由雄配子供应的一份显性基因能够超过由母本卵核或两个极核隐性基因的作用，杂交授粉当代母本植株所结的种子（属于 F_1 代）表现出显性性状。控制玉米籽粒性状的显性基因如Y(黄色）对y(白色)、Wx(非糯）对wx(糯)、Su(非甜）对su(甜）等均具有花粉直感效应。正因为如此，白、糯和甜等特用类型的生产需要与普通玉米隔离种植才能够保纯保质。一些数量性状也具有花粉直感现象，如玉米籽粒的油分等性状表现出十分明显的花粉直感效应。玉米籽粒油分主要存在于胚中，如以普通玉米为母本，高油玉米作为父本授粉者（pollinator），则二者杂交当代普通玉米籽粒的含油量会明显增加，一般情况下，高油玉米父本含油量每增加1个百分点，母本籽粒油分将增加0.3～0.4个百分点，个别组合甚至可以达到0.5个百分点以上。生产上就可以利用这一特点使普通玉米高油化，由此发展起来的新型高油玉米生产技术已经在生产上得到应用。

另一种与胚乳三倍体性质有关的遗传现象叫做剂量效应（dosage effect）。已经发现许多基因座都存在剂量效应，但它们的表现形式各不相同。让AA与aa杂交，以AA为母本的，F_1 胚乳基因型为AAa；以aa为母本的，F_1 胚乳基因型为Aaa。让Aa株自交，则极核两种可能基因型为AA和aa，精核基因型为A和a，二者结合就可以产生4种基因型的胚乳，即AAA、AAa、Aaa和aaa。当A对a完全显性时，AAA、AAa和Aaa表现型相同，但当A对a显性不完全时，它们的表现型就会有所区别。决定玉米淀粉层颜色和维生素A原含量的Y基因就属于这一类。不仅胚乳的颜色表现，而且胚乳中维生素A原的含量都与Y基因的剂量有关。例如，YYY胚乳含有7.5国际单位的维生素A原，而YYy、Yyy和yyy则分别含有5.00、2.25和0.05国际单位的维生素A原。这里维生素A原含量与Y基因剂量呈直线关系。普通玉米（F1）和粉质玉米（f1）也存在一对基因的差别，但它们之间不存在简单的显隐性关系。让它们进行互交，以普通玉米为母本（F1F1×f1f1），F_1 胚乳（F1F1f1）表现普通玉米，以粉质玉米为母本（f1f1×F1F1），F_1 胚乳（F1f1f1）表现粉质玉米。F_2 子粒（1F1F1F1：1F1F1f1：1F1f1f1：1f1f1f1）普通玉米与粉质玉米呈1：1之比。这里，两份基因剂量的为显性，一份基因剂量的为隐性。两份基因剂量是显性表现的临界值。

三、遗传性状的表现和分离

根据上述形态学方面的知识，可以按照基因控制性状的部位来判断杂交各世代中可能出现的基因型，还能预测性状表现和分离的时间，以及可能得到的遗传结果。例如，以一株甜质胚乳（susu）、无色果皮（pp）的矮生（dd）玉米作母本，与另一株非甜胚乳（SuSu）、有色果皮（PP）的高株（DD）玉米进行杂交，那么，在授粉当代和自交后代这3种性状将如何表现和分离？已知非甜胚乳（Su）、有色果皮（P）和高株（D）是它们相对性状的完全显性，它们之间是独立遗传的。那么，母本植株所结种子在这3对性状上应具有何种基因型和表现型？这些种子的胚属于哪一世代？若将这些种子种下，长出的 F_1 植株会表现什么性状？让 F_1 株进行自交，所结种子的表现型又如何？这些种子的胚属于杂交第几代？如果把这些种子再种下，长成植物的表现型又会怎样？它们自交结成的果穗会有什么样的胚乳和果皮？所有这些可从图1-9中找到答案。

通过减数分裂而形成雌雄配子体，是植物生殖过程中最早发生的，也是最为重要的环节。这一环节包括减数分裂的起始、染色体的联会和交换、纺锤体的产生、第一次和第二次分裂的完成等。所有这些有序的步骤均由一系列基因精确地控制，其中任何一个基因发生突变，将使正常有序的减数分裂过程受到扰乱，产生各式各样的遗传变异。这些遗传变异是我们认识减数分裂基因的开始，而其中的一些遗传变异如 $2n$ 配子的形成，对物种进化和植物育种有着重要的意义。减数分裂的通常后果，是形成单倍性的配子

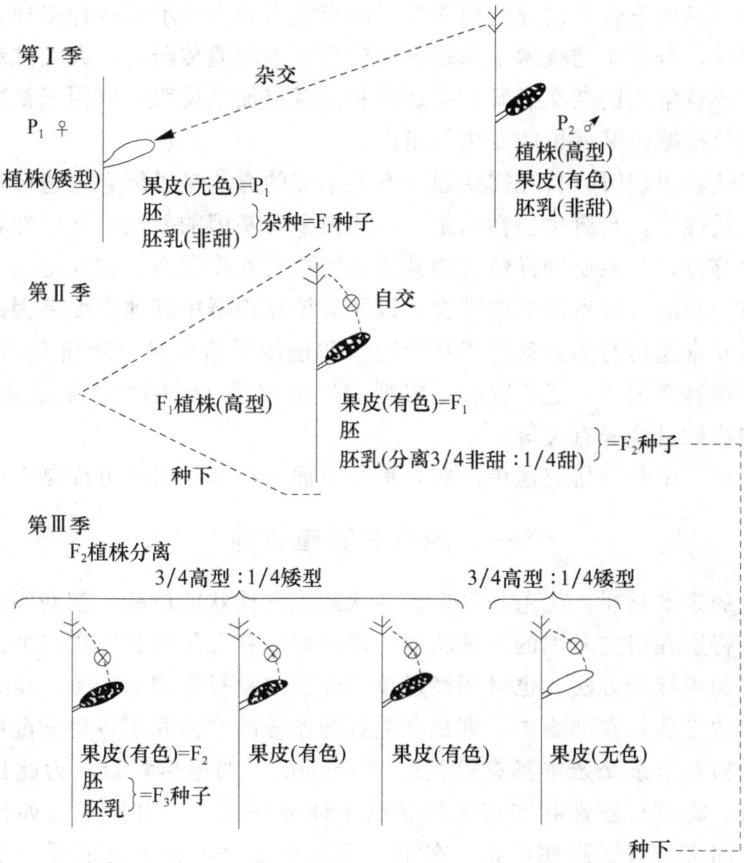

图 1-9　玉米胚乳、果皮与植株性状在杂交后代的表现和分离

果皮为 F_2 分离，3/4 有色株；1/4 无色株。胚乳为 F_3，1/4 植株为纯显性（全部籽粒均为非甜胚乳）；2/4 株为杂显性（3/4 非甜；1/4 甜胚乳籽粒）；1/4 株为纯隐性（全部籽粒均为甜胚乳）

体。近来的研究揭示，配子体产生后，基因活动非但没有终止，反而愈加频繁。植物基因组中大量的遗传信息均在配子体世代得到表达。因此，配子体形成过程中的遗传控制作用和配子体的基因表达是植物生殖遗传学的重要研究领域。该研究领域的任何新发现、新进展，无疑会给整个植物遗传学的发展带来深远的影响。

第二节　遗传试验的基本方法和步骤

进行遗传学试验，首先要选择合适的遗传材料，特别是一些模式遗传材料，如玉米、拟南芥、豌豆等。试验材料的选择，原则上以变异较多、生活周期较短、易于繁殖和观察以及后代个体数较多的为宜。但用于特殊目的研究时，可另选适合的材料。用模式材料研究出来的重大遗传理论问题，则有普遍的意义。此外，以栽培植物和饲养动物作试验材料，则更有直接应用的可能性。因此，对试验材料的选择，可因研究的目的而定。

近代遗传学发展很快，研究范围很广，研究技术和方法不仅多种多样，而且正在不断改进。近年来，分子生物技术越来越多地应用于细胞遗传研究，大大推动了遗传学的发展，这里主要就常用的杂交试验有关经验和注意点加以说明，以便于初次从事遗传研究的人员能避免或减少某些可能发生的错误。

当某一新性状出现时，首先需要通过有性杂交的方法来了解它的遗传行为，如是质量性状还是数量性状，与野生型性状是一对还是多对基因的差别，与已知相同性状的控制基因是否为等位，与控制同样性状的其他基因有无互作关系。在此基础上，需要进一步确定决定该性状的基因所属的连锁群，以及与该连锁群中其他突变基因的关系等。

如果出现异常遗传行为，就应当从细胞学和遗传学角度进一步研究其产生的原因，如是否涉及遗传转座因子、是否存在不规则的生殖方式（无融合生殖或其他）、是否与染色体的结构或数量变异有关等。

但无论从哪一个角度研究遗传问题，重视下面一些基本研究方面是十分必要的。

一、纯化和繁殖原种

作为杂交的亲本材料，无论是具有新性状或正常性状的植株，都必须求得基因型的纯合一致性，特别在研究基因的生理功能、形态建成和数量性状时更是如此。通常在植物中可用自交和姐妹交方法，也可用经过单倍体加倍途径形成DH（double haploid，即双单倍体系）的方法；在动物中，则在有关近缘血统的个体间用各种交配制度达到这一目的。有时严格要求杂交亲本具有等基因（isogenic）的遗传背景，为此目的可以采取连续回交方法，将具有新性状和正常性状的个体分别与一个共同系（如自交系或纯品种）进行多次回交。对于隐性性状，在第一次回交之后，必须决定哪一个是杂合型植株，才能作亲本继续回交。或者通过自交暴露出隐性株，再进行回交，使自交与回交交替进行。

一个新性状往往先在一个单株上出现，必须保存并繁殖它的个体数目，作为下一步的试验材料。在玉米等异花授粉作物中，如开花前已观察到这个性状，应尽量用自交法留种，同时用它的花粉和正常株进行杂交。倘若这是一个隐性性状，遗传行为也很正常，那么，在 F_2 代，该性状就会重现。如果发现的时期已晚，甚至可以收获天然授粉果穗，性状会在次年或 F_2 中重现，再加以留种繁殖。在自花授粉作物中，则只需从新性状植株上收获种子就能达到繁殖的目的。在繁殖变异株过程中，只要按系谱系统（pedigree system）种植，有时就能获得有关遗传行为的资料。此外，对分离群体中的正常姐妹株进行遗传测验，也有助于获取这些资料。

二、杂交和种植后代

了解基因的遗传行为的主要手段是进行有性杂交，并对后代的分离比例进行观察和分析。用以进行杂交具有新性状个体的遗传型一定要纯，最好具有与正常个体同一种等基因背景。杂交手续要严格，避免自花授粉和非父本花粉的污染，避免假杂种的出现。为了观察细胞质的效应，在可能情况下应同时进行正反杂交，采用同样两株互为父母本。有时从一个杂交亲本株上还能同时获得自交种子，作为核对亲本基因型之用，并能和研究遗传行为的杂交结果相比较。

次年，把 F_1 种子单粒点播，并进行自交，获得 F_2 种子。下一季播种 F_2，并将 F_1 种子同时种下，作为比较，在性状分类时参考。除非特殊需要，各代均须在同一环境下种植。在控制了环境条件造成的变异的情况下，才能正确判断遗传上的分离行为。由于不能保证每一个 F_1 株都是真正的杂交种，所以选用若干个不同 F_1 株分别种植成相当大的 F_2 群体比将一个 F_1 株种植成很大的 F_2 群体更好。倘若所用亲本不纯，F_1 代不会一致。只有两亲本个体都是纯合时，F_1 代株间才不致分离。种下的各穗种子最好能同时保存一小部分，以备受到灾害时可以补足，或做核对之用。

F_2 代究竟应该种植多少个体才能反映出可能的分离比例，取决于分离基因对数和互作方式。分离 63∶1 的 F_2 种植群体自然应当比分离 3∶1 的要大。通常在第一次测定时，从 3 或 4 个不同 F_1 株各种下 75～100 株 F_2 的群体就已足够。

从 F_3 来推断 F_2 基因型时，一般需种 50～100 个 F_3 系。每个 F_3 系应种的株数也取决于分离基因对数和互作方式。对于 3∶1 的分离比例而言，每个 F_3 系有 25 个个体即足已。对于大多数分离方式而言，每个 F_3 系有 75 株就能达到鉴别分离的目的。

有时，由于土地的限制，或种子量不足，不可能按需要种植，就要根据统计理论和机遇规律来确定在一定的置信限之下（如 95%或 99%等）应种植的最小样本群体。

在只有两类性状分离的情况下，可以根据二项式分布来计算种植群体的株数。在多于两类性状分离的情况下，可以采用多项式分布来进行计算，也可以合并为两项。如把纯合隐性归为一项，其余的归为另一项，就可以利用二项式来进行计算。

根据二项式通式：$(p+q)^n=p^n+np^{n-1}q+\cdots+npq^{n-1}+q^n$，设 p 为显性个体出现比率，q 为隐性个体出现比率，n 为后代种植株数。p^n 为 n 个植株全部表现显性的概率，q^n 为 n 个植株全部表现隐性的概率，其余各项为隐性个体在 n 个植株中出现一株至 $n-1$ 株的概率。

如果我们希望有 95%的置信限保证后代出现分离，也就是说，后代不全是显性个体，即至少能出现一个隐性个体，那么，让 $p^n=0.05$，求得的 n 值即为在这样的置信标准下最小群体的个体数。

现以一对基因完全显性的分离为例，来计算 F_2 的最小群体：

这里 $p=3/4$，$q=1/4$，置信显著性标准为 0.05；

让 $p^n=0.05$，即 $(3/4)^n=0.05$；

$$\lg\left(\frac{3}{4}\right)^n=\lg 0.05$$

$$n(\lg3-\lg4)=\lg0.05$$

$$n(0.4771-0.6021)=-1.3$$

$$n=\frac{-1.3}{-0.125}=10.4$$

即种植大约 11 株的群体，就有 95%的置信限出现分离，即至少出现一株隐性个体。若把置信限提高到 99%，则 $p^n=1-99\%=1\%=0.01$。

$$\left(\frac{3}{4}\right)^n=0.01$$

$$n(\lg 3-\lg 4)=\lg 0.01$$

$$n=\frac{-2}{-0.125}=16$$

即必须种植16株的群体，才有99%的把握出现分离。如此类推，我们可以根据各种分离比例求得不同置信限下最小群体的个体数（表1-1）。

表1-1　在两类性状不同分离比例和置信限之下至少出现一株所需群体植株数

需要个体出现比率	置信限			
	90%	95%	99%	99.9%
1/2	3.3	4.3	6.6	10.0
1/3	5.7	7.4	11.4	17.0
1/4	8.0	10.4	16.0	24.0
1/7	14.9	19.4	29.9	44.8
1/8	17.2	22.4	34.5	51.7
1/9	19.5	25.4	39.1	58.6
1/16	35.7	46.4	71.4	107.0
1/27	61.0	79.4	122.0	183.0
1/32	72.5	94.4	145.1	217.6
1/64	146.2	190.2	292.4	438.6
1/100	229.1	298.1	458.2	687.3
1/1000	2301.4	2994.2	4602.9	6904.3

三、系谱记录

杂交试验的各代都须保持系谱法记载，使杂交或繁殖的任何一个个体都能追溯到所有各个世代。通常采取的连续编号方法是将每年种植的第一个系谱的行号紧接着上年最后一个系谱的行号，同时对行内各株也予编号。对各系各株需要做细胞学研究的材料进行固定和制片时应保持同一号码，以便核对。另一种常用的方法是将每年的系谱行号都从1开始编起，这样必须在收获时冠以当年的年号或代号，以免混淆。对二年生作物，要在不同年内取样分析时，必须注意分清号码，因为田间同时有一年及二年生长着的材料。对行内各株应连续编号，如需在各时期分别记载不同性状，最好将每5株记一牌号。授粉用的植株须按株号记下，同时可将研究的有关性状分别在纸牌和记录本上注明，以便核对。各项数据资料按照预先考虑到的分类标准正确地加以搜集，然后归类统计。

四、假设和验证

根据F_2表现型的观察数字，先要做出假设，然后进行验证。如从统计学上来考虑差异是否显著，有时需要继续种植后代来验证假设，验证方法包括以下几种。

(1) 研究每一种F_2表现型的随机样本在F_3的分离情况，即以每一个F_2株当作一个F_3系来测定，并因此验证前代分类标准是否可靠。从F_3代的性状分离可以求出各个F_2株的基因型。

(2) 当实际遗传结果符合假设所能预见的结果时，可将 F_2 或 F_3 的某些表现型株进行互交。最好在同一植株上同时保留自交和杂交种子，从这里就能挑选出遗传学上常用的测验种（tester），这对于论证假设和今后的研究很有用处。例如，在玉米糊粉层色泽的遗传研究中，获得了多因子互作的假设。紫色糊粉层的出现需要 9 个显性基因相互作用，它们是 A_1、A_2、C_1、C_2、Bz_1、Bz_2、R、In 和 Pr。在 A_1、A_2、C_1、C_2 和 R 5 个基因中，只要有一个处于隐性状态，就不会出现色素，它们的表现型相同，称为互补基因（complementary gene）。Bz_1 和 Bz_2 中，有一个处于隐性状态，糊粉层呈现红棕色，二者都处于隐性状态，则不再有色素产生。Pr 和 In 可视为色素的修饰因子。各种显性基因与 Pr 相结合，产生紫色素，与 pr 相结合，产生红色素。In 为加强因子（intensifier），其作用在于提高花青素的含量，增加颜色的强度。玉米遗传学家已经分离出了各对基因的测验种，它们只有一对基因处于隐性状态，其余基因均为显性。例如，a_1 测验种只有 a_1 为隐性（aCRBz），c_1 测验种只有 c_1 为隐性（AcRBz）等。利用这些测验种可以准确地测定任一玉米品系与糊粉层颜色有关基因座的基因型。两个测验种杂交，F_1 糊粉层有色，F_2 出现 9 份有色∶7 份无色的分离比例，这就充分证明了糊粉层色泽遗传的多因子假说。

(3) 用测验杂交的方法来验证假设。利用 F_1 或 F_2 的某些类型与隐性亲本或者特定的测验种进行杂交是验证遗传假设的重要手段，可与种植 F_2 或 F_3 同时进行。在科学上，从得到试验结果而提出假设，进而建成一个正确的理论，必须经过反复验证，同时应能为他人所重复。试验结果不符合假设时应该另立假设，另行验证，但都必须有充分的数据证明。在此过程中，还必须有对照做比较，并要进行统计分析。

五、基因等位性测验

一个遗传性状的产生或者一种复杂化学物质在体内的合成，常常需要一系列的化学步骤。基因往往通过对这些化学步骤的控制而控制遗传性状。影响每一个步骤的基因发生突变，整个化学过程就可能受阻，最终会导致遗传性状的改变。新的性状可能完全相同，也可能有很大的差别，这取决于突变基因控制化学步骤的先后以及基因产物的差异。前已谈及，玉米糊粉层花青素的合成是 9 对基因互作的结果。对玉米花青素体内合成步骤，至今还未完全搞清楚，只有 c_2 和 bz_1 的功能已经明确，它们分别是黄烷酮合成酶（flavanone synthase）和尿苷二磷酸葡萄糖黄烷酮葡萄糖转移酶（UFGT）的结构基因。有证据表明，c_1、r 基因发挥作用较早，依次是 c_2、a_1、a_2、bz_1 和 bz_2，a_1、a_2、c_1、c_2 和 r 基因纯合时表现型相同，即产生无色糊粉层。

如果一个有色糊粉层纯系后代出现了一个无色籽粒，表明这个突变与糊粉色泽有关。当弄清了该突变的遗传行为之后就要确定这一突变是新突变，还是原有突变的重新出现，即要进行基因等位性测验（allele test）。方法是把新性状个体与已知的全部糊粉层色泽的突变种（这里又称测验种）进行杂交，凡是 F_1 籽粒表现有色的，说明两对基因发生了互补，属于非等位基因。若 F_1 籽粒无色，就表明被测突变基因与已知突变基因属于等位基因。同理，一些病原菌由于生理分化而存在多个生理小种，而植物也存在相应的抗病基因。若要测验新发现的抗病基因是否为新的抗源，则可以将其与以往已知抗源杂交，如果后代抗性不分离，则可以认为二者为同一抗病基因，如存在抗性分离，则可能为新的抗病基因。

在许多植物中都发现不少由主基因控制的矮生突变。在玉米中，已经发现了19个突变基因与降低植株高度有关。其中有5个突变基因，即an_1、d_1、d_2、d_3、d_5和D_8的表现型类似，能显著降低株高，而且都对赤霉素敏感，用一定浓度的赤霉素喷射幼苗，可以促进这些突变体长高。另外14个基因对赤霉素无反应，对株高的降低程度也各不相同。如果发现了一个矮生突变，通过遗传试验证明是单基因控制。那么，在难以从表现型来判断突变体的异同情况下，只能从查阅已有文献中关于其他矮生突变的描述来加以核对，但要做出正确的判断，还必须通过等位性测验。只有新突变体与已有突变做了全部杂交，F_1都表现互补，植株恢复正常高度时，才能说明这个发现的矮生突变是不同于前人观察到的新基因所致。只有新突变基因才有进一步进行遗传研究的必要。

六、连锁群测验与连锁图位置的确定

经典细胞遗传学已经发展出多种精密设计的实验来确定基因所属的连锁群（linkage group）或染色体。在染色体数目较少或者染色体变异尚未充分积累的生物中，可运用现有连锁群的遗传标记（genetic marker）材料进行测验，即要具备一套常规的测验种，以每一条染色体为单位，在上面要有一个或几个性状易于识别的标记基因。最适于做标记的是种子性状和幼苗性状，因为这些性状分类方便，在操作时可以节省时间和费用。方法是把新突变体与各连锁群测验种进行一次杂交，F_1进行自交或测交，从F_2或测交后代的独立性测验中来确定新突变与各连锁群标记基因的关系。在玉米中，曾经应用的一个多隐性测验种，在每条染色体上都有一个隐性标记基因，可以作为识别连锁群的预备材料。果蝇的连锁群测验种，只运用Ⅱ号和Ⅲ号染色体上的两个纯合致死基因作标记，加上第一染色体上基因的性连锁遗传现象，就可以准确无误地测定每一个新突变连锁群的归属。

染色体变异是确定基因所属连锁群的强有力工具。在$2n$植物中，三体（trisomic）株可以正常发育，并且通过母本传递一定比例的$n+1$配子。三体染色体上的基因，杂交后代分离比例与二体（disomic）的有明显的不同，因而可以有效地进行基因连锁群的测定。端体三体（telocentric trisomic）、次级三体（secondary trisomic）和三级三体（tertiary trisomic）还可以用来确定未知基因所属的染色体臂。

异源多倍体植物，如小麦、烟草等，由于单体（monosomic）株可以正常成活，可以通过母本大量传递$n-1$配子，因而利用单体测定连锁群变得简单易行。单端二体（monotelosomic）也可以用来确定基因所属的染色体臂。

利用染色体相互易位来测定基因所属连锁群曾是玉米遗传研究的常用方法，它比三体法更有效。因为易位断点可以标记染色体的每一个部位，杂易位产生的花粉和胚珠半不育性是十分清楚的遗传标记。玉米遗传学家又积累了一套胚乳标记基因如su（甜）、wx（糯）与易位断点密切连锁的材料，可以在室内根据胚乳性状对T和t进行分类，使连锁群的测定更趋简化。

当知道了基因所属连锁群之后，下一步是确定该基因在连锁图上的具体位置，以及与其他基因之间的关系。要做到这一步，就需要选择该染色体两臂上适当的连锁基因组合作测验种，进行三点或多点测验。先让突变体与两臂的测验种进行杂交，F_1 代在可能的情况下与多隐性材料进行回交（测交），从回交后代出现的类型和比例就可以计算出突变基因与其他基因的距离，从而把它们标定在连锁图的相应位置上。回交若有困难，像自花授粉作物，也可以进行自交。根据 F_2 资料来计算交换值。

与以上传统的遗传分析相比，近年发展起来的 DNA 分子标记为基因连锁群的测定提供了新的更加有效的方法。从 20 世纪 80～90 年代发展的 RFLP 标记，到 2000 年以后广泛应用的 SSR（simple sequence repeat）、SNP 标记等已经成为连锁图谱构建与基因定位的基本方法。这些方法克服了传统方法需要组配大量组合才能进行基因连锁群分析的不足，只要选取具有明显差异的亲本进行组配，并在其后代中利用适当的定位群体，就可以对大量基因位点进行连锁分析。

第三节　染色体行为的观察

由于控制生物性状的绝大部分基因都是核基因，位于染色体上，因此，许多遗传现象与染色体的行为有平行关系，离开了染色体的观察去研究遗传现象，有可能得出错误的结论。例如，我们在田间偶尔发现了一个雄花不育株，那么，是什么引起的呢？可能是外界环境造成的，也可能是核基因突变或者是细胞质基因突变引起的。还有一种可能就是各种各样的染色体变异。单倍体、三倍体、远缘杂交 F_1 都能够引起高度的雄花不育性甚至是不结实性。而杂易位、杂倒位、杂缺失以及同源多倍体也可以引起半不育和部分不育性。有些基因突变本身就能控制染色体行为。例如，玉米中的不联会（asynaptic）基因（as）、联会消失（desynaptic）基因（dsy）和染色体伸长（elongate）基因（el）等。它们也会严重影响花粉的育性和结实性。对于环境条件、核基因突变和细胞质基因引起的不育性，可以通过常规的遗传分析加以区分，但对于染色体变异所造成的不育性，只靠遗传分析是无法证明的。只有和染色体的细胞学行为结合起来才能找到可靠的答案。此外，细胞遗传学家为了特定的研究目的，常对染色体进行各种处理和操作，观察后代染色体行为和变化及其所引起的遗传现象，分析和验证各种遗传规律。

对染色体的观察是细胞遗传研究的主要内容之一。在光学显微镜下，观察染色体的目的有两个，一是观察染色体的形态、结构和数目的变化，二是观察同源染色体在减数分裂中的联会行为。

对大多数生物来说，染色体形态观察最理想的时期是有丝分裂中期。这时的染色体收缩最短，形态学特点鲜明而稳定。可以根据染色体长度、着丝粒位置和副缢痕的有无和位置来识别其个体性，但有时还有一定困难。后来发展起来的染色体分带技术，提供了新的识别标志。为了统计染色体数目，大多利用有丝分裂中期，但也可以观察减数分裂终变期或中期Ⅰ。由于这时同源染色体尚未分开，观察到的染色体数目是成对的。

观察减数分裂中染色体的联会行为，是了解染色体之间的同源性，判断物种之间亲缘关系的重要手段。因为只有同源染色体之间或具有同源性的染色体节段之间才能进行联会，而且联会严格地以一对一的方式进行，所以涉及同源染色体的数量或结构变化都能通过联会行为反映出来。加上染色体长度和节段间交换的发生，会呈现出各具特色的染色体构型。观察染色体联会的最理想时期是粗线期。这时的同源染色体虽已纵裂和收缩，但彼此间仍密切相连。特别适合于染色体结构变异的观察，从头到尾追踪同源染色体联会的来龙去脉。在缺失、倒位和易位的杂合体中，可以分别观察到粗线期染色体鲜明的缺失圈、倒位圈以及易位的十字形交叉。双翅目昆虫的唾腺染色体是一种巨大的多线染色体，而且发生同源染色体联会，所以也可以用来研究染色体的配对行为。终变期和中期Ⅰ是判断染色体同源性的重要时期。终变期的染色体已极度缩短，染色体交叉已经端化，但同源染色体还没有分开，发生交叉的染色体，末端部分依旧相连，且染色体比较分散，故不仅染色体计数十分方便，而且还可以从染色体的构型来判断同源染色体间的配对和交叉情形。单体、三体、四体，以及各种杂易位体在终变期均有特有的染色体构型而彼此相互区别。中期Ⅰ同源染色体都移动到赤道板上，但有单价染色体存在的材料，会出现单价体落后现象，这是判断单价体最理想的时期。后期Ⅰ也可以识别落后的单价体，对识别发生交换的杂合臂内倒位体是特别有效的，因为它会形成具有双着丝粒的染色质桥和无着丝粒染色体断片，后者往往落后于其他正常染色体的分离。另外，原位杂交也是研究染色体行为的重要方法（见第十三章）。

复 习 题

1. 举例说明哪些生物属于单倍性生物、二倍性生物和二倍-单倍性生物，它们的生活史有何不同？

2. 以玉米为例说明高等植物大、小孢子和雌、雄配子的发生过程。

3. 什么叫做花粉直感？花粉直感是怎样发生的？作物种子的哪些部分会发生花粉直感？

4. 已知玉米根尖细胞中染色体数为 20，那么下列各类细胞或组织中应当有多少条染色体：小孢子母细胞、管核、珠心层、花丝、胚囊母细胞、胚、糊粉层、淀粉层、大孢子和果皮。

5. 让紫株玉米与绿株玉米杂交，F_1 株是紫色株，F_2 出现了 6 种类型。其中紫株 983 株，日光红株 301 株，浅紫株 285 株，浅日光红株 95 株，棕株 287 株和绿株 225 株。试解释这种遗传现象，用χ^2测验是否符合 3 对因子遗传。

6. 假定有 Aa、Bb 和 Plpl 3 对基因决定玉米植株色素。其中 Aa 决定色素的生成与否，Bb 决定色素的强弱，Plpl 决定产生紫色素和红色素。具有 ABPl、ABpl、AbPl、Abpl 和 aBPl 基因型的植株分别表现紫、日光红、浅紫、浅日光红和棕色株，试问第 5 题中的绿色株的基因型是什么？纯紫株与纯绿株的杂种 F_1 与 abpl 株杂交，后代植株的颜色表现和分离比例如何？

7. 让一株纯合光叶幼苗（gl）、无色糊粉层（a）和正常胚乳（Fl）玉米作母本，与另一株正常幼苗（Gl）、有色糊粉层（A）和粉质胚乳（fl）玉米杂交。授粉当代种子的性状表现如何？正反交结果相同吗？F_1 子粒长出的幼苗表现何种性状？让 F_1 自交，自交果穗上性状如何分离？种下 F_2 种子，幼苗将表现何种性状？

8. 让 3 对独立基因杂合体 AaBbCc 自交，后代中希望有 99%的把握出现至少一个三隐性株，应当种植的最小群体为多少株？如果一个群体中，aa 株的频率为 10%，那么种植多大的群体，就有 99.9%的把握保证 aa 个体不会因基因漂移而完全丢失？列出计算过程。

9. 何谓基因等位性测验？如何进行基因等位性测验？

10. 解释名词：双受精、异受精、剂量效应、雌配子体、基因等位性测验、连锁群测验。

第二章 染色体的形态特征及其与遗传的关系

无论是病毒、细菌还是高等动、植物，它们的遗传物质都以特定形式组织起来，成为一条或数条染色体。染色体是细胞中明显的结构单位，是细胞生理功能的发动者，是主要遗传物质的载体。尤其是它的行为和变化给许多遗传现象提供了物质基础，因此，遗传学家对染色体的形态特征极为重视。事实上，细胞遗传学之所以发展成为一门独立学科，就是联系了遗传现象和染色体行为进行研究的结果。

在数目和形态上，染色体都有很大的变异。动、植物不仅在物种间，而且在同种的某些个体之间也存在着变异。个体之间的变异范围大致决定它的生活史的主要部分是单倍体、二倍体还是多倍体。在不同品系之间，已知有某种染色体上的差别还受遗传所控制。一般而言，同一个体组织细胞内的染色体数是恒定的。但也有例外，在菠菜根细胞中经常能找到四倍体细胞，与正常二倍体细胞同时存在。以同一染色体组的个别成员来说，由于各具形态特征，相互间的差别更带有普遍性。细胞进行分裂时，染色体形态的一系列变化十分明显，但是这种变化周期又能在每次分裂中得到重复，而且不同染色体的行动还十分一致。染色体的长度和外形往往随组织、营养条件不同或温度的高低，以及特殊的药品影响而异。因此，在研究染色体形态的时候，必须对所有材料的各个方面都要做周密的考虑。

第一节 染色体的一般形态特征

一、染色体的大小

染色体的大小在同一物种内以分裂中期测定比较稳定。其厚度或直径，在物种之间的变化比较小，一般为 0.2～0.3μm，但染色体长度变化较大，平均而言，小的为 0.5μm，大的为 25μm。植物染色体比动物染色体要大。在高等植物中，单子叶植物比双子叶植物要大。但也有例外，如小檗科牡丹草属（*Leontice*）植物就具有较大的染色体。单子叶植物中延龄草属（*Trillium*）植物的染色体可能是最长的，达到 30μm。其他具有较大染色体的植物有百合属（*Lilium*）、葱属（*Allium*）、郁金香属（*Tulipa*）和鸭跖草属（*Commelina*）等。禾本科植物中的玉米、大麦、小麦、黑麦的染色体比水稻的大。大豆、棉花、三叶草、苜蓿等植物的染色体较小。真菌的染色体十分微小，最短的只有 0.25μm。灯心草属（*Juncus*）和薹草属（*Carex*）植物的染色体也都不到 1μm。动物中以两栖类的染色体最大。人类染色体平均长度为 4～6μm。

同种生物染色体长度差别不大，但也有例外。黑腹果蝇的Ⅳ号染色体只有 0.2μm，而Ⅲ号染色体为 2.8μm。火鸡、家鸡和鸽子等，除了较长的染色体之外，还有几乎无法决定数目的小型染色体。玉米最长的 1 号染色体的长度相当于最小的 10 号染色体的 2.2 倍。

同一个体不同组织的细胞，染色体的长短可能有很大的差别。例如，果蝇神经细胞染色体比性腺细胞染色体大得多。某些双翅目昆虫（果蝇、尖眼蕈蚊、摇蚊等）的唾腺染色体的长度往往数十倍于其他细胞的中期染色体，而且是由多条染色线所组成的。不过各条染色体的相对长度仍旧是比较固定的。

不同生物染色体的数目和大小差别很大。一般来讲，染色体数目越少，染色体长度就越长。在体细胞中观察到的染色体长度与性母细胞中的相比并不总是一致的，主要是由于常染色质和异染色质的收缩程度不同。具有较多异染色质区域的染色体在粗线期可能较短，但在体细胞里就会显得较长。例如，番茄的 10 号染色体，在粗线期最短，但在体细胞中却是最长的染色体之一，这是因为它的异染色质区段较长；6 号染色体粗线期为中等长度，但在体细胞组织中却是最短的，这是因为它具有很少的异染色质区段。

外界环境条件对染色体的大小也有一定的影响。例如，在低温条件下细胞分裂形成的染色体，往往比高温条件下细胞分裂产生的染色体显得短而紧实。一些化学药品，如秋水仙碱和对二氯苯等对染色体有缩短作用。组织培养中，在高磷酸浓度培养基中进行细胞分裂产生的染色体要比低浓度培养产生的染色体大。

二、染色质的结构

染色质因在细胞分裂间期呈细丝状结构，称为染色质线，是 DNA 与蛋白质的复合物，其中遗传物质 DNA 占 30%～40%，DNA 通过与组蛋白组成的复合体形成染色质的基本骨架。染色质的基本单位是核小体和连接丝。核小体由 146bp 的 DNA 缠绕一个由组蛋白 H2A、H2B、H3 和 H4（核心组蛋白）构成的蛋白核心组成。这些组蛋白的排列是，一个 $(H3\text{-}H4)_2$ 四聚体与两个 H2A-H2B 二聚体相连在一起，其中，两个 H2A-H2B 二聚体相对位于四聚体的两个面上。组蛋白的氨基末端在决定所形成的染色质类型中起着重要作用，它突出于核小体的表面。形成核小体的 DNA 螺旋分子压缩了 6 倍，通过核小体的折叠卷曲产生 1∶40 压缩的 30nm 纤维，染色质如何进一步螺旋化压缩形成染色体尚无定论。一种较普遍认可的模型如图 2-1 所示。在这种辐射环/支架模型中，30nm 纤维形成环状结构，这些环的基部附着于一种非组蛋白“支架”上。这种纤维的直径约 240nm，它可能是间期染色体的最终包装水平——故称为染色单体丝，在此基础上螺旋压缩形成中期染色体。

三、着丝粒形态

每条染色体都有一个透明的缢缩区，这是纺锤丝着生处，叫做着丝粒（centromere）或初缢痕（primary constriction），是控制染色体运动的器官。在细胞分裂中期，当染色体其他部分高度收缩时，着丝粒区因不收缩或收缩甚少，因而清楚可见，呈现透明缢缩状构造（图 2-2）。

不带着丝粒的染色体在细胞分裂中不能到达赤道板，后期就会落后于其他染色体而消失在细胞质中。着丝粒把每个染色体分为两臂，根据它在染色体上所处的位置又有中着丝（metacentric）、亚中着丝（submetacentric）、近端着丝（acrocentric）和端着丝（telocentric）之分。中着丝粒染色体两臂长度相等；亚中着丝粒染色体的一条臂长于另

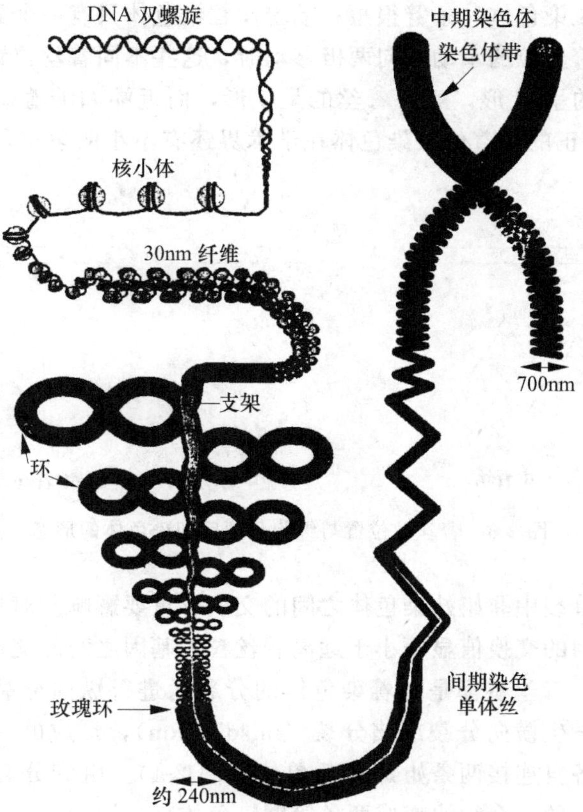

图 2-1　染色体结构的辐射环/支架模型中染色质包装水平

（引自比克莫尔，2000）

以螺线管排列的 30nm 核小体染色质丝组成环形结构，这些环形结构由中央的染色体支架向外辐射形成 240nm 的间期染色单体丝，进一步经过纵向和横向凝聚形成中期染色单体。这种模型称为染色体结构的辐射环/支架模型

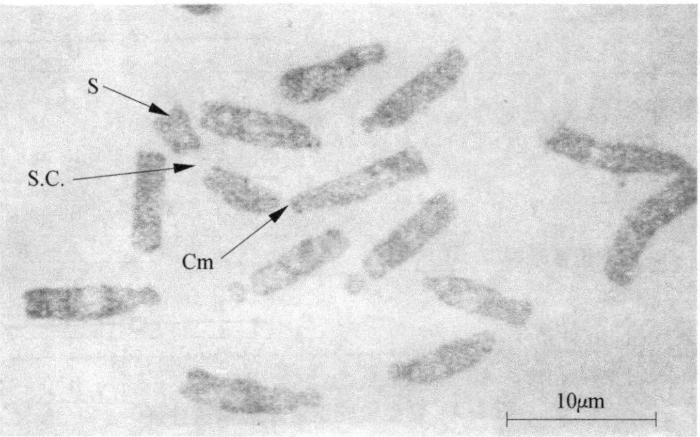

图 2-2　蚕豆根尖有丝分裂中期染色体，显示大型亚中着丝粒染色体（引自 Swanson，1981）

着丝粒（Cm）、副缢痕（S. C.）和随体（S）

一条臂；近端着丝粒染色体一条臂很短；端着丝粒染色体只有一个染色体臂。在细胞分裂后期，染色体在着丝粒的牵动下向两极移动时，这些不同着丝位置的染色体呈现出不同的形状：中着丝的呈 V 形，亚中着丝的呈 J 形，而近端和端着丝粒染色体则呈棒形（图 2-3）。是否有真正的端着丝粒染色体在学术界还有不小的争论，不过小鼠的染色体很可能是端着丝的。

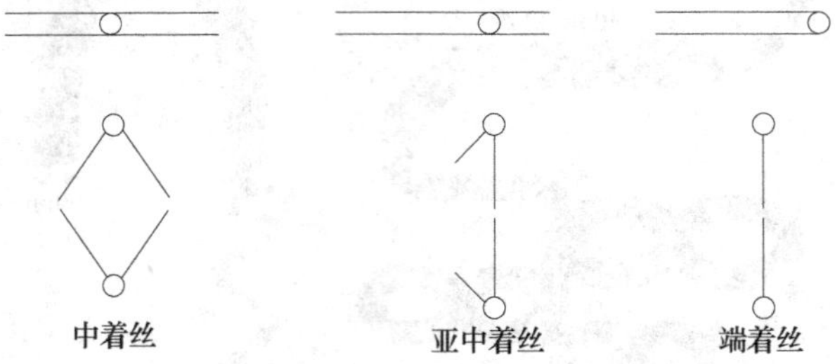

图 2-3　着丝粒位置与细胞分裂后期染色体的形态

着丝粒对减数分裂中非姐妹染色体之间的交换有重要影响。对易位体所做的研究表明，着丝粒附近基因的交换值显著小于远离着丝粒的基因之间的交换值。

在一般情况下，着丝粒都是随着染色体的分裂而进行纵向分裂的。但在偶然情况下，着丝粒也可以发生横向分裂或错分裂（misdivision），形成的两个新着丝粒都是原着丝粒的一部分，各自连接两条姐妹染色单体（图 2-4）。由错分裂产生的两个顶端着丝粒染色体是不稳定的，会很快变成两条等臂染色体（isochromosome）。它们的着丝粒都是有功能的，因而可以设想，着丝粒并不是一个不可分割的整体，而是一个复合结构。在玉米中，McClintock 通过 X 射线照射，诱发 9 号染色体的断裂和缺失，其中一个断点发生在着丝粒中。因此，缺失断片包括一部分着丝粒，形成一个小型环状染色体（图 2-5）。McClintock 发现，无论是缺失 9 号染色体或环状染色体，在细胞分裂中都正常运动，说明它们的着丝粒都具有完整的功能。

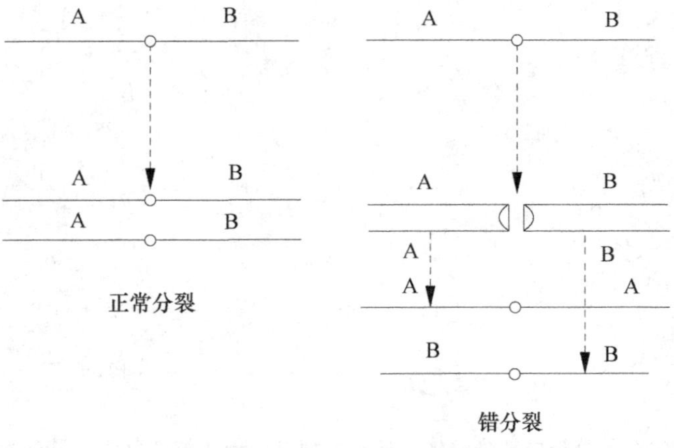

图 2-4　着丝粒的正常分裂和错分裂

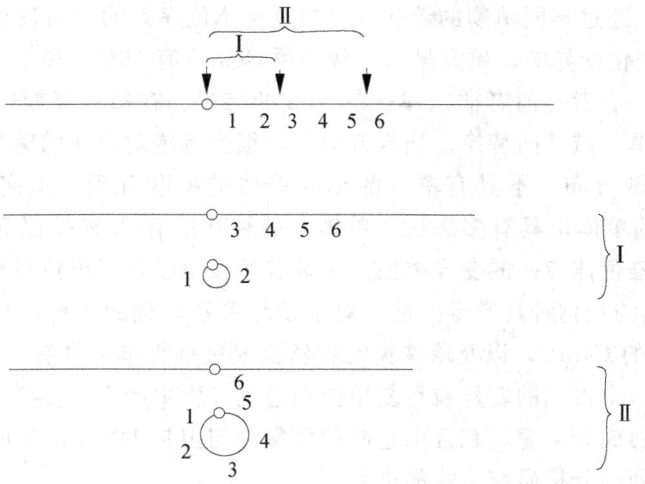

图 2-5　玉米 9 号染色体在 X 射线照射下发生断裂，一个断点发生在着丝粒，产生两类缺失 9 号染色体和两个带有部分着丝粒的环状染色体断片

在染色体充分延伸的状态下，着丝粒并无特定的形态特征可供识别，穿过着丝粒的核苷酸序列也与其他部分没有差别。只有在染色体高度收缩状态下或者着丝粒作为一个特定细胞器发挥功能的时候，才能观察到它的形态结构。在一般体细胞中，着丝粒通常呈不着色的缢痕区；在玉米粗线期，则呈现出一个不着色无结构的卵圆形球状体。

在一般情况下，每条染色体只有一个集中的着丝粒，但许多半翅目（Hemiptera）和异翅目（Heteroptera）昆虫、线虫类的马蛔虫，以及植物中的地杨梅（*Luzula multiflora*）等，整个染色体上都有着丝粒分布，称为分散型着丝粒（diffuse centromere）。具有分散型着丝粒的染色体，在细胞分裂中期与赤道板平行排列，到了后期，染色体也平行地向两极移动（图 2-6）。如果用 X 射线照射，使染色体断裂，则无论断片大小，分裂后期染色体都能有规律地趋向两极。

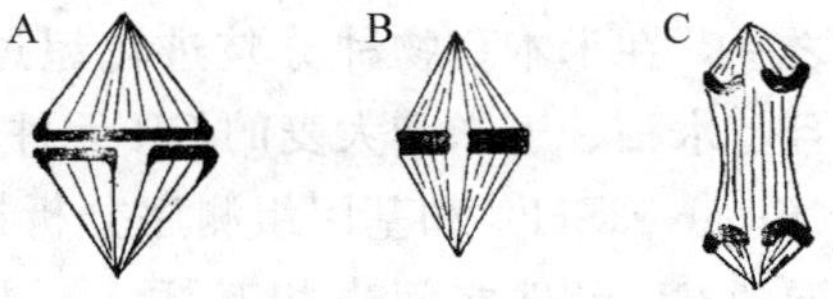

图 2-6　分散型着丝粒染色体在细胞分裂中期与后期的形态

A. 一对染色体的一个成员断裂；B. 两对染色体中期Ⅰ平行排列；C. 后期Ⅰ同源染色体以平行方式趋向两极

四、着丝粒的结构和功能

近十年是着丝粒研究取得飞速发展的时期。果蝇、人类等的研究结果表明，着丝粒的功能在真核生物都是高度保守的，但着丝粒 DNA 序列却没有保守性，不同的生物具有显著不同的着丝粒 DNA 序列。多细胞真核生物的着丝粒通常包埋在大量高度重复的 DNA 序列中，一般包括着丝粒卫星 α-DNA 和着丝粒专一的还原转座子。

植物着丝粒通常包含长达几个 Mb 的串联重复卫星 DNA 序列，不同的染色体上，着丝粒卫星 α-DNA 的含量有所不同。例如，拟南芥的每个染色体都有 2.8～4Mb 的 180bp（pAL1）着丝粒卫星重复序列；栽培稻（*Oryza sativa*）的 CentO 阵列在 12 条染色体中的长度为 65kb～2Mb；玉米不同染色体着丝粒的 CentC（156bp）阵列的长度为 180kb～2Mb。通过不同植物的着丝粒卫星重复单位序列的比对发现：植物着丝粒卫星 DNA 是快速进化变异的。研究显示，栽培稻 CentO 有 155bp 和 164bp 两个不同的亚族，以前者为主，后者是前者插入单一的 9bp 的结果；在每一亚族中又有许多变异类型，这些变异是单一碱基的替换、插入或缺失，很少有绝对保守的碱基；另外，相同的变异类型广泛分散分布，不具有单一的相同单体的串联阵列。拟南芥同一生态型的 180bp 重复单位的单体也具有多态性，单体间的核苷酸有 95％是保守的，但存在随机的碱基替换，有染色体专一的变异类型。多数着丝粒卫星重复单位只对亲缘关系很近的（一般是同一个属的）物种具有专一性。对于亲缘关系较远的物种，目前仅发现栽培稻的 CentO 与玉米的 CentC，以及珍珠稷的着丝粒卫星重复单位具有一个 80bp 的同源区段，表明禾本科一个古老的着丝粒重复单位在进化过程中产生了多样的变异类型。着丝粒区特殊的组蛋白成分、着丝粒区染色质的凝集等与卫星 DNA 进化的选择有关，因此可以通过这类序列的分析研究生物的进化。

植物着丝粒的功能区不仅包含有卫星重复单位阵列，还含有着丝粒专一的还原转座子。拟南芥着丝粒中，反转录转座子 Athila（一种 Ty3-gypsy 反转录转座子）插在 180bp 卫星重复单位阵列中，形成 2～4Mb 的着丝粒的核心。禾本科植物也存在着丝粒专一的还原转座子（centromeric retrotransposon，CR）。CCS1 和 pSau3A9 是最早发现的插入到着丝粒区的两个 CR 家族重复序列。研究发现，它们与 Ty3-gypsy 反转录转座子的整合酶编码序列或 LTR 具有部分同源性。不像其他的还原转座子家族那么快速进化，CR 家族在所有已研究过的禾本科物种的着丝粒中，是已知的最保守的可转座元件之一，在禾本科物种分歧进化超过 6000 万年后还保持了高达 80％的序列同源性；而且，水稻、玉米和大麦的 CR 元件中还存在高度保守的序列。DNA 纤维荧光原位杂交（Fiber-FISH）和基因组测序分析揭示，CR 元件散布在着丝粒卫星重复阵列之间，不同的 CR 元件之间也相互插入，并常常簇集在一起成为长的阵列。在玉米中，CRM

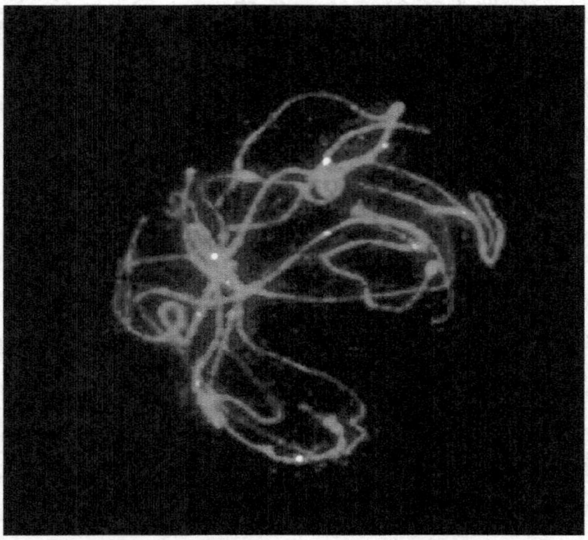

图 2-7 玉米粗线期荧光原位杂交（FISH）结果（由 Jin 提供，2008）
高亮点（红色信号）为 CentC；低亮点（绿色信号）为 CRM

(玉米 CR 族）元件与 CentC 广泛地混合在一起（图 2-7）。在着丝粒的核心，这种混合的 CRM 和 CentC 序列的长度从 300kb 到大于 2.8Mb 不等（图 2-8）。即使在玉米的 B 染色体，其功能着丝粒部分除含 B 染色体专一重复单位 ZmBs 外，也含有 CentC 和 CRM（Jin *et al.*，2005）。这些事实一方面表明，在植物着丝粒的进化过程中，像 CR 这样的还原转座子的结构完整性得以保存，并可成为功能着丝粒的组分。另一方面，一些植物着丝粒中的许多串联重复序列起源于还原转座子。例如，拟斯卑尔脱山羊草（*Aegilops speltoides*）的 250bp 着丝粒串联重复家族的重复单位与 Ty3-gypsy 反转录转座子 *cereba* 的部分区域保持着显著的同源性，说明转座子元件在着丝粒的进化过程中可产生分歧的着丝粒串联卫星重复单位。

图 2-8　玉米 6 号染色体着丝粒的结构（引自 Jin，2004）

Fiber FISH 结果：高亮点（绿色信号）为 CentC；低亮点（红色信号）为 CRM

着丝粒 DNA 通过蛋白复合体-着丝点（kinetochore）与纺锤体微管连接。外着丝点（outer kinetochore）在染色体凝缩时装配并与微管连接，在染色体分离后便解体；内着丝点（inner kinetochore）则在整个细胞周期中都与着丝粒 DNA 留在一起，它是由着丝粒染色质和与之相连的基础蛋白质组成的。已有众多的着丝粒/着丝点蛋白被鉴别，在酵母和人类的着丝粒中已分别识别了 65 种和 20 余种蛋白质。在人类的着丝粒中，有 6 种组成型蛋白质是有丝分裂期间装配完整着丝点的基础，称为基础着丝点蛋白（foundation kinetochore protein）。目前，至少已在 14 种植物中鉴别了部分这些基础着丝点蛋白的同源物，其中包括着丝粒组蛋白 H3（CENH3，即着丝粒特异组蛋白 H3 的变异型）和 CENPC（表 2-1）。例如，玉米、拟南芥、水稻、甘蔗以及具有分散型着丝粒的 *Luzula nivea* 等植物的 CENH3 最近被成功鉴别。这些事实表明，与着丝粒 DNA 的快速进化相反，包括 CENH3 和 CENP-C 在内的几种着丝粒/着丝点复合物蛋白在真核生物中是保守的。

表 2-1　不同生物基础着丝点蛋白的同源物

人类	鼠	鸡	果蝇	线虫	玉米	拟南芥	水稻	出芽酵母	裂殖酵母
CENP-A	Cenpa	CENP-A	Cid	HCP-3	CENH3	HTR12	CENH3	Cse4	Cnp1/Sim2
CENP-B	Cenpb								Abp1，Cbh1，Cbh2
CENP-C	Cenpc	CENP-C		HCP-4	CENPC	AtCENPC	CENPC	Mif2	Cnp3d
CENP-H	Cenph	CENP-H						Nnf	Sim4
CENP-I	Cenpi	CENP-I						Ctf3	Mis6
hMis12	Mis12	MIS12				AtMis12	OsMis12	Mtw1	Mis12

引自余朝文等，2006。

大量实验证据表明，CENH3 在真核生物着丝粒的形成和功能实现中起着关键作用：CENH3 存在于整个细胞周期中；它只存在于所有活性着丝粒和新着丝粒（neocentromere）中，而在失去活性的着丝粒中则不存在；它决定着丝点组装的位置，并在着丝粒 DNA 与蛋白性的着丝点之间形成联结（图 2-9）。果蝇和老鼠实验还证明，当 CENH3 被破坏或人为过量表达时，所有被检测的着丝点蛋白都被错误定位。在活性着丝粒，CENH3 取代了核小体组蛋白八聚体中的组蛋白 H3，形成含 CENH3 的核小体。

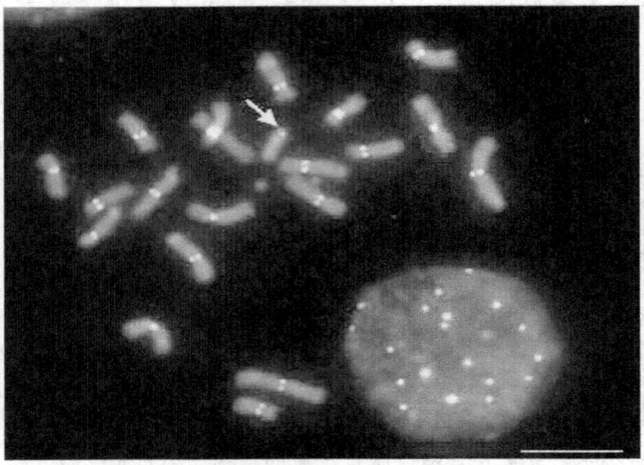

图 2-9　玉米染色体荧光免疫染色结果（由 Jin 提供，2008）

亮点（黄绿色信号）为 CENH3 抗体，箭头所指为玉米 B 染色体（信号相对较弱）

因为 CENH3 是真核生物内着丝点的根本特征，是功能着丝粒的共同基础，因此 CENH3 是功能着丝粒染色质的识别标记。通过用 CENH3 抗体进行染色体免疫标记（immunostaining）结合荧光原位杂交（FISH）或染色质免疫沉淀（chromatin immunoprecipitation，ChIP）实验，可以确定 DNA 组分是否属于着丝粒的功能性 DNA 元件。Jin 等（2005）通过伸展染色质上的免疫荧光染色加 FISH 来鉴别与 CENH3 相互作用的 DNA 序列，估算出玉米 B 染色体的 CENH3 结合区约为 700kb。ChIP 实验显示，拟南芥、玉米、水稻和甘蔗的卫星 DNA 及相应的 CR 元件与 CENH3 发生相互作用，说明它们是这些物种着丝粒的功能组分。如前所述，着丝粒卫星 DNA 的量在染色体间的差异很大，在大多数情况下，着丝粒卫星 DNA 存在巨大的过剩。ChIP 实验表明，只有一部分卫星 DNA 包含在与 CENH3 相连的着丝粒染色质中（Nagaki *et al.*，2003）。栽培稻的第 8 染色体着丝粒（CEN8）是 12 对染色体中含 CentO 最少的，它含有一个约 750kb 的 CENH3 结合区。另外，经过 ChIP 后，可对用 CENH3 抗体免疫沉淀的染色质 DNA 进行克隆分析，从而鉴别功能着丝粒 DNA 序列（即 ChIP cloning 技术）。Lee 等（2005）通过此方法，成功分离了野生稻 *Oryza rhizomatis*（CC 基因组）和 *Oryza brachyantha*（FF 基因组）特异的着丝粒功能序列。

组蛋白 H3 在进化上很保守，而 CENH3 则是快速进化的。已知的 CENH3 与 H3 都由核心区（core region）与氨基末端区（N-tail region）组成：核心区在 CENH3 与 H3 之间以及不同物种的 CENH3 之间是很保守的，而 CENH3 氨基末端尾巴的长度和序列则高度可变，蛋白质折叠域（HFD）的 1 号环（loop-1）也有差异（图 2-10）。这种差异可能归因于组蛋白 H3 必须与整个基因组的 DNA 相互作用，而 CENH3 则只需与快速进化的着丝粒卫星 DNA 相互作用。在拟南芥、果蝇、鼠和人类等多种 CENH3 组氨酸尾巴中均发现 CENH3 的两个 N 端扩展为凹槽型 DNA 结合形状，暗示氨基末端区具有包装功能。CENH3 的 loop-1 比 H3 组蛋白的长，预示着丝粒组蛋白与 DNA 的接触具有序列特异性。当卫星 DNA 快速进化时，着丝粒蛋白必须保持结合卫星 DNA 的能力，这样便产生了快速蛋白质进化的需要，以保持 DNA-蛋白质结合专一性。这种正向选择已在动植物中得到证实：在果蝇和拟南芥中还发现，CENH3 的 loop-1 及核心序列的一个邻近区发生了适应性进化，表明这些区域与 CENH3 的 DNA 结合专一性密切相关。CENH3 可能为着丝点和快速进化的着丝粒 DNA 序列间提供了一个分子桥梁。

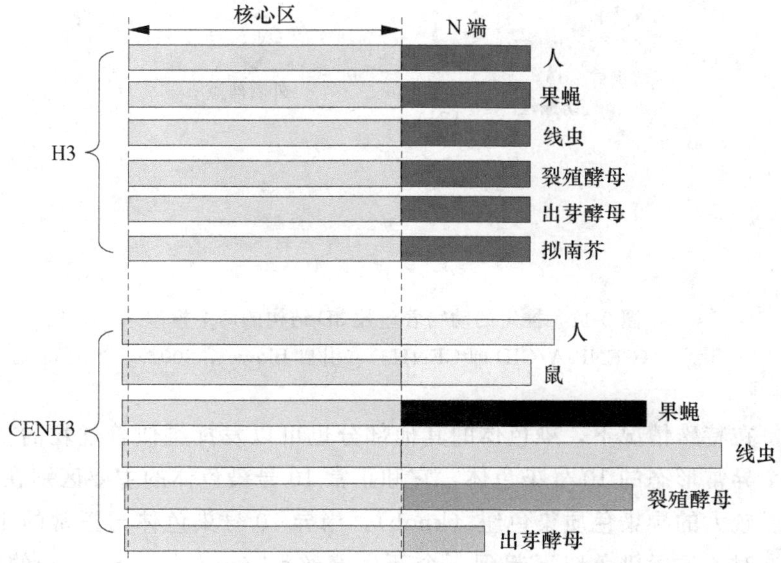

图 2-10　H3 和 CENH3 蛋白序列的比较（引自 Henikoff，2002）

Henikoff 等（2002）提出了着丝粒驱动模型。他们认为着丝粒卫星 DNA 结合着丝点蛋白最为有效，可以通过着丝粒卫星序列的扩张来招募更多的着丝粒核小体来赋予这种优势。由于着丝粒驱动的存在，卫星 DNA 不断地进化以更有效地结合着丝点，增强它们被分离到后代的机会；而宿主也不断地进化，以调节着丝粒 DNA 与 CENH3 等着丝粒 DNA 结合蛋白间的相互作用，以便每条染色体以大致一样的效率分离。这样“竞赛”的结果是产生不断变化的长而均一的卫星阵列。串联重复单位很适合这样的环境，因为它们容易发生不等交换，不等交换能够在一个相对较短的时间清除整个阵列中新的多态性。在拟南芥已经证实了着丝粒卫星 DNA 的均质化，而且在卫星 DNA 的均质化和卫星 DNA 变异类型的保持之间存在一种平衡，这种平衡能够最终产生足够的序列分歧以引起物种间的交配不相容，同时在一个物种内维持着丝粒活性所需的足够的保守性。着丝粒驱动模型同样解释了 CENH3 和 CENP-C 的适应性进化。

真核生物着丝粒 DNA 的快速进化提示着丝粒的识别和保持不依赖于着丝粒的 DNA 序列。人类与植物中的新着丝粒有活性和功能，但并不含天然着丝粒所具有的微卫星 DNA，表明卫星 DNA 不是有效着丝粒形成所必需的组分。这些事实说明，人类、植物等真核生物着丝粒的识别和保持不完全依赖于着丝粒 DNA 序列，而主要是依赖于着丝粒染色质的表观遗传（epigenetic）状态。我们对植物着丝粒如何识别和维持这一关键问题仍然缺乏清晰的认识。植物着丝粒染色质的组装和结构仍是植物着丝粒研究的难点，至目前才鉴别了为数不多的植物着丝粒蛋白，难以充分认识植物着丝粒蛋白之间的相互关系和阐明植物着丝粒染色质的三维（3D）结构（图 2-11）。分离鉴别其他多种植物着丝粒蛋白、解析着丝粒染色质的组蛋白修饰，是植物着丝粒结构和功能研究的重要方向。

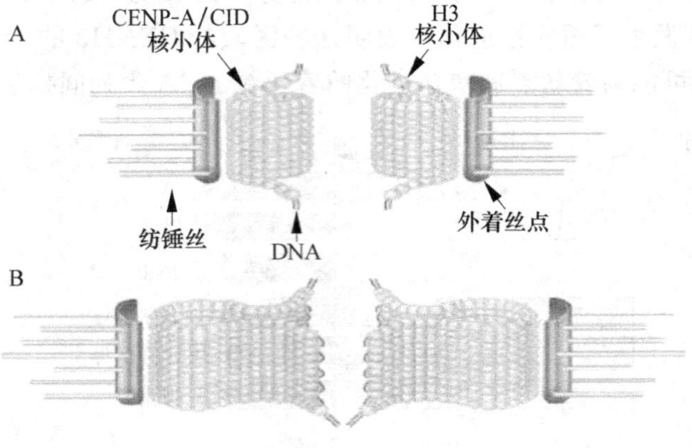

图 2-11　推定的动物着丝粒 3D 结构的两个模型
（CENP-A/CID 即 CENH3）（引自 Blower，2002）

应指出，在特殊情况下，染色体的其他部分也可以发挥类似着丝粒的功能。例如，玉米存在一个异常形态的 10 号染色体，它和正常 10 号染色体的主要区别在于它的长臂末端附着一段较大的异染色质染色纽（knob）。当异 10 号染色体与正常的 10 号染色体处于杂合状态时，这段染色纽区起到一个新生着丝粒（neocentromere）的作用，带动这段染色体臂提前移向两极。在异 10 号染色体的影响下，其他带有染色纽的染色体也都以同样方式提前分开（图 2-12）。由于玉米减数分裂后产生的 4 个直线排列的大孢

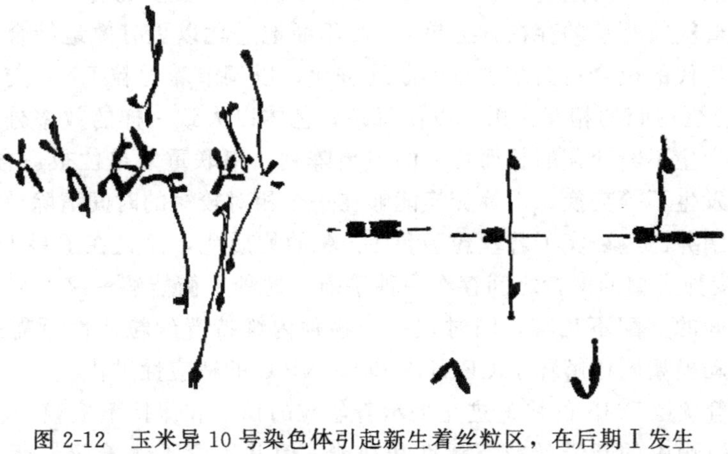

图 2-12　玉米异 10 号染色体引起新生着丝粒区，在后期 I 发生
染色体端部提前移向两极的现象

子中，最里面的一个发育为胚囊，所以异10号染色体和所有带染色纽的染色体臂及其载有的基因，都会提前移到最外或最里面的大孢子中，从而引起遗传上的偏分离（preferential segregation）现象，也就是基因杂合体Aa产生的A配子与a配子的分离不等于1∶1。

五、副缢痕、核仁组织者和随体

在生物染色体组中，通常有一条至几条染色体具有副缢痕（secondary constriction）。细胞分裂前期，副缢痕和核仁（nucleolus）相连。进入中期后，核仁消失，副缢痕在染色体臂上呈透明状缢缩区。一般而言，生物形成核仁的数目与具有副缢痕染色体的数目有关。由于核仁能够融合，所以具有副缢痕的染色体数是形成最大限度的核仁数。

玉米的副缢痕位于6号染色体的短臂上。在着丝粒方向紧挨副缢痕处还有一个大的异染色质染色纽。副缢痕和染色纽两部分构成了核仁组织者（nucleolus organizer，NOR）（图2-13）。用断点发生在NOR的染色纽区和副缢痕区的6号染色体易位为材料进行研究，证实了核仁组织者是可以分割的，无论是染色纽的基部还是远端都具有单独形成核仁的能力。但如果没有副缢痕存在，则形成的核仁都很小，说明副缢痕对正常核仁的形成是非常重要的。

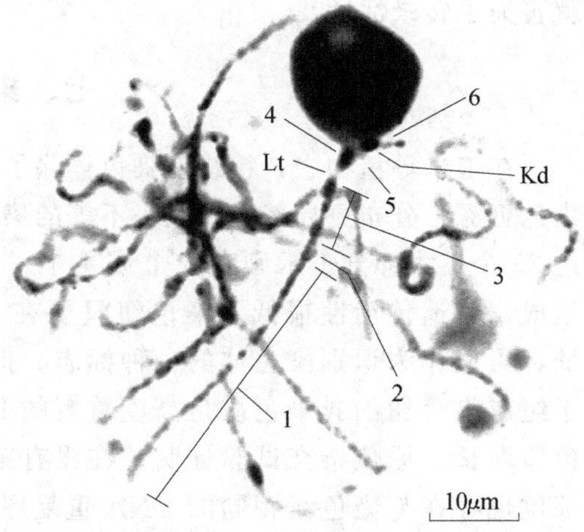

图2-13　玉米小孢子母细胞减数分裂粗线期6号染色体与核仁组织者相连（Phillips et al.，1971）
1. 长臂；2. 着丝粒；3. 短臂；Lt. 浅染色区域；4. 近端异染色质区域；5. “gap”区域；Kd. 远端异染色质区域；6. 随体

NOR的另一功能是合成核糖体RNA（rRNA）。有充分的证据说明，组成核糖体的两个重要的RNA，即18S rRNA和28S rRNA，是在NOR中合成的。D. D. Brown和J. B. Gurdon（1964）等证明，缺少NOR的非洲爪蟾（*Xenopus laevis*）发育到原肠胚期时，由于耗尽了从母体得到的核糖体而死亡。rRNA基因在NOR是高度重复的。在动物（果蝇、非洲爪蟾）中有数百个拷贝存在，在植物（玉米等）中可能有数千个拷贝存在。Phillips（1979）曾经证明，大约有78%的rRNA基因存在于异染质染色纽区，其余的22%存在于副缢痕区。

5S rRNA和核糖体蛋白质由具NOR以外的染色体编码，NOR把这些物质集中起来，组成核仁，并加工成核糖体，输送到细胞质中，从事蛋白质合成，所以代谢越旺盛的组织，蛋白质合成速度越快，间期细胞核的核仁就越大。

NOR在染色体上的存在也不是随机的。A. Lima-de-Faria（1976）根据对506个物种的观察，发现有86%的NOR是在染色体短臂上，而且离着丝粒的距离也是相当稳定的。

副缢痕外面的染色体部分叫做随体（satellite）。其大小随不同物种而异，常常由异染色质所组成，具有高度重复的DNA序列。这种随体DNA可以和着丝粒区异染色质

DNA 进行杂交，说明它们在性质上是一致的。玉米随体在粗线期只能看到 3 个或 4 个染色粒，至今还没有鉴定出有基因存在。

六、染　色　粒

在细胞分裂前期，尤其是粗线期，在光学显微镜下可以观察到染色体的线状分化。染色质聚集成大大小小的颗粒，称为染色粒（chromomere）。染色粒在染色体上的分布并不是随机的。每一条染色体上染色粒的多少、大小和位置在特定的细胞分裂阶段具有相对的恒定性，因而可以作为识别染色体的形态学标志。一般认为，染色粒的形成是染色线局部螺旋化的结果。当螺旋松开，染色线充分伸长，成为环状时，表明这段 DNA 在进行 RNA 的转录，相反，当染色线紧紧螺旋化，成为高度浓缩状态时，这段 DNA 就丧失了转录活性。

七、染　色　纽

在玉米等植物中，粗线期染色体除了显示由常染色质组成的染色粒外，还存在一些染色更深、分布更局部化和大小不等的染色纽（knob)。有些玉米品系，染色纽最多可达 23 个，大部分玉米则有 3 个或 4 个。染色纽和染色粒不同，主要由结构异染色质组成，其遗传活性很低。染色纽只要在一个玉米品系中出现，就成为稳定的遗传特征，可以作为识别染色体的一种标志。但染色纽的有无并不引起任何表现型效应。由于组成染色纽的异染色质是高度重复的 DNA 序列，它提供了额外的 DNA，因而使染色体增长。原位杂交试验证明，在没有染色纽的玉米品系中，相当于染色纽的染色体部位也存在与染色纽相同的 DNA 重复序列，只不过重复的次数大大减少，以至于通过常规的细胞学方法难以识别。

八、端　　粒

端粒（telomere）指的是染色体的自然末端，不一定有明确的形态特征，只对染色体起到封口作用，使 DNA 序列终止。这种作用很特殊，人们无法把端粒插入到染色体臂的中间。端粒的丢失就会损害染色体的正常行为，因为无端粒的染色体会和其他无端粒染色体相互连接起来。如果失去端粒的染色体已经完成复制，则复制后的染色子体也可以自行连接起来，到后期形成染色体桥，引起染色体的缺失和重复。许多植物染色体的端粒由异染色质组成，Giemsa 染色显示 C 带。电子显微镜检查证明，端粒部分具有许多染色质丝，但这些染色质丝并不终止于端粒，而是折回到染色体内。

第二节　常染色质和异染色质

细胞核内能被碱性染料染色的物质叫做染色质（chromatin）。根据染色反应的不同，可把染色质区分为常染色质（euchromatin）和异染色质（heterochromatin）两部分。而异染色质根据其性质，又可进一步分为结构型异染色质或组成型异染色质（constitutive heterochromatin）和功能型异染色质（facultative heterochromatin）两种类型。

一、常 染 色 质

常染色质是构成染色体 DNA 的主体，一般染色较浅。在细胞分裂过程中，常染色质的螺旋化与解螺旋周期与细胞分裂周期相吻合。在分裂间期，常染色质呈高度分散状态，很细、很长，在普通光学显微镜下难以进行观察。在遗传上，常染色质是产生孟德尔比率和引起各类遗传现象的主要物质基础。常染色质 DNA 的合成周期也与细胞分裂周期相协调，发生在 S 期的早期和中期。

二、结构异染色质

通常所说的异染色质就是指结构异染色质。它是一种永久性异染色质，在细胞分裂间期，当染色质高度分散时，结构异染色质依旧保持螺旋化状态，染色很深，因而在光学显微镜下可以鉴别。这种现象在细胞学上叫做异固缩（heteropycnosis）。结构异染色质可以构成染色体的一部分，也可以组成整条染色体。它和常染色质不能相互转化。结构异染色质缺乏孟德尔基因，因而不表现孟德尔分离比例和突变，但并非对遗传没有任何影响。例如，果蝇的 Y 染色体完全由结构异染色质组成。以具有 XO 染色体组成与 XY 染色体组成的雄蝇相比，它们几乎没有任何可见的表现型差别，但 XO 个体是不育的。现已查明，尽管大部分 Y 染色体在遗传上是惰性的，但有 7 个雄性育性基因位于 Y 染色体上。

利用^{3}H 标记尿嘧啶核苷酸来追踪染色体 DNA 的合成过程，发现 DNA 的合成并不是连续的，而是有早有迟。属于常染色质部分的 DNA 合成发生较早，出现于 S 期的早期和中期；属于异染色质部分的 DNA 合成较晚，发生在 S 期的后期。所以如果在 S 期后期供给放射性尿苷酸，则在完成复制的染色体中，放射性同位素都出现在异染色质的部分。以化学成分而言，与常染色质相比，结构异染色质具有较高比例的腺嘌呤与胸腺嘧啶（AT），而且它的 DNA 序列具有高度的重复性。

结构异染色质在染色体上的分布因不同物种而异。许多生物的异染色质倾向于集中在着丝粒周围，如果蝇、小鼠、月见草（*Oenothera odorata*）、蚕豆（*Vicia faba*）、番茄（*Lycopersicon peruvianum*）和蝙蝠（*Carollia perspicillata*）（图 2-14）等；另一些生物的异染色质分布在染色体的顶端，如茅膏菜（*Drosera peltata*）和黑麦等。在某些玉米和类玉米（*Teosinte*）中，异染色质区不仅存在于着丝粒周围，而且可以分布在染色臂的任何部位，成为大大小小特征鲜明的染色纽，这是识别染色体个体性的重要标记。在细胞分裂间期，异染色质异固缩，染色较深，可以作为鉴定染色体数的重要依据。叙利亚仓鼠（*Syrian hamster*）的许多染色体臂都呈异染色质化（图 2-15）。许多昆虫的性染色体，哺乳动物（包括人类在内）的 Y 染色体全部由异染色质所组成。有时，异染色质在减数分裂和有丝分裂周期中甚至在不同组织的细胞中表现也有所不同。例如，果蝇减数分裂时期的染色体有较多异染色质分布，而在唾腺染色体上则主要集中在着丝粒周围，形成一个所谓“染色中心”（chromocenter）的结构。Y 染色体在减数

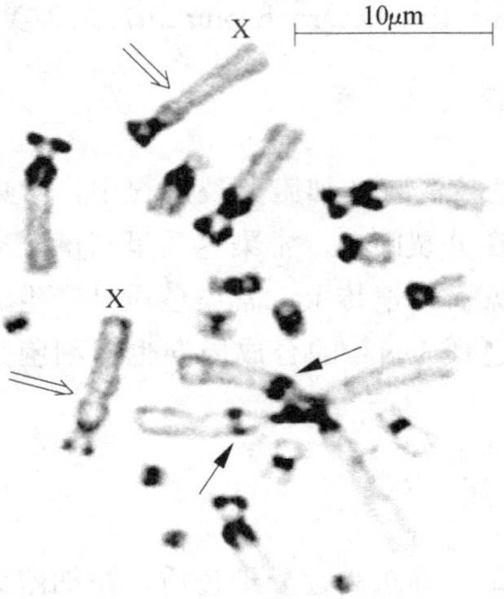

图 2-14　蝙蝠有丝分裂中期着丝粒区异染色质，有些近端着丝粒染色体的短臂也是异染色质（引自 Hsu，1971）

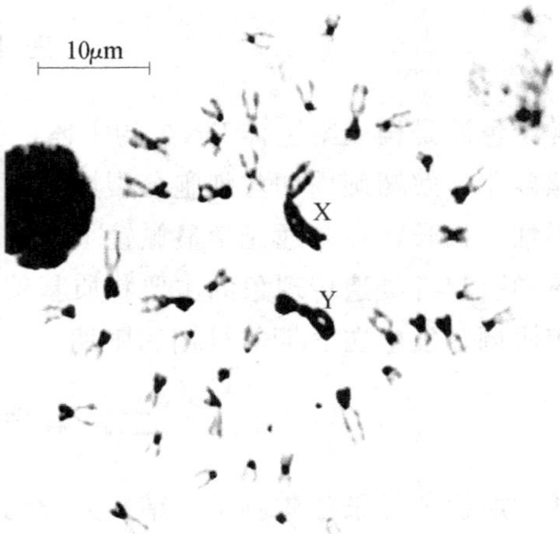

图 2-15　叙利亚仓鼠有丝分裂中期的染色体，许多染色体臂异染色质化，而 Y 染色体全部为异染色质，X 染色体的一条臂为异染色质（引自 Hsu，1971）

图 2-16　玉米 B 染色体邻近着丝粒和远端的粗大部分为异染色质，中间的小粒为常染色质（引自 Swanson，1981）

分裂时期较大，而在唾腺细胞中则成为只有少数几个横带的短片。植物中的超数染色体大都由异染色质所组成。玉米 B 染色体是一个顶端着丝的小型超数染色体，它的 2/3 为异染色质（图 2-16）。

三、功能型异染色质

功能型异染色质起源于常染色质，因而具有常染色质的全部特点和功能，复制时间、染色特征与常染色质相同，但在特殊情况下，在个体发育的特定阶段，这部分常染色质转变成了异染色质，因而获得了异染色质的属性，如发生异固缩、复制延迟等，原来的基因也不再表达。这种异染色质化在染色体组中并不是随机发生的，只限于特定的染色体，而且一旦发生，就是一整条染色体而不是其中的一部分。例如，在人类和哺乳动物胚胎发育早期，雌性胚胎细胞中两条 X 染色体中的一条出现了异固缩现象，移向核膜处，成为染色很深的异染色质小体，称为性染色质（sex chromatin）或巴氏小体（Barr body）。这种现象称为 X 染色体失活或莱昂化作用（Lyonization；见第九章），因为是 M. F. Lyon（1961）给这种现象以正确的解释。在此以后，巴氏小体能一直保持异染色质的特点，失去全部基因的活性。在白细胞中，它呈现鼓槌状外形，是医学上进行早期性别鉴定的重要标志。

四、异染色质的特殊功能

异染色质的功能至今还不清楚。前面提到的玉米异 10 号染色体和正常 10 号染色体的形态十分相似，包括整个染色体的短臂和长臂的绝大部分。其主要区别是，异 10 号染色体长臂末端有一大段异染色质染色纽（图 2-17）。由于这段异染色质的存在，异 10 号染色体产生了三种重要的细胞学和遗传学现象，即形成新生着丝粒、引起偏分离和提高了重组率。

M. M. Rhoades（1942）发现了异 10 号染色体的偏分离现象。在杂合体内，通过母本传递到后代的异 10 号染色体的频率大约为 70%。异 10 号染色体的存在，还能诱发其他带染色纽染色体的偏分离。Rhoades 认为，这种偏分离现象是由异 10 号染色体引起的新生着丝粒造成的。在大孢子母细胞减数分裂的两次细胞分裂中，纺锤丝呈线状排列，具有新生着丝粒的染色体臂在中期Ⅰ提前移向两极，在后期Ⅱ能优先进入呈直线排列的 4 个细胞中的最外部两个细胞，变成有功能的大孢子。与异 10 号染色体异染色质连锁的基因，也随着染色体的偏分离而产生不等量的遗传分离。利用玉米 10 号染色体上的标记基因，可以有力地证明这种偏分离现象。表 2-2 所列是金黄株色基因 g 和无色糊粉层基因 r 与异 10 号染色体两个相应连锁基因杂结合的测交结果。由此看出，无论是原组合或交换组合，凡是与异染色质相连锁的，后代出现频率都在 70%左右，而不是 50%的正常分离。

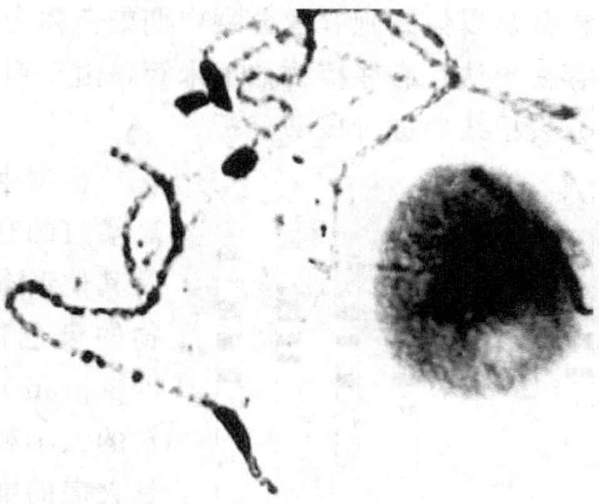

图 2-17　玉米减数分裂粗线期异 10 号染色体涂片（位于图左）可以看到其长臂上的 3 个染色粒和末端的大型异染色质染色纽（引自 Rhoades，1952）

表 2-2　与玉米异 10 染色体不同的连锁基因后代的偏分离

测交组合	后代粒数（及频率/%）				总数/个	测交穗上 R 与 r 粒数（及频率/%）	
	非交换类别		交换类别				
	G r	g R	G R	g r		R	r
G r ——• / g R × g r / g r	1660 (70.4)	699 (29.6)	154 (30.1)	358 (69.9)	2871	1118 (29.2)	2717 (71.8)
G r ——• / g R × g r / g r	124 (24.8)	376 (75.2)	96 (80.7)	23 (19.3)	619	841 (76.2)	252 (23.8)

第三节　染色体直线图与遗传图

一、核型分析与染色体直线图

核型（karyotype）是指一个个体或物种的染色体构成。对它的形态特点进行细胞学研究称为核型分析或染色体组型分析（karyotype analysis）。大部分动植物的核型分析都是以体细胞有丝分裂中期染色体为基础的，因为这时的染色体收缩得最小，形态最容易辨认。有些植物如玉米等，由于粗线期染色体比较分散，特点鲜明，故也可于减数分裂粗线期进行核型分析。

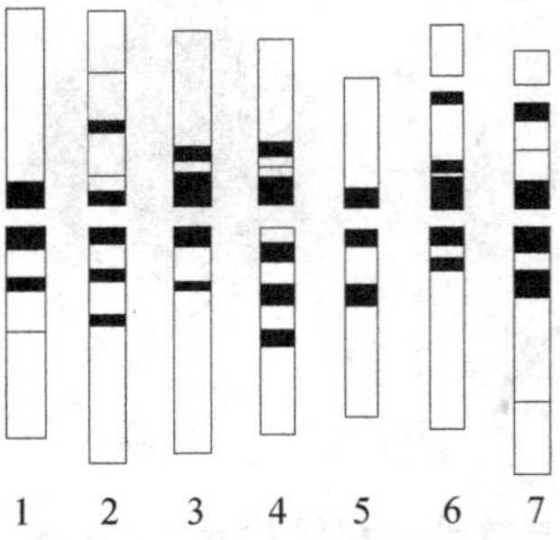

图 2-18　大麦染色体直线图

根据生物染色体组中各条染色体的长度、着丝粒位置、副缢痕的有无和位置、Giemsa 染色和荧光染色显现的带型及其他形态学特征把它们排列起来，绘制成图，称为该生物的染色体直线图（chromosome linear map）或模式图（idiogram）。玉米粗线期染色体图的绘制，染色纽、染色粒的大小和分布的确定也可以作为重要依据。图 2-18 所示是大麦的染色体直线图，这里是根据染色体短臂长度排列起来的，具副缢痕的染色体排在最后，并且绘出了 N 带分布。人类染色体图的绘制，除根据常规染色体标志外，还根据 G 带和 Q 带的分布。玉米染色体图的绘制则以减数分裂粗线期的染色体形态为主要根据（图 2-19）。

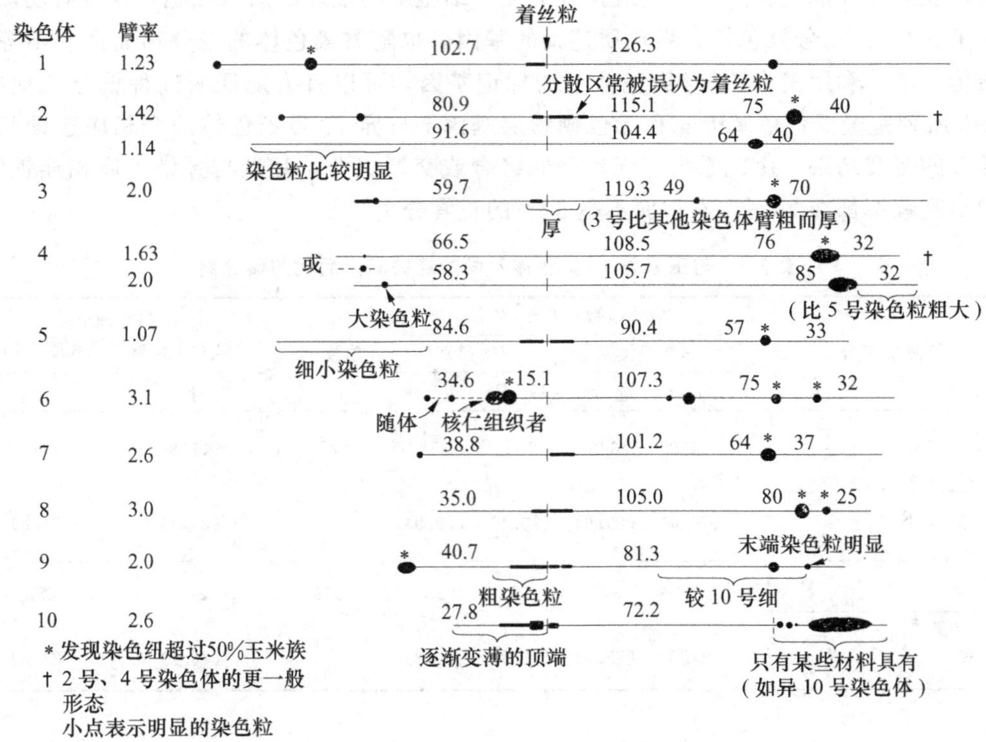

图 2-19　玉米染色体直线图

在生物的基本核型（fundamental karyotype）或标准核型确定之后，就可以以此为基础进行比较，研究种内和种间的核型变化、染色体数量和结构变异，以及生物的起源和进化关系等。

二、染色体图与遗传图的相互关系

根据连锁遗传测验的交换值，把各条染色体上的基因依顺序排列起来，绘制成图，称为遗传图（genetic map）或连锁图（linkage map）。每对同源染色体上所具有的全部基因构成了一个连锁群（linkage group）。图 2-19 所示为玉米的遗传图。

生物连锁群数与基本染色体组的染色体数是一致的，但染色体长度和遗传图长度是否一致要依据一个生物的遗传资料是否丰富而定。

玉米的遗传资料和细胞学资料都十分丰富，它的染色体长度和遗传长度之间有一定的相关性，总体上而言，染色体越长，遗传长度也越长。但二者不一定完全一致（表 2-3）。

表 2-3　玉米 10 条染色体遗传长度和细胞学长度的比较

染色体号码		1	2	3	4	5	6	7	8	9	10
染色体长度	绝对/μm	82.4	66.5	62.0	58.8	59.8	48.7	46.8	47.2	43.2	36.7
	相对	225	181	169	160	163	133	128	129	118	100
遗传长度		238	229	194	174	235	169	131	173	132	115

遗传长度是通过连锁遗传测定方法来确定的，如果新基因发现不多，或者某一连锁群内测验用基因和新基因的距离较远，就无法测出它们的交换值，所以遗传图的绘制需要很长的资料积累过程。

表 2-4 列出了果蝇各个染色体臂的遗传长度，并以减数分裂中期Ⅰ染色体和唾腺染色体的长度做比较。从表 2-4 中可以看出，它的遗传长度和染色体长度之间的一致性远不能和玉米相比。以最短的 4 号染色体与其他染色体相比，趋势还较明显。但以 1 号、2 号和 3 号染色体各臂进行比较，则很难看出有何比例关系。在果蝇体细胞中，Y 染色体比 X 染色体（Ⅰ）为大，然而 Y 染色体几乎全部由异染色质组成，至今只发现了 7 个雄性育性基因。所以，染色体大小很难作为推测基因数目的可靠标志。在同一物种内进行这种比较要比不同物种间进行比较更有意义，因为不同物种间染色体长度的差别很可能由于收缩能力的差别所致，一个物种的短染色体可能比另一个物种的长染色体具有更长的遗传距离。

表 2-4　果蝇染色体遗传长度和细胞学长度的比较

染色体臂	遗传图长度（交换单位）	染色体长度/μm				唾腺染色体横带数	
		减数分裂中期Ⅰ	唾腺染色体			中等伸展	最大伸展
			较小伸展	中等伸展	最大伸展		
Ⅰ	70	1.8	140	220	414	725	1011
Ⅱ左臂	55		135	205	370	584	803
Ⅱ右臂	53	2.6	148	245	446	660	1136
Ⅲ左臂	46		153	210	424	542	884
Ⅲ右臂	64	3.2	180	280	519	697	1178
Ⅳ	0.2	0.2	9	15	46	50	137

第四节　特化染色体

前面介绍的都是正常类型的染色体，在细胞分裂中一般都可以观察到。此外，还有一类染色体，只在某些生物的特定组织中或某些群体中才能观察到。这一类染色体可以称为特化染色体（specialized chromosome）。特化染色体大体上可分为两种类型，一类为暂时性的，另一类为永久性的。暂时特化染色体与正常染色体之间存在着严格的对应关系，它们只是正常染色体的临时性结构和形态的变化。永久特化染色体是一种特殊类型的染色体，是生物在进化过程中适应特殊的遗传功能而分化出来的，或是因具备某种特殊的传递机制而保留在群体中的一类染色体。特化染色体由于其特有的特征或体积，曾吸引细胞遗传学家的注意。最主要的两类暂时性特化染色体是多线染色体（polytene chromosome）和灯刷染色体（lampbrush chromosome）。永久性特化染色体有性染色体（sex chromosome）和超数染色体等。关于性染色体我们将在第九章进行讨论，这里只介绍超数染色体。

一、多线染色体

曾经在黑腹果蝇和其他一些双翅目昆虫幼虫的唾腺和神经细胞，以及蚊子幼虫的肠细胞中观察到了这种巨大的染色体。其长度是体细胞的100倍。细胞遗传学家经过长期研究发现，黑腹果蝇的这种巨型染色体是体细胞分裂间期染色体的存在形式。它与其他组织细胞的染色体的主要区别表现在两个方面，一是同源染色体发生紧密联会；二是两条同源染色体的染色线都进行过多次纵裂或复制，但复制后的染色线彼此不再分开，而是形成1024股或2048股的多线体（polyteny）。这种巨型多线体在整个长度上并不是匀质的，染色特性也不相同，因而形成许多染色深浅不同的横带。这种带纹对每一条染色体来讲具有相对的特异性和稳定性，因而具有鲜明的个体性。化学分析表明，染色深的带纹区（band region），其DNA和组蛋白含量比间带区（interband region）的要高。一般认为，带区是由染色粒在多线体上相互连接而成的。有一种观点认为，每一横带相当于一个基因，而间带区相当于基因之间的间隔段（spacer）。但这种看法还缺少充分的证据。

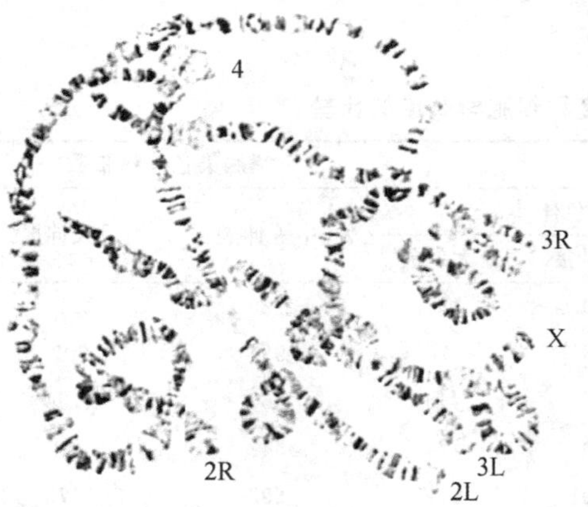

图2-20　果蝇唾腺染色体（引自Holden，1978）

1934年，T. S. Painter首先绘制了果蝇的唾腺染色体图。在典型的唾腺细胞中，全部异染色质融合在一起，形成一个染色中心，包括各条染色体着丝粒区的异染色质以及在雄性果蝇中的整条Y染色体。由于异染色质复制次数要比常染色质少得多，故染色中心与染色体相比也显得小得多。有5条巨大的染色体臂从染色中心伸出，包括一条非异染色质的X染色体臂，2号和3号染色体的左右两臂，以及一个非常短的4号染色体臂（图2-20）。

由于同源染色体在唾腺染色体中的联会，以及染色体本身的巨大性，使微小的结构变异都能在光学显微镜下加以识别，并能与表现型的变化相联系。所以，多线染色体一直是十分有效的研究工具。

多线染色体上的基因，并非都处于活化状态。只有少数基因活化，大部分都处于失活状态，而且随着幼虫发育阶段的不同，活化的基因座也不相同。基因的活化标志体现在相应染色粒向外扩展的隆起，这种结构称为膨突（puff）。膨突的大小变动很大，有些难于和正常染色体相区分，而另外一些膨突的直径可以超过正常染色体的 1 倍以上（图 2-21）。有些膨突极度膨大，并持续很长时间，故特称巴尔比亚尼环（Balbiani ring）。膨突有两种类型，即 RNA 膨突和 DNA 膨突，RNA 膨突主要是酸性蛋白质和 RNA 含量的增加，而且主要是新合成的 mRNA。膨突中 DNA 不一定与组蛋白完全脱离，很可能变成松散的结构，这对 DNA 的转录有利。DNA 膨突可能与特定基因的扩增（gene amplification）有关，决定于幼虫发育对某些基因的特殊需要。

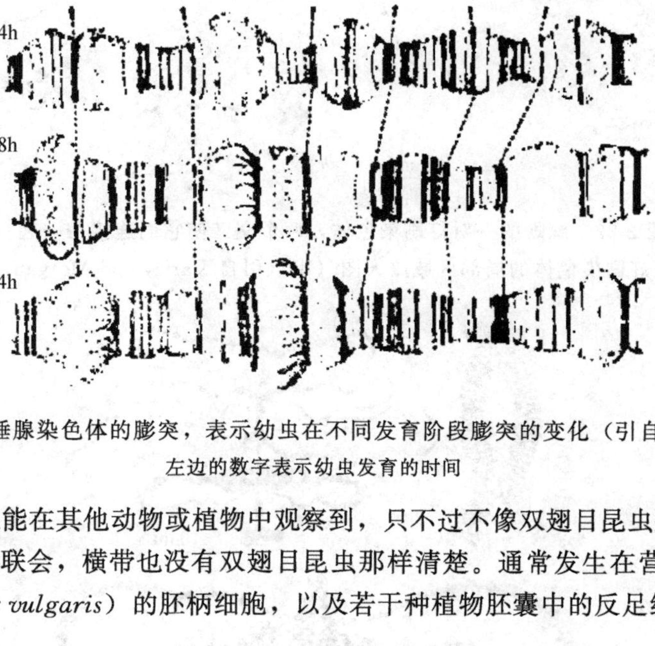

图 2-21　果蝇幼虫唾腺染色体的膨突，表示幼虫在不同发育阶段膨突的变化（引自 Sybenga，1972）左边的数字表示幼虫发育的时间

多线染色体也能在其他动物或植物中观察到，只不过不像双翅目昆虫那样典型。一般不存在同源染色体联会，横带也没有双翅目昆虫那样清楚。通常发生在营养组织的细胞，如菜豆（*Phaseolus vulgaris*）的胚柄细胞，以及若干种植物胚囊中的反足细胞等。

二、灯刷染色体

灯刷染色体（lampbrush chromosome）是处于双线期具有特殊形态的染色体，因其外形呈绒毛状，类似灯刷而得名。曾经在许多动物，如鱼类、鸟类、两栖类、爬行类以及一些无脊椎动物的卵母细胞中发现了这类染色体，但研究最充分的还是两栖类的蝾螈属（*Triturus*）。灯刷染色体的形态看起来像是在分裂间期，实际上，同源染色体间早已进行了联会和交换。在卵细胞成熟之前，染色体的这种状态可以长时间得到保持。在人类母腹中发育 6 个月的女婴，其卵母细胞就达到这种状态。到女孩降生、长大成人，直至她的最后一个卵子成熟，这种状态可维持长达 40 年之久。适应于卵细胞和受精卵发育的需要，这类染色体有着特殊的转录功能和生化活性。其长度可以扩展数百倍，而且有着明确的形态特征，如林蛙（*Rana temporaria*）的染色体长度达 800～1000μm。可以根据特有染色粒分布的样式和向外伸出的环状结构把13对染色体加以区分。

图2-22是蝾螈的一条绒毛状的灯刷染色体。4个交叉结使它们彼此相连。图2-23是对图2-22染色粒和环状结构的说明。每一对同源染色体都由一列大小不同的染色粒和粒间DNA连接而成。大部分染色粒有一对环向外伸出。环的大小变动很大，小的只有几微米，大的可达100μm，不过它们都是染色体DNA连续线的一部分。所有环的一头都比另一头要深，表明转录次序和转录产品数量的差异。环是从淡的一头染色粒中逐渐松开，而在深的一头又重新缩回染色粒。环松开时转录也随之开始，环缩回时转录也随之结束。转录似乎是沿着一个个环而进行的。

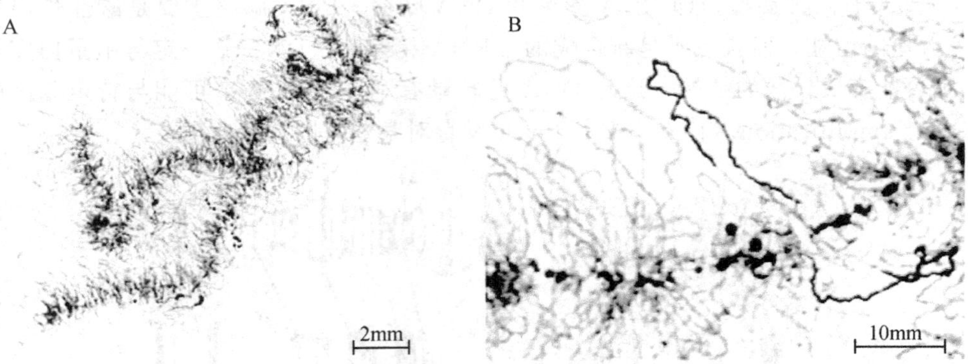

图2-22　蝾螈的一对灯刷染色体，两个交叉使它们连接在一起（A）
蝾螈灯刷染色体的局部区域放大图（B）（引自Varley and Morgan，1978）

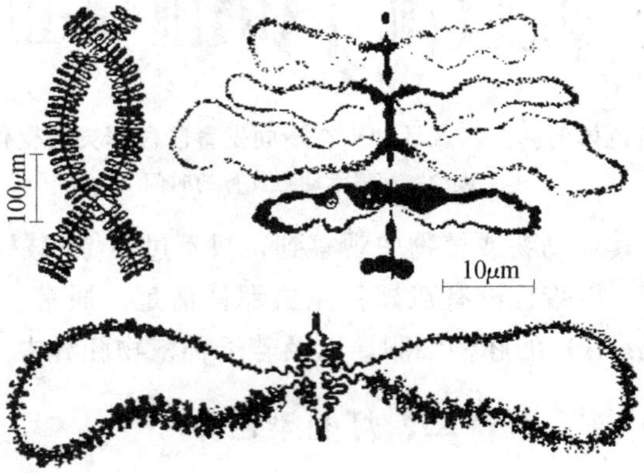

图2-23　对灯刷染色体环的解释（引自Swanson，1981）
上图表示不同大小和形状的染色粒，环从染色粒中伸出；
下图表示RNA转录的顺序从环的一端开始，到另一端结束

三、超数染色体

每种真核生物都具有一套基本的染色体组，称作A组染色体。A组染色体成员的增加或减少，常常产生有害效应。但在某些生物中，除A组染色体之外，还有一些额外的染色体，叫做超数染色体（supernumerary chromosome）或B染色体。B染色体通常比A染色体要小，对生物的发育无重大影响。因此，在同一物种的不同个

体之间，就有较大的染色体数目上的变化。已知B染色体的主要成分为结构异染色质，其上不带有孟德尔基因，但对数量性状有一定的影响，特别是B染色体在个体中积累较多数目时，也会影响生物的育性、结实率、种子发芽能力、幼苗生长势及分蘖能力等。

已经在6种裸子植物和上千种被子植物中发现了B染色体，其中绝大部分是异花授粉植物。此外，在260多种动物中也发现了B染色体。从起源上讲，B染色体很可能来自A染色体，只是已经发生了十分深刻的结构分化，因此，在减数分裂中很难找到B染色体和A染色体之间发生同源性的联会现象。

如图2-16所示，玉米粗线期B染色体除紧挨着丝粒异染色质区有一小段不转录的常染色质外，其余部分都是由异染色质组成。在印第安人保留的玉米品系中，B染色体有着广泛的分布。但在近代商用玉米品种中，则很少有B染色体的存在。在减数分裂中，两个B染色体可以进行联会，但很少发现交叉，而且彼此提前分开。研究指出，B染色体的存在也影响A染色体交叉的分布及其频率，尤其是提高着丝粒基部异染色质区的交叉频率。这种影响的产生与B染色体的剂量多少有关。随着交叉率的提高，B染色体还能提高A染色体基因的重组率，增加遗传变异。

在雌配子体的发育中，B染色体表现正常的传递行为，但在雄配子体的发育中就有很大不同。它的减数分裂行为也与A染色体的各期行动保持一致。小孢子的第一次有丝分裂也是正常进行的。如果小孢子中有一条B染色体，则它所产生的营养细胞和生殖细胞都具有一条B染色体。但在小孢子进行第二次分裂时，就出现了异常情况，B染色体产生的两条染色体单体常常发生不分离（nondisjunction）现象，同时进入一极。结果形成两个精子，一个具有两个B染色体，另一个没有B染色体（图2-24），前者为超倍体（hyperploid），后者为亚倍体（hypoploid），这种现象称为减数分裂驱动（meiotic drive）。不论超倍体还是亚倍体的精子，其功能都是正常的。但在受精过程中，这两种精子与卵细胞结合的机会不相等，含有2B的精子与卵子结合的机会占2/3，而与极核结合的机会只有1/3，这种2B配子在受精上的优势叫做定向受精（directed fertilization）或优先受精（preferential fertilization）。由于在偶然情况下，B染色体也会发生正常的分离，因而也能产生胚和胚乳中B染色体数一致的种子。

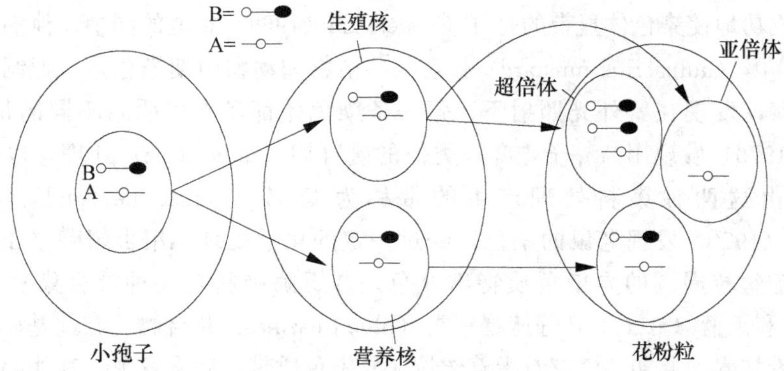

图2-24 玉米小孢子第二次分裂中B染色体的不分离现象

小孢子第二次分裂中B染色体的不分离现象以及随之而来的定向授精作用使B染色体数目增加，这个效应足以抵消B染色体对生物的有害作用，以及在减数分裂中由于B染色体的落后消失作用而引起B染色体数目的减少，从而保持B染色体在自然群体中的持久存在。这是生物自身的一种自然平衡现象。表2-5所示，是L. F. Randolph (1941) 用具有1B和2B的玉米品系与0B玉米品系进行正反交后在F_1植株中查明的B染色体数目分布情况。从这个试验结果可以看出，由父本传递B染色体时（0B×1B，0B×2B），F_1有较大比例的2B植株，它一定是B染色体的不分离和定向受精的结果。

表2-5 玉米B染色体在正反交后代中的分布

亲本B染色体数	含有不同B染色体F_1的株数					F_1总株数	平均B染色体数
♀×♂	0	1	2	3	4		
0B 1B	108	35	20	2		165	0.49
0B 2B	22		37		2	61	1.34
1B 0B	155	77	3			235	0.35
2B 0B	8	41	3			52	0.90

第五节 染色体带型

染色体分带或显带（chromosome banding），有时也称为染色体分染（differential staining of chromosome），是20世纪60年代末期兴起的一项细胞学新技术。它借助特殊的处理程序，使染色体显现出深浅不同的染色带（band）。染色带的数目、部位、宽窄与浓淡具有相对的恒定性，从而在以往染色体形态特征（长度、着丝粒位置、臂比、副缢痕、随体等）之外又添增了一类新的标志，可作为鉴别染色体的重要依据。此外，染色带的多样性反映了染色体本身的复杂性；通过深入研究分带的机制，可以揭示出染色体在成分、结构、行为、功能等方面的许多奥秘。因此，无论在细胞学与遗传学的理论研究领域中，还是在医疗诊断、植物育种等应用的方面，染色体分带均不失为一种有用的技术手段。

一、染色体分带的发明

第一个成功地使染色体显带的是T. Caspersson（1969）和他的同事。他们用一种吖啶染料芥子喹吖因（quinacrine mustard）处理某些植物和动物中期染色体，把制片放在荧光显微镜下观察，发现在紫外光照射下，每一条染色体都呈现出明暗不同的带纹。不久，C. D. Vosa（1970）发现用与芥子喹吖因类似的喹吖因（quinacrine）处理，也能使植物染色体显带。由这两种染料处理产生的带称为Q带（quinacrine band）。与此同时，M. L. Pardue（1970）发现老鼠的染色体经过一定的化学处理，用吉姆萨（Giemsa）染料染色，可使着丝粒周围的异染色质特殊显色。吉姆萨染料是一种混合染料，含有伊红(red eosin) Y和天蓝（azure）B等蓝噻锌类（blue thiazines）化合物。在此基础上，徐道觉等创立了C带技术。起初，C带专指着丝粒区异染色质带，后来发现，其他部位的异染色质也同样显带；因而C带就代表了组成型异染色质带（constitutive heterochromatin band）。

随着吉姆萨染色前处理程序的不同，染色体可以显示不同的带纹，导致各种不同的带型出现。其中以能在染色体全部长度上显示带区的G带技术最为有用。1971年在巴黎召开的人类细胞遗传学标准化会议上，主要根据Q带与G带技术，初步绘制了人类的各条染色体的标准带型。1972年，沃赛将吉姆萨分带技术引入植物研究领域。我国在动物与植物染色体研究中也相继开展了分带工作。在植物方面的研究内容主要包括分带技术的改进、分带机制的探索、若干植物染色体带型的分析、减数分裂染色体的分带等。

二、染色体带的类型

染色体分带包括荧光分带与吉姆萨分带两类方法。总的说来，荧光分带程序比较简便，效果比较稳定，而且能够显示某些独特的带型，但它的缺点是需要荧光显微装置，而且不能制作永久的标本。吉姆萨分带虽然程序比较繁复、效果常不易稳定，但只需简单的设备，能够制成永久标本，并且通过改变处理程序可以获得各式各样的带型。由于具有这些优点，后者的应用较为广泛。

1. C带（组成型异染色质带）

把染色体制片用酸、碱或高温进行处理，称为变性处理。因为通过这种处理，染色体DNA的氢键就会发生断裂，变成单股状态。而后，把制片置于柠檬酸盐的缓冲溶液中，在60℃温度下保温过夜，称为复性（renaturation）处理。但在这种处理下，DNA的复性是不完全的。似乎只有那些具有高度重复DNA序列的异染色质区完成了复性，而具单拷贝或低度重复DNA序列的常染色质区没有完成复性。复性处理后，用吉姆萨染料染色，染色体的不同部分就会出现深浅不同的带纹，把深色带纹区称为C带。根据异染色质在染色体上所处的位置不同，C带可分为着丝粒带、端粒带、副缢痕带及中间带等。在动物中，C带技术可用来有效地鉴别Y染色体，因为Y染色体完全由异染色质所组成。C带技术已广泛应用于植物材料的研究。

2. G带（Giemsa带）

通过碱-盐溶液对染色体制片进行预处理，有时也用胰蛋白酶（trypsin）或链霉蛋白酶（pronase）进行处理，然后用吉姆萨染料染色，就可以获得G带显示。G带技术在动物细胞遗传研究上是十分有用的技术，它显示的带纹多而细，分布在整个染色体（长度）上。G带显示的带纹与Q带相当，但染色持久。G带所显示的实际上是由常染色质构成的染色粒，它所反映的很可能是蛋白质，尤其是组蛋白在染色体上的不均一分布，反映了蛋白质与DNA的相互作用。人类细胞分裂中期染色体已经分辨出80条主带和数百条次带。

3. R带（G反带）

用1mol浓度的NaH_2PO_4（pH 4～4.5）溶液，在87℃温度下处理染色体制片，而后用吉姆萨染料染色，显现R带。它所显示的染色体带纹与G带相反，G带呈淡色的部分R带显深色，G带显深色的部分R带显淡色。在当前的处理程序下，R带出现的数量远比G带要少，说明R带技术尚不完善，但R带技术仍旧是全面认识染色体组成的重要工具，它反映了染色体性质的另一侧面。据认为，该法优先使富含AT的DNA变性，随后将富含GC的DNA区着染。而在G显带技术中，各种染料组分在染色图形中的作用尚不清楚。

4. T带

T显带技术采用比R显带技术更为剧烈的热处理或者联合应用染料或荧光素识别R带亚组——着色最深的R带。据认为该法识别最富含GC的R带，在人类基因组，大约有一半这样富含GC的R带位于端粒处。T显带技术的机制与R显带技术相似，即除了最富含GC的区域外，所有DNA区均发生变性。由于T带通常位于端粒，推测所有T带可能均起始于染色体末端。

5. Q带

用喹吖因或芥子喹吖因处理染色体制片，在紫外光照射下，染色体的不同部位可以发生明暗不同的带纹，称Q带。Q带技术的发现有力地推动了某些生物的细胞遗传学研究，如家鼠的染色体就是利用Q带技术一个个得到识别的。Q阳性带也是G阳性带（某些异染色质区也着染），但Q显带技术在个体发育中的应用比G显带技术和R显带技术更为广泛。喹吖因分子在插入染色体DNA时无序列选择性，但在富含AT的DNA区发出的荧光更亮一些。联合应用Q显带技术和氚标记技术揭示，喹吖因着染的染色体区段越亮，该区的AT含量越高。鸟嘌呤的散在分布使喹吖因荧光减弱，可能也影响到（荧光）的激发效率。因此，通常认为Q阳性带比Q阴性带更富含AT。喹吖因的二聚体类似物，如精胺二吖啶［$(CMA)_2S$］优于喹吖因本身，因为它们可产生更卷曲、更长的染色体带型。

6. N带（核仁组成区带）

核仁组成区的异染色质与其他部位的异染色质有所区别。用N带技术（热磷酸盐处理）可专一地显示核仁组成区。但现今在植物方面也常用同一技术显示染色体的其他部位，如着丝粒、染色体臂上的某些特殊区带等。

上述各种分带技术中，以G带技术最有价值，因为它能清楚地反映染色体的纵向分化，有较多的鉴别标志。动物和人类的染色体诊断主要依靠G带技术。然而遗憾的是，植物染色体迄今一般只显C带而不显G带。有人认为这可能是因为植物有丝分裂中期染色体的浓缩程度（对减数分裂粗线期染色体而言）远比动物为甚，所以无法显示染色粒之间的界限。

表2-6 染色质与染色带的关系

带型	C带	G带	R带
与染色质的关系	着丝粒组成型异染色质	中间异染色质	常染色质
位置	通常在着丝粒	染色体臂	染色体臂
分裂间期的状态	浓缩	浓缩	通常分散
遗传学活性	不活泼	基本不活泼	通常活泼
DNA复制时间	晚S期	晚S期	早S期
DNA的成分	富含GC、中性或富含AT，因随体DNA而异	富含AT	富含GC
DNA的重复性	通常为随体DNA	中度重复与单DNA	中度重复与单DNA
与粗线期染色粒关系	着丝粒染色粒	中间染色粒	粒间区

Comings 等（1978）通过系统的研究后得出结论，认为各种类型的染色带基本上代表不同的染色质（表 2-6）：C 带代表组成型异染色质，G 带代表中间异染色质（intercalary heterochromatin），而 R 带代表常染色质。

三、染色体带的应用

迄今已经进行过染色体分带的植物达 60 个属以上。不过其中大多数材料只经过泛泛的试验，真正研究比较深入细致的只是其中的少数植物，如黑麦、葱属、蚕豆、小黑麦、小麦、大麦、玉米、百合属等。这些材料，或者具有染色体数目少、体型大、分带明显等优点，或者具有重要的经济价值。植物染色体分带的研究范围相当广泛，涉及分带技术的改进、分带机制的探索、各种植物染色带的核型分析、植物亲缘关系鉴定及栽培植物起源的研究、细胞学领域中某些理论题的研究、遗传学与育种工作中的染色体鉴别等方面，并取得了一定的成果。如在核型分析中，染色体带型就有较大的应用价值。以研究最多的黑麦（*Secale cereale*）为例，虽然其染色体仅为 7 对，但根据一般形态学方法，并不能区分其中每个染色体，分带则可以解决此问题。黑麦染色体 C 带具有以下特点：所有染色体短臂末端及多数长臂末端均具染色很深、大而明显的端粒带（telomeric band）；所有染色体有较浅的着丝粒带（centromeric band），一对随体染色体上的核仁缢痕显带很深；有的染色体臂上还有着色较浅的中间带（intercalary band）。借助形态标准与带型分析，现已能清楚地鉴别黑麦每条染色体的特征（图 2-25）。

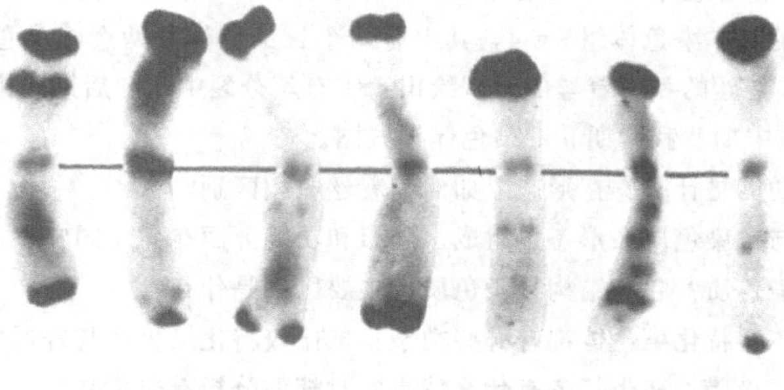

图 2-25　黑麦染色体 C 带带型（从左至右为 1R～7R）（引自 Gill and Kimber，1974）

在核型分析的基础上，比较近缘物种的染色体带型，借以解决植物系统发育，尤其是栽培植物起源方面的一些疑难问题，已经进行了不少工作。例如，普通小麦（*Triticum aestivum*）有 A、B、D 三个染色体组。根据多年的研究包括带型分析，基本上可以确定 A 染色体组的来源是一粒小麦（*Triticum monococcum*），D 染色体组的来源是方穗山羊草（*Aegilops squarrosa*），B 染色体组来源于拟斯卑尔脱山羊草（*Aegilops speltoides*）。

同时，由于不同物种的染色体可能显示带型的重大区别，因此在远缘杂交与染色体工程的研究中，分带技术也是重要的分析方法。例如，小黑麦与小麦-黑麦附加系的细胞学鉴定，由于小黑麦染色体有明显的端粒异染色质，而小麦染色体则无，因此可以据此在同一细胞中将二者准确地分辨出来（图 2-26）。

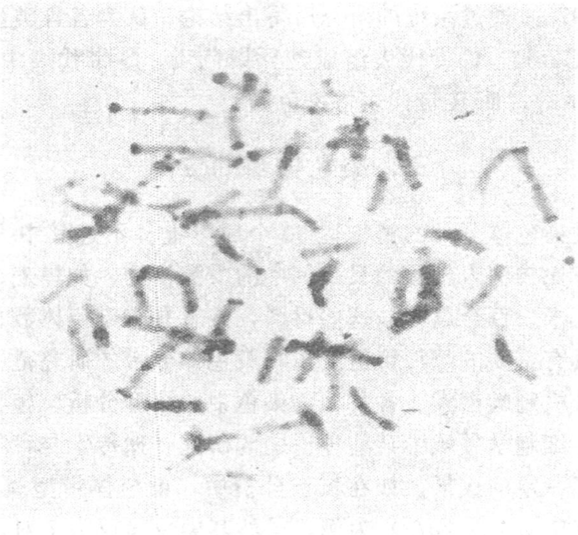

图 2-26　八倍体小黑麦（$2n=56$）的染色体组成

复　习　题

1. 染色体具有哪些基本功能？

2. 着丝粒形态结构和功能有何特点？在细胞分裂中期和后期如何识别着丝粒？

3. 何为新生着丝粒？新生着丝粒在细胞学上有哪些表现？对遗传有何影响？

4. 假定某种植物的基本染色体组 $n=4$，其中有两个长染色体和两个短染色体。在这两种染色体中，又各有一个是近端着丝的和中着丝的。试绘出：①有丝分裂中期和后期的染色体模式图；②减数分裂中期Ⅰ、后期Ⅰ、中期Ⅱ和后期Ⅱ的染色体模式图。

5. 副缢痕的基本功能是什么？在形态上如何和着丝粒相区别？

6. 结构异染色质与常染色质在形态、组成、分布和功能方面有何不同？

7. 什么是功能异染色质？它和结构异染色质的主要区别是什么？

8. 何谓特化染色体？特化染色体都有哪些类型？试比较特化染色体与普通染色体的异同。

9. 染色体的 C 带、G 带、R 带等各有什么特点？对核型分析有何意义？

10. 核型分析是根据什么进行的？在细胞遗传研究中有何应用价值？

11. 玉米 B 染色体有何细胞学特点？它是如何在群体中长期保持平衡的？

12. 染色质的基本化学成分是什么？为什么 DNA 和组蛋白能够相互结合？它们之间结合的形式是什么？

13. 原核生物的染色体与真核生物的染色体有何异同？

14. 解释名词：核仁组织者、染色粒、染色纽、异固缩现象、莱昂化作用、超数染色体、超倍体、亚倍体、定向受精。

第三章　连锁现象的细胞遗传学

第一节　测定连锁群的技术

在了解了某一基因的遗传行为之后，还应当了解该基因所属的染色体或连锁群，这样才能正确地选择测验种，确定它在遗传图上的准确位置。测定连锁群的技术，因生物染色体数目的多少、染色体倍数性情况，以及细胞遗传材料是否丰富而有很大的不同。下面以果蝇和玉米为例分别加以说明。

一、果蝇的连锁群测验

果蝇有 4 对染色体，1 号为性染色体，其余 3 对为常染色体（autosome）。性染色体（X）上的基因发生伴性遗传（sex-linkage inheritance），很容易识别。3 对常染色体中，如果两对带有遗传标记，另一对染色体上的基因也就不难判断。果蝇的连锁群测验种就是据此而设计的。该测验种带有两个显性基因，即星状眼和张开翅（二刚毛）（star-dicheat）。星状眼基因位于 2 号染色体，以 S 表示，张开翅基因位于 3 号染色体，以 D 表示。它们都是显性纯合致死基因，故成活测验种果蝇的基因型应为 S/s D/d。

假定要测验的新性状为 z，让纯合雌蝇 z 与测验种雄蝇杂交，如果 F_1 的雄蝇全部呈现 z 性状，根据性连锁遗传原理，可以立即断定 z 基因位于 1 号（X）染色体。如果 z 基因位于 2 号染色体，与星状眼 S 相连锁，则从用同样杂交方法获得的 F_1 中选择星状眼、张开翅（SZ/sz D/d）雄蝇与 z 变种雌蝇（sz/sz d/d）回交，将获得如下结果：

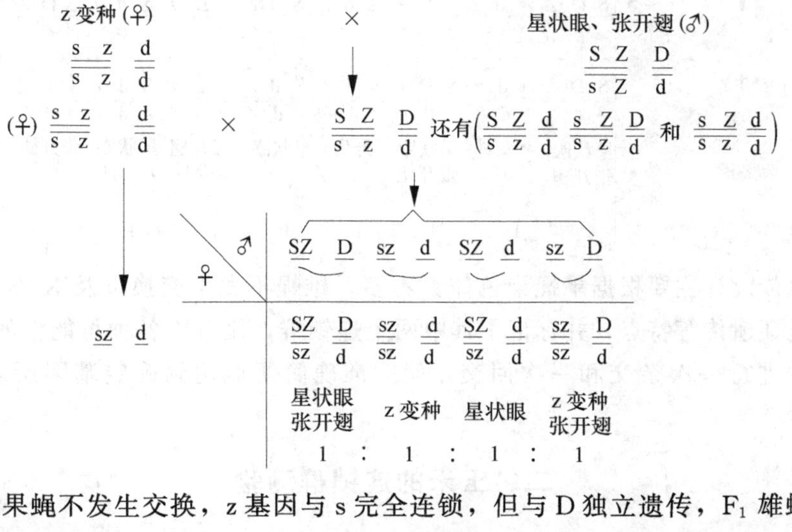

由于雄果蝇不发生交换，z 基因与 s 完全连锁，但与 D 独立遗传，F_1 雄蝇只能产生 4 类配子，故在回交后代中，z 变种可以和张开翅性状（D）同时在一个个体中出现，

但不能和星状眼性状（S）同时出现。

如果新性状基因位于Ⅲ号染色体，则 z 基因在雄蝇中与 d 完全连锁但与 S 独立，故回交后代 z 变种可以和星状眼（S）同时出现但不能和张开翅（D）同时出现：

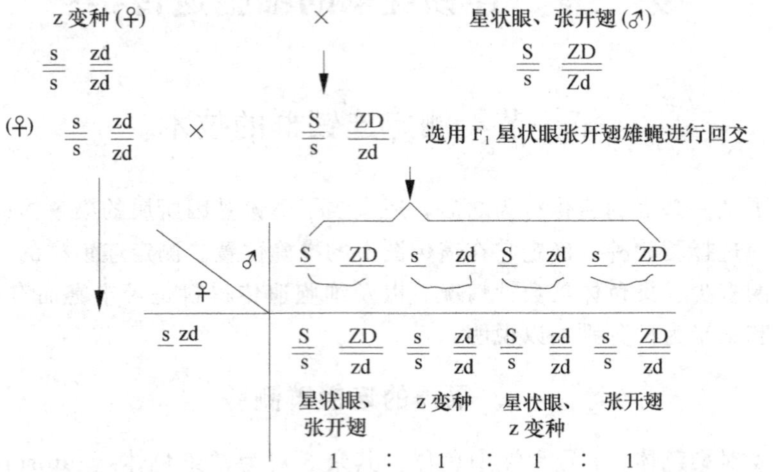

如果 z 性状基因位于Ⅳ号染色体，它就和 S 及 Z 基因发生独立遗传，z 性状可以和星状眼及张开翅自由组合，回交后代将出现 8 类性状组合，z 变种既可以和星状眼同时出现，也可以和张开翅同时出现：

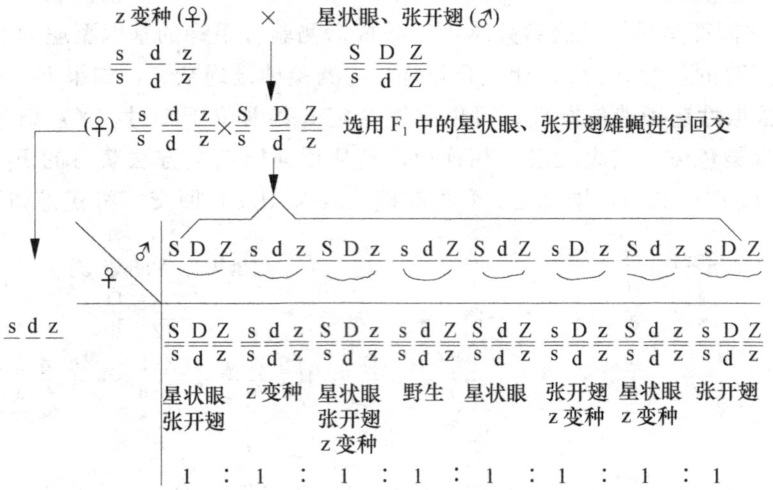

这种遗传设计主要根据果蝇染色体数不多、雄蝇不发生交换以及 X 染色体上的基因发生性连锁遗传等特点，并标记了其中两个连锁群，用排除各种可能性的推理逻辑，只与测验种进行一次杂交和一次回交，就能准确简便地达到确定基因所属连锁群的目的。

二、玉米的连锁群测验

玉米是进行遗传研究最为充分的植物，遗传资料十分丰富，有许多巧妙的遗传设计可以确定基因的连锁群，这里简单介绍一种利用三体（trisomic）来确定连锁群的程序。

玉米染色体组有10条染色体，因而有10个不同的三体。三体株有21条染色体，在减数分裂中，其中9条染色体可以形成正常的二价体（bivalent），一条染色体具有3个同源染色体。这3条染色体可以形成三价体（trivalent），或者一个二价体和一个单价体（univalent）。单价染色体在减数分裂中常常因落后而丢失。不同染色体三体的传递率是不一样的，从25%～40%，染色体越长，传递率越高。由于花粉竞争的原因，三体很难通过父本传递。

在三体上的杂合基因（如Aa）可以有两种组合，即双显性组合（AAa）和单显性组合（Aaa）。它们的自交后代与测交后代的分离比例与二体是不相同的。表3-1所列是双杂合体AAa在假定三体传递率为25%和50%时与二体后代分离比例的比较。利用三体进行连锁群测定就是以这种不同分离比例为根据的。

表3-1　双显性杂合体三体自交和测交后代与二体后代分离比例的比较

基因型	配子比率 $n:(n+1)$	自交分离比率 A∶a	回交分离比例	
			三体（♀）×aa A∶a	aa×三体（♂）A∶a
AAa	3∶1*	11∶1	3∶1	2∶1
AAa	1∶1**	17∶1	5∶1	2∶1
Aa		3∶1	1∶1	1∶1

* 假定通过母本传递 n 配子为75%，传递 $n+1$ 配子为25%。

** 假定通过母本传递 n 与 $n+1$ 配子各为50%。

测定步骤如下：

（1）把10个不同三体株作母本，分别与被测株进行杂交。

（2）让各 F_1 三体株进行自交或与突变株进行测交。

（3）让 $2n$ 株做与三体株相同的平行试验，以便进行核对。

（4）同时种植三体株与 $2n$ 株后代，对它们的分离比例进行比较。其中9个三体株后代都出现正常的 $2n$ 比率，只有被测基因所处染色体的三体后代，才出现双显性组合的三体分离比例。

三体法对测定玉米连锁群是行之有效的，但运用这种方法也存在困难，主要是由于三体材料的保存比较麻烦。10个玉米三体，只有三体5和三体7的植株表现型与二体不同，前者叶短而宽，后者叶窄而硬，其余8个三体与二体没有表现型上的差别，所以每代都必须通过染色体的鉴别才能辨认。上述测定连锁群的（1）和（2）两个步骤，都需要检查染色体。由于在玉米中已经创造出测定连锁群更为简便有效的方法，所以现在三体法很少有人使用，但这种方法在其他 $2n$ 作物中仍然使用广泛。

第二节　连锁遗传的细胞学基础

一、交换的细胞学证据

由于基因在染色体上呈直线排列，连锁基因在后代中出现新的组合一定是同源染色体节段互换的结果。但同源染色体在形态上是如此相像，不管发生多少次均等的节段互换，也无法从形态上加以区分。

Creighton 和 McClintock（1931）利用玉米第 9 号染色体与第 8 号染色体的易位材料对细胞学上的染色体交换与遗传学上的重组之间的关系进行了研究。该材料细胞学和遗传学上均易于观察，其第 9 号染色体短臂的末端有一个染色纽，另一端为易位染色体，并携带籽粒糊粉层有色基因（C）和糯性蜡质基因（wx）。以其与第 9 号染色体正常并携带无色基因（c）和非糯粉质基因（Wx）的普通材料杂交，而后 F_1 代再与双隐性材料的普通材料测交，其测交果穗出现两种亲本类型和两种基因重组类型籽粒。对各类籽粒发芽并进行染色体细胞学观察，发现在亲本类型中，有色蜡质（C wx）籽粒的细胞里有一条带有染色纽和易位片段的染色体，无色粉质（c Wx）籽粒则具有两条正常的染色体；基因重组的类型中，有色粉质（C Wx）和无色蜡质（cwx）籽粒的细胞中则分别可以找到一条带有染色纽或带有易位片段的染色体。上述观察结果证明基因的重组是染色体交换的结果（图 3-1）。

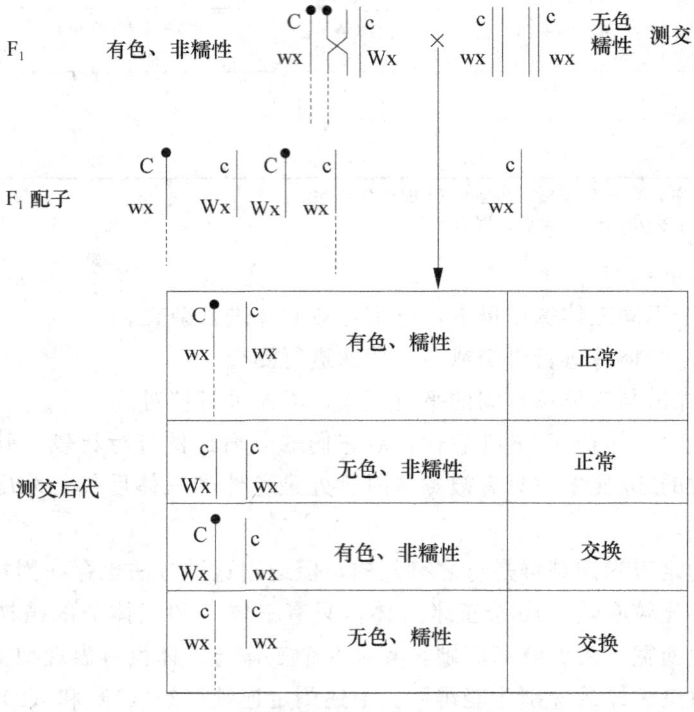

图 3-1 细胞学交换引起的遗传交换在玉米中的证据

另一个遗传学重组与细胞学交换之间关系的直接证据来自于果蝇。C. Stern（1931）通过特殊的遗传设计，得到一种异形 X 染色体的雌果蝇，一般 X 染色体的一部分易位到Ⅳ号染色体，因此这条 X 染色体比正常 X 染色体短了许多。这条染色体上还带有一个肉色眼基因 car 和一个棒眼基因 B。另一条 X 染色体的顶端附着了一段 Y 染色体，因此比正常 X 染色体大了许多，这条 X 染色体上带有与肉色眼和棒眼对应的野生型基因。利用这一设计，Stern 证明，基因交换是由染色体之间的节段互换造成的。如

图 3-2 所示，当具有异形 X 染色体的雌蝇与肉色眼正常蝇杂交，如果非姐妹染色单体在 car 和 B 基因座之间发生节段互换，就将产生 4 种类型染色体结构的卵子。它们的遗传组成也各不相同。这 4 种卵子与带有 car 和正常眼基因的 X 染色体精子相结合，将产生 4 种表现型的雌蝇；与 Y 染色体精子相结合，将产生 4 种表现型雄蝇。这样就可以把它们的表现型和不同形态的 X 染色体相核对，证明遗传交换是染色体节段互换造成的。Stern 一共检查了 364 只雌蝇的染色体，发现基因之间的交换与细胞学上的染色体互换是完全对应的。

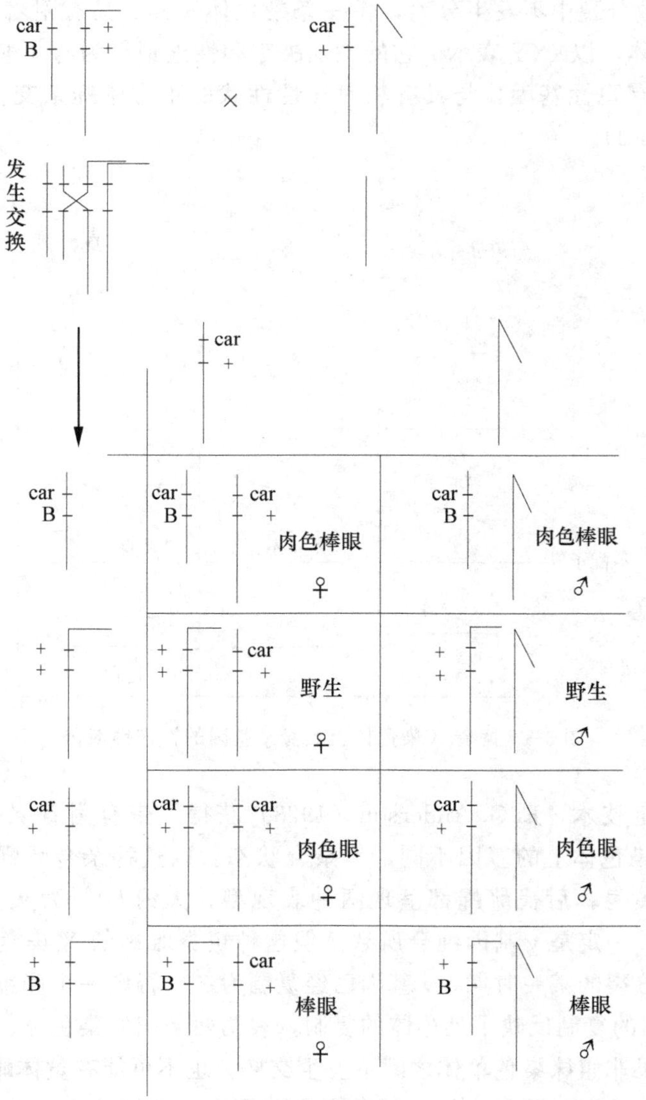

图 3-2 细胞学交换引起遗传交换在果蝇中的证据

二、交换发生的时期

在减数分裂过程中，同源染色体之间可以发生相互交换，但交换是发生在尚未进行复制的同源染色体（二线期）之间，还是发生在完成复制以后的染色单体之间（四线期）呢？许多实例说明，交换发生在减数分裂的四线期，任何一次交换均只涉及四条染色单体中的两条。

（一）果　　蝇

在果蝇中，交换发生在四线期的证据是通过一种特殊的材料——附着 X 染色体（attached X-chromosome）完成的。附着 X 染色体是两条 X 染色体在着丝粒一端连在一起，因此在减数分裂中不发生分离，像一条染色体一样。具有附着 X 染色体的雌蝇还都带有 Y 染色体，以$\widehat{XX}Y$表示。它的性别决定和性连锁行为与一般的果蝇不同，如果 X 染色体上带有隐性基因，与具有相对显性性状的正常雄蝇杂交，则女儿像母亲，儿子像父亲（图 3-3）。

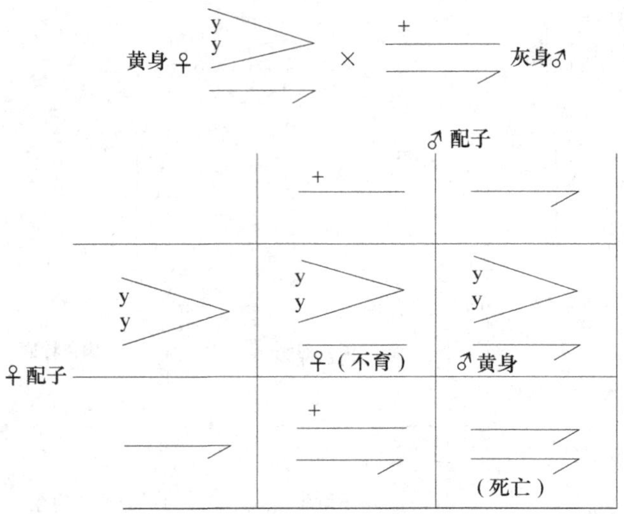

图 3-3　附着 X 染色体上黄身 y 基因的性连锁遗传

运用一种特定技术，E. G. Anderson（1923）获得了带有附着 X 染色体的杂合雌体，它的两条 X 染色体上的基因不同，呈杂合状态。以这种杂合雌蝇进行杂交，雄蝇不论是灰身或是黄身，后代雌蝇都呈现两种表现型，大约 80%为灰身，20%为黄身。黄身雌蝇的出现，一定是 y 基因纯合所致。但这种黄身雌蝇的 X 染色体依旧附着在一起，说明在减数分裂的某一时期，y 基因已经复制为二，否则一个卵细胞不可能得到两个 y 基因。y 基因的复制反映了染色体的复制，表明两条同源染色体已经产生了 4 条染色单体。当然如果非姐妹染色单体之间不发生交换，也不可能有黄体雌蝇出现。唯一可能的解释是，在四线期时着丝粒与 *y* 基因座之间发生了非姐妹染色单体交换。图3-4表示附着$\widehat{XX}$雌体减数分裂时发生一个单交换的可能结果。

在杂交后代中，凡具$\widehat{XX}Y$基因型的个体，*y* 基因纯合者表现黄身，而＋＋纯合体和＋y 杂合体在表现型上无法区分，均为灰身，只能从后代加以判断。杂合个体后代仍

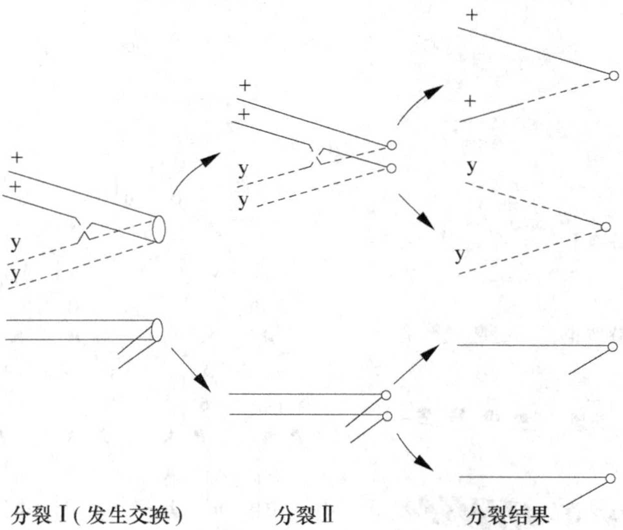

图 3-4　$\widehat{XX}$雌果蝇减数分裂的结果，在着丝粒与 y 基因之间发生了一个单交换

有 20%黄身雌蝇出现，而纯合体后代全为灰身。

（二）红色链孢霉

红色链孢霉（*Neurospora crassa*）是一种真菌。它的无性世代是由单倍体的菌丝体（mycelium）通过有丝分裂产生分生孢子（conidium），由分生孢子再发育为菌丝体。其有性世代是由不同交配型（mating type）的单倍体细胞在子囊原壳内进行异核融合，产生 2*n* 合子。接着进行减数分裂，产生 4 个单 *n* 核，继而进行一次有丝分裂，形成 8 个子囊孢子（ascospore）。这 8 个子囊孢子在子囊中是沿着一条纵轴顺序排列的，可以一一分出，进行培养和分析性状。以具有连锁基因差别的不同交配型菌株杂交，可根据产生的子囊孢子排列的顺序判断发生分离的时间，从而确定它的基因型和交换值。假定带有两个连锁基因 AB 和 ab 的菌株进行杂交，如果 AB 之间不发生交换，则产生的 8 个子囊孢子的顺序应为 AB、AB、AB、AB、ab、ab、ab、ab 或者 ab、ab、ab、ab、AB、AB、AB、AB。Aa 和 Bb 基因都在减数分裂的第一次分裂时发生分离，减数分裂的第二次分裂是均等式的；如果在二线期 AB 之间发生交换，则产生 8 个子囊孢子的顺序应为 Ab、Ab、Ab、Ab、aB、aB、aB、aB 或 aB、aB、aB、aB、Ab、Ab、Ab、Ab。两对基因依旧是在减数分裂第一次分裂时发生分离。如果 AB 之间的交换发生在四线期，如图 3-5 所示，则可以产生 4 类子囊孢子，每类各有两个。其中两类为亲本型，另两类为新组合。Aa 在减数分裂Ⅰ发生分离，Bb 在减数分裂Ⅰ均为等式的，在减数分裂Ⅱ时才发生分离。图 3-5 中只绘出 4 种子囊孢子排列顺序中的一种，这种排列方式直接反映了交换发生在减数分裂的四线期。

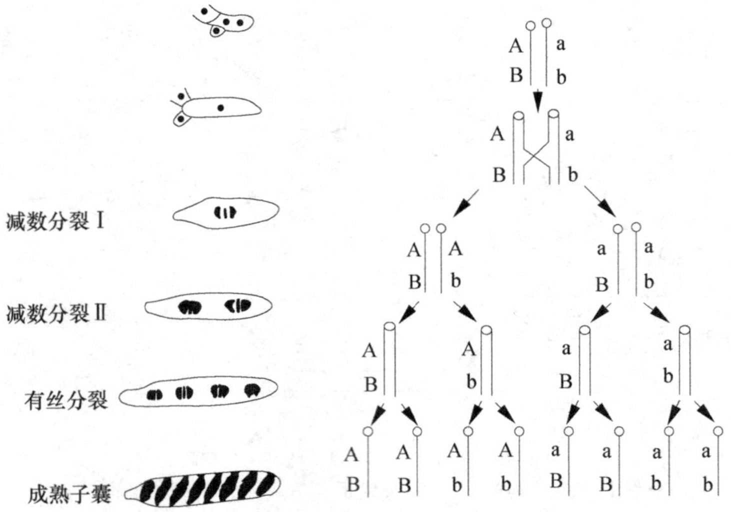

图 3-5　四线期发生交换在红色链孢霉的证据

三、多线交换与最大交换值

在同源染色体的两个基因之间如果发生一个交叉，它只涉及两条非姐妹染色单体，由此产生的 4 条染色单体，有 2 条是已交换的，另外 2 条是没有交换的，新组合占1/2。如果有 100％的性母细胞在两个基因之间都发生一个交叉，则新组合的可能出现值为 1/2×100％＝0.50，这就是两基因间最大的交换值（maximum crossing over value)。所以新组合的出现率不可能超过 50％。当两个基因相距较远时，其间可以发生两个或两个以上的交叉（也就可能发生交换)，这时，是否会改变最大交换值呢？在这种情况下，不同交叉点上涉及的染色单体或染色线将不限于两条，可以有多线交换（multistrand crossing over）发生。

假定有一个相引相杂交组合 AC/ac，两个基因座间同时发生两次交换，分别发生在Ⅰ区和Ⅱ区，Ⅰ区发生交换的位置不变，Ⅱ区在非姐妹染色单体之间随机发生，则有 4 种不同组合，即Ⅰ-Ⅱ1 二线双交换，Ⅰ-Ⅱ2 三线双交换，Ⅰ-Ⅱ3 三线双交换和Ⅰ-Ⅱ4 四线双交换（图 3-6)。这 4 种双交换产生的配子，在染色体结构和遗传组成上各有不同。综合全部交换结果，未发生交换的配子、单交换配子和双交换配子的比例为 1∶2∶1。由于 AC 基因之间没有遗传标志，双交换与非交换产生的配子在表现型上是无法区别的，只能从单交换结果计算交换值，占总数的一半。由此可见，尽管 AC 基因之间发生了两次交换，其最大交换值与一次交换的结果是相同的，依旧是 0.50。

在两个基因之间发生两个以上交叉的后果又是如何呢？从理论上计算，只要 4 条染色单体发生交换的机会相等，产生新老组合的比例总是 1∶1。从表 3-2 可以看出，偶数交换结果与非交换相同，奇数交换结果与单交换相同，故交换值也是 0.50。

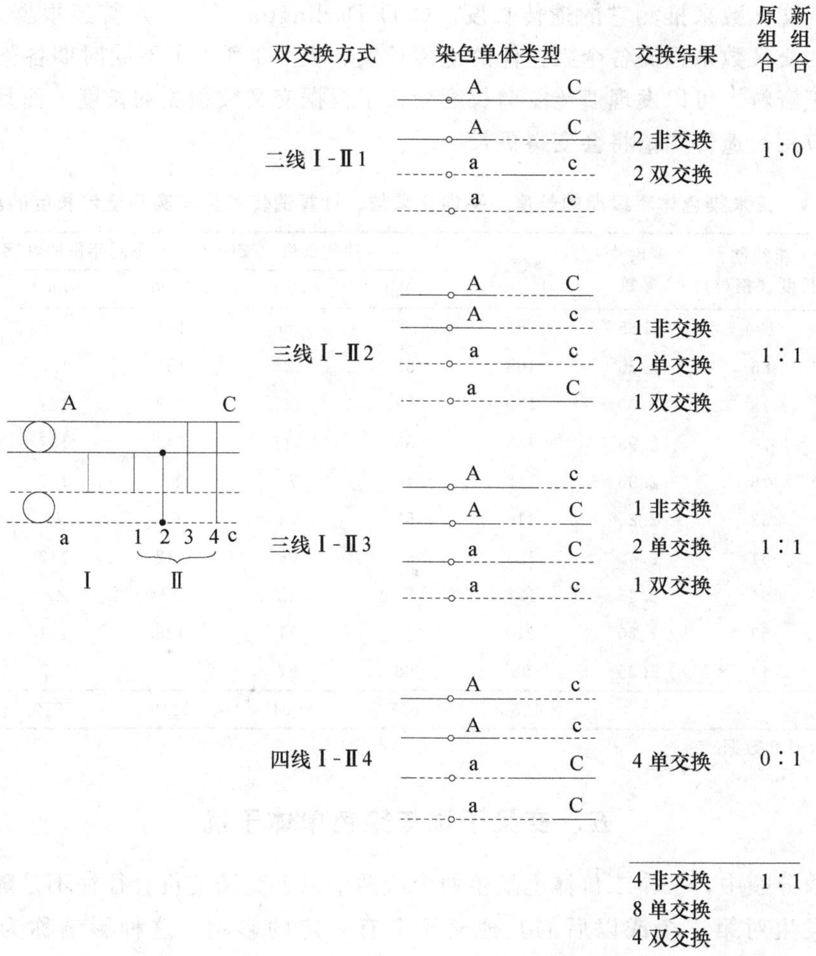

图 3-6　两基因座之间发生各种可能双交换的结果

表 3-2　两基因座之间不同数目的染色体交叉产生的交换类型与新老组合的理论比率

交叉数	产生染色单体的比率					遗传比率	
	非交换	单交换	双交换	三交换	四交换	原组合	新组合
0	1					1	0
1	1	1				1	1
2	1	2	1			2	2
3	1	3	3	1		4	4
4	1	4	6	4	1	8	8

四、交换与交叉的关系

许多遗传试验都证明，细胞学上观察到的交叉（chiasma）与遗传上的交换（cross-over）有着密切的关系。实际上，它们只不过是染色质互换在细胞学和遗传学上的不同表现形式而已。如前一节所述，每一细胞学交叉，产生 1/2 的新组合，相当于 50 个交换单位的遗传距离，两个交叉产生 100 个交换单位的遗传距离。这样就可以根据每一条染色体上的交叉数来推测它的遗传长度。C. D. Darlington（1934）曾经根据玉米10条染色体上的交叉数来预测各个染色体的遗传长度。表3-3列出了不同时期各染色体遗传长度的修正资料，可以发现遗传图谱长度会长于根据交叉数预测的长度，而且随着新标记的不断应用，遗传图谱将会变得更长。

表3-3 玉米染色体粗线期的长度、平均交叉数、计算遗传长度与实测遗传长度的比较

染色体编号	粗线期长度（相对）	平均交叉数	计算值	遗传长度（交换单位）不同年份的观察值				
				1950	1976	1990	1990*	1993*
1	100	3.65	183	102	156	161	176	238
2	86	3.25	163	58	128	155	155	229
3	78	3.00	150	92	121	128	167	194
4	76	2.95	148	80	111	143	137	174
5	76	2.95	148	44	72	87	107	235
6	53	2.20	110	52	64	68	78	169
7	61	2.45	123	50	96	112	112	131
8	61	2.45	123	20	28	28	42	173
9	53	2.20	110	52	71	138	141	132
10	44	1.95	98	68	57	99	95	115
总长度			1356	618	904	1119	1210	1790

* 基于RFLP数据。

五、交叉干扰与染色单体干扰

在减数分裂中，一个二价体上发生两个或两个以上交叉的机会往往不是随机的。一个交叉的发生对第二个或以后的其他交叉会有一定的影响。这种影响称为交叉干扰（chiasma interference）或染色体干扰（chromosome interference）。第一次交叉发生后，引起第二次交叉机会降低的情况称为正干扰（positive interference），引起第二次交叉机会增加的为负干扰（negative interference）。干扰程度以符合系数（coincidence coefficient）表示。它等于实际双交叉值（或双交换值）与理论双交叉值（或交换值）的比值。当符合系数为零时，表示发生了完全正干扰；符合系数为1时，表示没有干扰；符合系数大于1时，表示存在着负干扰。在高等生物中，交叉干扰一般都是正的，但在真菌如红色链孢霉、酵母以及许多噬菌体中却有明显的负干扰存在。这种负干扰主要表现在一个基因座内部不同交换点之间，一个基因的交换促进了邻近其他基因之间的交换。如在λ噬菌体，多数密切连锁基因的三点测验都得到近于5的符合系数值。

染色单体干扰（chromatid interference）是指两条同源染色体的4条染色单体参与多线交换机会的非随机性。它的存在可使二线双交换、三线双交换和四线双交换发生的概率不呈1∶2∶1之比。正的染色单体干扰提高四线双交换的频率，负的染色单体干扰则可提高二线双交换的频率。至今尚未发现正染色单体干扰的存在，但负染色单体干扰在真菌中曾有过报道。

交叉干扰影响基因间的交换值，而染色单体干扰则影响交换发生的形式。

六、交叉对非同源染色体的影响

曾经认为，发生交叉（换）的频率在非同源染色体之间是相互独立的。事实并非如此。在果蝇中，A. H. Sturtevant（1919）和 H. Redfield（1951）等许多人都证明，某条染色体由于结构杂合体的存在而引起交换值的降低，常常促进其他非同源染色体交换值的提高。例如，Shultz 和 Redfield（1951）发现，由于倒位的存在，果蝇的 ClB 测验种的 X 染色体上的基因交换受到抑制，而Ⅱ号染色体上所测定的 7 个基因交换值则明显提高。总交换值从对照的 0.802 增加到 1.018。

在 XXY 雌体果蝇中，Y 染色体的存在降低了 X 染色体间的交换值，但却提高了常染色体之间的交换值。例如，在 XX 雌体中，Ⅱ号染色体上的 D^3-H 基因间的交换值为 0.103，但在 XXY 雌体中，D^3-H 之间的交换值提高到 0.1709。Procunier 和 Suzuki（1967）发现，环状 X 染色体的存在提高了Ⅲ号染色体 Ly-st-p^p-sb 区的基因交换值。他们认为，所有环状染色体的存在都能提高非同源染色体的交换值。

上述事实说明，在一个细胞中，各对同源染色体之间的交换并不是完全独立的，它们之间存在着相互影响。引起染色体间这种效应的原因还不清楚。K. Mather（1939）认为，一个性母细胞在一次减数分裂中总交换值是大致固定的，一对同源染色体交换值的降低，必然引起其他同源染色体交换值的提高。似乎在一个减数分裂细胞中，用于染色体交换的总能量是比较固定的。一对同源染色体因交换减少而节余的能量，可能为增多其他染色体的交换提供补偿。

第三节　特 殊 交 换

一、体细胞交换

染色体交换一般发生在性母细胞减数分裂的过程中，与同源染色体的联会有关。体细胞由于不存在同源染色体联会，所以很难发生染色体交换。但在果蝇和玉米中，都曾发现过体细胞交换（somatic crossing over）现象，由此产生局部体细胞的镶嵌性状。

果蝇 X 染色体上的黄身（yellow body）基因 y 与焦灼刚毛（singed bristle，简称灼毛）基因 sn 之间有 21 个单位的遗传距离。具有 y＋/＋sn 基因组合的雌果蝇，由于显性互补，应为野生型灰身和正常刚毛。但是 C. Stern（1936）发现，它的身体上出现有成对的大小相同的斑块，一类是黄体的，另一类是灼毛的；也出现较少的单独黄体斑块和更少的单独灼毛斑块，这种现象无法用体细胞突变或其他原因解释。Stern 认为，这是由体细胞交换造成的。假定 X 染色体后期的分离方式如图 3-7 所示，那么在 sn 和着丝粒之间发生单交换（Ⅱ区），就可以产生基因型为 yy＋＋和＋＋snsn 的两类细胞，将来发育为黄身和灼毛成对斑块；y 基因和 sn 基因之间发生单交换（Ⅰ区），产生 y＋/ysn 和＋＋/＋sn 两类细胞，将来发育为黄身单独斑块；Ⅰ、Ⅱ区发生双交换，产生 y＋/＋＋和 ysn/＋sn 两类细胞，将来发育为灼毛单独斑块。斑块的大小取决于个体发育中交换发生的早晚，发生得越早，斑块就越大。

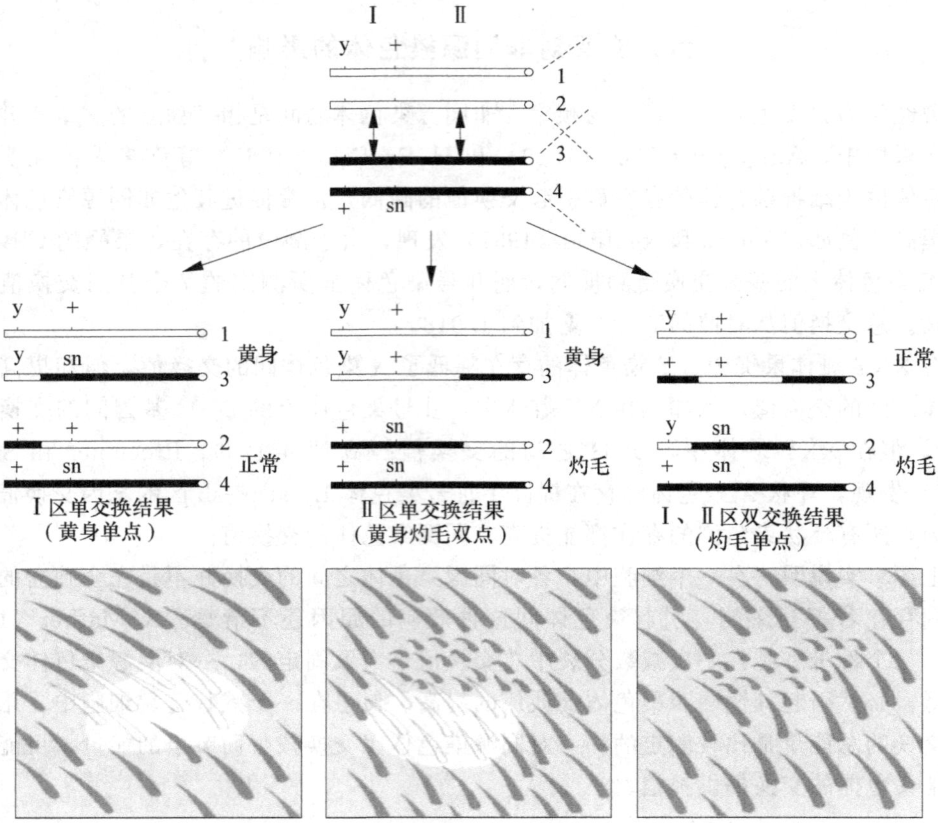

图 3-7　果蝇 X 染色体上基因体细胞交换示意图

这种体细胞交换在玉米和其他植物中也有发现。交换的时间尚不清楚，可能发生在有丝分裂前期。

二、姐妹染色单体交换

一般认为染色体交换发生在减数分裂四线期的非姐妹染色单体之间，姐妹染色单体之间不发生交换。这是因为在棒状染色体，即使发生了姐妹染色单体交换，也不改变非姐妹染色单体间的遗传交换关系，在后代中无法觉察到。但是通过特殊的遗传设计，也可以证明姐妹染色单体之间发生的交换。McClintock（1938）首先利用玉米的环形染色体证明姐妹染色单体间交换的存在，D. Schwartz（1952）提供了进一步的证据。他所使用的材料是一个玉米大型环状 6 号染色体。它是正常的 6 号染色体在长臂末端和短臂的随体部分分别发生断裂，两头的断片丢失后，染色体在断头处重新连接形成（图 3-8）。

当环状染色体与正常棒状 6 号染色体处于杂合状态时，长臂上不同的交换类型（从着丝粒到副缢痕交换极少，不予考虑）在后期Ⅰ和后期Ⅱ可以产生如图 3-9 所示的染色体结构。单交换在后期Ⅰ产生一个染色质桥，但后期Ⅱ没有桥；二线双交换后期Ⅰ和后期Ⅱ均无桥，与无交换相同；三线双交换有两种情况，一种双交换的染色单体发生在环状染色体（三线双交换Ⅰ），后期Ⅰ产生一个染色质桥但后期Ⅱ无桥；另一种双交换染

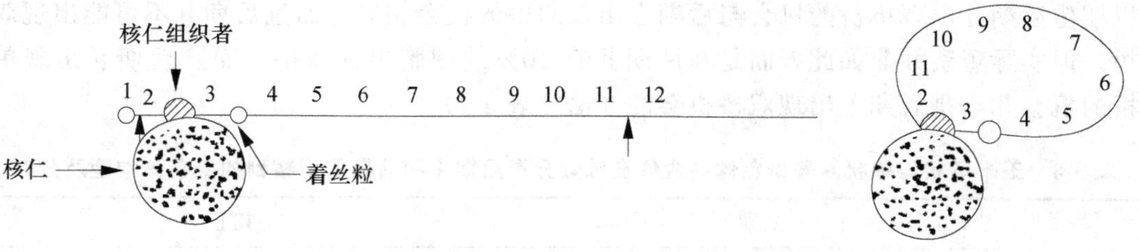

图 3-8　玉米环状 6 号染色体的形成过程，箭头表示断裂位点

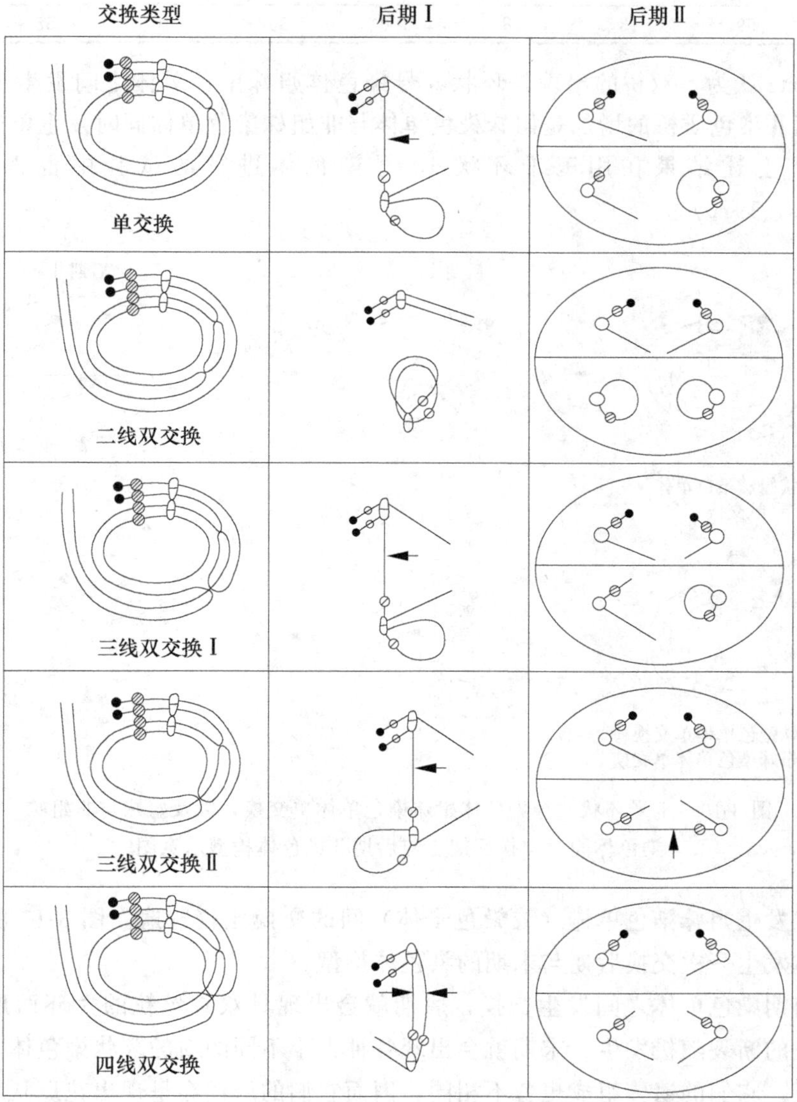

图 3-9　玉米环状与棒状 6 号染色体发生交换后，后期Ⅰ和后期Ⅱ的染色体构型（箭头表示染色体断裂部位）

色单体发生在棒状染色体（三线双交换Ⅱ），后期Ⅰ和后期Ⅱ都出现一个染色质桥；四线双交换在后期Ⅰ产生双桥，但后期Ⅱ无桥。在各染色单体随机发生交换的情况下，可

以期望后期Ⅱ出现单桥的机会与后期Ⅰ出现双桥的机会相等，而且后期Ⅱ不可能出现双桥。但实际观察并非如此，而是在后期Ⅱ有 10%的细胞出现双桥，而且后期Ⅱ出现单桥的机会几乎是后期Ⅰ出现双桥机会的 3 倍（表 3-4）。

表 3-4　玉米环状与棒状 6 号染色体杂合体在减数分裂后期Ⅰ和后期Ⅱ观察到的染色体构型及分布

	后期Ⅰ				后期Ⅱ			
	单桥	双桥	无桥	总数	单桥	双桥	无桥	总数
细胞数	368	81	171	620	166	47	262	475
所占比例%	59	13	28	100	35	10	55	100

Schwartz 认为，双桥的出现是环状 6 号染色体姐妹染色单体之间发生单交换造成的，而后期Ⅱ染色质桥的增加是姐妹染色单体与非姐妹染色单体同时发生单交换的结果（图 3-10）。上述结果在用玉米环状 10 号染色体进行的试验中也得到了证明（J. H. Miles，1970）。

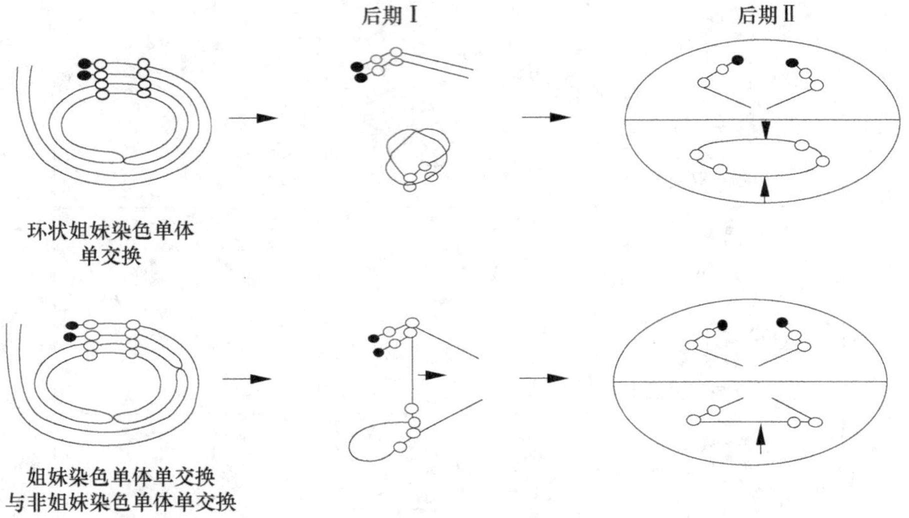

图 3-10　玉米环状 6 号染色体姐妹染色单体单交换，以及姐妹与非姐妹染色体同时交换后期Ⅰ与后期Ⅱ染色体构型示意图

体细胞发生姐妹染色单体（或染色子体）间的交换比较普遍。图 3-11 所示是玉米环形染色体发生一次交换后期与末期的染色体构型。

由于前期染色单体之间发生交换，后期就会出现具双着丝粒的大环而形成染色质桥，如果桥的断裂随机发生，末期就会出现各种大小不同的新的环状染色体，带有各种缺失和重复。它们的遗传组成也各不相同，因而它们的后代会呈现出花斑状表现型。在玉米有环状 1 号染色体的根尖细胞中，分裂后期出现染色质桥的频率高达 20%，说明体细胞姐妹染色单体之间交换的频率是相当高的。

通过特殊的染色处理，在没有环状染色体的情况下，也可以观察姐妹染色单体的交换。J. H. Taylor（1958）利用带有 ^{3}H 的胸腺嘧啶作标记，通过放射自显影技术，从银

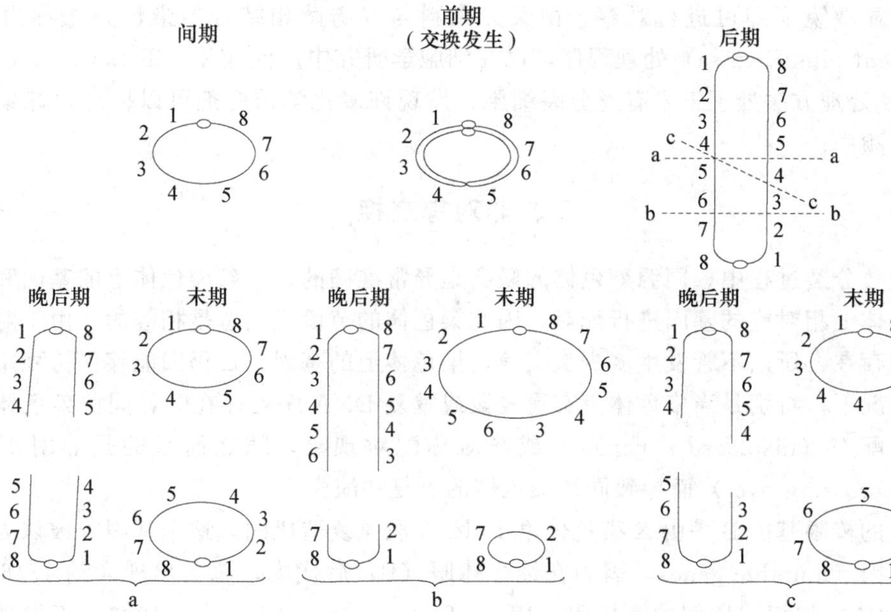

图 3-11　玉米环形染色体在体细胞发生交换后期
和末期的几种染色体构型示意图

粒在染色体上的分布，证明正常染色体在细胞分裂过程中存在着姐妹染色单体交换，但这种方法的准确程度比较低。S. A. Latt（1973）发明的生物化学处理程序能够更清楚地证明姐妹染色单体交换这一细胞学现象，他把分裂中的细胞放在含有一种碱基的类似物——5-溴脱氧尿苷（BrdU）的培养基中培养两个细胞分裂周期，而后用一种荧光染料 Hoechst 33258 进行染色，发现完全不带 BrdU 的染色单体、一条 DNA 链带有 BrdU 的染色单体和两条 DNA 链均带有 BrdU 的染色单体的荧光特性有明显不同，主要表现在光亮度上。这种差别通过荧光显微镜的观察就可以进行区分（图 3-12）。由荧光染料处理的制片，再用吉姆萨染料染色，其荧光强度的差异就变成染色深浅的差异，这种差

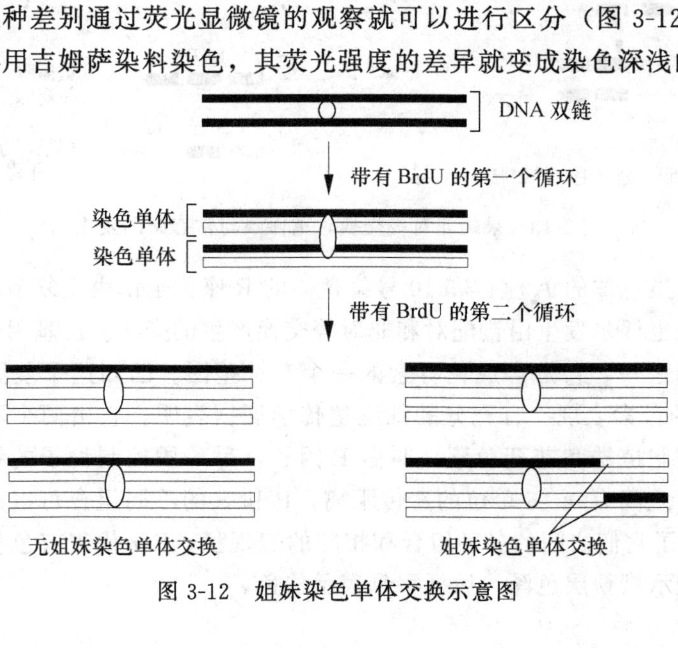

图 3-12　姐妹染色单体交换示意图

异在光学显微镜下即可进行观察。由荧光染料与吉姆萨相结合的染色方法称为 FPG (fluorescent plus Giemsa) 处理程序，已在细胞学研究中广泛应用。T. S. Chou (1985) 应用 FPG 处理方法处理玉米有丝分裂细胞，发现许多化学诱变剂可以提高姐妹染色单体交换的频率。

三、非对等交换

在减数分裂过程中，同源染色体的联会是异常准确的，一条染色体上的基因和它的同源染色体上相对应的基因进行配对，因此染色体的节段互换总是相等的。由于对等交换机制的存在，所以不管发生多少次交换，染色体上的基因数目仍旧能够保持稳定。但在特殊情况下，特别是当染色体上有重复段或重复 DNA 序列存在时，同源染色体间可以发生错配对 (displaced synapsis) 或非对称配对现象，随之而来的是非对等交换 (unequal crossing over) 而导致同源染色体的重复和缺失。

果蝇的棒眼基因 B 是由 X 染色体第 16 区 A 段重复造成的。这个基因曾被认为是一个易变基因 (mutable gene)，因为在纯合棒眼 (B) 后代中，总会出现大约 1/1600 的常态眼 (B^+) 和相同比例的重棒眼 (BB)。Sturtevant 和 Morgan (1923) 等发现，这种一再重复出现的常态眼和重棒眼并非由突变引起，而是染色体非对等交换的结果。如果在 B 座位两边标志其他隐性基因，就可以得到证明。例如，让具有＋B＋/fBfu 基因型 (f＝分叉刚毛，fu＝并翅脉) 的雌果蝇与纯隐性雄蝇交配所得到的回复常态眼个体总是带有 f 基因 (f，fu^+) 或 fu 基因 (f^+、fu)，因为 f 和 fu 基因也同时发生了交换，才产生新组合 (图 3-13)。具有交换型个体少于总数的 3%。

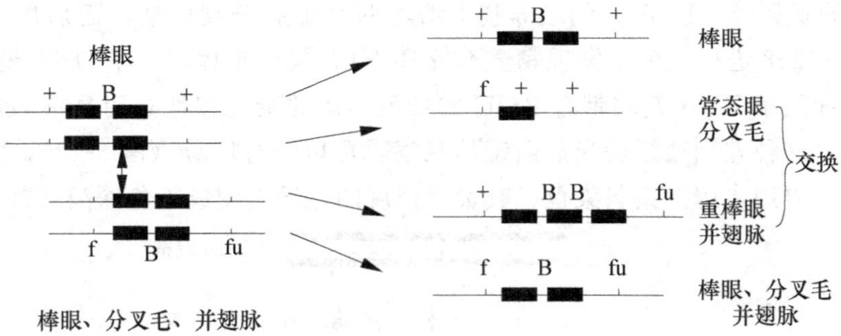

图 3-13 果蝇非对等交换，重棒眼与常态眼的发生

玉米中 3 号染色体的 A 座位和 10 号染色体的 R 座位也都由重复节段组成，它们的同源染色体之间也偶尔发生由错配对和非对等交换产生的变异。R 基因是玉米遗传学研究最充分的基因之一，它是合成花青素的一个互补基因。已知这个基因可以分别影响 12 种不同组织的色素表现。有充分的细胞遗传学证据表明，它由两个不连续的重复节段组成。一段控制植株和花药色素，叫做 P 因子，另一段控制种子的糊粉层色素，叫做 S 因子，二者之间有 0.16 单位的遗传距离。P 和 S 的不同组合可以产生不同的表现型。表 3-5 列出了它们之间的各种组合和相应的表现型。R-r 代表有色糊粉层和有色植株。基础字母表示糊粉层色泽，后标字母表示株色。

表 3-5　R 基因的结构与相应的表现型

等位基因	表现型	基因结构
R-r	有色糊粉层，有色植株（根、中胚轴、胚芽鞘、花丝、颖片、花药等）	××××|P|S|××××
R-g	有色糊粉层，绿株	××××|p|S|×××× 或 ××××|××××××××|S|××××
r-r	无色糊粉层，有色株	××××|P|s|×××× 或 ××××|P|××××××××|××××
r-g	无色糊粉层，绿株	××××|p|s|×××× 或 ××××|××××××××|××××××××|××××

R-g、r-r 和 r-g 都有两种可能的基因结构。隐性性状的出现可能是基因突变造成的，也可能是染色体缺失造成的。

既然 R 基因由 P 和 S 两个重复节段组成，它们之间遗传距离又很小，所以通常突变都发生在其中一个因子，而同时发生的机会极低。因此，R-r 如果发生突变，只可能变为 r-r 或 R-g，不可能同时变为 r-g，而 r-r 和 R-g 才能进一步突变为 r-g。如图 3-14 所示，由 R-r 突变为 r-g，需要经过两个步骤，这种现象称为分段或分步突变（stepwise mutation）。分步突变在另一个花青素互补基因 A 座位也得到证明。J. R. Lauahnan（1952）发现，产生强色素的 A-b 基因，只能突变为产生淡色素的 A-d 基因，从 A-d 基因才能进一步突变为不产生色素的 a 基因，但从 A-b 基因不能直接突变为 a 基因。表明 A 基因也与 R 一样，是由两个独立功能单位所组成的复合座位。

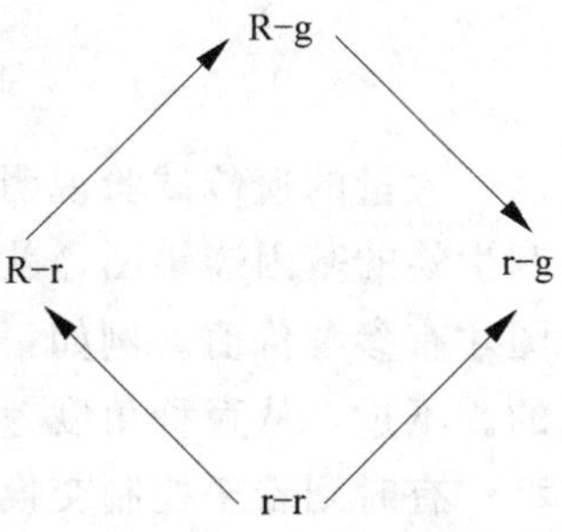

图 3-14　玉米 R 基因的分步突变

纯合的 R-r/R-r 个体的后代会出现 R-g 和 r-r 两类突变个体，而且比率远比 R 座的突变率高。如何解释这种现象呢？M. H. Emmerling（1958）证明，由 P 和 S 重复段组成 R 座位的染色体区段，联会时有两种方式。在大多数情况下，P 与 P，S 与 S 联会，联会是准确而对称的。但在个别情况下，P 和 S 也可以进行联会，产生不对称的错配对现象。染色体的错配对会引起遗传物质的非对等交换，从而产生出缺失和重复配子，出现 R-g 和 r-r 的个体（图 3-15）。在没有标记基因的情况下，这种错配对和非对等交换很难得到证实。运用与 R 基因前后密切连锁的两个基因，即金黄株色基因 g 和 R 的另一个等位基因 R-st 的修饰基因 Mst 对染色体进行标记，不仅可以确切证明 R 重复段的错配对和交换，也可以计算出 P、S 重复段的遗传距离。

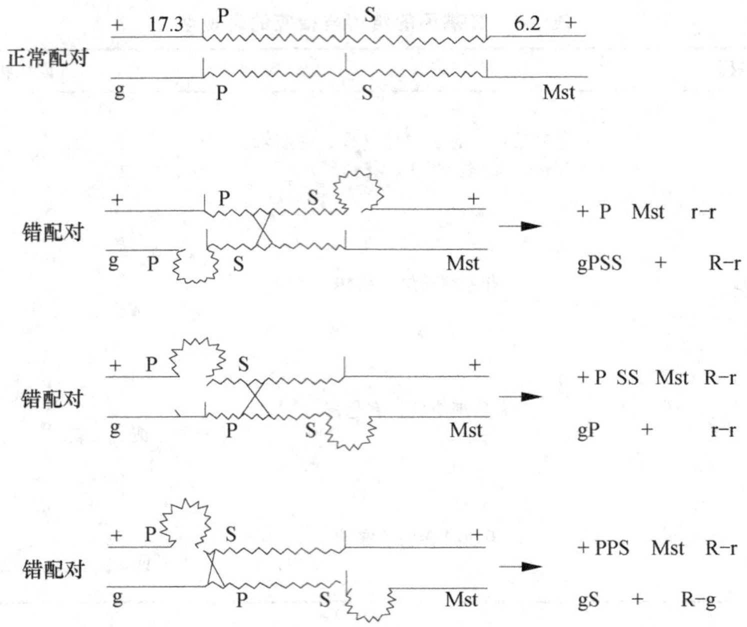

图 3-15　R 基因座重复段 P、S 错配对及其交换后产生的不同类型配子示意图

第四节　影响交换的因素

大量的遗传试验说明，许多内、外在环境条件对交换都有重要影响。为了正确地绘制生物的基因连锁图，就需要适当控制外界环境条件，并获取大量的资料，这样的连锁图才有参考价值。例如，过去确定果蝇交换值时，都是在 25℃的培养条件下进行试验的。不过，从育种角度考虑，有时则需要创造条件促进基因变换，如分离优良重组基因型；有时则希望控制交换以利于遗传稳定和保纯。

一、性　别

有些植物，如豌豆等，性别对交换没有影响，大孢子母细胞和小孢子母细胞在减数分裂中交换值相等；人类和许多哺乳动物如小鼠，雌性交换值大于雄性；另一些动物如鸽子等，雄性交换值大于雌性。果蝇中雄性不发生交换；家蚕中雌性不发生交换。曾经有人认为这是因为 XY 或 ZW 染色体不配对造成的，但无法解释体细胞染色体也不发生交换的事实。

M. M. Rhoades（1941）发现玉米 5 号染色体的某些基因，雄性的交换值显著地大于雌性。但这种差别并不能排除其他外界环境条件的影响，因为玉米大孢子母细胞和小孢子母细胞进行减数分裂的时间是不相同的。R. L. Phillips（1968）也发现，玉米 5 号、6 号和 7 号染色体上，许多基因间的交换值都是雄性明显地高于雌性。

二、着　丝　粒

着丝粒对附近基因的交换值有明显的影响，使基因交换值降低。对此，果蝇Ⅲ号和

Ⅳ号染色体的易位提供了有力的证据。图 3-16 表示易位前后连锁图的差异。ru、h、th 与 st 基因所在的染色体臂没有发生易位，易位前后与着丝粒位置保持不变，它们之间的交换值也相对不变；cu、sr 和 e^s基因由于易位而接近了Ⅳ号染色体的着丝粒，它们之间的交换值大为降低。e^s和 ca 离着丝粒较远，交换值降低，也较小。着丝粒对交换值的降低作用是否是由着丝粒本身特性引起的或是着丝粒周围的异染色质引起的还不得而知。

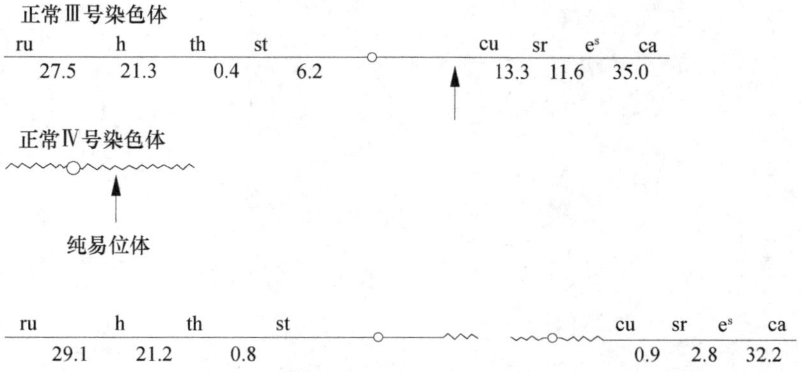

图 3-16　果蝇着丝粒对Ⅲ号染色体某些基因交换值的影响（箭头代表易位断点）

三、年　　龄

一般来说，年龄会降低交换值，年龄越大，交换值越小。位于着丝粒附近的基因的交换值降低最多，离着丝粒越远，受影响越小。

四、温　　度

在适合生物生长的范围之内，提高温度可以提高交换值，但温度对交换值的影响也是以着丝粒区为最大。

复　习　题

1. 果蝇连锁群测验种遗传设计的根据是什么？测验的具体步骤如何？

2. 利用三体测验连锁群的原理是什么？如何进行测验？

3. 有什么证据说明遗传交换是由染色体互换造成的？

4. 试举一个确切的例子来说明减数分裂中染色体互换发生在四线期。

5. 基因的遗传交换和染色体交叉存在哪种关系？能否从染色体交叉来准确地预见染色体的遗传长度？为什么？

6. 通过何种遗传设计才能证明姐妹染色单体之间发生交换？

7. 假定 A、B 两基因座在减数分裂中平均有两个交叉，在多线交换随机发生的情况下，证明它们之间的最大交换值。

8. 番茄的三个基因 cpt（致密）、ch（黄绿色）和 gf（绿色果肉）均位于 8 号染色体上，cpt 与 ch 之间有 10 个遗传单位，ch 和 gf 之间有 14 个单位的遗传距离，让 cpt ch gf/＋＋＋个体与三隐性个体进行测交，如果符合系数为 1，后代表现型比率如何？符合系数为 0.2，后代的表现型比率又如何？

9. 在＋b＋/a＋c×abc/abc 杂交后代中，出现了下列表现型及个体数

＋b＋	395	＋bc	47
a＋c	402	a＋＋	45
＋＋c	61	＋＋＋	1
ab＋	67	abc	3

试决定 ab 之间与 bc 之间的遗传距离。是否存在交叉干扰？若存在的话，请计算符合系数。

10. 解释名词：连锁群测验种、附着 X 染色体、染色单体干扰、交叉干扰、体细胞交换、非对等交换。

第四章　连锁交换值的计算

第一节　连锁现象的统计鉴定

一、对测交后代进行χ^2测验

测交后代可以直接反映亲本产生配子的类别和比数，因而分析起来最为方便。在Aa、Bb独立遗传时，AaBb可以产生AB、Ab、aB和ab 4类配子，假定这4类配子数分别以a、b、c和d为代表，则每种配子数量为$a=b=c=d=1/4$。如果这两对基因存在连锁关系，则产生的4类配子比数不等，其中亲本组合类型较多，新组合类型较少。新组合的出现是发生交换的结果。在相引相（coupling phase）即AB/ab的情况下，ad为亲本组合，bc为新组合，$(a+d)>(b+c)$。在相斥相（repulsion phase）即Ab/aB的情况下，bc为亲本组合，ad为新组合，$(b+c)>(a+d)$。利用χ^2测验法对这两对基因进行独立性测定就可以推测它们之间是否存在连锁关系。

因为有4种性状类别，自由度为3。总χ^2值可以分解为3个部分，分别测验A、a和B、b分离的偏差，以及两对基因的分离与独立分配之间的偏差，它们的公式为

$$\chi_A^2=\frac{(a+b-c-d)^2}{n}$$　测A：a与1：1之间的偏差；

$$\chi_B^2=\frac{(a-b+c-d)^2}{n}$$　测B：b与1：1之间的偏差；

$$\chi_L^2=\frac{(a-b-c+d)^2}{n}$$　测新组合：老组合与1：1之间的偏差，即测两对基因的独立性。

在算得χ^2值之后，就可以根据其数值大小，从χ^2表中查得因取样而造成如此偏差的概率，从而得出相应的结论。若$\chi_A^2=\frac{(a+b-c-d)^2}{n}$值过大，说明A与a分离不正常；若$\chi_B^2$值过大，说明B与b分离不正常；若Aa和Bb分离行为都正常，只有χ_L^2过大，就说明两对基因间存在着连锁关系。

例如，对AaBb进行测交，产生612个后代，其中AB=220，Ab=84，aB=102，ab=206，A、B基因之间是否存在连锁？

把各项数字代入公式

$$\chi_A^2=\frac{(220+84-102-206)^2}{612}=0.03$$

$$\chi_B^2=\frac{(220-84+102-206)^2}{612}=1.67$$

$$\chi_L^2=\frac{(220-84-102+206)^2}{612}=94.12$$

根据自由度（d. f.），可以查出获得上述 χ^2 值的概率

	χ^2 值	d. f.	P
Aa	0.03	1	0.90～0.70
Bb	1.67	1	0.25～0.10
Aa-Bb	94.12	1	<0.005
总值	95.82	3	<0.005

可见 A 与 a 和 B 与 b 的观察值与 1∶1 的理论偏差不大，可以用取样误差来解释。但 Aa 与 Bb 两对基因之间偏差极大，表明这两对基因之间的分离不是独立的，即存在着连锁关系。

二、对 F_2 进行 χ^2 测验

进行测交有困难的作物尤其是小粒谷类作物，可以用 F_2 甚至 F_3 的分离材料进行独立性测定。如让 AaBb 自交，在 *Aa* 基因对和 *Bb* 基因对分离行为正常，而两对基因呈独立分配的情况下，后代表现型比例应为 9AB∶3Ab∶3aB∶1ab。其中 A∶a＝3∶1，B∶b＝3∶1。假定以 a、b、c、d 分别代表 AB、Ab、aB、ab 4 类表现型的个体数，则在数量上：$a+b=3c+3d$，$a+c=3b+3d$，$a+9d=3b+3c$。

χ^2 测验各组分的公式如下：

$$\chi_A^2=\frac{(a+b-3c-3d)^2}{3n}$$ 测 A∶a 与 3∶1 之间的偏差；

$$\chi_B^2=\frac{(a+c-3b-3d)^2}{3n}$$ 测 B∶b 与 3∶1 之间的偏差；

$$\chi_L^2=\frac{(a-3b-3c+9d)^2}{9n}$$ 测与两对基因独立分配之间的偏差。

在只有两类性状分离，分离比例 $a_1:a_2=r:1$ 的情况下，可以通过一般公式

$$\chi^2=\sum\frac{(O-E)^2}{E}$$

计算出 χ^2 值，其中 O 为实际观察数，E 为期望值。为便于利用，此公式也可以演变为如下通式：

$$\chi^2=\frac{(a_1-ra_2)^2}{rn}$$

据此通式，可推出表 4-1 中不同理论比率的 χ^2 值计算公式。

表 4-1 测验两类性状分离的不同理论比率的 χ^2 值公式

分离比例	χ^2 公式
1∶1	$\frac{(a_1-a_2)^2}{n}$
2∶1	$\frac{(a_1-2a_2)^2}{2n}$
3∶1	$\frac{(a_1-3a_2)^2}{3n}$
15∶1	$\frac{(a_1-15a_2)^2}{15n}$
9∶7	$\frac{(7a_1-9a_2)^2}{9n}$
r∶1	$\frac{(a_1-ra_2)^2}{rn}$

现举 3 例涉及两对基因的 F_2 的结果，用上述公式检验它们之间有无连锁关系。

例 1，让 AaBb 自交，得到 AB=142，Ab=49，aB=43，ab=15，$n=249$，求 AB 之间是否存在连锁关系？

把各项数值代入公式，则

$$\chi_A^2=\frac{(142+49-3\times43-3\times15)^2}{3\times249}=0.3869 \qquad d.f.=1 \quad P=0.70\sim0.50$$

$$\chi_B^2=\frac{(142+43-3\times49-3\times15)^2}{3\times249}=0.0656 \qquad d.f.=1 \quad P=0.90\sim0.80$$

$$\chi_L^2=\frac{(142-3\times49-3\times49+9\times15)^2}{9\times249}=0.004 \qquad d.f.=1 \quad P=0.99\sim0.95$$

$$总\ \chi^2=0.3869+0.0656+0.0004=0.4529 \qquad d.f.=3 \quad P=0.99\sim0.95$$

可见 Aa 和 Bb 各自的分离都符合 3∶1 分离比例，Aa 与 Bb 重组类别也符合 9∶3∶3∶1，说明这两对基因间不存在连锁关系。

例 2，让 AaRr 自交，后代出现 AR=152，Ar=99，aR=43，ar=9，求 AR 之间是否存在连锁关系？

依 9∶3∶3∶1 假设，算得各个 χ^2 值和总 χ^2 值如下：

$$\chi_A^2=9.99 \qquad d.f.=1 \qquad P<0.01$$

$$\chi_R^2=18.31 \qquad d.f.=1 \qquad P<0.01$$

$$\chi_L^2=13.66 \qquad d.f.=1 \qquad P<0.01$$

$$总\ \chi^2=41.96 \qquad d.f.=3 \qquad P<0.01$$

从总 χ^2 来看，这个结果不符合 9∶3∶3∶1 的分离比例，但从各 χ^2 的分解值来看，出现这种偏差主要两对基因对的遗传行为不正常，因而扰乱了整个分离群体的比例。

例 3，PpSs 自交，后代表现型为 PS=235，Ps=91，pS=109，ps=9，求 PS 之间是否存在连锁关系？

算得各 χ^2 值及 P 值为

$\chi_P^2=0.590$ d. f. $=1$ $P=0.50-0.30$

$\chi_S^2=1.453$ d. f. $=1$ $P=0.30-0.20$

$\chi_L^2=20.184$ d. f. $=1$ $P<0.01$

总 $\chi^2=22.227$ d. f. $=3$ $P<0.01$

从总 χ^2 来看，这两对基因的传递规律不符合独立遗传，χ_L^2 值也表明这两对基因不独立，但 Pp 与 Ss 的分离符合 3∶1，说明这两对基因各自的分离行为正常，但它们之间存在着连锁关系。

三、利用四格联列表进行 χ^2 测验

应用四格联列表（4-celled contingency table）即 4 格表来进行 χ^2 测验有两个优点：①不受个体生活力的影响，可以求出两种事物（这里就是两对基因）之间是否有联系（或连锁）；②对于遗传行为不了解的性状也可测出它们的关系（相互独立或连锁）。

为了进行 χ^2 值的运算，首先要依 F_2 性状类别列成一个四格表。4 类表现型 AB、Ab、aB、ab 的个体数仍用 a、b、c 和 d 表示，并填入四格联列表中。以各对性状的观察数为准，分别求出所占的比率。然后在假定独立遗传的情况下求出各类个体数的期望个体数值 E，应为两基因频率之积并乘以总株数，依此则在 A 类下的 B∶b 应与 a 类下的比数相同，各类个体数的理论期望值 E 的计算公式为

$$E_{a(AB)}=n\times\frac{a+b}{n}\times\frac{a+c}{n}=(a+b)\times\frac{a+c}{n}$$

同理

$$E_{b(Ab)}=(a+b)\times\frac{b+d}{n}$$

$$E_{c(aB)}=(c+d)\times\frac{a+c}{n}$$

$$E_{d(ab)}=(c+d)\times\frac{b+d}{n}$$

	A	a	小计	比率
B	AB$=a$	aB$=c$	$a+c$	$\frac{a+c}{n}$
b	Ab$=b$	ab$=d$	$b+d$	$\frac{b+d}{n}$
小计	$a+b$	$c+d$	n	
比率	$\frac{a+b}{n}$	$\frac{c+d}{n}$		

根据实际观察数和算得的理论期望值 E 就可以进行 χ^2 值的运算。兹以本节二的例 1 重新进行运算。首先把各观察值填入四格表，并计算出各类别出现的比率：

	A	a	小计	比率
B	$a=142$	$c=43$	$a+c=185$	$\frac{a+c}{n}=0.7430$
b	$b=49$	$d=15$	$b+d=64$	$\frac{b+d}{n}=0.2570$
小计	$a+b=191$	$c+d=58$	$n=249$	
比率	$\frac{a+b}{n}=0.7670$	$\frac{c+d}{n}=0.2329$		

各类个体数的理论期望值 E 为

$a(\mathrm{AB}) = 191 \times 0.7430 = 141.9130$　　$b(\mathrm{Ab}) = 191 \times 0.2570 = 49.0870$

$c(\mathrm{aB}) = 58 \times 0.7430 = 43.0940$　　$d(\mathrm{ab}) = 58 \times 0.2570 = 14.9060$

χ^2 值依下表计算

表现型类别	观察数（O）	期望值（E）	$(O-E)$	$(O-E)^2$	$\frac{(O-E)^2}{E}$
AB（a）	142	141.913 0	0.087 0	0.007 57	0.000 05
Ab（b）	49	49.087 0	−0.087 0	0.007 57	0.000 15
aB（c）	43	43.094 0	−0.094	0.008 8	0.000 21
ab（d）	15	14.906 0	0.094 0	0.008 8	0.000 59
总数	249	249			0.001

自由度 d.f.＝(横行数－1)(纵行数－1)＝(2－1)(2－1)＝1

查 χ^2 值表，$0.90 > P > 0.75$，说明符合独立遗传，Aa 和 Bb 并不连锁。

用同样方法，算得上述例 2 的 χ^2 值为 0.0489，P 值为 0.80～0.90，也表示 Aa 与 Rr 无连锁关系。但上述例 3 所得的 χ^2 值为 20.4358，P 值小于 0.01，差异十分显著，说明 Pp 与 Ss 的分离不符合独立遗传，而是存在着连锁遗传关系。

联列表也称 RC 表，R 代表行（row），C 代表列（column），不一定只有 4 个格，若 R＝4，C＝3，则有 12 个格。联列表的自由度 d.f.＝(R－1)(C－1)，4 格表 R＝2，C＝2，d.f.＝(2－1)(2－1)＝1，12 格表 R＝4，C＝3，d.f.＝(4－1)(3－1)＝6。联列表除用来鉴别基因的连锁遗传行为之外，在田间试验中也十分有用，可以测出不同事件或不同处理之间的相互关系。

第二节　连锁强度（交换值）的计算

在知道了基因之间的连锁遗传关系以后，下一步的工作就是估计它们之间的连锁强度。连锁强度的计算，可以利用测交后代或 F_2 代的资料。

一、测　交　法

测交法是求算交换值最准确最简便的一种方法。以杂合的 F_1 植株与双隐性株进行测交（或回交），从后代各类型的分离比数即可计算出交换值。在相引相的情况下，F_1

的基因型为AB/ab；相斥相的情况下F_1的基因型为Ab/aB。测交后代二者均产生AB、Ab、aB和ab 4类表现型，它们的比例与F_1产生配子的比例相同。采用前节符号，AB个体数为a，Ab个体数为b，aB个体数为c，ab个体数为d，n为总数。设交换值为P，求取交换值的公式如下：

相引相：$P=\frac{b+c}{n}$

相斥相：$P=\frac{a+d}{n}$

P值的标准差S.E.p$=\pm\sqrt{\frac{P\ (1-P)}{n-1}}$

例如，有一个相斥相Ab/aB，F_1的测交结果为AB＝22，Ab＝382，aB＝353，ab＝16，n＝773。代入公式，交换值

$$P=\frac{a+d}{n}=\frac{22+16}{773}=0.049$$

$$\text{S.E.p}=\sqrt{\frac{0.049(1-0.049)}{772}}=0.0078$$

在遗传学上把0.01的交换值定为一个交换单位，因此，a、b两基因之间的正确交换值P应为4.90±0.78交换单位。

有时，不同基因型组合的成活率也有所不同，为了防止成活率差异造成的影响，最好采用相引相和相斥相资料的平均值。

利用测交法计算交换值的优点是：

(1) 需要的群体较小；

(2) 能分别求出不同性别的交换值；

(3) 用相引相和相斥相的平均资料可以平衡成活率差异造成的影响；

(4) 在三点或多点测验中求出的基因序列比较可靠。

小麦、水稻等自花授粉作物由于人工授粉比较麻烦，测交法难于应用。有时，双隐性个体或不能成活，或生活力很弱，在开花授粉前死亡。在这种情况下，就不得不利用F_2资料求算连锁强度。

二、求理论配子次数与合子次数的基本公式

在讨论利用F_2资料求取交换率方法以前，介绍一下计算理论配子次数和理论合子次数的基本公式是有帮助的。

这里仍以P代表交换值。相引相AB/ab产生的4类配子，理论比率为a(AB)＝d(ab)＝$(1-P)/2$，b(Ab)＝c(aB)＝$P/2$；相斥相Ab/aB产生的4类配子，理论比数为a(AB)＝d(ab)＝$P/2$，b(Ab)＝c(aB)＝$(1-P)/2$。

当雌雄配子交换值相等且无选择受精时，在相引相，各类配子自由结合的结果，F_2 4类理论合子次数为：

$$a(\text{AB})=3(1-P)^2/4+4P(1-P)/4+2P^2/4$$

$$=\frac{2+(1-P)^2}{4}$$

$$b(\mathrm{Ab})=c(\mathrm{aB})=\frac{P^2}{4}+\frac{2P(1-P)}{4}$$

$$=\frac{2P-P^2}{4}=\frac{1-(1-P)^2}{4}$$

$$d(\mathrm{ab})=\frac{(1-P)^2}{4}$$

相斥相的理论合子次数为：

$$a(\mathrm{AB})=\frac{3P^2}{4}+\frac{4P(1-P)}{4}+\frac{2(1-P)^2}{4}=\frac{2+P^2}{4}$$

$$b(\mathrm{Ab})=c(aB)=\frac{(1-P)^2}{4}+\frac{2P(1-P)}{4}=\frac{1-P^2}{4}$$

$$d(\mathrm{ab})=\frac{P^2}{4}$$

为了醒目起见，再将上述推算的相引相和相斥相 F_1 的理论配子次数和 F_2 的理论合子次数列于表 4-2。

表 4-2　不同连锁方式 F_1 的理论配子次数和 F_2 的理论合子次数

配子（及合子）类别	代号	理论配子次数		理论合子次数	
		相引相	相斥相	相引相	相斥相
AB	a	$\frac{1-P}{2}$	$\frac{P}{2}$	$\frac{2+(1-P)^2}{4}$	$\frac{2+P^2}{4}$
Ab	b	$\frac{P}{2}$	$\frac{1-P}{2}$	$\frac{1-(1-P)^2}{4}$	$\frac{1-P^2}{4}$
aB	c	$\frac{P}{2}$	$\frac{1-P}{2}$	$\frac{1-(1-P)^2}{4}$	$\frac{1-P^2}{4}$
ab	d	$\frac{1-P}{2}$	$\frac{P}{2}$	$\frac{(1-P)^2}{4}$	$\frac{P^2}{4}$
总数		1	1	1	1

假定基因 A 对 a，B 对 b 为完全显性，它们之间的交换值 $P=0.2$，根据表 4-2 所列公式，可以计算出 F_2 相引相和相斥相合子出现的次数

相引相	相斥相
$a(\mathrm{AB})=0.5+0.25(0.8)^2$	$=0.5+0.25(0.2)^2=0.51$
$=0.5+0.16=0.66$	
$b(\mathrm{Ab})=0.25-0.25(0.8)^2$	$=0.25-0.25(0.2)^2=0.24$
$=0.25-0.16=0.09$	
$c(\mathrm{aB})=0.25-0.25(0.8)^2$	$=0.25-0.25(0.2)^2=0.24$
$=0.25-0.16=0.09$	
$d(\mathrm{ab})=0.25(0.8)^2$	$=0.25(0.2)^2=0.01$
$=0.25\times0.64=0.16$	

三、利用 F_2 资料计算交换值

（一）根据 F_2 双隐性个体出现的频率计算交换值

双隐性个体的出现是 ab 与 ab 配子相结合的结果，在相斥相出现次数为$\frac{P^2}{4}$，即 $aabb=\frac{P^2}{4}$，故 $P=2\sqrt{aabb}$。如上例，$P=2\sqrt{aabb}=2\sqrt{0.01}=0.2$。在相引相，双隐性个体出现次数为 $aabb=\frac{(1-P)^2}{4}$，$1-P=2\sqrt{aabb}$，$P=1-2\sqrt{aabb}$，如上例，$P=1-2\sqrt{0.16}=0.2$。

由于此法计算交换值只根据 F_2 4 种类型中出现概率最少的一种类型，因而常常有较大的取样误差。

（二）利用 F_2 4 种类型的全部资料计算交换值

1. 相加法

把 $a+d$ 与 $b+c$ 进行比较而计算交换值 P 值。例如，在相引相

$$a+d=\frac{2+(1-P)^2}{4}+\frac{(1-P)^2}{4}=\frac{2+2(1-P)^2}{4}$$

$$b+c=\frac{2-2(1-P)^2}{4}$$

$$(a+d)-(b+c)=\frac{4(1-P)^2}{4}=(1-P)^2$$

$$\sqrt{(a+d)-(b+c)}=1-P$$

$$P=1-\sqrt{(a+d)-(b+c)}$$

仍以前面结果为例

$$a=0.66, b=0.09, c=0.09, d=0.16$$

$$(a+d)-(b+c)=(0.66+0.16)-(0.99+0.09)=0.64$$

$$P=1-\sqrt{0.64}=0.2$$

在相斥相

$$a+d=\frac{2+P^2}{4}+\frac{P^2}{4}=\frac{2+2P^2}{4}$$

$$b+c=\frac{2(1-P^2)}{4}=\frac{2-2P^2}{4}$$

$$(a+d)-(b+c)=\frac{4P^2}{4}=P^2$$

$$P=\sqrt{(a+d)-(b+c)}$$

也以前面的数值为例，计算 P 值

$$a=0.51, b=0.24, c=0.24, d=0.01$$
$$a+d=0.51+0.01=0.52$$
$$b+c=0.24+0.24=0.48$$
$$P=\sqrt{0.52-0.48}=0.20$$

相加法在资料完整的情况下可以应用，但出现误差也比较大。

现举一实例进行演算：玉米中有一个$\frac{\mathrm{d}+}{+\mathrm{pr}}$株，自交结果如下（d 为矮生株，pr 为红色糊粉层）：

F_2表现型	代号	株数	频率
++	a	423	0.4919
+pr	b	212	0.2465
d+	c	215	0.2500
dpr	d	10	0.0116
总数		860	1.0000

$$a+d=0.504 \quad b+c=0.497$$

$P=\sqrt{0.504-0.497}=\sqrt{0.007}=0.084$，即 8.4 交换单位。

2. 极大似然法

在遗传分析过程中，极大似然法率（maximum likelihood）也是连锁强度估计的常用方法。这一方法对交换值估计需要从资料中获得尽可能多的信息。最大化（maximization）则通过求算 P 的导数令其为零来进行。为方便起见，往往把似然的表达转化为对数形式，使函数为最大时，对数值也达最大。如果令 m_1，m_2，m_3，…，m_t 分别表示分离类型 1，2…，t 的期望比值，并令 a_1，a_2，…，a_t为各相应类型的实际个体数。在测交时，由相引组连锁的双杂合子产生的 4 种后代类型的比值可表示为：$m_1=m_4=\frac{1}{2}(1-P)$，$m_2=m_3=\frac{1}{2}P$。获得实测家系的似然值可由 $(m_1+m_2+\cdots+m_t)^n$ 展开式中的一项求出。其中 n 为家系的总个体数，相应各项为：

$$\frac{n!}{a_1!a_2!\cdots a_t!}(m_1)_1^a\cdot(m)_2^a\cdots(mt)_t^a$$

似然率的对数形式为：

$$L=C+a_1\log m_1+a_2\log m_2+\cdots+a_t\log m_t$$

这里 C 为常数，其大小决定于似然项的系数，它在求导数分最大化时便消失。通过求导数并令其为零即可得到估计方程

$$\frac{\mathrm{d}l}{\mathrm{d}p}=(a_1)\frac{\mathrm{dlog}\ m_1}{\mathrm{d}p}+(a_2)\frac{\mathrm{dlog}\ m_2}{\mathrm{d}p}+\cdots+(a_t)\frac{\mathrm{dlog}\ m_t}{\mathrm{d}p}=0$$

直接将 a_1，a_2，…，a_t 的实际观察值和各类型的期望值 m_1，m_2，…，m_t 代入该式，即可求出 P 值。

对相引组 F_2 代资料而言，仍以 a，b，c，d 代表 4 类个体数，则有：

	AB	Ab	aB	ab
观察值	a	b	c	d
理论频率	$\frac{2+(1-P)^2}{4}$	$\frac{1-(1-P)^2}{4}$	$\frac{1-(1-P)^2}{4}$	$\frac{(1-P)^2}{4}$

如令 $K=(1-P)^2$，则

$$L = a\log(1/2+1/4K)+b\log(1/4-1/4K)+c\log(1/4-1/4K)+d\log(1/4K)$$

求导

$$\frac{dl}{dp}=\frac{a}{2+K}-\frac{b}{1-K}-\frac{c}{1-K}+\frac{d}{K}=0$$

通分得：

$$a(1-K)K-b(2+K)K-c(2+K)K+d(2+K)(1-K)=0$$

即 $nK^2-(a-2b-2c-d)K-2d=0$，n 为 F_2 个体数。

令 $Z=a-2b-2c-d$，则根据一元二次方程求根公式得

$$K=\frac{Z+\sqrt{(Z)^2+4(n)(2d)}}{2n}$$

交换值：$P=1-\sqrt{K}$

相斥相连锁的情况下 $K=P^2$

交换值：$P=\sqrt{K}$

兹用上例相斥相数字计算 P 值：

$$n=860,Z=423-2\times212-2\times215-10=-441$$

$$K=\frac{-441+\sqrt{(-441)^2+4(860)(2\times10)}}{2\times860}$$

$$=\frac{-441+\sqrt{263281}}{1720}=0.0419$$

$$\mathrm{P}=\sqrt{0.0419}=0.204$$

P 值的标准差公式为：

$$\mathrm{S.E.\ p}=\pm\sqrt{\frac{(1-P^2)(2+P^2)}{2n(1+2P^2)}}$$

$$=\pm\sqrt{\frac{(1-0.20^2)(2+0.20^2)}{2860[1+2(0.20^2)]}}=\pm\sqrt{\frac{(0.96)(2.04)}{(860)(2.16)}}$$

$$=\pm\sqrt{0.00105}=\pm0.0324$$

所以 d 与 pr 之间的交换值为 20.40±3.24 交换单位。

由此法求得的数值，常作为和其他方法比较的一个标准，因为根据其立式原理，误差最小。不难看出，由相加法求得的 P 值，误差是比较大的。

四、以 F_2 数据及测交数据估计重组率的相对效率比较

当一定数量的植株（n）被测定以后，我们就可以通过比较两种交配组合的方差来估计用测交和 F_2 资料估计重组率 P 的相对效率。例如，在某一测交中算得的重组率 $P=0.20$，测定植株数为 400，方差 S_P^2 应为 0.0004，即 $S_P^2=\frac{P(1-P)}{n}=\frac{0.20\times0.80}{400}=0.0004$。在一个与之相似的组合中，以 F_2 资料算得在相斥组连锁情况下，重组率 $P=0.20$，$n=400$，方差约为 0.0023，即 $S_P^2=\frac{(1-P)^2(2+P^2)}{2n(1+2P^2)}=0.0023$。

以一定数量的植株数所提供的信息量来衡量两种组合的相对效率，是与它们方差值的比数成反比的。在上例中，P 值为 0.2，$n=400$，F_2 资料相对于测交资料的效率为：0.0004/0.0023 或等于 1/6，也就是说，要获得同样的方差值，采用 F_2 资料所需的观测植株数应为采用测交后代的 6 倍之多。或者说，为了测出 20％的重组率，测交中所需的样本量可以减为 F_2 资料的 1/6 就可以保持相同的精度，用方差比值来度量相对效率对于不同 P 值可能有所不同，但总的来说，测交要比 F_2 更有效（除非 P 的值很小而且 F_1 处于相引组的连锁），因此在条件可能时应尽量采用测交法。

复　习　题

1. A 对 a，B 对 b 均为完全显性，让 AABB 与 aabb 杂交，F_1 再与 aabb 回交，后代中出现 AB 表现型 133 株，Ab 表现型 55 株，aB 表现型 49 株，ab 表现型 108 株。你认为 A、B 基因连锁吗？请用 χ^2 法进行测验。

2. 让 AaBb 自交，后代出现 AB=664 株，Ab=64 株，aB=69 株，ab=53 株。试证明这两对基因各自的分离行为是否正常，它们之间是否存在连锁。利用 F_2 χ^2 测验与四格联列表 χ^2 测验加以证明，并进行比较。

3. 让 DdPp 自交，得到 113 个 DP，15 个 Dp，14 个 dP 和 27 个 dp，试测验 d 与 p 是否连锁。若连锁，请运用相加法来计算 dp 之间的交换值。

4. AaBb 自交，后代获得 AB 表现型 612 个，Ab 表现型 291 个，aB 表现型 285 个，ab 表现型 13 个，试判断亲本组合是相引相还是相斥相，并以双隐性个体出现频率及全部资料，利用相加法和极大似然法计算交换值。算得的结果是否接近？

第五章　染色体倒位

当一个染色体在自然情况下或经过人工处理发生断裂，而后重新愈合时，个别染色体节段发生位置上的前后倒置，这种染色体的结构变化叫倒位（inversion）。

关于倒位的早期研究资料是从果蝇的杂交试验中得到的。H. J. Muller（1916）发现果蝇的某些材料带有一种特殊的遗传因子，当处于杂合状态时，能够抑制其他连锁基因的交换值，他把这种因子称为交换减退因子（crossover reducer）或交换抑制因子（crossover suppressor），以 C 来表示。1926 年，A. H. Sturtevant 以确凿的证据证明 3 号染色体右臂的一个交换抑制因子 C3R 是由倒位引起的，纯合体 C3R 的连锁基因由正常果蝇的基因排列顺序 st sr e^8 ro 变成了 st sr ro e^8。第一位对杂倒位染色体在减数分裂中的联会行为进行详细观察的是 McClintock（1931，1933），她发现玉米 2 号染色体的一个大型臂间倒位（In 2a，S. 6-L. 6）[1)]在大部分小孢子母细胞减数分裂的粗线期，同源染色体都是以“倒位环”（inversion loop）的形式相互联会在一起。

倒位是自然界常见的一种染色体结构变异，它并不改变染色体上的基因数量，因而不影响细胞和个体的发育过程，也可以代代相传，并且有许多特殊的细胞遗传行为，可以用之于遗传设计和植物育种。倒位也是某些动物、植物种属间遗传差异的基础，是推动物种形成和分化的因素之一。

简单倒位包括臂内倒位（paracentric inversion）和臂间倒位（pericentric inversion）两种类型。臂内倒位是指发生倒位的染色体节段在染色体的一臂之内，不涉及着丝粒；臂间倒位的两个断点发生在两个臂上，倒位节段包括每个臂的一部分。着丝粒也包括在倒位段内（图 5-1）。

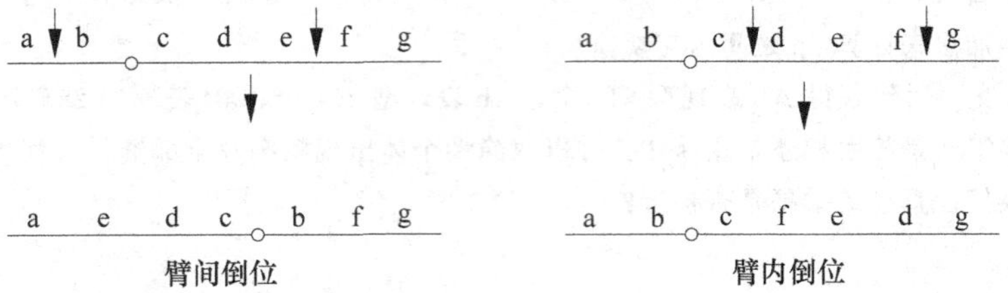

图 5-1　臂内倒位与臂间倒位的比较

如果在一条染色体上发生了一个以上的倒位，这种类型称为复合倒位（complex inversion）或多重倒位（multiple inversion）。按照倒位发生的位置和顺序，复合倒位又可分以下几种类型。

（1）独立倒位（independent inversion）。两个倒位在一条染色体的不同地点独立发生，它们之间被未倒位的染色体节段所隔开（图 5-2A）。

1）In 代表倒位，2a 表示 2 号染色体倒位 a，S. 6-L. 6 表示倒位断点发生的位置分别在短臂（S）6/10 处和长臂（L）6/10 处，下同。

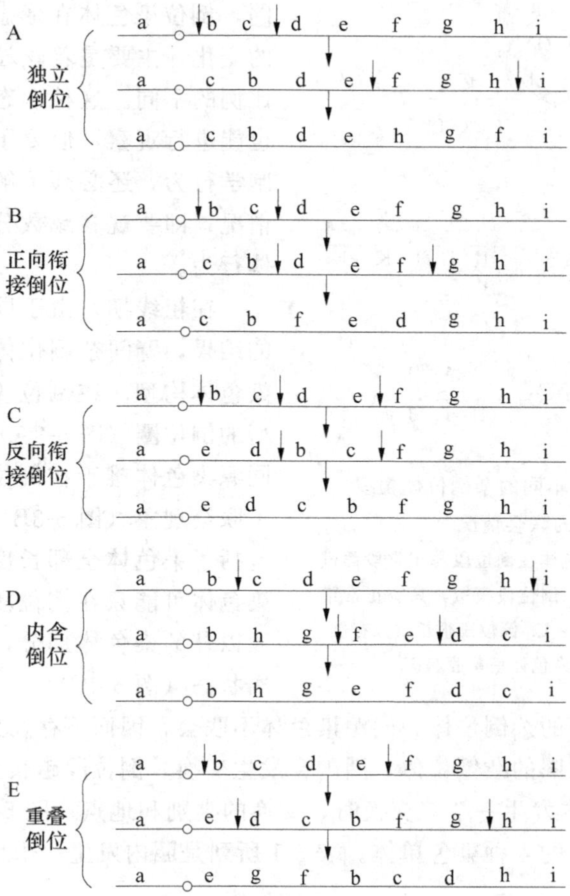

图 5-2　5 种不同复合倒位的比较

（2）正向衔接倒位（direct tandem inversion）。两个连续的染色体倒位发生在相邻的染色体节段，它们依旧彼此相邻，前后衔接（图 5-2B）。

（3）反向衔接倒位（reversed tandem inversion）。也是两个相邻的染色体节段各自发生倒位，它们彼此衔接，但两个倒位段本身又发生前后位置互换（图 5-2C）。

（4）内含倒位（included inversion）。在一个大的倒位段内又发生了一个小的倒位，小倒位包含在大倒位之内，上面的基因顺序又恢复到当初未倒位的状态（图 5-2D）。

（5）重叠倒位（overlapping inversion）。在一个倒位发生之后，又发生了第二个倒位。第二个倒位包括第一个倒位的一部分和与其相邻的另一段正常染色体（图 5-2E）。

在野生果蝇群体中曾经发现有大量复合倒位存在。例如，在 *D. willistoni* 中已经发现了 40 多种复合倒位，甚至几种复合倒位在同一个个体上发生。曾经证明，一个 *D. willistoni* 雌体果蝇，是 16 个不同复合倒位的杂合体。

第一节　臂 间 倒 位

由于臂间倒位的断点发生在两个染色体臂上，随着着丝粒两侧倒位段的长短不

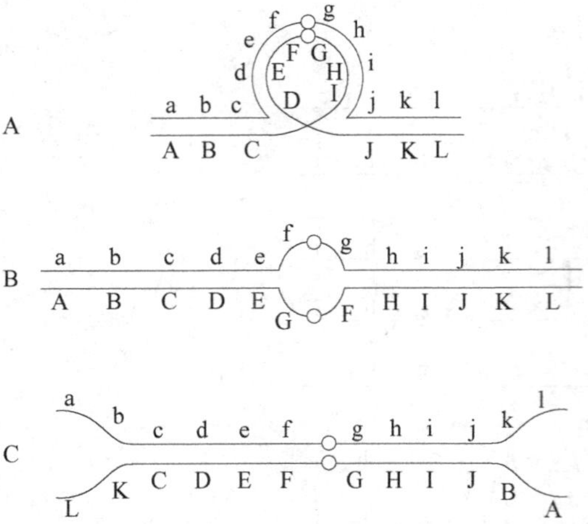

图 5-3　倒位段长度不同的杂倒位体粗线期染色体的联会情况

A. 倒位段较长，同源染色体在倒位段与正常段都进行联会，形成倒位圈；B. 倒位段很短，只有正常染色体联会，倒位段不联会；C. 倒位段很长，只有倒位段联会，正常染色体呈单股状态

同，倒位染色体在形态上会发生一定程度的变化，主要是着丝粒位置的变动及两臂比例的不同。这种形态的差异在体细胞中也能进行观察，但要了解倒位染色体的细胞学行为，还必须了解同源染色体的联会情况，即要观察减数分裂中的粗线期染色体行为。

在粗线期，由于同源染色体相互联会的结果，臂间杂倒位体常常会出现特有的染色体构型。在倒位段较长时，会形成典型的倒位圈（图 5-3A）。如果倒位段很短，同源染色体难于在倒位段配对，就会出现不联会现象（图 5-3B）。如果倒位段很长，包括了染色体全部长度的绝大部分，同源染色体可能只在倒位段进行联会，而倒位段以外的染色体部分，可能呈现单股的游离状态（图 5-3C）。

对于倒位段很短的杂倒位体，同源染色体不联会，因而不存在染色体互换和基因交换。而对于形成倒位圈的杂倒位体，圈内会发生交换，倒位段越长，交换机会越多。图 5-4A 表示在倒位圈内发生一个双交换时，交换的类别和地点；图 5-4B 为发生单交换或三线双交换之后产生的 4 种染色单体。表 5-1 所列是圈内发生一个单交换和各种可能双交换产生的结果。

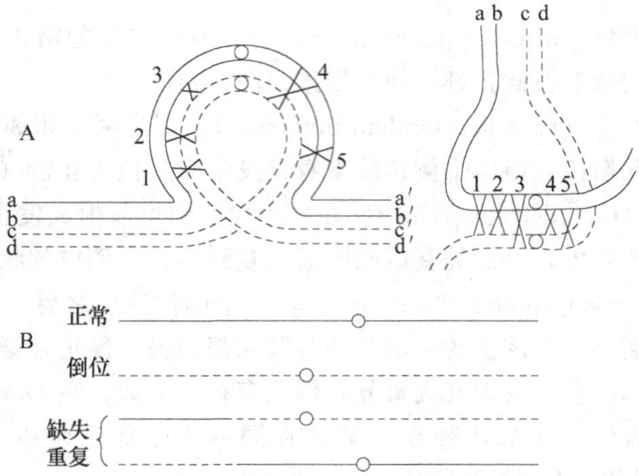

图 5-4　臂间杂倒位粗线期圈内发生交换的地点（A）及单交换或三线双交换所产生的染色单体（B）

从表 5-1 可以看出，在倒位圈内每发生一个单交换或三线双交换（或任何奇数的多

表 5-1 臂间倒位各种交换产生的结果

交换类别	交换地点	产生的染色单体类型				备 注
		dp-df*	df-dp	N	In	
单交换	任一	1	1	1	1	每一染色单体都携带一个着丝粒
二线双交换	1，2	0	0	2	2	
三线双交换	1，3 或 1，4	1	1	1	1	
四线双交换	1，5	2	2	0	0	

* df＝缺失，dp＝重复，N＝正常，In＝倒位。

线交换)，就会产生两条具有互补性的缺失-重复染色单体。四线双交换产生的 4 条染色单体都具有缺失-重复。带有这些缺失-重复染色单体的配子都不能成活，所以杂合臂间倒位体的主要表现型特征是部分不育性。从图 5-4 也可以看出，每一个缺失-重复染色单体都带有一个着丝粒，因而细胞学行为是正常的。在植物中，可以随机地进入直线排列的 4 个大孢子中的任何一个。在动物中，也可以随机地进入卵细胞和极体，因而，臂间杂倒位产生的不育性对雌雄个体都是相同的。二线双交换尽管发生了部分遗传物质的交流，但产生的 4 条染色单体都是完整的，两条倒位，两条正常，故对育性没有影响。

第二节 臂 内 倒 位

在体细胞中，臂内倒位没有明显的形态学特征可供识别。从细胞学上检查臂内倒位，最好在倒位杂合体减数分裂的粗线期进行。对倒位段较长的杂倒位体，也可以检查后期Ⅰ甚至后期Ⅱ的性母细胞。

一、杂倒位的细胞学行为

发生倒位的染色体臂包括 3 个组成部分，从着丝粒至第一个倒位断点之间的染色体节段称为基部段（proximal segment），两断点之间的部分称为倒位段（inversion segment），倒位段之外的部分称为末端段（distal region）。

在倒位段较长的臂内倒位杂合体的减数分裂粗线期，大部分性母细胞会形成倒位圈。在倒位圈内，同源染色体之间会发生交换。交换的频率与倒位段的长短有关。当倒位段较长时，圈内还可以发生双交换甚至多交换。有时圈内交换和圈外基部段交换会同时发生。圈内外不同的交换类型常常会引起后期Ⅰ和后期Ⅱ特有的染色体构型，可以作为识别某种交换类型的标记，也可以根据其出现频率来推测倒位段及基部段的遗传长度和植株的花粉不育率。

图 5-5A 表示杂倒位粗线期同源染色体的联会情况，倒位圈内及中间段可能发生交换的类型和地点；图 5-5B～E 表示交换后产生的染色单体类型及在后期Ⅰ和后期Ⅱ的染色体细胞学行为。表 5-2 详细列出了圈内单交换及圈内圈外各种联合交换产生的染色单体类型，以及它们在后期Ⅰ、后期Ⅱ可能的细胞学行为。

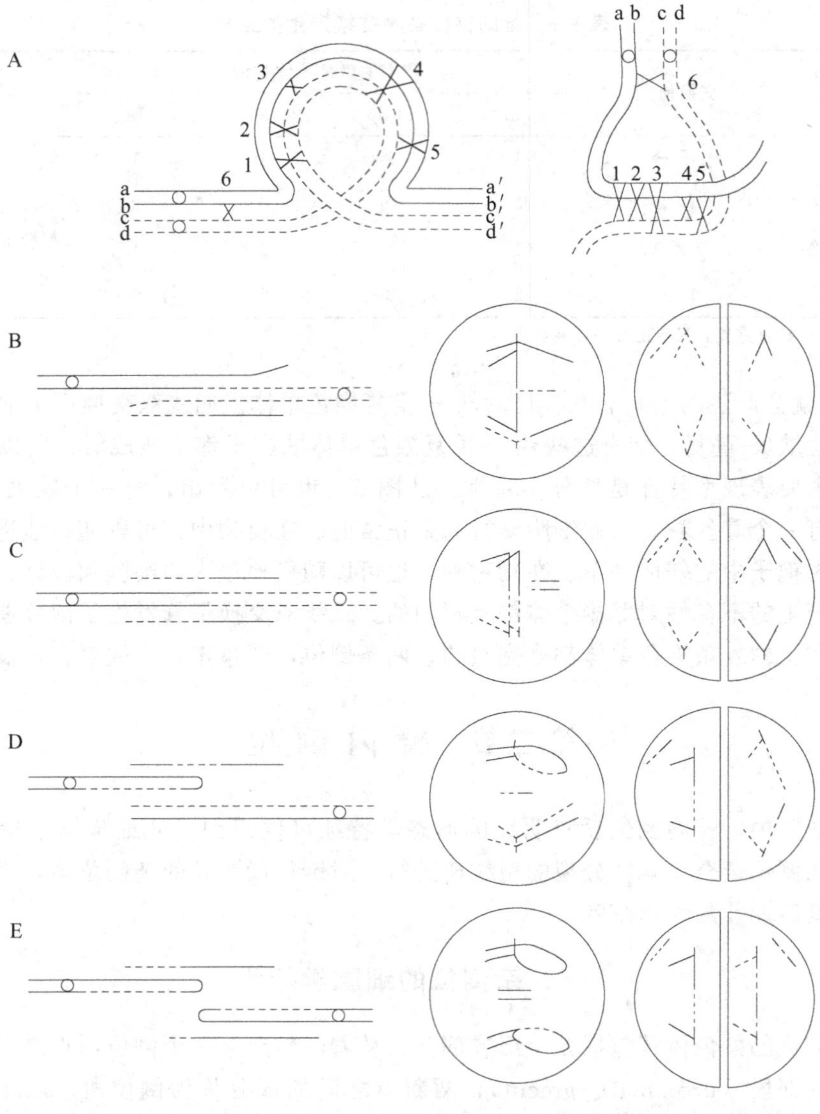

图 5-5　臂内倒位粗线期联会形态（A）及各种交换产生的染色单体类型及其后期Ⅰ、后期Ⅱ的染色体行为（B～E）

A 图中 1～6 代表交换可能发生的位置。B. 圈内单交换及三线（1，3；1，4）双交换；C. 圈内四线双交换（1，5）；D. 圈内、圈外联合三线双交换（6，3 或 6，4）；E. 圈外单交换（6），圈内四线双交换（3，4）联合三交换

在倒位圈内如果发生一个单交换或三线双交换，所产生的 4 条染色单体中，就会有一条正常的，一条倒位的，一条双着丝粒的，一条无着丝粒的。到了后期Ⅰ，由于纺锤丝的牵引，同源染色体着丝粒趋向两极，具双着丝粒染色体会在中间形成一个染色质“桥”，而无着丝粒染色体断片常常呈自由状态，落后于赤道板附近（图 5-5B）。二线双交换产生的 4 条染色单体，与未交换的细胞完全相同，两条倒位的，两条正常的，只不过其中有两条发生了遗传物质交流。它们在后期Ⅰ和后期Ⅱ均没有异常的构型。四线双交换产生的 4 条染色单体，两条具双着丝粒，两条无着丝粒，因而在后期Ⅰ会出现两个

表 5-2　臂内杂倒位圈内圈外各种交换的结果

圈外交换	圈内交换 方式	圈内交换 发生地点	产生的四条染色单体 正	产生的四条染色单体 倒	缺失、重复 双着丝粒	缺失、重复 无着丝粒	后期 Ⅰ 桥	后期 Ⅰ 断片	后期 Ⅱ 桥	后期 Ⅱ 断片	图 5-5 代号
	单交换（任一）		1	1	1	1	1	1			B
	双交换										
	二线	1，2	2	2							
	三线Ⅰ	1，3	1	1*	1	1	1	1			B
	三线Ⅱ	1，4	1*	1	1	1	1	1			B
	四线	1，5			2	2	2	2			C
单交换 6	单交换（联合二线）	1	1	1	1	1	1	1			B
单交换 6	单交换（联合三线）	3	1	1	1**	1		1	1		D
单交换 6	单交换（联合三线）	4	1	1	1**	1		1	1		D
单交换 6	单交换（联合四线）	5	1	1	1	1	1	1			B
单交换 6	双交换										
单交换 6	二线	1，2	2	2							
单交换 6	三线	1，3	1	1*	1	1	1	1			B
单交换 6	三线	1，4	1*	1	1**	1		1	1		D
单交换 6	四线	1，5			2	2	2	2			C
单交换 6	四线	3，4			2**	2		2	2		E

* 染色单体在倒位段发生了一个双交换。

** 表示双着丝粒来自姐妹染色体。

染色质“桥”和两个落后的断片（图 5-5C）。当一次交换发生在基部段 6 处，另一次发生在圈内的 3 或 4 处时，这样的三线双交换会产生一个由姐妹染色单体相连的双着丝粒染色体和一个无着丝粒断片。后期Ⅰ，带双着丝粒的姐妹染色体走向一极，不形成染色质“桥”，不过有可能出现一个无着丝粒的落后断片。但到后期Ⅱ姐妹染色体分开时，就会出现一个染色质“桥”（图 5-5D）。如果基部段的交换与圈内的 3、4 四线双交换相遇，形成三交换，就会产生两个由姐妹染色单体相连的双着丝粒染色单体和两个无着丝粒的染色单体。后期Ⅰ会出现两个断片而无“桥”，后期Ⅱ则每个二分体（dyad）细胞都会出现一个染色质“桥”（图 5-5E）。

二、染色单体“桥”的纽带效应与“桥-断裂-融合-桥”循环

臂内杂倒位后期Ⅰ形成的染色质“桥”随着着丝粒向两极移动可能被拉断，或者被新形成的细胞壁所切断。如果是后一种情形，染色质可能停留在延长状态下而被排除在二分体细胞核之外，直到第二次分裂。后期Ⅱ形成的“桥”也会在末期Ⅱ之前被拉断或被新细胞壁切断。

染色质“桥”的断裂无论发生在何处，它所产生的配子都是不能成活的，因为它

必然缺少由“断片”所携带的末端段染色体部分。这是引起臂内杂倒位花粉败育的主要原因。但植物胚珠则几乎不存在败育现象，其原因在于大孢子母细胞减数分裂产生的 4 个大孢子是呈直线排列的，由于“桥”的存在，交换后产生的缺失重复配子总是处于中间两个大孢子的位置，而胚囊是由基部大孢子发育而成的，这样，缺失大孢子就被排除在有功能大孢子之外。这种现象被称作“染色单体纽带效应”（chromatid tie effect）。

在动物如果蝇中，存在有许多臂内倒位，但雌蝇并不产生败育配子（卵）。原来果蝇卵母细胞的减数分裂与植物大孢子母细胞相似，第一次分裂时的纺锤体是前后衔接直线排列的，由交换作用形成的双着丝粒“桥”将同源染色体着丝粒连在一起，断片则留在两个子细胞的中央。第二次分裂时，非交换染色单体可以自由行动；移到顶端核内，而交换了的染色单体则进入极体。由于总是顶端核将来发育为卵细胞，所以只有非交换染色单体核才是有功能的（图 5-6）。

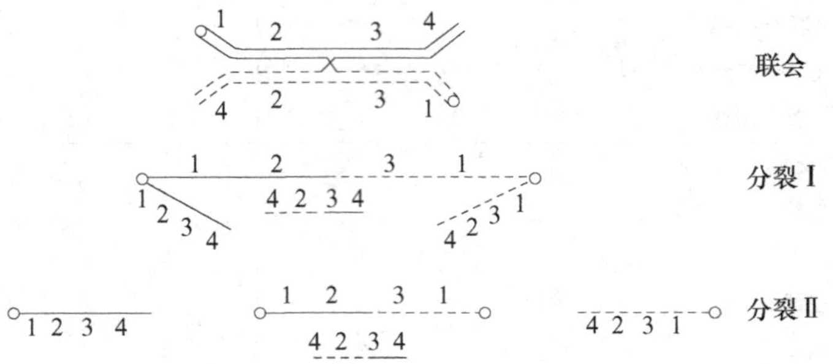

图 5-6　果蝇卵母细胞减数分裂染色体臂内杂倒位染色单体“桥”对缺失配子的消除作用

H. L. Carson（1946）曾经研究过 2500 只尖眼蕈蚊（*Sciara pectoralis*）杂倒位的卵母细胞，发现因圈内单交换形成的染色质“桥”到第二次分裂时仍不断裂，因而染色质“桥”总是进入极体，而非交换的染色单体占据有功能的位置。

当染色质“桥”断裂之后，断头常常是不稳定的，或者说是具有“黏性”的，称为“黏性末端”（sticky end）。这种带有“黏性末端”的染色体在完成复制时，子染色体会在断头处再次连接起来，形成新的具双着丝粒的染色体，在下一次细胞分裂中还会形成染色质“桥”。这种情形通常发生在后减数分裂过程中而不会发生在后期Ⅱ，因为后期Ⅱ分开的是姐妹染色单体。再次产生染色质“桥”的细胞一定是有生活力的，可能因为缺失的断片太小或对孢子后减数分裂不十分重要；也可能因为断片随正常染色体进入了四分孢子核。新的染色质“桥”在分裂后期又会发生断裂，断裂的染色体复制后还会再次融合，这样就形成了一个“桥-断裂-融合-桥”的周期性循环。由于这种循环发生在染色单体之间，故把这种循环称为染色单体循环。

McClintock 通过对 6 个臂内倒位的“桥-断裂-融合-桥”循环的研究，发现断点并不是随机发生的，它们或者发生在着丝粒两侧的异染色质区，或者是靠近异染色质区，而且在下一次循环中，断裂常常发生在同一地点。她认为，这可能是由于染色单体的融合是不完全的，因而比较脆弱。

McClintock 曾经得到一个前后衔接的重复倒位和一个复合倒位。杂合体在后期Ⅰ因交换作用产生了双着丝粒的染色质“桥”，但没有无着丝粒断片。当断点发生位置合适时，可以产生有功能的配子体，断裂染色体可以传递到后代。她发现，胚乳中“桥-断裂-融合-桥”循环可以继续进行，但在胚中，循环终止，断裂染色体变成了稳定的类型。显然，胚中存在某种机制，可以“医治”断裂染色体。

除染色单体循环之外，McClintock 还证明，杂倒位后代还出现一种染色体循环。如果断裂染色体同时通过母本和父本传递到合子，在被“治愈”以前，它们彼此可以在断头处发生融合，形成双着丝粒染色体，它是两条染色体彼此连接的结果，而不是像染色单体循环那样由复制而形成的。在细胞分裂后期，可能出现两个“桥”，也可能完全不出现“桥”，主要取决于着丝粒在赤道板上的排列位置。如果出现两个“桥”，断裂之后，每极有两个带有黏性末端的染色体，它们还可以再融合，形成新的双着丝粒染色体，如此循环往复。这种染色体类型的循环，既可以在胚乳中发生，也可以在胚中发生。

三、倒位段与基部段交换值的计算

McClintock 曾对玉米 4 号染色体长臂的臂内倒位（In 4a，L. 35-. 88）杂合体在后期Ⅰ和后期Ⅱ的染色体行为进行了观察，获得各类细胞的分布次数列于表 5-3。虽然观察次数是对后期Ⅰ及后期Ⅱ分别进行统计的，但由于各类细胞后期Ⅱ的染色体行为是同类细胞后期Ⅰ的直接结果，这两类细胞所占的百分数是接近的。从这些次数的资料可以查明各种交换的百分数，从而推知倒位段本身及基部段的最小遗传距离。她的计算推理大致如下：

表 5-3　玉米 4 号染色体臂内杂倒位后期Ⅰ及后期Ⅱ各类细胞分布次数

		无“桥” 无断片	1“桥” 1断片	2“桥” 2断片	无“桥” 1断片	总数
后期Ⅰ	细胞数/个	238	222	17	14	491
	所占百分数/%	52.9	41.4	3.1	2.6	100
		无“桥” 无断片	无“桥” 1断片	无“桥” 2断片	1“桥” 1断片	总数
后期Ⅱ	细胞数/个	205	166	5	12	388
	所占百分数/%	53.0	42.7	1.3	3.0	100

单凭后期Ⅰ的结果先算出倒位圈内的单交换：假定不存在染色单体干扰，各种双交换可以自由发生，则二、三及四线双交换的理论比例应为 1∶2∶1。由于具有 2“桥”2断片（图 5-5C）的细胞是四线双交换的结果，那么三线双交换的出现率应为 3.1%×2=6.2%。由于 1“桥”1 断片的细胞包括了单交换和三线双交换两种类型，单交换值本身为 0.414－0.062＝0.352，由此算出倒位段内的最小遗传长度为 35.2÷2＝17.6 交换单位。

根据圈内、圈外联合双交换的次数可以计算出圈外基部段的交换值。因为后期Ⅰ出现无“桥”1断片的细胞是代表大部分圈外6与圈内单交换3或4发生联合交换（联合三线双交换）的结果（另一部分由圈外单交换6与圈内1，4三线双交换联合三交换造成，由于发生的机会极少，计算时不予考虑）。那么，联合二线和联合四线6，圈内1及5的次数各为2.6÷2=1.3。圈内圈外联合双交换的总值为0.013+0.026+0.013=0.052。由于双交换值为两个单交换值的积，已知圈内单交换值为0.352，故圈外单交换值应为0.052÷0.352=0.148，即有14.8%的孢母细胞在基部段发生了单交换。因此，这一段的最小遗传距离为14.8÷2=7.4个交换单位。用遗传图来表示这个倒位（In4a）两个断点的位置如下

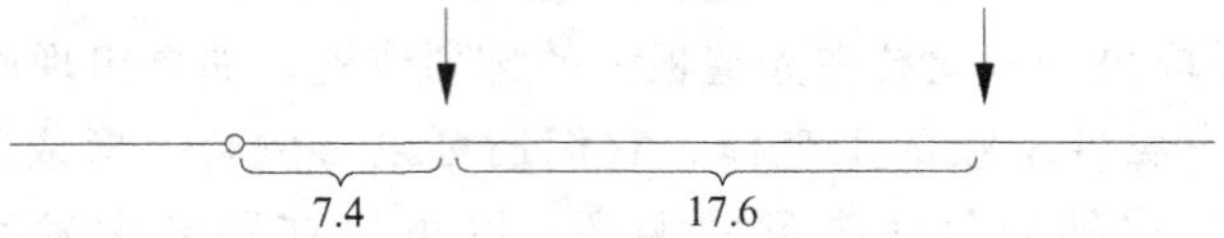

四、花粉和胚珠的败育性

如上所述，杂合臂内倒位体在减数分裂中，由于联会圈内发生交换，会产生出正常的、倒位和缺失的、重复的染色单体。这些染色单体进入孢子时，具有正常或倒位单体的孢子发育正常，形成有生活力的正常花粉或胚珠，而具有缺失、重复单体的孢子，将因不能正常发育而死亡。所以杂倒位体大都具有部分不育性。

从理论上讲，在比较短的杂倒位内，可以根据花粉的败育率来推断倒位圈内发生的交换值。反之，从圈内的交换值也可以预测花粉的败育率。

因为每一个单交换和三线双交换都产生1/2的缺失、重复配子，具有1/2不育性；每一个四线双交换产生4个缺失、重复配子，百分之百不育。那么杂倒位体花粉总败育率应为：1/2（单交换值+三线双交换值）+四线双交换值。以上述In4a实例各项计算数代入，则In4a杂倒位体的理论花粉败育率应为

1/2(0.352+0.062）+0.031=0.238，即23.8%。

胚珠败育率比花粉败育率要低得多，主要是前面提到的染色单体的纽带作用所致，但是由四线双交换产生的大孢子也是不育的。染色单体纽带作用不完全，也会引起胚珠的不育性。上述In4a实例中，在染色单体纽带效应完全发挥作用的情况下，胚珠的理论不育率仅仅为3.1%。

第三节　倒位遗传

一、倒位的遗传学行为

由于杂倒位体产生的缺失、重复单体很难通过配子传递，特别是雄配子（花粉），而且只有在少数情况下才能通过雌配子进行传递，因此，基本上只有两种有功能的配子在遗传中发挥作用，一种为正常染色体，以in表示，另一种为倒位染色体，以In表

示，杂倒位体为 In/in。让杂倒位体与正常个体（in/in）杂交，若不考虑缺失、重复配子的传递，则下一代杂倒位体 In/in 与正常体 in/in 呈 1∶1 的分离比例，In/in 的表现型效应为部分不育性。因此在遗传上，可把 In 视为简单的显性基因。

让 In/in 自交，后代纯倒位（In/In）∶杂倒位（In/in）∶正常（in/in）=1∶2∶1。纯倒位与正常体育性都正常，难于在当代进行遗传鉴别（仍可做细胞学鉴定）。但可以用另一正常体与它们分别杂交，纯倒位杂交后代全部为杂倒位（In/in），均表现部分不育性，而正常体后代全为正常体（in/in），没有部分不育性。

二、对交换的抑制作用与舒尔茨-雷德菲尔德效应

一个倒位有两个位点，在杂合体可从细胞学上加以确定，作为染色体上的物质标志，用来确定邻近基因的位置。

在遗传上，杂倒位体对倒位圈内外基因交换有很强的抑制作用。有两个原因：一是靠近断点附近的染色体配对不好，常常发生局部不联会甚至异源联会，阻碍正常交换的进行。二是倒位段内基因之间发生的任何单交换都导致配子的死亡，所以不可能有单交换组合传至后代。只有在发生双交换的情况下，后代才会出现新组合。所以倒位段内的基因都将表现很强的连锁或者很低的交换。因此，当某一实验结果反映出两基因的交换值比正常个体大大减少时，就可能表明它们都在倒位段内，或一个在倒位段内，一个在倒位段外，或两个基因都接近断点而被倒位所隔开。例如，M. M. Rhoades 和 E. Dempsey（1953）曾对玉米 3 号染色体长臂的一个臂内倒位（3L. 4—. 94）进行了遗传研究，研究位段内有无叶舌 2（lg_2）和无色糊粉层（a_1）两个连锁基因。它们之间在正常情况下有 28 个交换单位。

让一个 lg_2a_1 正常株与 Lg_2A_1 纯倒位株杂交，以其 F_1 作父本或母本，与双隐性正常亲本进行回交，所得资料如表 5-4 所示。

表 5-4　玉米 3 号染色体臂内倒位测交结果

	亲本组合		新组合		交换值（交换单位）
	Lg_2A_1	lg_2a_1	Lg_2a_1	lg_2A_1	
以 F_1 作父本	1410	1215	6	8	0.5
以 F_1 作母本	3015	2482	24	84	1.9

Rhoades 和 Dempsey 发现，无论 F_1 作父本还是作母本，两基因间的交换值都比正常值低得多，这表明倒位确实明显地降低了圈内基因的交换值。但以 F_1 作父本时，交换值更低，且两类新组合数目大致相当。而以 F_1 作母本时，不仅交换值提高，而且两类新组合的数目差异很大，Lg_2a_1 为 24，而 lg_2A_1 为 84。他们设想，在 lg_2A_1 类型中，可能包含通过雌配子传递的缺失、重复染色体。于是他们从这 84 株中选择 51 株，同时进行细胞学和遗传学检查。结果发现，有 16 株具有正常的染色体，属于双交换的结果。另外 35 株带有缺失重复染色体。缺失的是末端很小一部分，重复的是着丝粒基部的未倒位染色体（图 5-7）。有时，通过杂倒位测得的基因连锁位置与真实情况会有一定出入。例如，在一个具有 abcde 基因排列顺序的染色体中，各基因点之间的交换值均为

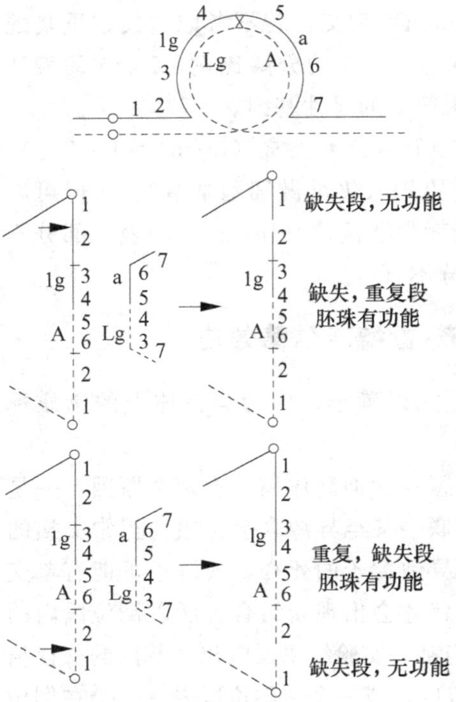

图 5-7　上：玉米 3 号染色体长臂杂倒位的遗传组成；下左：在 Lg_2A_1 基因间发生单交换后产生的“桥”及断片的遗传组成；下右：“桥”在不同点断裂后产生的两种染色单体

0.1。假定该染色体发生了倒位，两个断点接近 a 与 e。那么根据杂倒位体新组合出现次数计算交换值时，就会发现 ac 交换值最大，为 0.2×0.2=0.04，而 ad 之间的交换值反而变小，仅为 0.1×0.3=0.03。因为杂倒位新组合都是通过双交换而产生的。

在果蝇中，许多遗传试验都证明，杂倒位体对倒位染色体自身交换值的降低往往导致非倒位染色体交换值的提高。J. Schultz（舒尔茨）和 H. Redfield（雷德菲尔德）把这种影响建立在数量的基础上，因而也把这种作用称为舒尔茨-雷德菲尔德效应（Schaltz-Redfield effect）。M. J. D. White 和 F. H. W. Morley（1955）在蚱蜢的倒位遗传研究中也证实了舒尔茨-雷德菲尔德效应的存在。他们认为这是由生物自身遗传的自动调节效应（homeostatic effect）造成的。由于生物自动调节效应的存在，一个种群的总交换值稳定在一个适宜的水平。它不仅发生在染色体间，而且也发生在染色体内。H. L. Carson（1953）用果蝇属的 *D. robusta* 证明，杂倒位染色体非倒位段交换值随倒位段的降低而提高。

三、倒位断点的确定与倒位染色体遗传图的绘制

在细胞学上确定倒位断点的位置主要以杂倒位粗线期倒位圈的连接情况为基础，倒位圈与染色体正常配对的交接处就是断点的大致所在。要确定断点在遗传图上的位置，以及断点与其两侧连锁基因的相互关系，就需要进行一系列的遗传试验，并且要选择合适的标记材料。下面以李竞雄对玉米 9 号染色体的一个臂间倒位有关短臂遗传图的绘制为例加以说明。

根据粗线期观察，该倒位的断点分别发生在短臂 0.7 个交换单位和长臂 0.9 个交换单位处。在多数情况下杂合体粗线期形成大型倒位圈，但由于末端段较短，有时会出现不联会及滑行联会等不正常情况（图 5-8C）。

9 号染色体短臂上有许多标记基因（图 5-8B），故对短臂的遗传研究远比长臂的方便。

首先以带有显性饱满胚乳的正常株（Sh in）与正常胚乳倒位株（Sh In）杂交，获得 F_1（Sh in/Sh In）。而后以具凹陷胚乳的正常株（sh in）作父本进行测交，以了解 sh 基因与倒位断点关系。在 34 个测交果穗总数 9126 粒后代中，出现了 257 个凹陷（sh）粒，占 2.81%。这在一般杂交中是不可能出现的，而且用杂倒位作父本所做的反交都

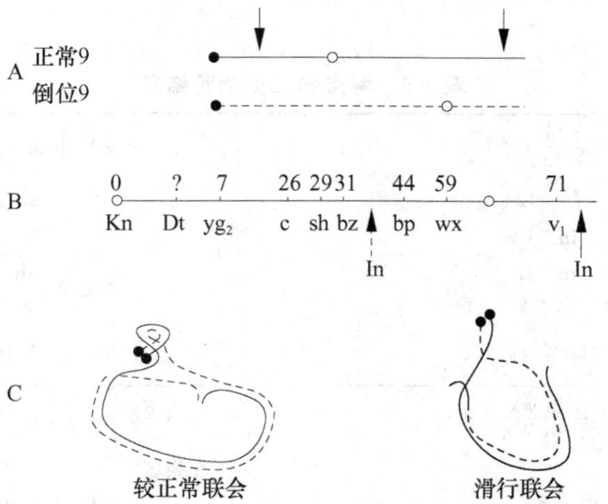

图 5-8 玉米正常 9 号染色体与倒位染色体细胞图（A），9 号染色体遗传图及倒位断点发生的可能位置（B），及杂倒位粗线期两种染色体联会构型（C）

Kn＝染色纽，Dt＝斑点，yg_2＝黄绿株 2，c＝有色糊粉层，bz＝古铜株色，bp＝棕色果皮，wx＝糯胚乳，v_1＝黄绿苗 1

没有 sh 粒。唯一可能的解释是在倒位圈内发生了交换，产生缺失、重复染色单体。其中一类失去了带有 Sh 的一段短臂（相当于 0.3）。这种缺失体同时重复了长臂的末端段（相当于 0.1），而且只能通过雌配子传递。由于缺失、重复体是互补型的，共有两种，它们通过雌配子的传递率应为 2.81×2×1/100＝5.62%。图 5-9 表示这两类配子的产生过程。

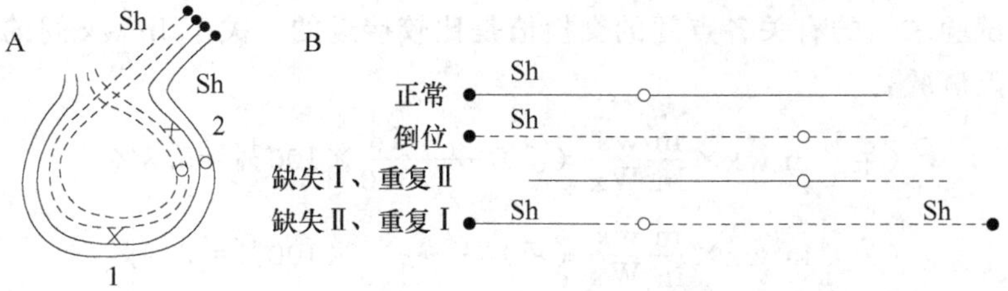

图 5-9 玉米臂间倒位 9 杂倒位圈内单交换形成的缺失、重复配子

左：粗线期联会情形，1，2 为假定交换发生处；右：4 种染色单体，其中两种发生了交换

从图 5-9 可以看出，在倒位圈内发生的任何一个单交换（1 或 2 处），将产生两个缺失、重复染色单体（图 5-9A）。杂交中出现的 sh 粒，一定是缺失短臂、重复长臂的雌配子和正常 sh 花粉授粉的结果。因为再从这些 sh 粒长出的植株都是$\frac{-\text{in}}{\text{sh in}}$（缺失/正常）的组合，花粉败育值为 0.50。

另一种杂交类型是：（♀）$\frac{\text{Sh in Wx}}{\text{Sh In Wx}}$×sh in wx（♂），后代出现了 90 个 sh 粒，占 3.95%，但全部为 Wx 表现型，没有出现一个 shwx 粒。可见 wx 基因在倒位段之内，不随断点之外染色体的缺失而丢失。

李竞雄还对断点与 c（无色糊粉层）基因、sh 基因和 wx 基因进行了一系列测验，获得的交换值为：c-In＝9.8 交换单位，sh-In＝5.3 交换单位，In-wx＝4.3 交换单位

(表 5-5)。

表 5-5　两点和三点测验结果

(♀) c in×$\frac{\text{c In}}{\text{C in}}$ (♂)	(♀) sh in×$\frac{\text{sh in}}{\text{Sh In}}$ (♂)
c　In　124	sh　in　212
C　in　128	Sh　In　322
交换 c　in　18	交换 sh　In　16
C　In　9	Sh　in　12
C-In=$\frac{27}{279}$×100%=9.7%	sh-In=$\frac{28}{562}$×100%=5.1%
(♀) c in wx×$\frac{\text{c in wx}}{\text{C In Wx}}$ (♂)	(♀) sh in wx×$\frac{\text{Sh In Wx}}{\text{sh in wx}}$ (♂)
交换区	交换区
0 C　In　Wx　84	0 Sh　In　Wx　266
c　in　wx　84	sh　in　wx　225
1 C　in　wx　5	1 Sh　in　wx　8
c　In　Wx　11	sh　In　Wx　12
2 C　In　wx　4	2 Sh　In　wx　8
c　in　Wx　3	sh　in　Wx　3
1.2 C　in　Wx　0	1.2 Sh　in　Wx　4
c　In　wx　3	sh　In　wx　5
C-In=$\frac{19}{194}$×100%=9.8%	sh-In=$\frac{29}{531}$×100%=5.5%
In-wx=$\frac{10}{194}$×100%=5.2%	In-wx=$\frac{20}{531}$×100%=3.8%

由不同试验求出的有关各点间的交换值是比较接近的。关于 In-wx 间的交换，还有另外两个两点测验：

$$(♀)\ \text{in wx}\times\frac{\text{in wx}}{\text{In Wx}}\ (♂)\longrightarrow\frac{18}{340}\times100\%=5.3\%$$

$$(♀)\ \text{in wx}\times\frac{\text{in wx}}{\text{In Wx}}\ (♂)\longrightarrow\frac{5}{170}\times100\%=2.9\%$$

因此，把有关数值平均以后分别获得各段的交换值如下：

$$\text{C-In}=\frac{9.7+9.8}{2}\times100\%=9.75\times100\%\approx9.8\%$$

$$\text{sh-In}=\frac{5.1+5.5}{2}\times100\%=5.3\%$$

$$\text{In-wx}=\frac{5.2+3.8+5.3+2.9}{4}\times100\%=4.3\%$$

用遗传图来表示在杂倒位情况下各点间的距离为：

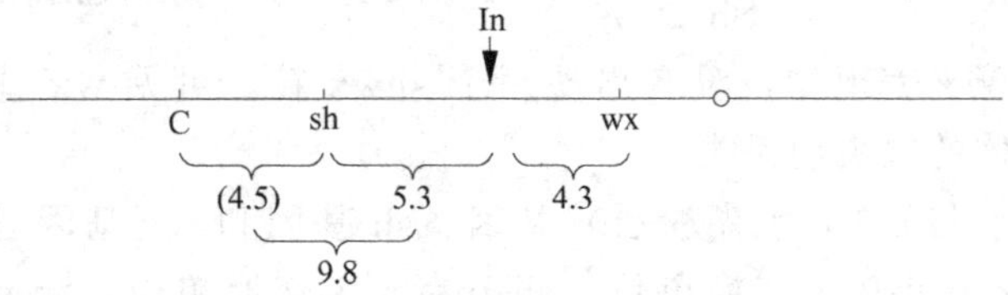

另用完全正常个体所做的连锁遗传试验结果作为比较，在（♀）c sh wx × $\frac{\mathrm{C\ Sh\ Wx}}{\mathrm{c\ sh\ wx}}$（♂）杂交中，获得 C-sh 的交换值为 69/1195×100％＝5.8％，sh-wx＝315/1194×100％＝26.4％；在（♀）sh wx × $\frac{\mathrm{Sh\ Wx}}{\mathrm{sh\ wx}}$（♂）中，求出 sh-wx 的交换值为 711/2792×100％＝25.5％，二者平均为 $\frac{(26.4+25.5)}{2}\times 100\% = 25.9\%$。将这些结果与前人所得资料以及在杂倒位情况下所得结果并列如下，作为比较：

		C-sh	sh-wx	C-In	sh-In	In-wx
本结果	杂倒位	(4.5)	9.6	9.8	5.3	4.3
	正常	5.8	25.9			
前人结果		3.0	30.0			

可见由于倒位的存在，C-sh 的交换值因远离倒位断点而没有受到多大影响，sh-wx 的交换值比正常个体的显著减少，说明倒位的影响是很大的。

对照试验是以正常株进行的 c sh wx 三点测验，获得的交换值为 c-sh＝5.8 交换单位，sh-wx＝25.9 交换单位。可见 c-sh 之间的交换单位因远离倒位断点而没有受到太大影响，而 sh-wx 之间的交换单位因倒位圈的存在而显著降低。这里求得的 In-wx＝4.3 的交换单位是发生圈内双交换的结果。

杂倒位个体的自交后代出现一部分纯倒位体。从顶端染色纽可以判断其着丝粒位置已经变动，但同源染色体配对完全正常。以纯倒位体进行的遗传测验表明，sh-wx 之间的交换值已经达到 50％（表 5-6）。

表 5-6　玉米 9 号染色体臂间纯倒位体 sh-wx 基因遗传测验结果

通过亲本	非交换种子数		交换种子数		sh-wx 交换值（交换单位）
	Sh Wx	sh wx	Sh wx	sh Wx	
母本	474	412	587	628	57.8±1.83
父本	520	436	503	525	51.8±3.04

四、纯　倒　位

两条发生倒位的同源染色体处于纯合状态的个体称为纯倒位（体）。细胞遗传学研究表明，纯倒位染色体在减数分裂中联会行为正常，只是原来连锁群的基因顺序发生了改变，交换率也相应发生改变。

从分子水平来理解，倒位如何发生还不十分清楚。因为染色体节段的颠倒一定会引起相应节段双股 DNA 序列的颠倒。这样，问题就不那么简单了，因为 DNA 分子的两股反向平行的核苷酸链是具有极性的（图 5-10A）。既要颠倒位置，又要保持极性，两条核苷酸链就不能只是简单的掉头（图 5-10B），必须在掉头的同时又旋转 180°，而后插入（图 5-10C）。这样，DNA 的极性就得到保持。不过信息的转录又会发生困难。因为转录通常只是沿一股多核苷酸链进行的，在倒位染色体中，就得在颠倒的情况下，阅读原核苷酸链的互补链而转录遗传信息，这样情况就变得比较复杂。如果断点发生在基因的编码区，有可能引起突变。许多动物的纯倒位体有致死作用，这可能是突变纯合造成的。还有一些倒位，在杂合状态或纯合状态均有表现型效应，果蝇的翘翅倒位（curly inversion）即是如此。另外一些倒位，不管处于杂合还是纯合状态都不产生表现型效应，表明断点可能发生在非编码区。在植物中至今还没有发现倒位与突变的相互联系。这可能是因为能够传递的倒位都是经过配子体筛选的结果，或者因为植物的单拷贝基因数目太少，断点很难发生在它的编码序列之中。

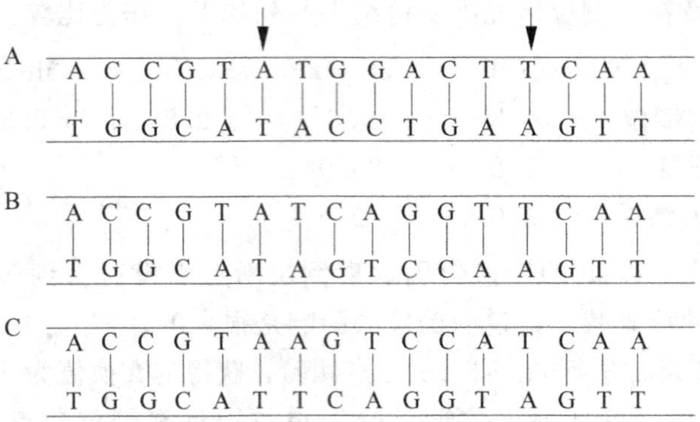

图 5-10　DNA 分子发生节段倒位的情形

A. 一段 DAN 分子的两条反向平行互补核苷酸链，箭头表示断点位置；

B. 由两股核苷酸链简单掉转方向而实现倒位，无法保持 DNA 的极性；

C. 两股核苷酸链掉头并旋转 180°而后插入，DNA 极性得到保持但遗传信息发生改变

第四节　倒位与进化

染色体倒位是生物染色体结构改变的重要方式，也是推动物种形成的因素之一。在自然界的昆虫群体中，特别是在果蝇属及尖眼蕈蚊属的自然群体中，曾发现大量的倒位存在，主要是臂内倒位。在鸭跖草属植物中，几乎很少个体没有倒位现象。

常常有多个倒位出现在同一种群的果蝇中，形成遗传型的多态现象（polymorphism）。但这些倒位的分布次数随生态环境的不同而不断发生变化。例如，曾在果蝇属的 *D. pseudoobscura* 的同一个自然群体中发现 8 个倒位，但它们的相对频率随地区和季节的不同而不同。在美国内华达山区的低海拔区，未倒位的标准（ST）型频率较高，一种称作矢头倒位（AR）的类型频率较低。但在高海拔区，则情况恰恰相反。另一种倒位称作 CH，出现频率不受海拔高度的影响。不管在任何海拔高度下，ST 型频率变化都与温度有关，在温暖环境下频率较高，在冷凉环境下频率较低，而 CH 型则相反。这种情形可以在实验室中得到验证。从一个 *D. pseudoobscura* 群体中取一个样本，具有 11%的 ST 型和 89%的 CH 型。在 25℃下培养，5 个月时检查，ST 型增加了 3 倍。到 9 个月时，群体达到了平衡，ST 型增加到 70%，而 CH 型下降到 30%。同样的试验在 16℃下进行，9 个月时检查，ST 型和 CH 型频率与原始群体未发生明显变化。

杂倒位体和纯合体相比，具有较强的适应能力和选择上的优越性。例如，根据幼虫的生活力、发育速度、产卵量、寿命长短等指标来计算各种染色体组合在 25℃下的适合度

(fitness)，假定 ST/CH 为 1.0，那么 ST/ST 为 0.89，而 CH/CH 仅为 0.41。

果蝇属除 *D. pseudoobscura* 之外，倒位引起的遗传多态现象在其他种如 *D. persimilis*、*D. nebulosa* 和 *D. busckii* 中也普遍存在。在 *D. willistoni* 群体中，曾经发现了 50 个倒位，分布在从美国的佛罗里达至阿根廷的广大区域。在其中心区——巴西中部，平均每只果蝇具有 9 个倒位。

而在动物界则不然，由于分带技术比较成熟，因此无需进行杂交和染色体组分析，而只要将两个物种的带型进行比较就能得出明确的结论。例如，人类（*Homo sapiens*）染色体 $2n=46$，黑猩猩（*Pan troglodytes*）$2n=48$，大猩猩（*Gorilla gorilla*）$2n=48$，猩猩（*Pongo pygmaeus*）$2n=48$。人类的染色体核型与黑猩猩的最相似，而与猩猩的差异最大。黑猩猩虽比人类多了 2 条染色体，但经 G 带比较发现人类 2 号染色体可能是黑猩猩两条染色体着丝粒融合的产物，并且有臂间多次倒位，其余的染色体都有很强的同源性，表明人类和黑猩猩的亲缘关系较近。

自然界物种的形成需要一定的自然隔离作用。由于染色体倒位段的存在可以抑制交换的发生，倒位段的单交换组合常因缺失、重复而不能传递下去，这样就能使倒位段上基因得到完整的保留，起到自然隔离的作用。一般而言，自然选择常对一段基因组团发生作用而不是对个别基因表现显著影响。倒位段内的基因组团经过后来逐渐发生而累积的随机突变，将与原来段内的基因组有很大的差异。倒位段的长度也十分重要，如果太长，有可能因双交换作用而产生基因重组，打破自然隔离。而如果太短，又没有足够的空间来积累自发突变，因而难于对自然选择起明显反应。所以自然选择往往只保留那些长短适中的倒位。

当种族间的遗传差异逐渐增加以后，不同种族间可能发生的杂交往往会产生杂种优势，这对自然选择和物种保存都是有利的。

尽管在自然群体中臂间倒位比臂内倒位要少得多，但小型的臂间倒位在某些动物如黑鼠（*Rattus rattus*）、褐鼠（*R. norvegicus*）以及蚱蜢中还是存在的。它们也构成了这些生物的遗传多态现象。在真菌中的红色链孢霉中也曾经发现 3 个臂间倒位的存在。

第五节 倒位在遗传研究及植物育种中的应用

倒位的某些特有的遗传功能和细胞学特征可以用于各种试验设计，帮助细胞遗传研究和探索某些育种课题，现举例说明。

一、倒位对交换的抑制作用与果蝇的 ClB 设计

H. J. Muller（1928）根据倒位对基因交换的抑制作用创造出了一个特殊的果蝇试验材料，称为 ClB。C 代表 X 染色体上的一个大的倒位，起到抑制带有 ClB 的 X 染色体和另一条 X 染色体之间基因交换的作用，l 为一个致死基因，B 为由于染色体重复而形成的显性棒眼基因，作为 ClB 染色体的遗传标记。

让带有 ClB 的雌蝇与正常雄蝇杂交，因 l 基因的致死作用，F_1 代 1/2 带有 ClB X 染色体的雄蝇死亡，故♀：♂=2：1。雌蝇中，F_1 有 1/2 带 ClB，显棒眼，另外 1/2 为正常眼。如果先对果蝇进行 X 射线照射，而后与 ClB 雌蝇交配，F_1 棒眼雌蝇的一条 X 染

色体是经过照射的，它上面发生的任何突变都不会和 ClB 染色体发生交换。让 F_1 的棒眼雌蝇与雄蝇一一配对，单独交配，分瓶培养。然后对每一瓶的 F_2 群体进行检查。因为所有能成活雄蝇的 X 染色体都是来自当初照射过的 X 染色体，如果当初那条 X 染色体发生了突变，这一瓶中的全部雄蝇都将带有突变性状，如果是致死突变，那么这一瓶果蝇将不会有雄蝇出现。这样，根据各瓶雄蝇出现的情况与性状表现就可以算出 X 染色体因照射而出现的突变率和致死突变率（图 5-11）。

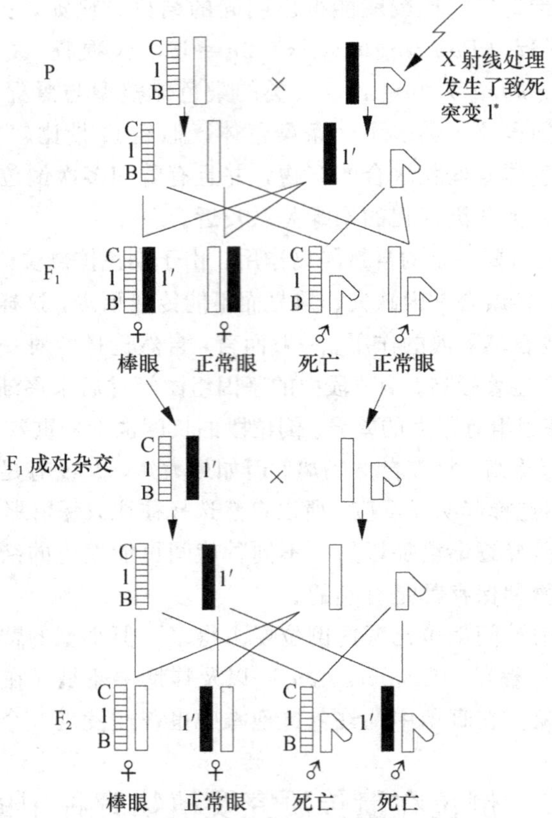

图 5-11　ClB 法检查果蝇 X 染色体上致死突变频率

二、着丝粒部位的变动对染色体形态的影响

可以使中着丝粒染色体通过臂间倒位而变成近端着丝粒染色体，或者相反。染色体的形态可以由 V 形变成 J 形或由 J 形变成 V 形。这对那些具有类似形态染色体物种的核型分析是有帮助的。倒位也改变了基因与着丝粒的距离，可以用来研究着丝粒对基因交换率的影响。

三、染色体缺失对配子和合子发育的影响

一般杂倒位因交换而产生的缺失、重复配子都是互补性的，影响染色体区段也比较大。利用内含倒位或重叠倒位可以产生只有重复而无缺失或只有缺失而无重复的染色体，以利于对染色体的具体节段的功能进行研究。图 5-12 表示通过内含倒位产生重复

染色体与缺失染色体的过程，这里倒位Ⅱ是倒位Ⅰ的内倒位，它们的一个断点是共同的。F. M. Ritossa 和 S. Spiegelman（1965）正是利用果蝇的一个内含倒位产生的核仁组织区的重复对核区的遗传功能进行研究的。

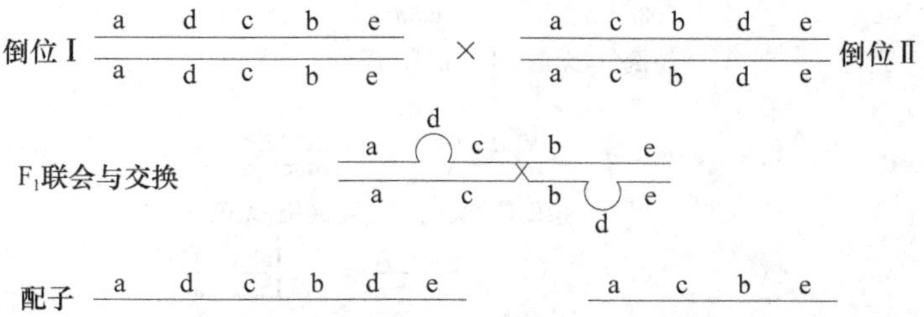

图 5-12　由内含倒位交换产生的重复染色体与缺失染色体

四、倒位作为连锁遗传的标记

如前面所述，可以把杂倒位引起的花粉不育性当作显性基因看待，对于那些没有良好遗传标记的染色体来说，倒位可能是有用的。例如，玉米的 2 号染色体长臂和 8 号染色体短臂就属于这种情况。

五、检验数量性状基因的染色体位置

测定数量性状基因在染色体上的位置主要应用臂内倒位材料进行，因为倒位段的基因在杂合情况下紧密连锁，而且胚珠败育率很低，有利于产量分析。在实际应用时，可用同一个纯倒位与一系列纯系杂交，并进行回交或自交，从后代的杂倒位、正常株和纯倒位性状差异的比较中可以得出相应的结论。

C. Y. Chao（1959）报道了利用玉米 3 号染色体长臂的臂内倒位（In3a，L. 3-.94）对若干数量性状测定的结果。在 In3a 的倒位段内包括了一个无色糊粉层基因 a，作为识别倒位染色体存在的遗传标记。

让纯倒位 In3a 与 15 个带有 A 基因的优良自交系杂交，F_1 植株再与 In3a 回交，同时进行自交。而后比较 BC_1 中的 Aa、aa 和 F_2 中的 AA、Aa 及 aa 植株的有关资料。表 5-7 所列是穗位高度的比较。从表 5-7 中可以看出，BC_1 与 F_2 结果基本一致，Aa 与 aa 差异显著。但在 F_2 中，AA 与 Aa 除 Oh45 外，差异均不显著。这个结果说明在玉米 3 号染色体长臂上有影响穗位高度的基因存在，而且这种影响主要不是由于杂种优势引起的。

表 5-7　玉米 In3a 回交后代及 F_2 穗位高度的比较

自交系名称	回交后代			F_2 代					
	穗位高度/cm		*t* 值	穗位高度/cm			*t* 值		
	Aa	aa	Aa aa	AA	Aa	aa	AA-Aa	AA-aa	Aa-aa
Oh45	115	100	7.9**	94	88	77	2.0*	5.8*	4.6**
Oh41	128	120	5.7**	100	110	100	2.7	0.0	2.6*
K187-2	113	93	10.4**	107	104	85	1.4	7.2**	7.4**
38-11	128	120	5.4**	128	122	100	1.9	7.2**	6.3**
Oh7	113	98	12.2**	126	124	109	0.4	4.3**	4.4**
W26	120	112	7.1**	100	102	88	0.6	3.6**	5.4**

*0.05 显著水平；**0.01 显著水平。

杂倒位 Aa 与纯倒位 aa 相比，有 15.75%的胚珠不育，但产量仍旧显著高于 aa，表明 3 号染色体长臂也存在影响子粒产量杂种优势的有利基因。

P　$\frac{\text{In3a}-\text{a}}{\text{In3a}-\text{a}} \times \frac{\text{in3a}-\text{A}}{\text{in3a}-\text{A}}$

纯倒位，无色 ↓ 正常，深色

F_1　$\frac{\text{In3a}-\text{a}}{\text{in3a}-\text{A}} \times \frac{\text{In3a}-\text{a}}{\text{In3a}-\text{a}}$

杂倒位，淡色 ↓ 纯倒位，无色

BC_1　⊗　$\frac{\text{in3a}-\text{A}}{\text{In3a}-\text{a}}$，$\frac{\text{In3a}-\text{a}}{\text{In3a}-\text{a}}$

杂倒位，淡色　纯倒位，无色

F_2　$\frac{\text{In3a}-\text{a}}{\text{In3a}-\text{a}}$，$\frac{\text{In3a}-\text{a}}{\text{in3a}-\text{A}}$，$\frac{\text{in3a}-\text{A}}{\text{in3a}-\text{A}}$

纯倒位，无色　杂倒位，淡色　正常，深色

六、研究基因的位置效应

倒位引起基因的位置发生改变，因此，可以通过分析基因不同位置表型的变化来了解位置效应。一个具体例子是对果蝇的研究（图 5-13）。利用 X 射线照射果蝇，获得一个臂内倒位，致使其上的 w^+ 基因位置发生改变成为 w^m，接近异染色质。带有正常 w^+ 基因的果蝇为深色眼，位置改变后，基因活性降低，形成黑斑白眼。此表型可以通过 Y 染色体逆转，因此，带有倒位的果蝇若是 XYY 类型，则可以恢复该基因的活性，形成

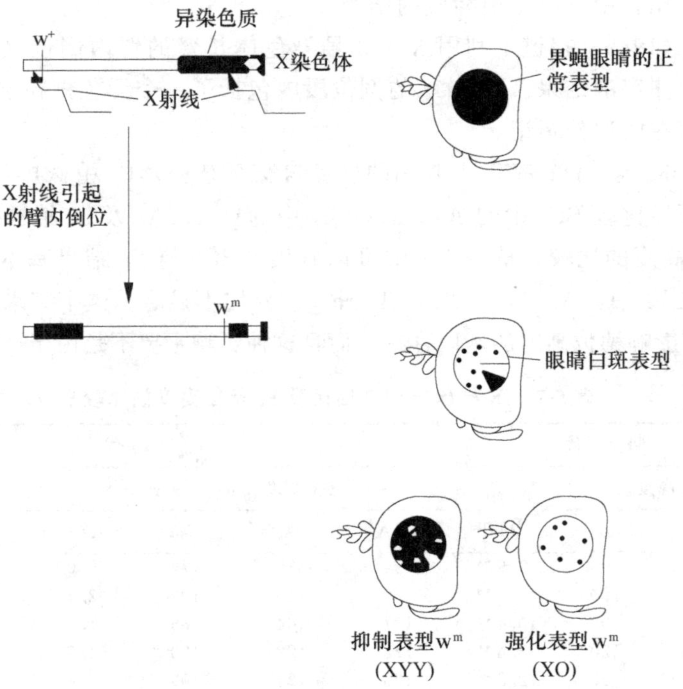

图 5-13　倒位引起的位置效应

白点黑眼，而如果没有 Y 染色体，则该基因活性更低，形成的黑斑更少（Henikoff，1990）。

复　习　题

1. 玉米 1 个自交系具有 ABCDEFGHI 的基因排列顺序，各基因点间交换率大致相当。将此株与具有相应隐性基因株杂交，对 F_1 的回交结果表明，只有 A-B、G-H 和 H-I 之间存在交换，A-D 之间交换率大大降低，而 B-C、E-F 和 F-G 之间未发生交换，试解释这一现象，并绘图表示。

2. 如果在杂倒位的倒位圈内发生了一个单交换，那么臂内倒位与臂间倒位在细胞学行为上有何不同？它们的花粉和胚珠的败育性如何？

3. 在一个臂内杂倒位的减数分裂后期Ⅰ分裂相中发现两个染色质“桥”和断片，这说明在四线期发生了何种类型的交换？如果在后期Ⅰ只发现 1 个染色体断片，但在后期Ⅱ出现了染色质“桥”，这又说明发生了何种交换？试绘图说明。

4. 通过对 1 个臂内杂倒位体的细胞学观察，在 300 个小孢子母细胞的减数分裂后期Ⅰ，发现单“桥”细胞 97 个，双“桥”细胞 13 个。300 个后期Ⅱ细胞中，有单“桥”细胞 9 个，试决定倒位段和基部段的遗传距离。这个杂倒位体引起的花粉不育性至少有百分之几？

5. 由杂合臂内倒位发生交换而产生的染色体“桥”在以后的细胞分裂中会发生什么样的变化？试绘图说明。它们在大孢子发生与小孢子发生过程中表现是否相同？在胚乳及胚中的表现又是如何？

6. 何谓染色体“桥-断裂-融合-桥”循环？它与染色单体“循环”有何不同？

7. 在玉米的 9 号染色体发现了两个臂间倒位，利用短臂上的 sh 和 wx 两个标记基因作遗传测验。在对一个倒位的测验中$\left(\frac{\text{Sh Wx In}}{\text{Sh Wx in}}\times \text{sh wx in}\right)$，后代出现少数 sh 粒，但都是 Wx 的，但在对另一个倒位所做的相同测验中，出现的所有 sh 粒都是 wx 的，试解释这一遗传现象。

8. 假定某生物的染色体组成的 abcde 发生了两个倒位，一个染色体组成变为 acbde，另一个变为 abdce。让这两个倒位体进行杂交，F_1 代染色体会怎样进行联会？如果在 b-d 之间发生了一个单交换，将会产生何种类型的配子？

9. 为什么在进化上臂内倒位比臂间倒位有更大的价值？

10. 如何用 ClB 法来测定果蝇 X 染色体上发生的致死突变，它的依据是什么？

第六章 染色体易位

染色体易位（chromosome translocation）是指染色体的节段转移，主要是非同源染色体之间的节段转移。无论是人工处理还是在自然条件下，易位都是容易发生的一种染色体结构变异，是迄今所知自然界中存在最广泛的一种结构变异。它不仅改变基因原来的连锁群，也改变染色体的形态甚至染色体的数目。易位是推动生物进化和物种形成的重要因素之一。

在以 X 射线等异常理化因素诱发的染色体结构变异中，易位发生率最高。李竞雄以 2000R（伦琴）[1] 剂量的 X 射线处理玉米花粉，而后进行杂交。在用以分析的 408 个后代植株中，发现能够成活而传递的结构变异中，有 68%为相互易位。H. J. Muller（1930）以 X 射线处理雄果蝇后进行交配，在 F_2 代的 883 个个体中，发现了 117 个有相互易位。

H. deVries（1901）在对普通月见草（*Oenothera lamarckiana*）的研究中观察到一种特殊的遗传行为，即它的纯种后代会产生一些变种，这些新变种的许多性状不同于普通月见草。他认为这些新变种是由突变造成的，从而提出了突变论。后来 R. E. Cleland（1929）在对普通月见草的花粉母细胞减数分裂观察时发现，它的 7 对染色体中，有 6 对形成首尾相连的大环，环中的染色体在后期Ⅰ以交替方式分向两极。

J. Belling（1914）在进行黎豆属的一个种 *Stizolobium deeringianum* 的品种间杂交时，发现一种遗传现象，花粉和胚珠都出现 50%的败育率，他称之为半不育性（semisterility）。半不育株的后代有 1/2 依旧表现半不育，正常株后代全部表现正常。Belling 曾以两对遗传因子的假设进行解释。后来 Belling 与 A. F. Blakeslee（1924）在研究曼陀罗（*Datura stramonium*）的遗传时，发现某些杂交组合的 F_1 株在减数分裂时，总是出现由两条大染色体与一条小染色体形成的三价体。他们认为这种现象的出现是由非同源染色体发生节段互换（易位）造成的。1925 年，Belling 以非同源染色体易位的假设完满地解释了黎豆品种杂交中的半不育现象。以 Belling 的假设为根据，R. A. Emerson 等（1928）对月见草的遗传现象和细胞学行为给予了合理的解释，认为大型染色体环的出现是由连续易位造成的。1930 年，C. R. Burnham 首次观察到一个玉米易位株的两对易位染色体在终变期形成了四价体的圆环。同年，McClintock 观察到杂易位粗线期的十字形联会，为非同源染色体互换提供了最有力的证据。

除月见草外，自然界存在易位的植物还有鸭跖草（*Commelina communis*）和曼陀罗、芍药（*Paeonia*）等 30 多个属。其中属于多倍体的种又比二倍体的种多。即使以 X 射线处理，在六倍体的普通小麦中易位的出现率比四倍体硬粒小麦的多，而后者又比二倍体一粒小麦的多。

动物中自然发生的易位一般比植物的少。除果蝇外，存在染色体易位的还有小鼠、

1）1 伦琴（R）（$1R=2.58\times10^{-4}C/kg$）

蟑螂、蝎子、蚱蜢、象鼻虫等。人类的临床调查表明，每 1000 人中大约有一个人是易位染色体携带者。

第一节　易位的类型与发生

一、易位的主要类型

根据断点发生的位置和转移染色体节段的不同，大体上可以把易位分为以下几种类型。

（一）插入易位

插入易位是指染色体断裂之后，中间节段的一部分染色体发生转移，插入到其他染色体部分。插入部位可以是同一染色体臂的不同部分（图 6-1A），也可以是另一条染色体臂（图 6-1B）或者是插入到另一条非同源染色体中（图 6-1C）。C. B. Bridges（1923）在果蝇中发现的第一个易位，就属于这种染色体间的插入易位。

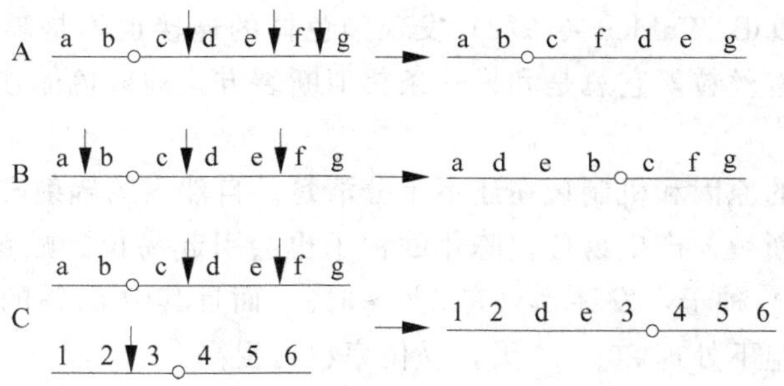

图 6-1　三种插入易位的发生过程

A. 易位段插入同一染色体臂；B. 易位段插入同一染色体的另一臂；C. 易位段插入另一条非同源染色体

（二）简单易位

简单易位又称末端易位，指一条染色体发生断裂之后，其无着丝粒节段重新接到另一非同源染色体的末端。H. J. Muller 和 T. S. Painter（1929）曾经报道过果蝇一个由 3 号染色体节段转移到 2 号染色体末端的简单易位，但从现代的观点来看，这种易位似乎难以发生。因为每个染色体的末端都有起封口作用的端粒（telomere）。任何断裂染色体都不能和端粒相连。Muller 等所报道的很可能也是一个相互易位，只是 3 号染色体的易位段较长，而 2 号染色体易位段很短，没有包括可以察觉到的基因而已。

（三）相互易位

相互易位是指非同源染色体之间发生节段互换。它的产生涉及两条非同源染色体的断裂和连接两个过程。在两条染色体断裂之后，如果两个带着丝粒的节段相互连接起

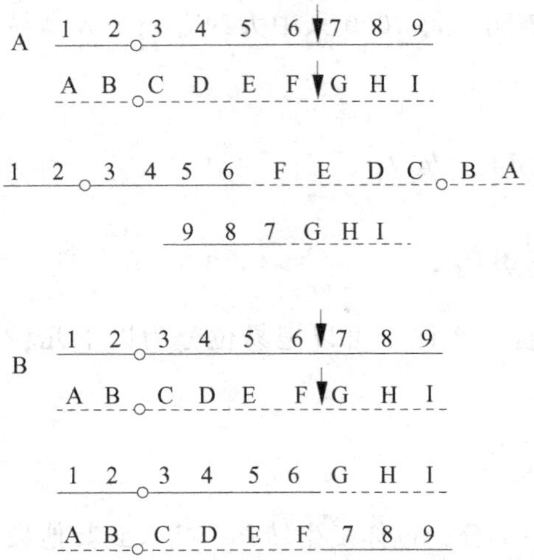

图 6-2　相互易位的发生过程
A. 非对称相互易位；B. 对称相互易位

来，不带着丝粒的节段相互连接起来，就会形成一个具双着丝粒的染色体和一个无着丝粒的染色体（图 6-2A）。这种非对称的相互易位是不稳定的，很难产生有功能的配子而传递到后代。另一种情况是两个带着丝粒的染色体各自与其对应的无着丝粒染色体节段连接起来，形成两个具有单着丝粒的染色体，这种类型属于对称相互易位（图 6-2B）。对称相互易位一般不涉及遗传物质的丢失，细胞学行为正常，也可以传递到后代。本章主要讨论这种易位类型。

二、断点发生的位置与诱发易位的因素

易位断点在染色体上的分布并非完全随机的。A. E. Longley（1961）根据对 1000 个玉米人工诱发易位的细胞学分析，发现大部分断点都出现在异染色质区，特别是围绕着丝粒的异染色质区。D. B. Walden（1972）发现染色体的连接也不是随机的。如果一条染色体的断点发生在着丝粒，它总是和另一条相似断裂方式的染色体在对应的着丝粒处连接起来。

自然发生易位的原因和机制现在还不十分清楚。自然界的辐射和异常的外界环境条件可能引起染色体断裂，产生易位。陈化的种子也会引起易位。贮藏 6～7 年的还阳参（*Crepis capillaries*）种子，发芽率只有 2%～3%，而且其中 81%的植株具有易位。即使新鲜种子，在高温下处理 20～44 天，易位率也可提高。

在减数分裂过程中，非同源染色体的缠绕与分离、异染色质区的自发联会、非同源体重复段的联会与交换，均可能引起染色体断裂，产生易位。

生物本身的某些遗传因子也会引起易位。例如，G. W. Beadle（1937）和 McClintock（1950，1951）就曾在玉米的黏性染色体和具有 Ac-Ds 转座因子的后代中发现了易位。

组织培养也可产生易位，其机制是由染色体的不正常分裂、转座子激活等诱发产生易位。

以 X 射线或热中子处理种子或花粉，可以有效地诱发易位。易位产生频率与处理剂量有关。某些化学药品如氮芥子气、硫芥子气、石炭酸、香豆素等也有诱发染色体断裂和引起易位的作用。

第二节　易位的细胞学行为

无论是纯易位还是杂易位体，体细胞分裂都是正常的。但在减数分裂中，杂易位体则表现出一系列异常的细胞学行为和染色体构型，可以用作细胞学检查和识别的标志，也对花粉及胚珠的育性具有重要影响。不同易位的细胞学行为略有不同，这与断点发生

的位置及易位段的长短有关。

一、粗线期联会

杂易位体在减数分裂粗线期由于同源染色体相互联会，会形成十字形交叉。在同源联会严格时，十字形的中心就代表易位断点所在。断点的位置以占臂长的百分数来表示，等于从着丝粒到断点长度与总臂长的比值，一般需从多个细胞的观察中才能确定。例如，玉米中第一个易位涉及 8 号和 9 号两对染色体，以 T8-9$_a$ 表示（T 代表易位，8-9 代表染色体，a 代表发现序号）。在密切联会时呈图 6-3 所示形态。

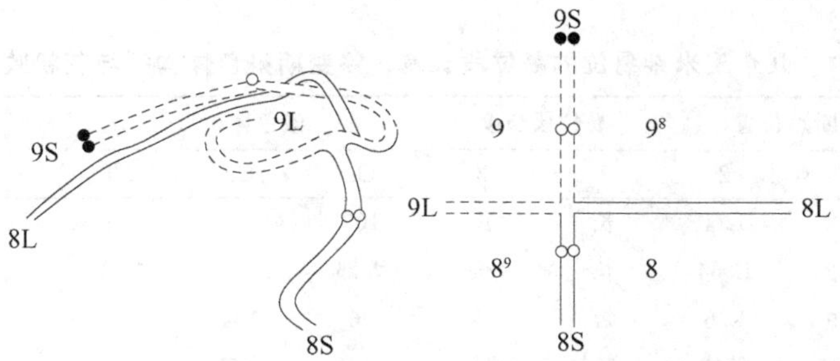

图 6-3 玉米 T8-9$_a$ 杂合体粗线期染色体联会的形态

易位断点在 8 号染色体长臂离着丝粒 1/5 处和 9 号染色体长臂 2/5 处，故写成 T8L. 2-9L. 4。图 6-3 中 S 代表短臂一端，L 代表长臂一端。这里涉及一条正常 9 号染色体，一条正常 8 号，一条具有 9 号染色体的着丝粒并带有 8 号染色体的一段，写成 9^8，一条具有 8 号染色体的着丝粒并带有 9 号的一段，写成 8^9。易位断点与着丝粒之间的一段称为中间段（interstitial segment）。在某些杂易位体，有时因配对的时间和速度有先后快慢，或因着丝粒处先行配对而影响到其他部分，可能发生非同源联会或局部不联会现象（图 6-4）。在这种情况下，要确定易位断点的准确位置就会发生困难。

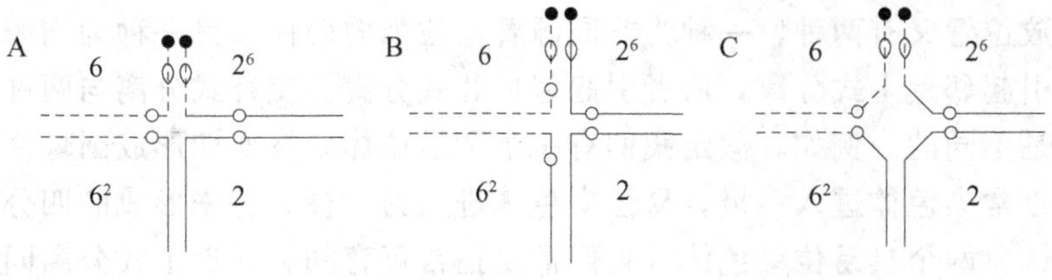

图 6-4 玉米 T2-6$_a$ 杂合体粗线期

A. 同源联会；B. 部分非同源联会；C. 局部不联会

二、交叉形成与终变期构型

杂易位体的 4 个染色体臂是否发生交叉或交叉发生的多少，决定于易位段与中间段的长度。如果断点接近着丝粒，中间段因太短而不能发生交换，着丝粒之外的 4 个臂都可以发生交换，到双线期形成交叉。终变期由于交叉移端而形成由 4 条染色体组成的张开大环，以 O_4 表示。如果中间段较长，除 4 臂之外，中间段也发生了交换，终变期会形成 8 字形结构。如果一个易位段较短，不发生联会，或者虽然联会但没有发生交换，而另外一个易位段较长，发生交换，其他两臂也发生正常的交换，这样的易位，终变期会形成由 4 条染色体组成的链（C_4）而不是圆环。如果两个易位段都很短，粗线期可能不出现十字形交叉，而是进行两两配对，终变期会呈现两个二价体。

C. R. Burnham（1980）总结了玉米杂易位体终变期染色体构型与易位段长短的大致关系（表 6-1）。T8-9a 两个易位段都很长，终变期绝大多数细胞形成 O_4。T2-3a 的一个易位段短，一个易位段长，终变期有较多的细胞形成 C_4，T1-6b 的一个易位断点发生在随体，易位段只包括 6 号染色体短臂极短一段染色体，所以 100%的细胞形成 C_4。T5-9a 和 T3-6 两个易位段都较短，故较多的细胞出现二价体。

表 6-1　几个玉米杂易位的易位段长度、终变期染色体构型与花粉败育率

易位代号	断点位置		易位段长度		染色体构型			花粉败育率/%
	1	2	1	2	O_4	C_4	2Ⅱ	
T8-9a	L. 2	L. 4	长	长	108	7	—	59
T1-6a	L. 2	L. 54	长	长	大部	—	—	50
T2-3a	S. 9	L. 6	短	长	96	104	—	50
T1-6b	L. 25	随体	长	很短	—	全部	—	25
T5-9a	L. 7	S. 4	中	中	9	40	88	50*
T3-6	S. 8	随体	短	很短	0	0.31%	0.69%	19～47**

* 50%小花粉粒，但大部分具有淀粉粒。

** 包括小的和具有部分淀粉的花粉粒。

三、中期Ⅰ排列与后期Ⅰ分离

中期Ⅰ染色体在赤道板上有两种排列方式，一种为 Z 形或扭曲圆环形，另一种为张开环形或 O 形。以 Z 形排列的后期Ⅰ染色体以交替方式发生分离（alternative segregation），以 O 形排列的后期Ⅰ染色体以邻近方式分离（adjacent segregation)。圆环在赤道板上摆放位置又有两种，一种为非同源着丝粒朝向两极，另一种为同源着丝粒朝向两极。前者引起邻近Ⅰ式分离，后者引起邻近Ⅱ式分离。交替式分离与两种邻近式分离的遗传效果是不同的。例如，假定我们有一个杂易位体，终变期形成圆环。在交替式分离情况下，正常染色体进入一极，易位染色体进入另一极。将来形成的四分孢子，两个具正常染色体，两个具易位染色体。它们都是正常可育的。邻近Ⅰ式分离同源染色体着丝粒彼此分开，非同源染色体着丝粒分向两极。由此产生的四分孢子都是缺失重复的，因而是不育的。邻近Ⅱ式同源染色体着丝粒进入一极，它们产生的 4 个小孢子也是缺失重复和不育的（图 6-5)。

如果交替式与两种邻近式分离方式以相等的概率出现，杂易位体应有 2/3，即 66.7%的不育率，但实际上多数易位不育率都是 50%。这表明 Z 形和 O 形排列方式的出现次数各占 1/2。J. E. Endrizzi（1974）在棉花易位研究中证明，Z 形排列也有两类，与两种圆环相对应，可以看做是它们的扭曲形式。但这两种 Z 形排列产生的四分孢子是完全相同的，在细胞学上难以区分。

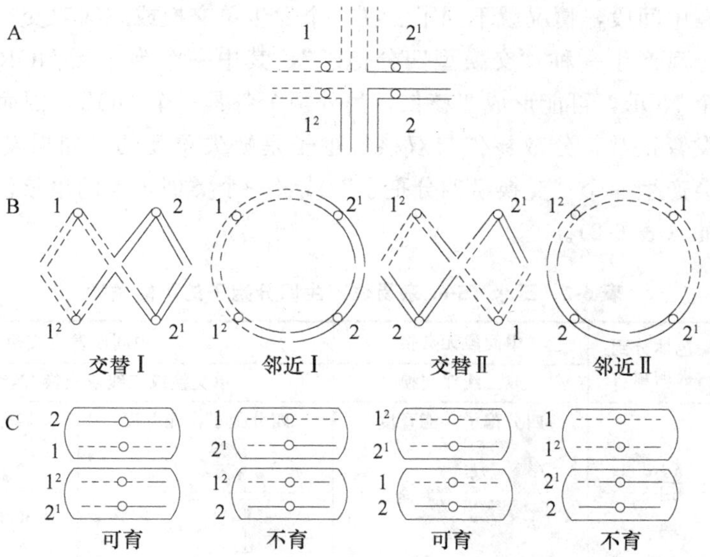

图 6-5　杂易位体中期Ⅰ染色体排列与后期Ⅰ的分离

A. 粗线期联会；B. 中期Ⅰ在赤道板的 4 种排列方式；C. 产生的配子

利用玉米 6 号染色体的核仁组织者（NOR）作标志，断点发生在短臂的杂易位体中，根据四分孢子的类型可以识别出交替式、邻近Ⅰ和邻近Ⅱ式分离方式和比率。因为在减数分裂中，凡是接受两个 6 号染色体短臂的小孢子，就具有两个 NOR，因而有可能产生两个核仁，而不具第 6 号染色体短臂的小孢子没有 NOR，因而只有分散的核仁物质（分散核仁）而不形成集中的核仁。C. R. Burnham（1950）利用 T5-6c 获得各类四分孢子的资料。该易位粗线期配对模式如图 6-6 所示。

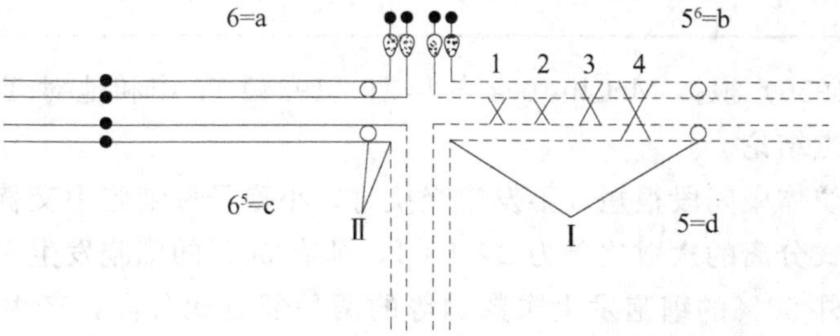

图 6-6　玉米 T5-6c 杂合体粗线期联会模式

交换可以发生在三个部分，即易位段、着丝粒以外的非易位染色体臂和中间段。前两种交换只影响细胞的遗传组成，不影响 NOR 数量的变化。对这一细胞标志而言，与不发生交换的细胞相同。邻近Ⅰ式分离（a、b 与 c、d 分开），一极有 4 个 NOR，另一极无 NOR。产生的四分孢子，都是缺失重复和不育的，但两个会出现双核仁，另外两个为分散核仁。交替式分离产生有功能的四分孢子各具一个核仁。邻近Ⅱ式分离（a、c 与 b、d 分开）产生的四分孢子也是缺失重复和不育的，但都有一个 NOR，故都有一个集中的核仁。

交换发生在中间段，情况就不同了。在一个发生单交换或三线双交换的细胞，交替式或邻近Ⅰ式分离产生一种“交换型四分孢子”，其中一个孢子无 NOR，形成分散核仁，一个有两个 NOR，可能形成双核仁，另外两个各具一个 NOR，因而为单核仁。具单核仁的孢子发育正常，分散核仁与双核仁孢子是缺失重复的。如果发生邻近Ⅱ式分离，其结果将会产生一个“交换型四分孢子”或者一个类似正常的单核仁四分孢子，但都是缺失重复的（表 6-2）。

表 6-2　玉米 T5-6c 杂易位产生四分孢子的可能类型

后期Ⅰ染色体分离方式	染色体分到两极的组合	中间段无交换或二线双交换	中间段发生交换：单交换或三线双交换	中间段发生交换：四线双交换
		四分孢子，能育度	四分孢子，能育度	四分孢子，能育度
交替式	$\frac{a+d}{b+c}$	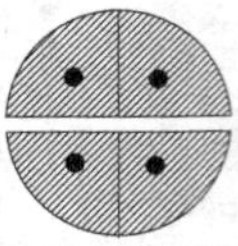 全育	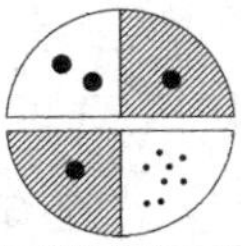 2 育 2 不育	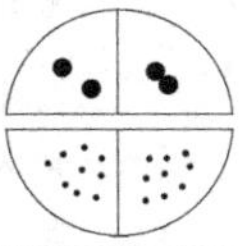 全不育
邻近Ⅰ式	$\frac{a+b}{c+d}$	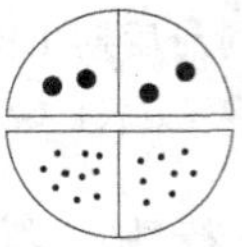 全不育	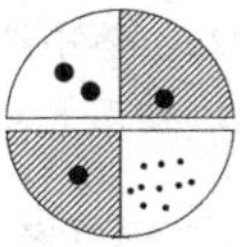 2 育 2 不育	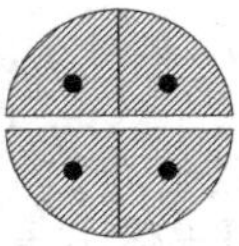 全育
邻近Ⅱ式	$\frac{a+c}{b+d}$	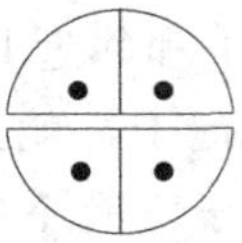 全不育	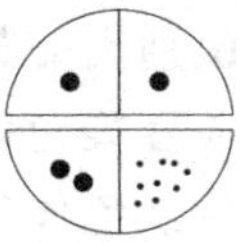 全不育	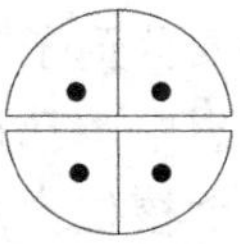 全不育
邻近Ⅱ式	$\frac{a+c}{b+d}$		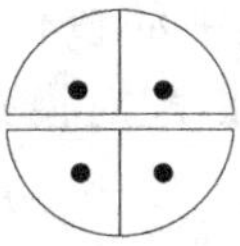 全不育	

Burnham（1950）根据 McClintock 的早期（1934）工作和他对 T5-6c 四分孢子的分析得出如下几点结论。

（1）在杂易位体中间段很短，不发生交换时，小孢子母细胞中交替式分离、邻近Ⅰ式分离与邻近Ⅱ式分离的次数比例为 2∶1∶1，即有 50%的细胞发生交替式分离，形成全育小孢子，另外 50%的细胞发生次数相等的两种邻近式分离，产生不育的缺失、重复孢子。这种杂易位体的花粉和胚珠将呈典型的半不育性。

（2）中间段发生交换，同源着丝粒趋向两极，邻近Ⅱ式分离就不再发生。具有较长中间段的杂易位体经常发生交换，邻近Ⅱ式可能很少发生或完全不发生。邻近Ⅰ式与交替式分离比例可能为 1∶1。它们产生完全相同的四分孢子，配子不育率为 50%。

（3）形成链形结构的杂易位体，无论中间段长短及有无交换，邻近Ⅱ式分离次数将等于零，交替式和邻近Ⅰ式接近 1∶1。

四、配子与合子的不育性

杂易位体由于 Z 形与 O 形排列，交替式与邻近式分离各占 1/2，所以一般具有

50%的配子不育率（图 6-7）。如果易位段很短，或者易位段上不带有影响配子体发育的重要基因，不育性将会下降，这从表 6-1 中可以反映出来。T1-6b 的易位断点发生在 6 号染色体短臂的随体部分和 1 号染色体长臂的 1/4 处。杂易位体在终变期和中期Ⅰ呈 C_4 排列，没有邻近Ⅱ式分离，交替式与邻近Ⅰ式分离各占 1/2。而邻近Ⅰ式分离产生的两种配子中，只有 $6+1^6$ 因缺失 1/4 的 1 号染色体长臂而不能发育，而 6^1+1 配子因只缺失随体的一小部分，并不影响发育，所以这个杂易位株只有 25%的配子不育。

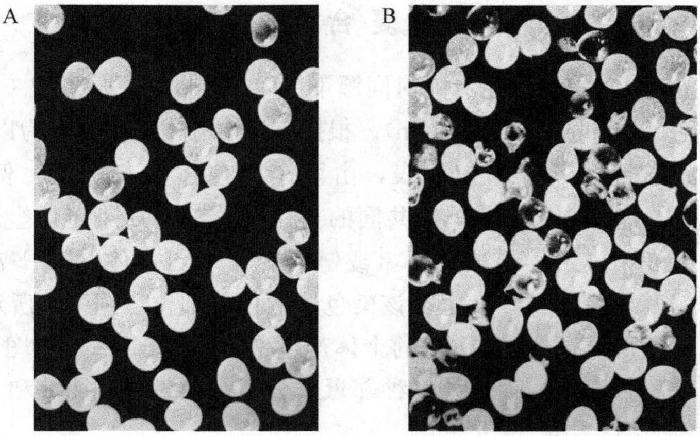

图 6-7　玉米杂易位引起的花粉半不育（Neuffer　2000）

A. 正常花粉；B. 易位杂合体花粉

许多植物存在易位现象，如曼陀罗、月见草（*O. stramonium*）、风铃草（*Campanula mediun*）和紫万年青（*Rhoeo discolor*）等，中期Ⅰ全部呈 Z 形排列，进行交替式分离，而且没有中间段（易位断点发生在着丝粒）或中间段很短，交换机会很少，所以没有不育性或不育性很低。大麦（*Hordeum vulgare*）和一粒小麦（*Triticum monococcum*）的杂易位体不育率也较低（10%～29%），表明两种分离方式的发生可能不是随机的，交替式分离的比率比邻近式要高。

植物的纯易位体一般生活力正常，没有不育性，但动物大部分不能成活，或具有半致死性，或成活而不育。其原因还不大清楚。可能由于易位断点有微小缺失，或在断裂时发生了致死突变，到纯合体才表现出来。此外，位置效应也可能对个体造成不利影响。因为植物有较长的配子体发育时期，缺失或不利突变多数在配子体时期已被筛选淘汰，难以传递到后代。动物则不同，杂易位体产生的缺失配子一般不致造成精子和卵子的死亡，故不能在配子时期加以淘汰，只有到合子时期，其有害或致死效应才表现出来。因此在两个具有相同杂易位体的杂交后代，可从卵孵化率或死胚率加以鉴别。但由互补型的缺失、重复配子结合产生的合子仍能正常生活。

第三节　多对染色体易位

一、独立易位

在同一体细胞可以发生多次染色体易位。如果这些易位所涉及的染色体互不相关，就形成独立易位（independent translocation）。例如，一株玉米具有两个易位，一个涉及1号、2号染色体（T1-2），另一个涉及3号、4号染色体（T3-4），杂合体终变期可以看到两个由4条染色体组成的环（或链）和6个二价体（$2O_4+6Ⅱ$）。如果该株还包含一个5号、6号染色体易位，那么杂合体出现$3O_4+4Ⅱ$。如此类推，一个细胞最多可以具有5个独立易位。如果一个易位可以引起50%的不育，两处易位可引起75%的不育，5个易位就可以引起97%的不育。

二、复合易位

如果两个易位包括的染色体中有一对同源染色体是共同的，便形成一个包括3对同源染色体的复合易位（complex translocation）。根据其发生方式，可以分为以下两种情况。

一种以玉米、豌豆、风铃草为代表，由两个易位体杂交产生。例如，让纯易位T1-2与T2-3杂交，这里2号染色体是共同的。在F_1，这3对染色体全部牵扯到易位当中，会形成一个由6条染色体组成的环（或链）和7个二价体（$O_6+7Ⅱ$）。当然，共同的易位染色体的两个断点可以发生在该染色体的任何部位。图6-8所示为断点发生在不同的染色体臂的情形。这个具有O_6的个体产生75%的不育率。从图6-8可知，只有交替式分离才形成可育配子，而另外3种邻近式分离（通过a-f、b-e和c-d 3个分离面）都产生不育配子。

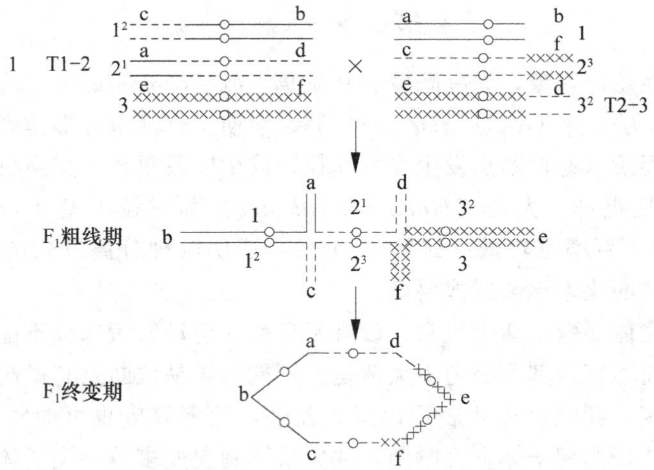

图6-8　3对染色体衔接易位杂合体粗线期与终变期联会模式

另一种以曼陀罗为代表，是染色体间发生循环易位（cyclical translocation）造成的。如果原来3条染色体为A-B、C-D、E-F，循环易位后变成A-F、C-B、E-D（图6-9），杂易位体终变期也形成O_6。

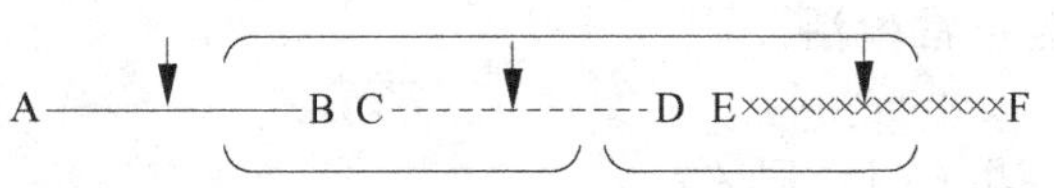

图6-9　3条染色体的循环易位

这样的循环易位很难同时发生，因为必须同时出现3个断点，而且断裂段又不能相互转移。在自发的情况下，这种易位可能通过两个步骤而实现。例如，第一步 A-B 先和 C-D 发生相互易位，产生 A-D 和 C-B，第二步 A-D 再和 E-F 易位，产生 A-F 和 E-D。如果第四条染色体也包括在这一循环复合易位当中，就会产生 O_8。如此类推，还可以产生 O_{10}、O_{12}，以至整个染色体组全部包括进去。如紫万年青（*Rhoeo discolor*），它的 6 对染色体全部包括进一组大型易位当中，形成一个 O_{12}易位复合体（translocation complex）（图 6-10）。在月见草（*O. hookeri*）和芍药属中，曾经发现一系列易位，它们的染色体环大小各不相同。例如，芍药（*P. californica*）具有 5 对染色体，已经发现了 O_4＋3Ⅱ、O_6＋2Ⅱ、O_6＋O_4、O_8＋1Ⅱ和 O_{10}等各种类型。月见草情况类似，不同种间常常存在着易位的差别。月见草为标准种，具有 7 个二价体，而另一些种则能形成由 14 个染色体组成的大环。

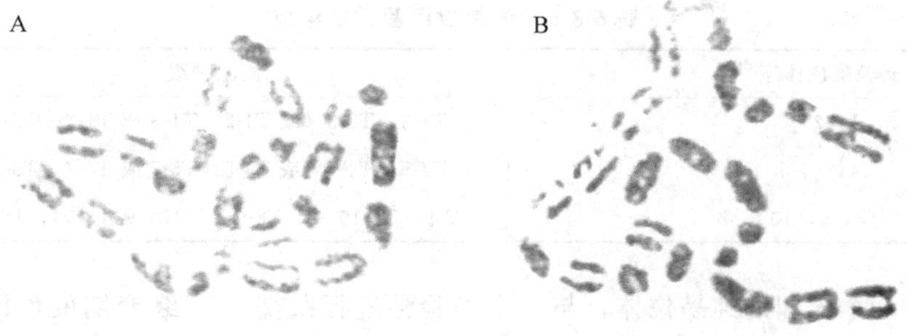

图 6-10 紫万年青减数分裂中期（引自 Sax，1931）

A. 12 条染色体形成大环（O_{12}）；B. 12 条染色体形成染色体链（C_{12}）

第四节 易位染色体的鉴别

有一系列有效的遗传设计可以用来鉴别新易位所属的染色体，到底使用哪一种最方便依赖于有关物种遗传资料的丰富程度和手头掌握材料的多少。下面介绍几种重要的鉴别方法。

在玉米等植物，最直接的方法是根据粗线期十字形联会的形态和各条染色体的特征来确定易位所属染色体和断点发生的位置。但对大部分粗线期染色体特征不清楚或者染色体不分散的生物来说，这种方法就行不通。

把易位（T）的半不育性作为遗传标记和各个连锁群中的标记基因进行杂交和遗传测验，根据 T 和标记基因的独立性测验来确定易位所属的连锁群或染色体。

把一套初级三体作为母本与新易位体杂交，对 F_1 的三体株进行细胞学观察。如果 O_4 和三体的三价体独立，表示两条易位染色体与三体染色体无关。如果观察到由 5 条染色体组成的链而没有 O_4 和三价体，就说明该三体与其中一条易位染色体有关。

比较通用简便的方法是利用一套已知的纯易位作测验种，与新易位体进行杂交，根据 F_1 终变期的细胞学资料来确定新易位所属染色体。现以玉米为例加以说明：在玉米的 10 对染色体中，6 号染色体带有核仁组织者，可以作为自我标志。凡是杂易位体的 O_4 与核仁相连的，它的一条染色体一定是 6 号染色体。剩下 9 对染色体，每 3 对为一组，选择它们之间 3 种可能的相互易位中任意两个作测验种就能测出易位是否与这 3 条染色体有关。用作测验种的易位，其易位段要长，以保证 F_1O_4 的出现。例如，假定 1、2、3 号染色体为一组，有 T1-2、T1-3 和 T2-3。可能的 3 组测验种为 T1-2 和 T1-3、T1-2 和 T2-3 或 T2-3 和 T1-3。如果未知易位与第一组杂交，两个 F_1 均出现 $2O_4+6$Ⅱ，表明新易位与这 3 条染色体均无关。若只有 T1-2 的 F_1 出现 O_6+7Ⅱ，T1-3 的 F_1 为 10Ⅱ，这就表明新易位为 T1-3。若 T1-3 的 F_1 为 O_6+7Ⅱ，T1-2 的 F_1 为 10Ⅱ，则新易位一定是 T1-2。若两个 F_1 均出现 O_6+7Ⅱ，只从本杂交结果还难以做出判断，新易位可能是 T2-3，也可能是 1 号染色体与本组以外的某条染色体发生易位，要通过与其他组的杂交才能得出结论。表 6-3 所示是玉米三组测验种的可能类型。

表 6-3 玉米易位测验种的组成

测验染色体序号	测验种组
1，2，3	T1-3，T2-3（或 T1-2，T1-3 或 T1-2，T2-3）
4，5，7	T4-5，T4-7（或 T4-5，T5-7 或 T4-7，T5-7）
8，9，10	T8-9，T8-10（或 T8-9，T9-10 或 T8-10，T9-10）

假定有 3 个未知的纯易位体，与 6 个测验种进行杂交，F_1 终变期染色体表型如表 6-4 所示。从表 6-4 中可以判断，它们所涉及的染色体一定是 7-10、2-7 和 3-6。

表 6-4 玉米 3 个未知易位染色体鉴定

测验种 / 被测系	T1-3	T2-3	T4-5	T4-7	T8-9	T8-10	6	鉴定结果
①	$2O_4$	$2O_4$	$2O_4$	O_6	$2O_4$	O_6	－	T7-10
②	$2O_4$	O_6	$2O_4$	O_6	$2O_4$	$2O_4$	－	T2-7
③	O_6	O_6	$2O_4$	$2O_4$	$2O_4$	$2O_4$	＋	T3-6

第五节 易位的遗传学行为

易位和倒位一样，在遗传上可以作为一个显性基因看待，以 T 代表两个染色体断点，t 代表相应的正常染色体。杂易位为 Tt，它的表现型效应为半不育性。自交后代产生 1 纯易位 TT、2 杂易位 Tt 和 1 正常 tt。TT 与 tt 花粉都正常，无法从表现型进行判断。但与正常体杂交，从后代就可以加以区别。TT×tt，F_1 为 Tt，具有半不育性，tt×tt，F_1 为 tt，育性正常。

因为一个易位包括两个染色体断点，那么半不育性 T 应与两条染色体上邻近断点的基因发生连锁遗传。利用正常的遗传测验程序即可证明这种现象。例如，以玉米 T1-2a 分别与 1 号染色体上的 br（节间缩短）、f（细条纹叶）和 2 号染色体上的 lg（无叶舌）及 v_4（黄绿苗）基因进行测验，获得表 6-5 结果。

表 6-5 玉米 T1-2a 易位断点与 1 号、2 号染色体上连锁基因的测验结果

测交组合	原组合		单交换Ⅰ		单交换Ⅱ		双交换		总 数
$\frac{++T}{br\,f\,t}\times br\,f\,t$	++T	brft	+ft	br+T	++t	brfT	+fT	br+t	682
	333	273	8	17	19	25	1	6	
$\frac{++T}{lg\ v_4 t}\times lg\ v_4 t$	++T	lgv_4t	$+v_4t$	lg+T	++t	lgv_4T	$+v_4T$	lg+t	588
	163	105	124	126	13	25	18	14	

在 1 号染色体测得的遗传距离：

br-f＝(8＋17＋1＋6)÷682＝4.7％

f-T＝(19＋25＋1＋6)÷682＝7.5％

br-T＝4.7％＋7.5％＝12.2％

从 2 号染色体测得的遗传距离：

$lg-v_4$＝(124＋126＋18＋14)÷588＝48.0％

v_4-T＝(13＋25＋18＋14)÷588＝11.9％

lg-T≥50％

用遗传图表示易位断点的位置，如图 6-11 所示。

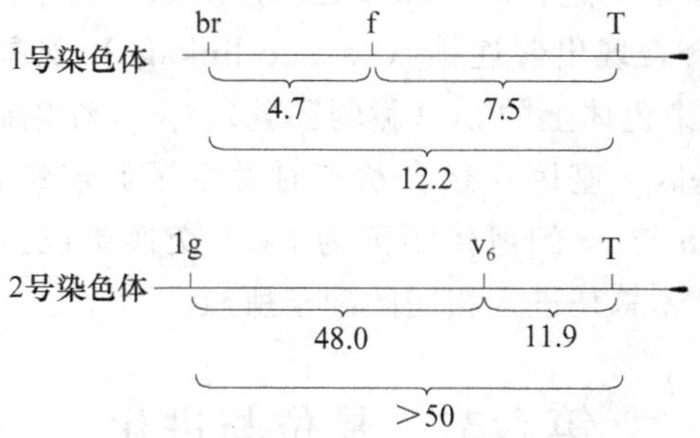

图 6-11 1 号染色体和 2 号染色体易位断点的位置

易位段连接到新的染色体上后，上面载荷的基因将与新的染色体表现出连锁关系，而与原来连锁群内的基因变成独立遗传。可从纯易位的遗传试验中获得这些资料。现以 T5-9a (5L.7-9S.3) 为例，来比较各基因点之间在正常、杂易位和纯易位情况下的交换值。图 6-12 表示杂易位的断点所在，以及用作连锁测验的有关基因。表 6-6 所列是在正常、杂易位和纯易位情况下测得有关基因之间的交换值。

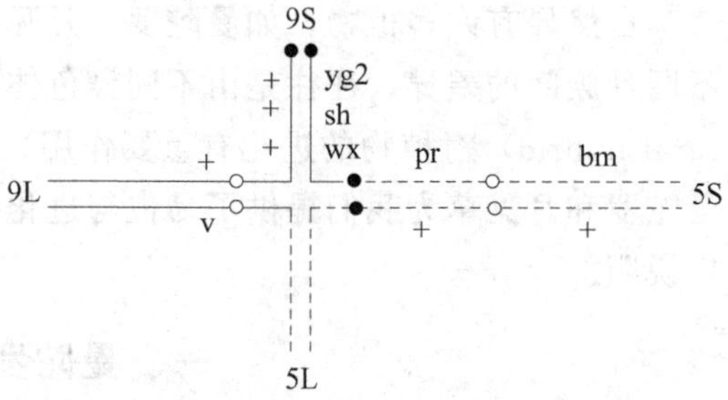

图 6-12 玉米 T5-9a 杂合体粗线期及其有关连锁基因的大致位置

在 9 号染色体上的糯胚乳 wx 与黄绿苗基因 v 在正常情况下是连锁的，由于易位断点发生在两个基因点之间，所以在纯易位体中，连锁关系就被破坏，变成为独立遗传。而 pr 和 wx 基因原来是独立遗传的，由于带有 wx 的 9 号染色体短臂的一段转移到 5 号染色体上，所以无论在杂易位和纯易位体内，都发生了连锁。

表 6-6　玉米 5 号和 9 号染色体上的部分基因在正常情况、T5-9a 杂易位与纯易位体交换值（交换单位）比较

	正常	杂易位（作父本）	纯易位
9 号染色体			
yg2-sh	23	11	—
sh-wx	20	5	18.6
wx-v	12	11	独立
5 号染色体			
bm-pr	27	32	—
pr-wx	独立	28	23.8

此外，在杂易位体中，由于联会时受到易位的影响，9 号染色体上各基因间的交换值都有不同程度的降低，而靠近断点的 sh-wx 较之远离断点的 yg2-sh 更为显著，但 wx-v 则不受影响，而 bm-pr 的交换值稍有增加，可能是由于 9 号染色体短臂交换值减少以后受到的影响所致。在纯易位中，sh-wx 的交换值和正常的比较接近，表明易位断点在 wx 与着丝粒之间，对 sh-wx 影响较小。

如果两对染色体上原来不连锁的基因靠近易位断点，由于杂易位总是以交替分离方式产生可育配子，所以会表现出假连锁（pseudo-linkage）现象。遗传资料表明，在玉米的 T2-5 中，位于 5 号染色体上的 bt（脆弱胚乳）、pr（红色糊粉层）与位于 2 号染色体上的 b（花青素加强基因）基因在杂合状态时发生了假连锁，测得的 b 与 bt 的遗传距离为 22.3 交换单位、b 与 pr 的遗传距离为 34.1 交换单位。这是由于在交替式分离情况下，2 号与 5 号染色体总是进入相同的配子所致。

第六节　易位与进化

自然界有许多植物，如曼陀罗、月见草、芍药、紫万年青等，都存在着易位现象。不同种族间的差异，往往是由不同染色体的易位造成的。易位形成的结构杂种（structural hybrid）对植物的进化有重要作用。在某些植物种中，它是推动进化的主要机制。曼陀罗和月见草为我们提供了易位与进化关系的重要资料，现在就以这两种植物为例加以说明。

一、曼陀罗的易位与进化

A. F. Blakeslee 等（1937）通过对全世界曼陀罗的调查，发现许多族间的差别是由易位造成的。它们属于不同易位的纯合体。将一个正常的原型种（prime type 1，以 PT1 表示）的 12 对染色体标以不同的号码，如 1·2，3·4，5·6，…，23·24 等，当和第二族（PT2）杂交时，F_1 呈 O_4＋10Ⅱ，表明二者之间存在着一个易位的差别，由此鉴定出第二族的易位发生在 1 号和 9 号染色体之间，其染色体组成为 1·18 和 17·2，其他染色体与 PT1 相同。F_1O_4 的连接方式为：1·2—2·17—17·18—18·1。PT3

与 PT1 杂交，F_1 也为 $O_4+10\,\text{Ⅱ}$，表明 PT3 也存在易位。细胞学分析表明，该易位发生在 6 号和 11 号染色体之间，为 11 · 21，12 · 22。O_4 的连接方式为 11 · 12—12 · 22—22 · 21—21 · 11。PT2 与 PT3 杂交，F_1 呈 $2O_4+8\,\text{Ⅱ}$，表明两个易位涉及的染色体不同。PT2 和 PT3 本身都是纯易位种族，各具 12 对染色体，它们的差别是在自然界发生不同易位之后分别形成的。

另用 PT94 与 PT1 杂交，F_1 得 $O_6+9\,\text{Ⅱ}$。据分析，PT94 具有 1 个 3 对染色体的连续易位。先发生了 1 · 2 与 17 · 18 之间的易位，成为 1 · 18 和 17 · 2（与 PT2 相当）。在此基础上，1 · 18 又与 13 · 14 发生易位，形成 1 · 14，13 · 18 和 17 · 2 的新易位体。F_1O_6 的连接方式为：1 · 2—2 · 17—17 · 18—18 · 13—13 · 14—14 · 1。PT94×PT3，F_1 呈 $O_6+O_4+7\,\text{Ⅱ}$。根据同一原理可以鉴定出其他各族的易位组成，如 PT4 为 3 · 21，4 · 22，PT17 为 9 · 13，10 · 24，14 · 23，PT87 为 3 · 12，4 · 22，11 · 21 等。至今已查出了 90 多个不同族的易位情况，它们在外部形态上都与 PT1 标准型有所不同。

曼陀罗易位有两个特点，一是易位断点不是随机发生的，都发生在着丝粒内；二是杂易位在中期Ⅰ均呈 Z 形排列，进行交替式分离，因此杂易位体产生的配子都是可育的。

二、月见草的易位与进化

月见草在细胞遗传研究中有重要地位，不仅由于 de Vries 据此而提出了突变论，更重要的是它独特的进化途径引起了遗传学家的强烈兴趣。

正常型的月见草具有 7 对染色体，如果每一对染色体的两个臂都可以随机与其他染色体臂发生易位，就可以产生 91 种相互易位类型（1—2，1—3，1—4，1—5，1—6，1—7；2—3，…，2—7；…，6—7）。在自然群体中，这些易位的大部分都已经找到。虽然不能肯定月见草发生易位比其他物种更频繁，但至少表明易位对月见草具有更大的适应意义。

普通月见草的 7 对染色体中，6 对发生了连续易位，因而减数分裂形成一个由 12 条染色体组成的大环和一个二价体（图 6-13）。环中染色体各端因同源性而连在一起。到了中期Ⅰ，呈 Z 形排列，因而染色体的分离总是交替式的。形成的配子只有两种，各含有 6 条染色体，总称为“楞纳氏复组”（Renner's complex）。这个种的两个复组分别命名为 gaudens 和 velans。每一个复组内含有一个隐性致死基因，在纯合情况下，

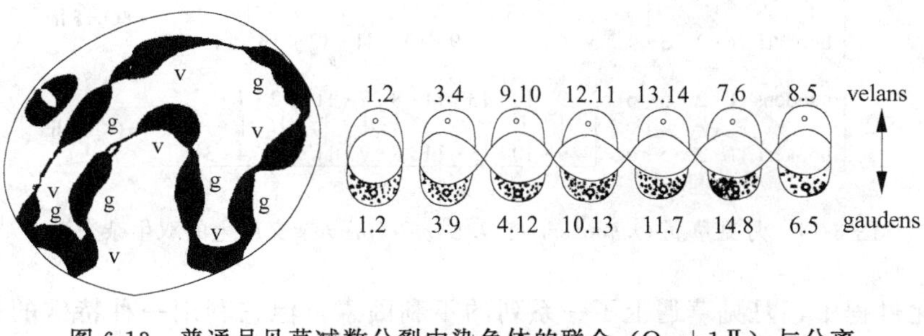

图 6-13　普通月见草减数分裂中染色体的联会（$O_{12}+1\,\text{Ⅱ}$）与分离

将使合子死亡。但 velans 组内的致死基因与 gaudens 组内的致死基因并不是等位性的，两个复组结合，由于互补作用合子能够成活。例如，velans 组为 1_1+，gaudens 组为 $+1_2$，而由 v 和 g 相结合的普通月见草应为 $1_1+/+1_2$。这个月见草产生的雌、雄配子各有 v、g 两个组。自交中凡 v-v 和 g-g 结合的纯种都在合子的早期死亡，应占 50%。只有另一半，由 v 和 g 结合的才能成活，像它的亲代一样。因此，普通月见草之所以能成为一个纯育的物种，就是这种纯合致死或平衡隐性致死（balanced recessive lethal）所致。这种现象叫做“楞纳氏效应”（Renner’s effect）。

在月见草属的其他种，楞纳氏效应也表现为选择性配子致死（selective gametic lethality）和配子的趋化性识别系统（chemotropic recognition system）。例如，欧洲月见草（*O. muricata*）具有 rigens 和 curvans 两个复组。rigens 促进胚囊发育而抑制花粉发育，故胚囊是有功能的，但花粉皱缩，无竞争能力；curvans 相反，只产生有功能的花粉。但欧洲月见草自交后代中，curvans 的花粉粒总和 rigens 的胚囊结合，从而保持其杂合性（表 6-7）。

表 6-7　楞纳氏效应在月见草属的普通月见草和欧洲月见草的不同表现

普通月见草			欧洲月见草		
♂花粉 / ♀胚囊	G（有功能）	V（有功能）	♂花粉 / ♀胚囊	R（无竞争力）	C（发育正常）
G（有功能）	GG（死亡）	GV 成活	R（发育正常）	—	RC 成活
V（有功能）	GV 成活	VV（死亡）	C（受抑制）	—	—

由于月见草各个物种之间有染色体复组上的差别，因此，不同种间杂交，F_1 代会出现遗传组成与表现型的差异。例如，以具有 7 对染色体的 *O. hookeri* 和 *O. lamarkiana* 杂交，F_1 会产生两种个体，即所谓双生杂交种。具有 gaudens 复组的个体减数分裂时形成 $O_{10}+2\,\mathrm{II}$。叶片较宽，具有红色斑点，茎上无刻痕，绿芽。含有 velans 复组的个体形成 $O_4+5\,\mathrm{II}$。叶片较窄，无红斑，茎上有刻痕，芽子带有红色条纹。这两个复组与 *O. hookeri* 的染色体结合方式如图 6-14 所示。

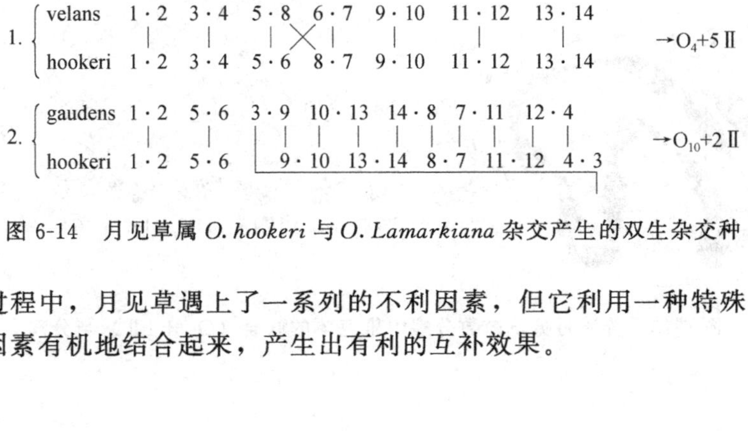

图 6-14　月见草属 *O. hookeri* 与 *O. Lamarkiana* 杂交产生的双生杂交种

在进化过程中，月见草遇上了一系列的不利因素，但它利用一种特殊的遗传机制，使这些不利因素有机地结合起来，产生出有利的互补效果。

首先是杂易位体的存在。杂易位至少有两个有害效应，一是引起配子不育性，易位染色体越多，不育率越高；二是减少连锁群，每增加一对易位染色体，就减少一个连锁群。如普通月见草的7对染色体中，有6对发生了连续易位，因此实际上，只剩下两个连锁群。连锁群的减少，限制了因基因重组产生变异的可能性。其次是合子纯合致死、配子致死或丧失竞争能力。这些都影响后代的数量，不利于生物的发展。第三是自交作用。月见草是严格自交的植物。自交带来基因型的同质化和生长势的降低。月见草巧妙地把这些因素相辅相成地结合起来，使之成为推动种族形成不可分割的一部分。首先利用易位中期Ⅰ的Z形排列和交替式分离来克服配子的不育性，再利用合子致死、配子致死或选择受精系统，阻止相同复组配子的结合，使其成为永久性的结构杂交种。由于交换只发生在配对的末端部分，基部段不发生重组，因而会积累起越来越多的自发突变，使两个复组的遗传差异也越来越大，有利于维持个体的杂种优势。自交作用阻止种族间遗传物质交流和对复组的破坏作用，使其在隔离条件下发展和巩固。

紫万年青（$n=6$）是另一个进行过比较充分研究的复组杂合子植物。它的12条染色体也发生了连续易位，但性母细胞减数分裂时，并不总是形成统一的O_{12}或C_{12}。这两种类型出现的频率大约为70%，分离方式也都是交替式的。可能也存在一种类似月见草的平衡致死机制来保证后代永久的结构杂合性。

染色体复组杂合子也曾在澳大利亚的同瓣草（*Laurentia longiflora*）（$2n=14$）中发现。自然界中存在的包括3对以上染色体易位的还有金丝桃属（*Hypericum*）、克拉花属（*Clarkia*）、白屈菜属（*Chelidonium*）、芍药属和山桃草属（*Gaura*）等植物。在动物中，这种多重易位体也曾在蝎子、蟑螂中发现。

有些物种的染色体基数有较大的差异。细胞学分析表明，有些是由易位造成的。如在还羊参属内，各个物种的染色体基数有3、4、5、6、7和8等变化，相互易位可能是主要原因。一个染色体节段可因断裂而丢失，或转移到另一个染色体上，致使染色体数目发生个别增减的变化。

第七节 易位的应用

易位在细胞遗传学研究上有许多用处，可以用来研究染色体的联会与交换的机制、细胞图和遗传图的关系，确定着丝粒与基因的相应位置，研究缺失大小对孢子和合子的影响，以及位置效应等。

易位断点是优良的染色体标志和遗传标志。一个相互易位有两个断点，因此可以同时标记两个染色体。杂易位的半不育性作为遗传标记，其特点之鲜明，大部分基因标记都难以相比，而且作为一个人为的产物，易位在染色体上可以有广泛而连续的分布，这就增加了应用上的灵活性和较大的选择余地。杂易位对交换率的降低作用增加了遗传测验的长度，因而提高了测验效率。这里着重介绍易位在遗传育种中几方面的实际应用。

一、检验基因所属的染色体臂

这项技术的应用在玉米中有两种不同的遗传设计。

（一）全部染色体臂标记技术

要求 10 条染色体的每一个臂都有一个易位标记，断点部位最好在染色体臂的中间，而且每一个断点在不同易位中要标记两次。若易位 T1L-9L 断点发生在 1L 和 9L，那么相同或相近的断点在另外的易位中还需要标记一次，如 T1L-2L 标记 1L，T4L-9L 标记 9L。这样就需要至少有 20 个相互易位才能把全部染色体臂标记完，由这些易位组成一套测验种。具体测验步骤如下。

（1）让突变体（如 aa）与各个测验种进行杂交，F_1 全部表现半不育，基因型为 A/a T/t。

（2）以各个 F_1 作父本与突变体进行回交（aatt×AaTt）。

（3）种下回交一代，会出现 4 种表现型分离。根据花粉败育率把 T/t 与 t/t 株分开，再在 T 与 t 株中检查突变基因 A 与 a 的分离比例。如果发现 T1L-9L 与 a 表现连锁，而 T1L-2L 与 a 表现独立，那么 a 基因一定在 9 号染色体。若如此，T4L-9L 也一定与 a 表现连锁。如果 T1l-9L 和 T1L-2L 都与 a 表现连锁，那么 T4L-9L 一定与 a 独立。a 基因一定位于 1L。

对于简单遗传的突变来说，在一套测交后代中，常常表现为 18 个独立遗传，两个发生连锁。但对那些涉及基因较多的复杂性状，虽然也可以用这种技术进行检查，但可能有较多的易位与这些性状发生连锁遗传。例如，对 Mo2A 自交系的小斑病抗性测验表明，有 7 个染色体臂（1S、3L、4S、4L、5L、6L、7S）与抗病性有关，Nc34 系的抗病性也与 6 个染色体臂有关。

（二）基因标记易位技术

为了减免检查花粉育性的麻烦，E. G. Anderson（1943，1951）设计出更为简便的测定染色体的技术。主要是利用隐性胚乳性状基因作为易位断点的标记，包括甜粒（su）基因和糯质胚乳（wx）基因。特别是 wx 基因，在近年的连锁群测验中应用得比较普遍。它包括一套共 17 个易位，每个易位都有一个断点发生在 9 号染色体短臂 wx 基因附近，因而与 wx 密切连锁。这套易位包括除 9 号染色体长臂和 6 号染色体短臂以外的每一个染色体臂，而且都是 wx 的纯合体。假定发现一个矮生突变 d，具体测验步骤如下。

（1）让突变体与各测验种进行杂交；

（2）F_1 株分别进行自交，自交果穗将会出现 Wx∶wx＝3∶1 的分离比例；

（3）把每个杂交组合的 Wx 与 wx 粒都分行种植，由于 T 与 wx，t 与 Wx 密切连锁，种下的全部 wx 粒都应带有 T，全部 Wx 粒都带有 t。在 Wx 行与 wx 行分别检查 D 与 d 的分离比例。如果 D∶d 都呈 3∶1，表明 D/d 与该易位为独立遗传。如果在某一测验材料如 T1L-9S 中，发现 Wx 与 wx 粒中 D∶d 都不呈 3∶1 之比，而是 Wx 粒中有较多的 d 株，wx 粒中有较多的 D 株，这就表明 d 基因可能在 1L 或 9S。如果 d 在 9S 上，那么其他 16 个杂交组合，D/d 也将与 Wx/wx 发生连锁遗传。如果全部 17 个杂交组合中，D/d 与 Wx/wx 均表现独立遗传，d 基因可能位于 9L 上。

陈绍江等（1991）利用一套 wx 标记的易位系对玉米 C 型雄性不育胞质进行了定位，通过对强恢复系济系 21 和广 10-2 与两个遗传背景的易位系杂交 F_2 代 wx 籽粒种植后观察发现，在各个杂交中，T7-9a 易位系后代的不育株均明显偏多，甚至比可育株还多，因此，将与育性恢复相关的基因定位于第 7 号染色体长臂上，进一步的分子结果证明该染色体臂上存在一个恢复基因 Rf5 的抑制因子。表 6-8 列出了济系 21 在一个遗传背景上的观察结果，其他结果与此类似。

表 6-8　恢复系济系 21 与易位系杂交 F_2 代 wx 籽粒中育性分离比例

wx 易位系	实际观察株数		理论株数（3∶1）		χ^2	P
	可育	不育	可育	不育		
$T1\text{-}9_{8398}$	180	53	174.74	58.25	0.63	0.25～0.50
T1-9c	129	51	135.00	45.00	1.07	0.25～0.50
T2-9b	91	21	84.00	28.00	1.71	0.10～0.25
T3-9c	136	55	143.25	47.75	1.47	0.10～0.25
T4-9b	84	25	81.50	27.50	0.30	0.50～0.75
$T4\text{-}9_{5657}$	146	32	135.00	45.00	3.58	0.05～0.10
T5-9a	97	26	92.25	30.75	0.86	0.25～0.50
T6-9a	9	5	10.50	3.50	0.86	0.25～0.50
T7-9a	18	24	31.50	10.50	23.14	<0.005**
$T8\text{-}9_{6673}$	22	8	22.50	7.50	0.04	0.75～0.90
T8-9d	184	49	174.75	58.25	1.91	0.10～0.25
T9-10b	154	32	139.50	46.50	6.03	0.01～0.025

如果测验的是复杂性状，则每一个测验组合中的 Wx 与 wx 粒不仅需要相邻种植，株数也应当相等，并需设置重复来进行性状测定与统计分析。

通过易位测验，已经部分地了解到决定某些经济性状基因所属的连锁群。如决定果穗长度的基因可能与 2 号染色体有关，决定玉米分蘖性的基因可能与 3 号染色体有关，而决定叶片颜色深浅和成熟期的基因可能与 10 号染色体有关。

二、利用核不育生产玉米杂交种

玉米的雄花不育基因都是隐性的，与纯合显性个体杂交，如 ms/ms×＋/＋，后代全部为雄花可育（＋/ms），与杂合显性个体杂交，如 ms/ms×＋/ms，后代中有 1/2 雄性可育和 1/2 雄性不育（图 6-15A）。由于解决不了保持系问题，核不育在玉米杂交种生产中始终无法加以利用。如果通过一定的遗传操作，使杂合体中带有雄性可育基因的染色体在靠近该基因座处发生缺失，带有缺失染色体的配子只能通过母本传递而不能通过父本传递，那么，杂交后代就将全部是雄花不育株（图 6-15B）。不过，具有这种特点的简单缺失通过一般的途径是很难实现的。

如第二节中所述，在易位段较短或者易位段上不带有影响配子体发育的重要基因时，邻近Ⅰ式分离产生的一部分缺失-重复配子可以通过母本而传递。

假定我们有一个 T4-6 易位，6 号染色体易位段很短。我们又在 4 号染色体的靠近

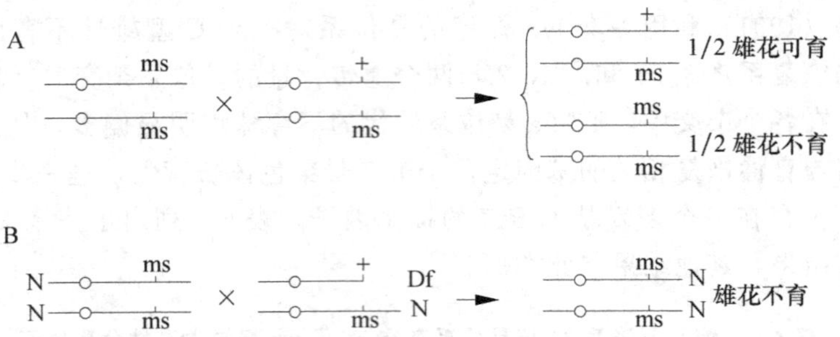

图 6-15 雄花不育株与正常杂合株（A）及缺失杂合株（B）产生后代的比较

ms＝雄花不育，Df＝缺失，N＝正常

断点处筛选出一个雄花不育基因。杂易位体粗线期联会如图 6-16 左上方所示。让杂易位体作母体与正常的雄花不育杂合株杂交，后代中就有可能分离出一种带有缺失-重复（Dp-Df）和＋/ms 的双杂合体染色体结构（图 6-16）。

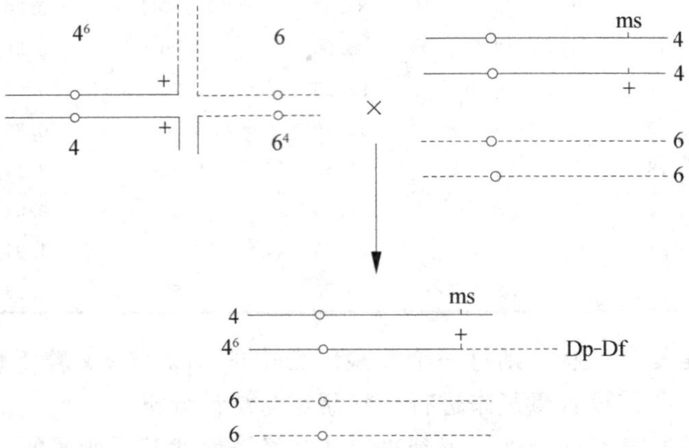

图 6-16 ＋/Dp-Df 与＋/ms 双杂合体的产生过程

利用这一双杂合体就可以进行核不育系的繁殖、保持系（双杂合体）的繁殖和杂交种生产。表 6-9 所示为雄花不育种子的生产方式，如果母本行不育系与父本行双杂合体为同一个自交系，从母本行得到的为雄花不育自交系，若父、母本行为不同自交系，从母本行得到的为雄花不育杂交种。父本行自交或姐妹交种子有 1/2 为双杂合体，可以作下一年不育系繁殖的父本继续使用。

表 6-9 利用双杂合体生产雄花不育种子

母本行 ms N N ms	父本行 + Dp-Df N ms	后 代
自交系 A	自交系 A	雄花不育自交系 A （ms/ms）
自交系 A	自交系 B	雄花不育杂交种 A×B（ms/ms）

通过这种方法繁殖的不育系或不育杂交种可以与任何正常自交系或杂交种杂交，生产大田种植的杂交种子，它们都是染色体结构正常并且都是雄花完全可育的。

三、易位与家蚕的雌雄鉴别

家蚕的雌雄体有不同的生理特性，雄蚕的身材较壮，食桑量少，吐丝较早，茧层率高，出丝率比雌蚕的高 20%～30%，丝质也要好些，所以在生产上以能专养雄蚕为有利。家蚕的性别遗传机制是雌蚕的性染色体为 ZW，雄蚕为 ZZ。决定野生型黑卵壳的基因$+^{b}$是在 10 号染色体上。它的等位基因 b 使卵壳成为白色。由于这对性状和性染色体是独立遗传的，很难利用这种差别来鉴别雌雄性别。田岛用 X 射线处理雌蚕，将带有$+^{b}$的一段 10 号染色体易位到 W 染色体上，经过选择，获得了可以鉴别雌雄性别的品系。如图 6-17 所示，在适当的杂交组合中就能从卵壳颜色上加以区别，用光学仪器把黑卵与白卵分开，这样就能保证专养雄蚕了。家蚕中也广泛地利用杂种优势，因此，这种鉴别雌雄性别的方法也可以在杂交种生产上加以利用。

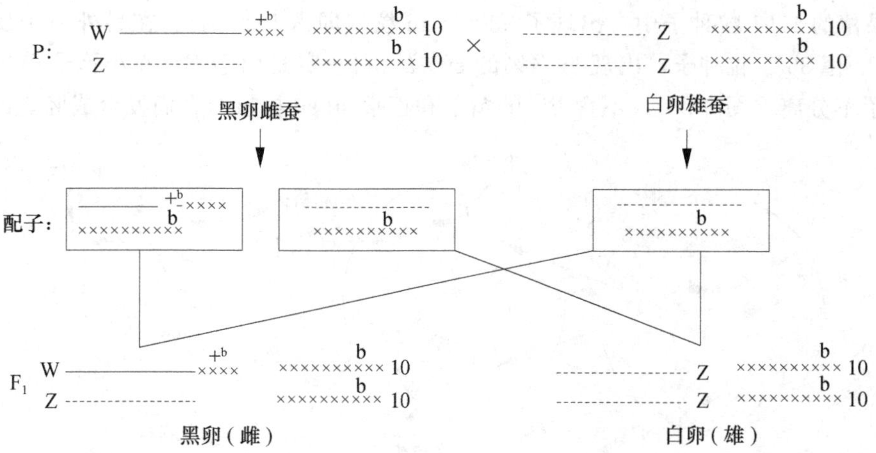

图 6-17　利用染色体易位来鉴别雌蚕和雄蚕

第八节　B-A 染色体易位

B-A 染色体易位是指正常的 A 组染色体的成员与超数染色体（B）之间的易位（图 6-18）。

H. Roman（1947）通过 X 射线处理带有 B 染色体的玉米花粉，曾经获得了 8 个不同的玉米 B-A 易位。第一个为 TB-4a。断点发生在 4 号染色体短臂 0.25 和 B 染色体基部常染色质与末端异染色质的交接处。新形成的 4^{B} 染色体包括 4 号染色体长臂，短臂基部有 1/4 和 B 染色体末端异染色质部分。B^{4} 带有 B 染色体着丝粒、基部常染色质区和 4 号染色体短臂末端的 3/4。甜胚乳 su 基因在易位段的断点附近。紧密联会的杂易位体粗线期如图 6-19 所示。

在后期Ⅰ，由于邻近Ⅱ式分离很少，邻近Ⅰ式和交替式分离接近 1∶1。因此只有

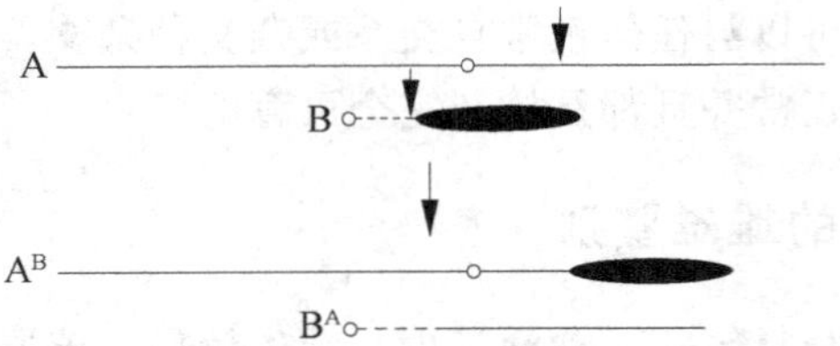

图 6-18　玉米的 A、B 染色体及其相互易位模式

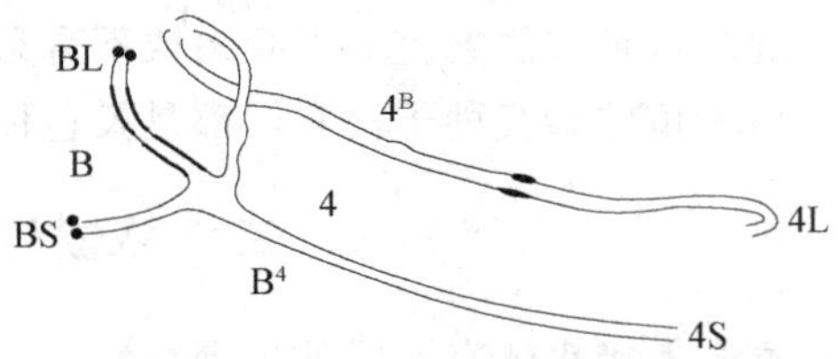

图 6-19　玉米小孢子母细胞减数分裂粗线期 TB-4a 杂合体联会情况

4^B 配子是缺失而不育的。其余 3 种配子，即 4^BB^4、4B 和 $4B^4$ 都是可育的。所以这个杂易位只有 25%的花粉不育性。

第二章中曾经讲过，B 染色体在小孢子第二次有丝分裂时，会发生不分离现象，产生具有 2B 的超倍体（hyperploid）与 0B 的亚倍体（hypoploid）精子。B-A 易位中的 B^A 染色体的细胞学行为与 B 染色体相同，在小孢子第二次分裂时依旧发生不分离。Roman 以 TB-4a SuSu 作母本，以正常的 susu 作父本进行杂交（$B^{4Su}B^{4Su}4^B4^B \times 4^{su}4^{su}$），在 6 个杂交穗共计 1157 粒种子中，没有一个 su 粒。但在 8 个反交（$4^{su}4^{su} \times B^{4Su}B^{4Su}4^B4^B$）果穗的 1791 粒种子中，出现了 930 个 su 粒（即占 51.9%）。在另外一个反交试验中，得 22 穗 3631 粒种子，出现 59.4%的 su 粒。它一定是由于 B^{4Su} 在小孢子第二次分裂中发生了不分离（图 6-20），不含 B^{4Su} 的精子和正常 su su 极核结合而发育成胚乳的结果。

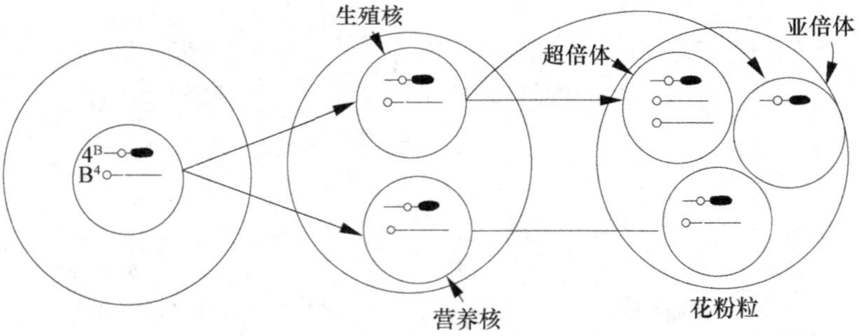

图 6-20　玉米 TB-4a 中的 B^4 染色体在小孢子第二次分裂中的不分离

在（♀）$4^{su}4^{su}$（正常甜粒）$\times 4^B4^BB^{4Su}B^{4Su}$（♂，纯易位）杂交中，由于 B^{4Su} 的不分离产生的亚倍体 4^B 精核如与母本的极核结合，胚乳为 $4^{su}4^{su}4^B$ 组成，缺少了带 Su 段的染色体，是一种半合子（hemizygote），故表现为甜粒。另一个具有两个 B^{4su} 的超倍体精核一定与卵结合，成为 $4^{su}B^{4su}B^{4su}4^B$ 的超倍性胚（图 6-21）。

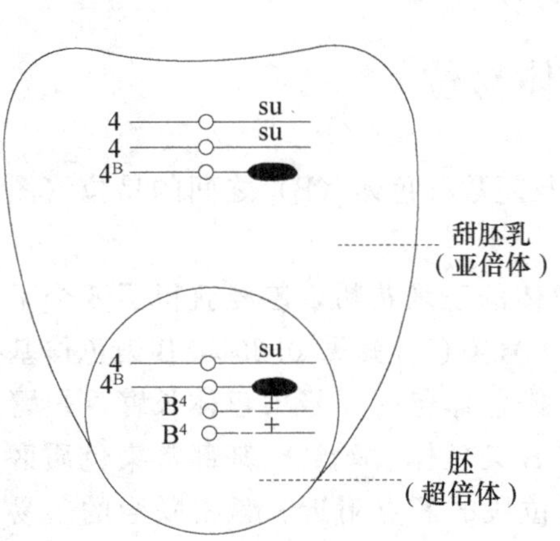

图 6-21　玉米 TB-4a 中由于 B^{4Su} 的不分离产生的胚和胚乳的基因型

曾经检查过 24 粒由这样的甜粒种子发芽长出的植株，都证明体细胞中为 $4B^4B^44^B$ 的组成。对 su 基因来讲，应当是 SuSusu。再与正常 su 父本进行杂交，在得到的 481 粒后代中，只有

6.4%的甜（su）粒。再次证明 Su 基因在易位段染色体，即 B^4 上。

图 6-21 所示只是一种可能的组合。其互补组合是 4^B 与卵核结合而 $B^4B^44^B$ 与极核结合，产生出非甜（Su）种子。倘若另有一部分正常分离的现象（即不全部是不分离现象），还应该有第三种结合的可能性，因此雄配子就有 3 种类型。把上面第一种组合称为Ⅱ型，第二种组合称为Ⅰ型，则Ⅰ、Ⅱ两类都是不分离现象的结果，只是雄配子受精的方式有所不同。第三类是正常分离的结果。现将这三类种子形成的过程、种子的基因型、胚乳的表现型，以及试验所得的实际结果汇总于表 6-10。

表 6-10　在玉米 $4^{su}4^{su}\times4^B4^BB^{4Su}B^{4Su}$ 杂交中，三类雄配子与卵和极核的结合方式

类　型	雄配子	雌配子进入胚乳（上）及胚（下）	种子基因型	胚乳表现型	观察粒数	大致比例
Ⅰ	B^4 Su B^4 Su 4^B 4^B	su su su	SuSu/susu 缺失/su	粉质	152	1
Ⅱ	4^B B^4 Su B^4 Su 4^B	su su su	缺失/susu SuSu/su	甜粒	382	3
Ⅲ	B^4 Su 4^B B^4 Su 4^B	su su su	Su/susu Su/su	粉质	124	1

由于Ⅰ、Ⅱ两类种子都是因 B^4 不分离而受精的结果，若受精按随机方式进行，应为 1∶1。而实际为 152∶382，即 382/534×100%＝71.5%的机会是由亚倍性缺失配子与极核相结合，超倍性的重复配子与卵结合的，表明带有 B 着丝粒的配子有“定向受精”的趋势。

B-A 易位在遗传研究及植物育种中有若干有用之处。

1. 研究易位段染色体和相应基因的剂量作用

因为易位到 B 染色体上面的 A 染色体臂，依靠 B 着丝粒的不分离作用，很容易发生剂量的变动，因此就有可能研究这段染色体在 1 个剂量、2 个剂量、3 个或更多剂量时产生的遗传效应、酶活性变化，以及引起的表现型变化等。根据这一特点，Lee 等（1996）利用 B-A 易位对不同染色体的剂量效应进行了研究。首先将 B-A 易位导入 B73Ht 和 Mo17Ht 两个自交系的背景上，然后在其二者的互交后代分别鉴定出亚倍型和超倍型染色体个体，种植观察后对农艺性状和生育期性状等进行研究，初步证明了不同染色体对性状表现的影响（表 6-11）。如 TB-1La 正反交 F_1 的 1 个和 3 个剂量时植株高度差异很大。在 1 个剂量时，正交 B73Ht×Mo17Ht 和反交 Mo17Ht×B73Ht 的株高只分别相当于正常 2 个剂量的 38.1%和 41.7%，而在 3 个剂量时正反交的株高则为正常个体的 116.3%和 109.9%（表 6-11）。表明第一染色体长臂具有控制株高的重要 QTL 位点，实际上，此结果也为分子遗传学研究所证实。

表 6-11　利用 B-A 易位定位数量性状 QTL

性状	TB-1La				TB-2Sa				LSD (0.05)
	B73Ht×Mo17Ht		Mo17Ht×B73Ht		B73Ht×Mo17Ht		Mo17Ht×B73Ht		
	1	3	1	3	1	3	1	3	
叶夹角	122.6	98.5	169.5	102.8	94.8	82.3	101.4	100.1	28.8
叶长	59.4	96.1	59.1	97.4	79.3	94.0	79.5	95.4	4.3
叶宽	46.2	84.6	46.6	86.9	76.7	83.3	76.6	80.5	7.3
株高	38.1	116.3	41.7	109.9	86.8	94.1	88.4	98.5	5.7
穗位	36.1	108.4	39.6	99.7	90.9	90.2	91.7	101.4	10.1
雄穗分枝	74.5	102.3	55.4	103.2	49.2	109.9	59.0	112.9	14.8
茎秆强度	65.0	90.2	72.8	102.7	83.8	88.1	82.3	92.8	15.1

（Lee *et al.*，1996）

2. 快速鉴别隐性基因所属的染色体臂

方法是把未知隐性突变的纯合体或杂合体作母本，与一整套的 B-A 易位材料进行杂交。F_1 代中哪个杂交组合出现了隐性性状个体，就说明未知基因一定位于这个 B-A 易位 A 染色体的易位段上。如果是胚乳性状，在收获穗子的子粒上即可表现出来。如果是幼苗或植株性状，需要把种子种下，在 F_1 的幼苗植株上即可鉴别出来。如果突变基因位于着丝粒与易位断点之间，F_1 所有杂交组合都不出现隐性性状。为此，必须把各 F_1 中的亚倍体（$A+A^B$）株进行自交。如果突变基因与某一染色体臂有关，则它的亚倍体 F_2 的绝大部分个体都将表现隐性性状。其余杂交组合的 F_2 具有的显性与隐性性状个体，则呈 3∶1 之比。

这种方法的优点在于迅速，而且可以具体地确定未知基因所处的染色体臂。为了充分地利用这一技术，必须创造一整套 B-A 易位，涉及染色体组中的每一个染色体臂。例如，玉米有 10 条染色体，共 20 个染色体臂，那么就需要具有至少 20 个 B-A 易位，把每一个臂都包括进去。

Roman 和 Ulstrup（1951）曾利用此方法对玉米大斑病（*Helminthosporium carbonum*）的抗病性进行了研究。由于已知该基因位于第 1 号染色体上，因此，直接利用 1 号染色体的 B-A 易位 TB-1L 进行分析。其基本思路如表 6-12 所示。以带有感病基因 hm 的材料为母本，以抗病基因 Hm 的易位材料为父本，杂交 F_1 代种子可能有三类，一类是易位染色体正常分离，形成正常的种子，胚和胚乳的染色体构成为 $1^N1^BB^1/1^N1^N1^BB^1$，第二类是易位染色体不分离形成的雄配子与雌配子结合形成的小粒种子（$1^N1^BB^1B^1/1^N1^N1^B$），第三类是易位染色体不分离形成的雄配子与极核结合形成的大粒种子（$1^N1^B/1^N1^N1^BB^1B^1$）。如果 Hm 在 1^B 上，则后两类种子的植株应该抗病，如果在 B^1 上，则第三类种子的植株感病。如果该易位正常分离，则后代植株均抗病。观察结果表明（表 6-13），第一、二类种子基本上形成正常植株，全部抗病，大粒种子形成的不正常植株全部感病，这说明该基因位于 B^1，即染色体长臂上。小粒后代植株也有少数不正常且感病，推测其可能为胚和胚乳均为亚倍体配子结合而成（即 $1^N1^B/1^N1^N1^B$）或别的未知原因，如异雄核受精等。

表 6-12　1^N1^N（hmhm）×$1^B1^BB^1B^1$（HmHm）杂交后代染色体构成和表型

籽粒类型	F_1 种子染色体构成		F_1 表型	
	胚	胚乳	种子大小	植株表型
正常分离	$1^N1^BB^1$	$1^N1^N1^BB^1$	正常	正常
B^1B^1 与雌配子结合	$1^N1^BB^1B^1$	$1^N1^N1^B$	小粒	正常
B^1B^1 与极核结合	1^N1^B	$1^N1^BB^1B^1$	大粒	植株矮小叶窄

表 6-13　各类后代植株的抗感分离

籽粒类型	正常植株		异常植株	
	抗病	感病	抗病	感病
小粒	481	0	0	29
大粒	160	0	0	344

3. 品系间完整染色体节段的转移

例如，我们想把 W22 第 4 号染色体长臂上的一段染色体不加改变地转移到 Zi330 自交系，具体操作包括两个过程，先是把 Zi330 变成 B-A 易位，而后实现转移。步骤如下。

（1）让一个包括有 4 号染色体长臂的 B-A 纯易位体作母本与 Zi330 杂交，F_1 得杂合易位体。

$$(♀)\ 4^B4^BB^4B^4 \times 44\ (Zi330，♂) \rightarrow 44^BB^4$$

（2）以 F_1 作母本，Zi330 作父本进行回交，在回交子代中选择杂易位体继续作母本重复进行回交 4 或 5 次，最后得到一个 Zi330 的 B-A 易位系。

$$(♀)44^BB^4 \times 44(Zi330，♂)$$

↓

$$44 + 44B^4 + 44^BB^4 \times 44(Zi330)$$

（淘汰）（淘汰）（选留）　↓ 继续回交 4 或 5 次

$$44^BB^4$$

（Zi330B-A 易位系）

（3）以 W22 自交系作母本，与具 B-A 易位的 Zi330 杂交。选择 F_1 中的亚倍体作母本继续与 B-A 易位 Zi330 回交，直到把 W22 除 4 号染色体长臂以外的全部遗传成分取代完为止。

$(♀)4^W4^W \times 44^BB^4(♂)$

↓ (W22) (Zi330)

$44^W + 4^W4^BB^4B^4 + 4^W4^B \times 44^BB^4$

正常　超倍体　亚倍体 ↓ (Zi330)

（淘汰）（淘汰）（选留）

$44^W + 4^W4^BB^4B^4 + 4^W4^B \times 44^BB^4$

正常　超倍体　亚倍体　(Zi330)

（淘汰）（淘汰）（选留）↓ 重复回交 4 或 5 次

4^W4^B

↓ ⊗

4^W4^W

（具有 W22　4L 的 Zi330）

(4) 在回交完成时，对最后得到的亚倍体进行一次自交，就得到一个染色体完全正常的 Zi330 自交系，但是带有完整的 W22 4 号染色体长臂。因为在每一次回交中选择的都是亚倍体（4^W4^B），只有易位断点以内同源染色体才能发生交换，易位段染色体处于半合子状态，既不能和 B 染色体联会，也不可能进行交换，故总保持其完整状态。

利用这种方法，可以对一个自交系的所有染色体臂进行研究，了解它们带有有利基因的多少和对染色体组的影响。也可以把那些具有较多优良基因的染色体臂转移到优良杂交种的亲本系。

4. 分子标记的定位

利用 B-A 易位也可以对分子标记进行定位。由于亚倍体和超倍体所携带的染色体有差异，因此，如果有分子标记在该易位片段上，则可以通过分子杂交加以鉴别。图 6-22 所示为定位 RFLP 的实验结果。以 Mo17 为母本，TB-8L 为父本杂交，F_1 代会产生超倍体和亚倍体，亚倍体只有 Mo17 的带型，而超倍体则具有双亲带型，说明该 RFLP 标记就位于第 8 号染色体长臂上。

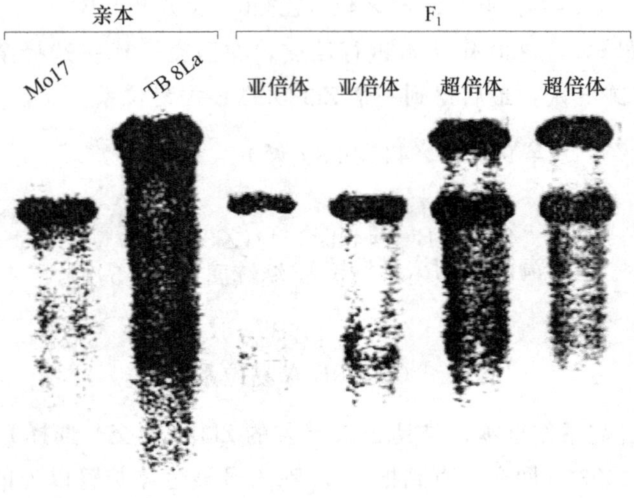

图 6-22　B-A 易位定位 RFLP 标记

复　习　题

1. 在什么情况下杂易位体在减数分裂终变期会产生 O_4，在什么情况下会产生 C_4 或两个二价体？

2. 请绘出下列三个杂易位体粗线期及终变期染色体表型：

(1) 两个染色体的易位断点均发生在近着丝粒处，易位段很长，可以发生交换；

(2) 一个易位断点近中，一个易位断点近端，近中者易位段发生交换，近端者不发生交换；

(3) 两个易位断点均近端，很少发生交换。

3. 杂易位产生的半不育性和杂倒位产生的部分不育性机制有何不同？

4. 试解释楞纳氏复组与楞纳氏效应。

5. 绘图说明下列两个杂交组合的粗线期及终变期表型：

(1) T1-4 (1L.3，4L.4)×T5-7 (5S.2，7L.7)；

(2) T1-4 (1L.3，4L.4)×T4-7 (4L.8，7S.6)。

6. 大麦中 T/t 与 A/a 呈相引连锁关系，让 F_1 (TA/ta) 自交，若 T-A 间不发生交换，F_2 代 A 类植株中半不育与正常株之比是多少？a 类株表现如何？若 T-A 间有 10 个单位的遗传距离，F_2 的 A 与 a 株育性情况如何？若 T/t 与 A/a 呈独立遗传，那么 A 与 a 株中半不育与正常株比例又是如何？

7. 让 10 个未知玉米纯易位与 6 个易位测验种杂交，获得下表中终变期染色体表型，试决定各未知易位所涉及的染色体。

未知易位号码	易位测验种					
	T1-2	T2-4	T3-7	T5-7	T8-9	T8-10
1	O_6	$2O_4$	O_6	$2O_4$	$2O_4$	$2O_4$
2	$2O_4$	$2O_4$	$2O_4$	O_6	O_6	$2O_4$
3	O_6	O_6	O_6	$2O_4$	$2O_4$	$2O_4$
4	$2O_4$	$2O_4$	$2O_4$	O_6	O_6	O_6
5	O_6	O_6	$2O_4$	$2O_4$	$2O_4$	$2O_4$
6	$2O_4$	$2O_4$	$2O_4$	$2O_4$	O_6	O_6
7	$2O_4$	$2O_4$	O_6	O_6	$2O_4$	$2O_4$
8[a]	$2O_4$	$2O_4$	$2O_4$	$2O_4$	O_6	O_6
9[a]	$2O_4$	$2O_4$	$2O_4$	$2O_4$	O_6	$2O_4$
10	$2O_4$	$2O_4$	$2O_4$	$2O_4$	10 Ⅱ	O_6

a) 易位染色体与核仁相连。

8. 5 个杂合体呈 O_6 的未知染色体易位材料与 6 个易位测验种杂交，F_1 终变期呈现下表的染色体表型，试决定这 5 个易位所涉及的染色体。

未知易位	易位测验种					
	T1-2	T2-4	T3-7	T5-7	T8-9	T8-10
1	O_6+O_4	O_8	O_6+O_4	O_8	O_8	O_8
2	O_8	O_6+O_4	O_8	O_8	O_6+O_4	O_6+O_4
3[a]	O_6+O_4	O_6+O_4	O_8	O_8	O_8	O_6+O_4
4	O_6+O_4	O_6+O_4	O_4	O_6	O_6+O_4	O_6+O_4
5	O_8	O_8	O_8	O_8	O_8	O_8

a) 易位染色体与核仁相连。

9. 假定某植物具有 3 对染色体，有 3 个植株，自交后代均呈 3 个二价体。假定第一株为正常类型，染色结构分别为 1·2，3·4 和 5·6。让这 3 株相互杂交，子代个体减数分裂终变期染色体结构形式为：

(1) 1 株×2 株→O4+1Ⅱ；

(2) 1 株×3 株→O6；

(3) 2 株×3 株→O4+1Ⅱ。

2 株与 3 株发生了什么样的染色体变异？各涉及几对染色体？它们可能的染色体结构如何？

10. 利用 B-A 易位测定玉米连锁群的原理是什么？有什么优越性？如何进行测定？

11. 已知 Oh43 是一个很好的自交系，但 3 号染色体长臂（3L）上有几个相互连锁感大斑病基因。而 K67 自交系 3L 上具有相应的抗病基因。你如何通过 B-A 易位的方法以 K67 的 3L 取代 Oh43 的 3L？

12. 试说明如何通过易位的办法解决玉米核不育保持系。

第七章　四倍体遗传

多倍体是推动植物进化的一个重要因素，是物种形成的途径之一。自然界中有30%～35%的被子植物，70%的禾本科植物属于多倍体。其中大部分为异源多倍体（allopolyploid），同源多倍体（autopolyploid）所占比例很小。

所谓同源多倍体是指组成多倍体的染色体组来自于同一个二倍体物种，而异源多倍体的染色体组是来自于不同的二倍体物种。多倍体的细胞学行为和遗传规律与二倍体不同，并各有其特点。其中以四倍体为主要类型，特点比较突出，经济意义也较大，所以本章主要对四倍体进行讨论。

第一节　四倍体的产生

一、自然产生

自然界的二倍体生物在细胞分裂过程中可能发生偶然的染色体加倍，产生出少数 $4n$ 细胞或局部组织。如果这种自然加倍发生在无性繁殖植物的一个枝条，就可以通过嫁接或插枝等方法来增加其数量，培育出一个 $4n$ 新种。许多园艺植物的四倍体品种就是这样产生的。如果小孢子母细胞或大孢子母细胞在减数分裂过程中发生了染色体加倍，则会形成 $2n$ 的孢子或配子。后代中也会出现频率极低的 $4n$ 个体，这种现象叫有性多倍体化（sexual polyploidization）。J. R. Harlan 等（1975）认为，有性多倍体化是自然界发生多倍体的主要途径。具 $2n$ 染色体数的花粉粒比 $1n$ 花粉粒大得多。可以通过一定的工具挑拣出来，与已固定的 $4n$ 株授粉，就可以得到四倍体杂交种。要测定胚珠中发生未减数的卵细胞，可用已经固定的 $4n$ 株花粉（$2n$）对它进行授粉。子代中未减数的卵子和 $2n$ 精子结合，发育为饱满的 $4n$ 种子，而 $1n$ 卵子和 $2n$ 精子结合而产生的 $3n$ 种子，一般呈皱瘪状态，很容易和 $4n$ 种子相区别。

不同物种或基因型产生 $2n$ 配子的频率很不相同，有些植物如芸薹属的 *Brassica nigra*，产生 $2n$ 花粉的频率很低（Heyn，1977），变动范围也窄（0.05%～2.17%），另外一些植物如紫苜蓿（*Medicago sativa*）和茄子（*Solanum melongena*）等产生 $2n$ 花粉的频率较高，变动范围也宽，前者为 4%～37%（McCoy，1982），后者为 3%～99%（Mok *et al.*，1975）。Bauman（未发表）测定了若干玉米单交种产生不减数卵的次数，发现变动范围为 0.058%～0.523%，不同基因型之间有较大的差别（表 7-1）。

表 7-1　玉米单交种产生不减数雌配子的测验结果

$2n$ 单交×$4n$	测定的雌配子数	从饱满种子得到不同类别株数			产生饱满 $3n$ 种子的次数/‰	产生 $2n$ 卵的次数/‰
		$2n$[a]	$3n$[b]	$4n$		
(H49×C103)×$4n$	2676	6	1	14	0.37	5.23
(WF9×38-11)×$4n$	2593	3	4	9	1.54	3.47

续表

2n 单交×4n	测定的雌配子数	从饱满种子得到不同类别株数			产生饱满 3n 种子的次数/‰	产生 2n 卵的次数/‰
		2n[a)]	3n[b)]	4n		
(W22×Oh43)×4n	4611	2	8	13	1.73	2.82
(38-11×Oh43)×4n	3492	6	3	9	0.86	2.58
(Oh51A×Oh28)×4n	7407	9	18	10	2.43	1.35
(Oh28×M14)×4n	3086	6	22	2	7.13	0.65
(W22×Oh51A)×4n	5152	11	7	3	1.36	0.58

a) 2n 株花粉污染所致。
b) 由饱满种子产生的 3n 株。

2n 配子的发生，主要是由遗传决定。环境条件有时可能影响 2n 配子的出现频率。例如，Eenick（1974）用温度、延迟授粉或 GA_3 处理甘蓝，增加了从 2n 卵细胞来源的母型植株（matromorphic plant）的频率。但是迄今为止还没有发现任一种环境条件可以高频率地诱导 2n 配子形成。

形成 2n 雄配子的机制有多种，可以把它们大致分成三类：前减数分裂异常、减数分裂异常和胞质分裂异常。图 7-1 显示了产生多倍体雄配子的各种可能途径。

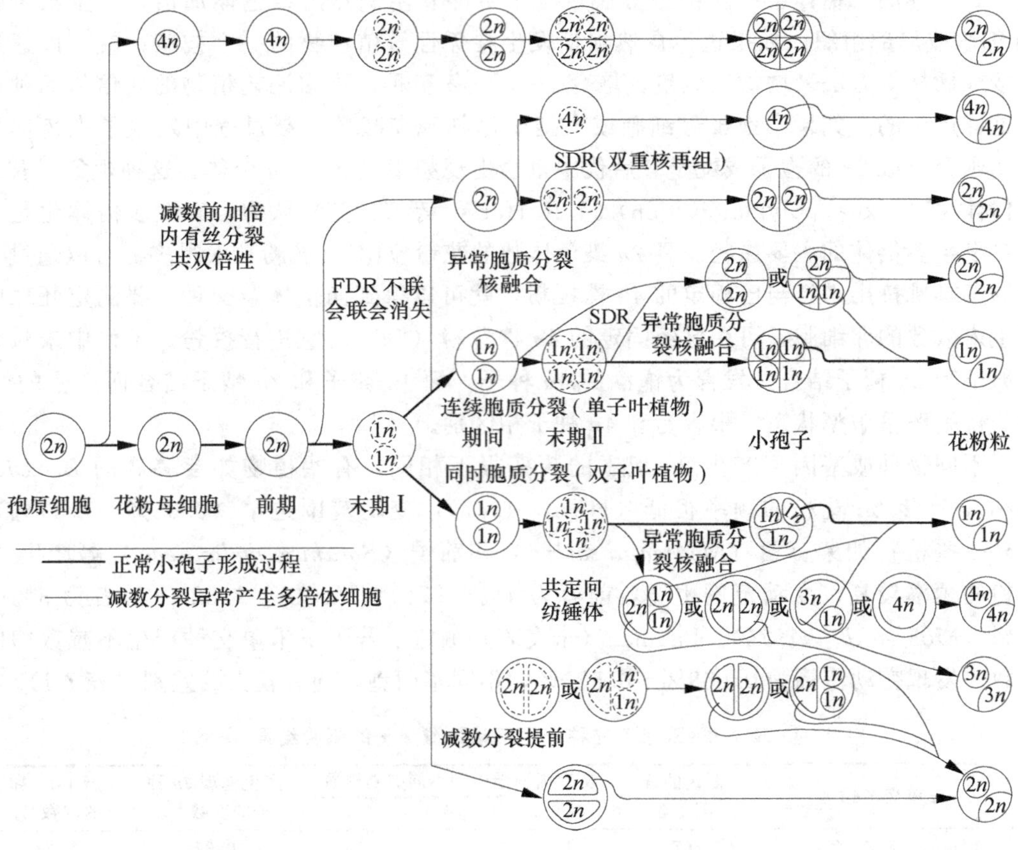

图 7-1　植物多倍体配子形成的机制（引自 Janick，1985；刘大均，1999）

孢原细胞在进行前减数分裂时发生的异常，将导致体细胞染色体数加倍，形成 $4n$ 的花粉母细胞，经过减数分裂，便形成 $2n$ 的雄配子。这种异常可分为两种情况，一种是孢原细胞核内有丝分裂，在玉米（Alexsander and Beckett，1963）、茄属植物 *Solanum chacoense*（Lam，1977）、芸薹属植物 *Brassica japonica*（Fukushima，1930）等均有报道。另一种是共二倍性。在减数分裂以前，雄性造孢细胞最后一次分裂后产生的两个分离细胞发生融合，称作共二倍性（syndiploidy）。Karpechenko（1927）曾描述了萝卜芸薹属间杂种（*Raphanobrassica*）的雄性细胞在减数分裂前，核分裂不正常，形成具有双核的花粉母细胞。减数分裂Ⅰ以后，如果再一次发生核复原的事件，便生成一个具四倍体雄配子的二分体，如果未发生核复原，则形成 $2n$ 配子的四分体。

由于减数分裂过程十分复杂，因此有众多因素可以导致减数分裂过程紊乱，形成 $2n$ 配子。例如，染色体呈奇数倍的单倍体、三倍体、五倍体以及远缘杂种等均十分容易造成减数分裂的紊乱。从 $2n$ 配子产生的时期和方式来看，可以有以下几种不同的形成机制。

（1）减数分裂核复原（meiotic nuclear restitution），是指由于减数分裂Ⅰ或减数分裂Ⅱ失败，形成具有染色体数目未减半的单个核的现象。如果第一次分裂失败形成复原核（也称再组核），而后继的第二次分裂正常并由此形成减数配子，称为第一次分裂复原（first division restitution，FDR）。如果在减数分裂Ⅱ不能进行正常的核分裂，则称为第二次分裂复原（second division restitution，SDR）。FDR 的产生与前期Ⅰ染色体不配对及后期Ⅰ染色体不能走向两极有关，由核膜把所有染色体包围起来形成复原核，复原核再分裂成二分体，二分体发育成未减数配子。在单倍体番茄、玉米以及小麦属、茄属、莴苣属等均有 FDR 的报道。一般 SDR 发生较少，在苜蓿、马铃薯、大麦和樱桃以及茄属、李属的种间杂种中曾报道过 SDR 途径。由 FDR 和 SDR 形成的未减数配子在遗传上是不同的，前者具有每一对同源染色体的各一个染色单体，而后者拥有其中一个同源染色体的两个姐妹染色单体，因此，前者的杂合性较后者的高。如果在 SDR 以前已发生了 FDR，则会产生 $4n$ 配子，这在李属和茄属的种间杂种中有过报道。

（2）第二次分裂纺锤体愈合，是指减数分裂Ⅱ时，细胞中两个中期核板的纺锤体愈合成一个纺锤体，结果产生二倍体的二分体。发生纺锤体愈合的细胞中，两个纺锤体的定向常由相互垂直而改为相互平行；有时还成三极状，结果产生三分体，包括两个 $1n$ 配子和一个 $2n$ 配子。由第二次分裂纺锤体愈合而形成 $2n$ 配子的途径在植物中较为普遍，如在马铃薯、甘蓝型油菜、欧洲草莓等植物中，以及芸薹属、烟草属的种间杂种中都曾有过报道。由此途径产生的 $2n$ 配子在遗传上与由 FDR 途径产生的 $2n$ 配子是一样的。一般情况下，此途径第一次分裂正常，但也有可能在第一次异常分裂如 FDR 之后发生。

（3）胞质分裂异常，包括胞质不分裂、提前分裂和染色体分离后的胞质分裂异常，也可能产生多倍体配子。提前分裂可能有两种情况，一种是减数分裂Ⅰ正常，但到前期Ⅱ时发生细胞质分裂；另一种是末期Ⅰ染色单体分离后细胞质发生分裂，从而产生不减数雄配子。此过程所产生的结果与 FDR 的区别主要是，二分孢子中由 FDR 产生的每个孢子包含一对同源染色体的两个姐妹染色单体中的一个，而胞质提前分裂则是两个姐妹染色单体同时出现在一个二分孢子中。后期的胞质分裂异常在二倍体苜蓿、洋梨和灰蓝香茅中均有报道。McCoy 和 Smith（1983）研究了苜蓿的一个突变体，发现 80％以上的花粉母细胞产生的 4 个小孢子在末期Ⅱ发生了核融合，但产生的 $4n$ 配子育性很低。

与小孢子发生相比，观察大孢子发生过程中减数分裂异常的细胞学构象是十分困难的。植物中发生未减数雌配子的报道，绝大多数是根据对后代倍性分析的推论。例如，以单倍体的马铃薯（$n=x$）作母本与几个二倍体的野生种（$2n=2x$）杂交，后代中出现了二倍体杂种，由此便可推断这是在马铃薯中产生了未减数雌配子的结果（Frusciante *et al.*，1987；Werner and Peloquin，1987）。

某些核基因有促进产生 $2n$ 配子的功能。在玉米、曼陀罗、棉花、小麦、豌豆和果蝇中都曾报道过不联会基因，它能使同源染色体在性母细胞减数分裂中不进行配对，产生一部分 $2n$ 配子和 $4n$ 后代。玉米中另外一个影响染色体后期长度的“伸长”基因 *el*，也能使卵母细胞生成一部分不减数的 $2n$ 卵子，当授以 $4n$ 株的花数（$2n$）之后，就能得到少数 $4n$ 种子。

二、人 工 产 生

利用一定的理化因素可以进行多倍体的人工诱发。最早诱发多倍体是在茄属植物中通过打顶而实现的。从打顶株愈伤组织产生的不定芽中，约有 6％为四倍体。花药培养或组织培养中产生的愈伤组织，也常常会发生自然加倍现象。例如，从小麦和水稻花药培养所形成的再生株中，有 20％～50％为 $2n$ 株。

利用高温或低温处理授粉后的幼胚，也能促进染色体加倍。L. F. Randolph（1932）首先在玉米合子第一次分裂时，用 38～45℃高温处理，获得成功。此后，用这种方法也曾在三叶草、大麦、亚麻、苜蓿和剪秋罗等植物的处理中获得成功。处理温度在 40～45℃，时间为 12～48h，加倍频率为 0.3％～8.1％。

在化学药品中，最有效的为秋水仙素。它是从原产于地中海一带的秋水仙（*Colchicum autumnale*）植物中提取出来的。其作用在于破坏细胞有丝分裂中纺锤丝的形成，缩短染色体，使已经纵裂为二的染色体在后期不能分向两极，从而实现染色体加倍。由于受处理组织的细胞不可能处于同一分裂时期，因此，同一个分生组织，在处理之后，可能由 $2n$、$4n$ 甚至 $8n$ 细胞所组成，成为一种嵌合体。由此进一步分裂和分化，就不可能获得完全由 $4n$ 细胞组成的器官。

从植物的器官发生来说，幼芽的分生组织是由 3 个细胞层所组成。在早期发育阶段，它们十分相似，但到后来它们会发育为不同组织。最外层细胞称为表皮原，将来发展为叶子、花瓣和萼片的表皮，柱头的通道组织，内、外珠被等。第二层为皮层原，将来发育为大部分下表皮细胞、花柱、柱头、心皮外壁、珠心层。第三层为中柱原，将来发育为大部分雄蕊、心皮和胚珠。

秋水仙素引起的加倍细胞如果发生在第一层，如图 7-2A 所示，将来的表皮细胞将比 $2n$ 细胞大得多，可从气孔的大小来判断，但不一定有大的花粉粒，如果加倍细胞发生在第二层或第三层（图 7-2B、C），尽管从表皮细胞无法检查，但有可能产生 $2n$ 的胚珠和花粉。

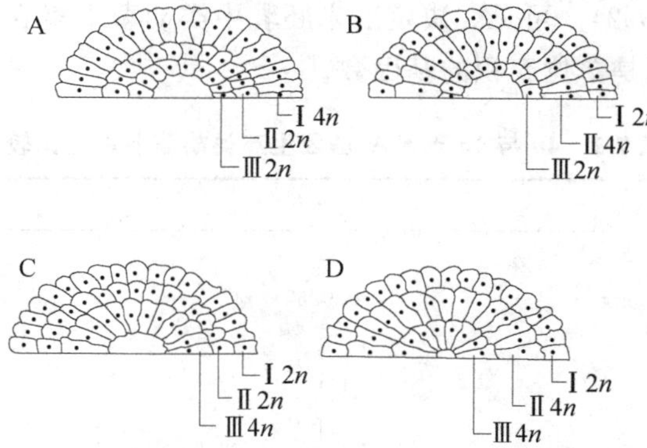

图 7-2　茎尖三个细胞层染色体加倍后的表现

A. 第一层细胞加倍；B. 第二层细胞加倍；C. 第三层细胞加倍；D. 第二、第三层细胞全部加倍

除秋水仙素外，某些有机汞杀菌剂如谷仁乐生、磷酸乙基汞等也有使染色体加倍的效果。生产上使用的某些除草剂、杀虫剂、化学诱变剂、生物碱，以及药用植物的某些成分也有不同程度的诱发染色体加倍作用。1963 年严育瑞发现一种叫做富民农的农药，具有和秋水仙素类似的加倍效果。20 世纪 70 年代初，发现二甲基亚砜（dimethyl sulfoxide，DMSO）作为辅助剂具有加强秋水仙素效果的作用。

组织培养结合秋水仙素的应用，能够大大提高再生株中四倍体出现的频率。

体细胞杂交是获得异源四倍体的一个新途径。让两个种的体细胞原生质体进行融合，而后诱发植株再生，就有可能得到异源四倍体。这在烟草属（*Nicotiana*）、茄属和十字花科（Cruciferae）植物中都已获得成功。

第二节　四倍体的效应

这里主要讨论同源四倍体的效应。尽管同源四倍体在植物进化上起的作用并不大，但染色体的加倍对植物的外部形态、生理功能、化学成分、代谢产物，以及对外界环境的反应都有重大影响。

一般而言，同源四倍体能使细胞体积变大，特别是分生组织细胞更为明显，这可从表皮的气孔加以鉴别。细胞体积直接影响到器官体积，引起巨大性，包括萼片、花瓣、花药、果实和种子等，但整个植株并不一定增大。细胞体积的改变也影响到细胞的成分，如水分、蛋白质、叶绿素、纤维素、维生素和生长素等。一般四倍体的生长素含量低于二倍体的，所以生长比较缓慢，花期推迟，分蘖和分枝也都有所减少。

四倍体的代谢产物也和二倍体有较大的变化。大部分 $4n$ 蔬菜和水果都有较高的维生素 C。$4n$ 烟草的尼古丁含量比 $2n$ 的高 18%～33%，$4n$ 黑麦草（*Lolium perenne*）的糖分和干物质含量均高于二倍体的。四倍体作物种子的蛋白质含量都比二倍体的高得多，一般达 30%～50%。四倍体玉米比二倍体玉米的类胡萝卜素提高了 43%。由于四倍体玉米每细胞基因数只增加 1 倍，而细胞容积增加了 2.5 倍，每细胞的类胡萝卜素增加 4 倍，这样，$4n$ 单位容积的基因数反而比 $2n$ 的低 1 倍，单位基因产生的类胡萝卜素

比 $2n$ 的高 1.5 倍（表 7-2）。可见，决定玉米胚乳中类胡萝卜素含量的更重要的因素是每细胞的基因数，而不是单位容积的基因数。

表 7-2　$4n$ 与 $2n$ 玉米 Y 基因生产类胡萝卜素的比较

	$2n$	$4n$
细胞容积	1	3.5
每克干粉所含类胡萝卜/mg	0.0267	0.0380
类胡萝卜素/单位重量	1	1.43(0.0380/0.0267)
类胡萝卜素/个细胞	1	5(3.5×1.43)
基因数/个细胞	1	2(YYY×2)
基因数/单位容积	1	0.57(2/3.5)
类胡萝卜素/个基因	1	2.5(5/2)

染色体加倍也会改变生物对生态环境的要求。例如，$4n$ 黑麦与 $2n$ 亲本对光周期反应不同，$2n$ 黑麦在冬季自然日照条件下可以正常开花结实，但加倍后的 $4n$ 材料则表现雌花不育，因而完全不能结实。只有增加光照至每日 17h 时才能获得种子。

染色体加倍还能够引起二倍体自交不亲和系统（self-incompatibility system）的改变，使之变弱乃至完全消失，特别是对那些配子体不亲和系统更为明显。例如，带有两个不同等位基因（如 S_1S_2）的花粉粒，它们之间可能发生互作而使不亲和性弱化，能在具有相同基因型（S_1S_2）的柱头上萌发授精而获得近亲交配或自交种子。在有些 $2n$ 自交不亲和物种，如梨、白三叶草和红三叶草等，染色体加倍以后，自交不亲和性则完全消失。

第三节　四倍体的细胞学行为

一、同源四倍体

在同源四倍体，每一条染色体都有 4 个完全相同的成员。在减数分裂时，原则上每一点上只能有两个同源染色体成员相互配对，因而 4 条同源染色体间就会出现比较复杂的情形。如果像 $2n$ 那样，每两条同源染色体都是从头到尾紧密联会，就会出现两个二价体。如果 4 个成员在配对过程中，在不同点上相互取代，全部牵连到同一个联会体中，就会形成四价体（quadrivalent）（图 7-3A）。如果某个成员因在核中所处的位置等原因，未能和其余 3 个成员发生联会，也可能出现三价体（trivalent）和单价体（univalent），

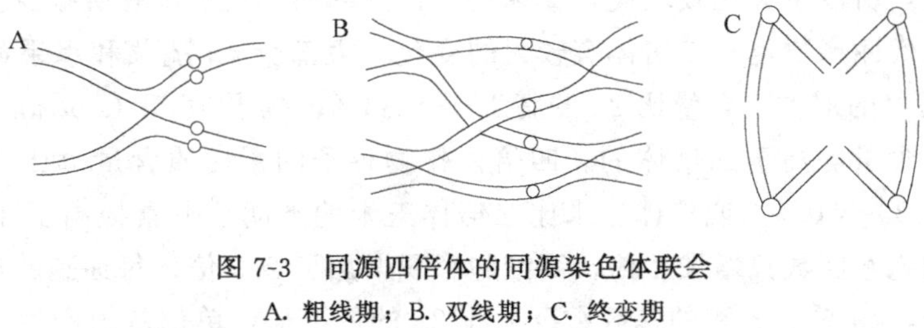

图 7-3　同源四倍体的同源染色体联会

A. 粗线期；B. 双线期；C. 终变期

但这种情形发生的机会较少，同源四倍体的主要联会形式是四价体和二价体。

如果在双线期，四价体的每一个臂都发生交叉（图 7-3B），终变期和中期Ⅰ，就会出现由 4 条染色体组成的圆环（O_4）（图 7.3C），如果有一臂不发生交叉，终变期和中期Ⅰ会形成链（C_4），如果更多的臂不发生交叉，也有可能形成 C_3＋1Ⅰ，或者两个一端开口的二价体等。

不同物种四价体出现的频率变化很大。有些物种，如 4*n* 庭芥（*Alyssum maritinum*）和大豆（*Glycine max*），大部分染色体都呈现四价体。另外一些物种，如 4*n* 孜然芹（*Cuminum cyminum*）、萝卜（*Rophanus sativus*）、百脉根（*Lotus corniculatus*）等，很少形成四价体。还有一些种，如茄属植物 *S. rybinii* 和万寿菊（*Tagetes erecta*）等，它们的同源四倍体几乎完全不出现四价体。4*n* 鸭跖草（*Commelina communis*）中有一半以上的染色体为四价体，大部分呈链形。4*n* 玉米中有 7～9 个四价体，呈 7Ⅳ＋6Ⅱ、8Ⅳ＋4Ⅱ和 9Ⅳ＋2Ⅱ等，在极少数细胞中，也能见到三价体和单价体。

大部分 O_4 四价体，后期Ⅰ染色体的分配是平衡的，产生具 2*n* 染色体数的配子。个别 C_4 四价体，可能发生不平衡染色体分配，而出现三价体与单价体细胞，更容易产生不均衡染色体数的配子。这样配子的结合，就会引起后代染色体数的变化，产生各种非整倍体后代。曾经对 4*n* 玉米小孢子的染色体数进行过观察，其分布情况如表 7-3 所示。可见一个具有 40 条染色体的 4*n* 玉米，产生的小孢子，只有 42%具有 20 条整倍染色体数目，其余都是非整倍体配子。这些非整倍体配子在雌性和雄性方面都能成活，只是在花粉中的竞争力较弱，一般不如整倍体配子能够更有效地参与受精。在卵细胞中则有较多的机会传递到后代。Punjasingh（1947）在玉米中利用 2*n*(♀)×4*n*(♂）和 4*n*(♀)×2*n*(♂）的杂交方法，测定了不同染色体数目通过父本和母本的传递率。发现尽管通过母本胚珠和父本花粉都能够传递一定数量的非整倍体配子，但通过花粉传递整倍体配子的比数要比通过母本的高得多（表 7-4）。这就不难理解四倍体后代染色体的数目为什么会出现较大范围的变异。

表 7-3　4*n* 玉米产生小孢子染色体数目的分布

	具有不同染色体数的小孢子数											总　数
	14	15	16	17	18	19	20	21	22	23	24	
小孢子数 2	3	15	22	30	51	142	35	18	10	6	336	
所占比例/%	0.00	0.88	4.45	6.55	8.93	15.18	42.46	10.42	5.35	2.97	1.78	100

表 7-4　4*n* 玉米通过父本和母本传递不同染色体数配子的测验结果

♀×♂	F₁ 代体细胞中不同染色体数的株数									总　数
	26	27	28	29	30	31	32	33	34	
2*n*×4*n* 株数		4	13	21	81	4	1			124
所占比例/%		3.23	10.48	16.93	65.32	3.23	0.81			100
4*n*×2*n* 株数	1	3	49	84	178	34	14	5	1	369
所占比例/%	0.27	0.81	13.28	22.77	48.24	9.21	3.79	1.36	0.27	100
4*n* 产生配子的染色体数	16	17	18	19	20	21	22	23	24	

表 7-5 所列是两种玉米 $4n$ 后代染色体数的比较。表 7-5 上面部分是亲本染色体数目未经检查，下面部分的亲本染色体数都是经检查证明为 40 条染色体数的整倍体。从它们后代的染色体数统计可以看出，尽管具有 40 条染色体的整倍体占大多数，但还有相当比例的植株，具有非整倍体的染色体数，这是因为非整倍体的配子在 $4n$ 株都能正常成活并能够通过两亲传递到后代的缘故。

表 7-5　不同 $4n$ 玉米后代的染色体数分布

	具有不同体细胞染色体数的株数								总株数	资料来源
	036	37	38	39	40	41	42	43		
未经鉴别染色体数的后代	3	0	12	13	101	28	5	3	165	
所占比例%	1.82	—	7.27	7.88	61.21	16.97	3.03	1.82	100	
40 个染色体植株的后代	0	1	3	6	27	12	5	0	54	Randolph，1935
	4	1	36	43	261	73	8	3	429	Kadam，1947
	0	0	3	8	50	13	0	0	74	Catcheside，1956
总计/%	0.72	0.36	7.54	10.23	60.68	17.59	2.34	0.54	100	平均＝40.01

在少数同源四倍体植物中，减数分裂能形成 $3n$ 和 n 的配子。它们的自交后代中，具有 n 染色体数的雌雄配子结合，会产生出 $2n$ 后代。对同源 $4n$ 番茄的研究发现，$3n$ 和 n 条染色体在后期Ⅰ的分离并非是随机的，n 配子的 12 条染色体常常来自一个染色体组。在玉米中，$4n$ 植株出现的 $2n$ 后代，常常是因为 $2n$ 雌配子的单性生殖造成的，据 L. F. Randolpl（1941）计算，其出现频率大约为 1/1000。C. H. Chen 等（1963）在同源 $4n$ 高粱的 1088 后代中，曾发现 5 个 $2n$ 株。令人不解的是，他们发现，用秋水仙素处理 $4n$ 幼苗，可以增加后代 $2n$ 株的频率。

$4n$ 与 $2n$ 株杂交都不易成功，一般结成皱瘪的 $3n$ 种子，发芽率很低。这可能与正常胚与胚乳染色体比数的破坏有关，因为无论 $4n$(♀)×$2n$(♂) 或 $2n$(♀)×$4n$(♂)，其胚与胚乳的染色体比数都不同于 $2n\times 2n$ 或 $4n\times 4n$（表 7-6）。不过二者相比，以 $4n$(♀)×$2n$(♂)杂交方式成功率较高，可能是因为胚与胚乳染色体比数与正常比数偏离较少的缘故。

表 7-6　$2n$ 与 $4n$ 玉米各种杂交组合的结实数与胚和胚乳染色体数的比较

♀×♂	观察数			染色体组数		
	败育子粒	饱满子粒	%	胚	胚乳	珠心
$2n\times 4n$	20 180	424	2.1	3	4	2
$4n\times 2n$	10 170	90	0.9	3	5	4
$2n\times 2n$				2	3	2
$4n\times 4n$				4	6	4

二、异源四倍体

异源四倍体的细胞学行为取决于两个原始物种之间的系统分类关系，即两个物种染色体组的同源性程度。如果两个 $2n$ 物种亲缘关系很远，染色体组间无同源性或同源性程度很低，它们的杂交种，减数分裂中不发生染色体联会，因而具有高度的不育性。这样的杂交种，进行染色体加倍，得到的异源四倍体，又称双二倍体（amphidiploid）。其染色体的细胞学行为，一般而言与二倍体相同。如果两个原始物种间亲缘关系很近，染色体组的同源程度较高，它们的 $2n$ 杂交 F_1，可以发生染色体配对。这种能相互配对的染色体叫做部分同源染色体（homoeologous chromosome）。对这种 F_1 进行染色体加倍所得到的四倍体，也叫做部分异源四倍体（segmental allotetraploid），其细胞学行为大多类似于同源四倍体，即在减数分裂中会形成较多的四价体和二价体。二价体的联会方式既可以是同源的（配对染色体来自同一物种），也可以是异源的（配对染色体来自不同物种）或混合的。许多亚种间杂交种加倍就会出现这种情况。不过有些亚种的染色体组间也存在着细微的结构差异和遗传差异，而且差异的程度也因种而异，因此，部分异源四倍体四价体出现的频率有很大的变化。一般而言，亲缘关系越近，出现频率越高。此外，某些核基因对部分同源染色体的联会也有控制作用，例如，小麦 5B 染色体长臂上的 Ph 基因就具有控制部分同源染色体联会的功能。

染色体组间同源性的程度，可从异源四倍体在减数分裂中出现四价体的次数获得了解。不过在多数情况下，许多异源四倍体部分同源染色体间的同源性，达不到形成四价体的程度。但在单倍体的情况下，部分同源染色体可以形成二价体，所以也可以根据它们的单倍体植株减数分裂中出现二价体次数来进行判断。表 7-7 所列是几个多倍体种的单倍体株在减数分裂中二价体出现的情况。从表 7-7 中可以看出，前 3 个种的单倍体株出现二价体很少，表明它们亲本物种亲缘关系较远。毛地黄属的 *Digitalis mertonensis* 与龙葵（*Solanum nigrum*）的单倍体都有 5～12 二价体，表明它们的一部分染色体组可能属于同源多倍体，而单倍体灰白银胶菊（*Parthenium argentatum*）与苜蓿（*Medicago sativa*），在减数分裂中都呈现二价体，表明它们的亲本属于同源多倍体。

表 7-7　几个多倍体种的单倍体株在减数分裂中二价体出现情况

调查物种	亲本体细胞染色体数	单倍体染色体数	单倍体出现的二价体数
棍状小麦	42(6x)	21	0～3
山羊小麦	56(8x)	28	0～3
烟草	48(4x)	24	0～3
毛地黄	112(16x)	56	5～12
龙葵	72(6x)	36	5～12
灰白银胶菊	72(4x)	36	18
紫苜蓿	32(4x)	16	8

第四节　四倍体的花粉育性与结实性

降低花粉育性与结实率是同源四倍体的共同特征，也是以收获子粒为目的的农业生产难以应用同源四倍体的主要原因。

不同物种染色体加倍之后，花粉育性与结实性降低的程度很不相同。W. Gottschalk（1985）对 135 个人工加倍 $4n$ 物种的花粉育性和 154 个人工加倍物种的结实性进行了调查，并与其相应的 $2n$ 种作比较，全部结果如图 7-4 所示。可见，同源

4*n* 结实性的降低远比花粉育性的降低严重得多。在 154 个被调查品系中，只有 5%达到它们的 2*n* 亲本水平，约有 60%的品系，4*n* 结实率不到 2*n* 亲本结实率的 40%。花粉育性要好得多，有大约 30%的 4*n* 系与 2*n* 亲本接近，甚至在 7%的 4*n* 系超过 2*n* 亲本（图 7-4）。引起花粉与胚珠不育性的原因并不完全相同。花粉育性主要决定于小孢子发生过程，而结实性不仅决定于大孢子发生过程，也决定于胚囊的发育过程以及受精后种子的发育过程。研究表明，发育中胚乳的退化是造成 4*n* 黑麦结实率降低的主要原因（Hakansson，1950）。

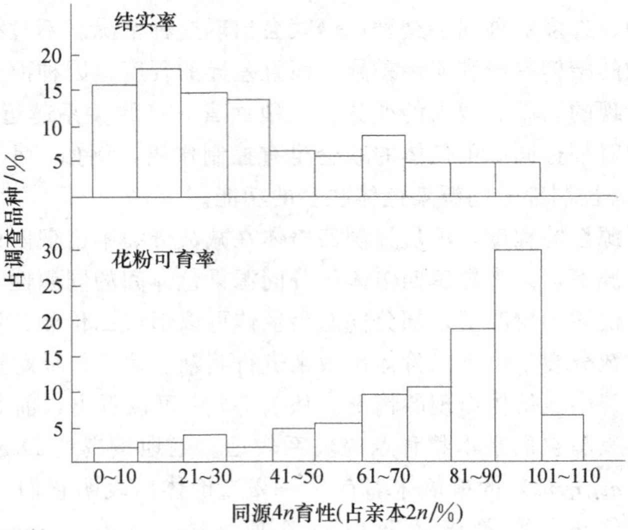

图 7-4　同源 4*n* 与它们亲本 2*n* 系的花粉可育率及结实率比较

对于不育性的产生，曾有两种不同的解释。一种认为是由于染色体的不平衡造成的，另一种认为是遗传引起的，基因平衡的改变是主要的。

支持染色体数目不平衡说法的根据有下列几点。

（1）4*n* 玉米配子的染色体数，后代植株体细胞染色体数都存在着普遍的不平衡现象。具有整倍数的小孢子只有 42%，整倍数的植株只有 51.7%～62.2%。

（2）整倍体 4*n*(40) 玉米与非整倍体 4*n* 玉米之间花粉育性与结实率差异都很显著（表 7-8）。

表 7-8　4*n* 玉米整倍体与非整倍体花粉育性与结实性比较

染色体数	调查株数/株	花粉可育率/%	不同染色体数的 *t* 值				
			42	41	40	39	38
38	5	91.9	0.96	0.18	5.25**	0.18	
39	8	91.6	0.61	0.04	2.73*		
40	32	96.1	3.24**	4.81**			
41	14	91.6	0.81				
42	11	89.6					

续表

染色体数	调查株数/株	结实率/%	不同染色体数的 t 值				
			42	41	40	39	38
38	2	30.7	1.08	2.58	3.33**	2.09	
39	12	60.6	1.43	1.60	4.42**		
40	29	76.6	3.51**	3.22**			
41	15	67.4	1.68				
42	9	48.0					

*0.05 差异显著水平。

**0.01 差异显著水平。

（3）即使是整倍体数的 $4n$ 植株，染色体组内的不同染色体之间还可能发生不平衡分配。例如，某一条同源染色体为 3 个，另一条同源染色体为 5 个，它们之间在数目上相互补偿，而使植株染色体总数保持整倍 $4n$ 水平，这种内部的不平衡也影响配子和合子的生理平衡，从而引起一定程度的不育性。

支持遗传原因造成 $4n$ 不育性的有下述试验根据：

（1）以同质化的自交系引变的同源四倍体玉米与由 $2n$ 杂交种引变的四倍体玉米相比，结实率要低得多。通过遗传基础不同的四倍体自交系杂交也能提高结实率。

（2）在莴苣、草棉等植物中得到的同源四倍体，其染色体行为比较近似，但有高度结实与不结实的差别。玉米 $4n$ 自交系间也有类似的情况。

（3）让自交高育系和自交低育系四倍体玉米杂交，F_1 往往高度结实，F_2 大部分为高育系，成单峰曲线分布，而回交后代则呈双峰曲线分布。

（4）增加四倍体群体的杂合程度，通过选择，可以逐步提高结实率。例如，M. S. Swaminathan 和 K. Sulbha（1959）在油菜（*Brassica campestris*）的一个同源四倍体品种经过 19 代选择之后，发现结实率大大提高。与之相对应，减数分裂中出现多价体明显降低，二价体明显提高（表 7-9）。A. Gilles 等（1951）对 $4n$ 玉米经过 10 代的选择，也得到类似的结果，即结实率明显提高但减数分裂中四价体频率有所降低。

表 7-9　同源 4n 油菜经过 19 代选择的群体（C_{19}）与原始群体（C_1）的细胞学与结实性的比较

选择世代	多价体数									每细胞平均	每果结实数	
	0	1	2	3	4	5	6	7	8		范围	平均
	←细胞数→											
C_1	0	0	4	5	18	10	2	1	0	4.10±0.17	0～3	1.5
C_{19}	7	11	8	9	9	5	1	0	0	2.42±0.22	10～21	16.8

应该说明，染色体数目上的不平衡，实际上也是引起遗传不平衡的原因之一。因此上面两种解释并不是对立的，这两种因素对四倍体的结实性和花粉育性可能都会产生作用，但在不同作物可能还有主次之分，这要看具体材料而定。

原来是多倍体的物种再进行染色体加倍，会对花粉育性和结实性带来更严重得多的损害。

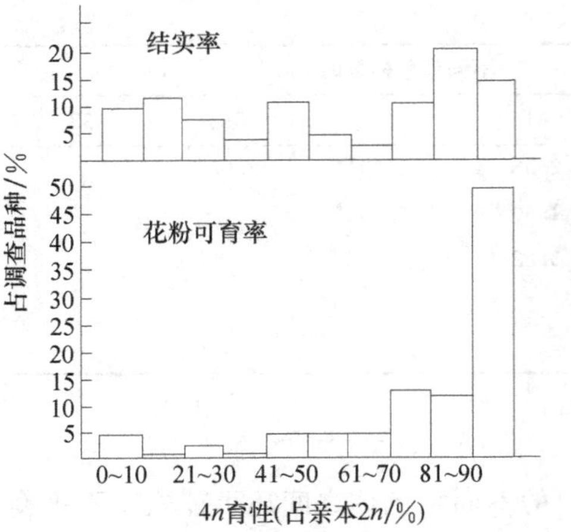

图 7-5　人工合成异源四倍体与它们的亲本二倍体的结实性与花粉育性的比较

并非所有的异源四倍体都是完全可育的。实际上，人工新合成的大部分异源四倍体都存在着相当程度的花粉不育性和胚珠不育性。W. Gottschalk（1985）对 75 个新合成的异源四倍体的花粉育性和 64 个异源四倍体的结实性进行了调查，结果如图 7-5 所示，有大约 50%的异源四倍体花粉育性接近它们的 $2n$ 亲本系，但只有 13%的异源四倍体的结实性接近于它们的 $2n$ 亲本系。

引起不育性的原因可能也包括细胞学和遗传学两个方面。有证据表明，减数分裂异常，特别是单价体出现频率高时会引起结实性降低。而具有相同染色体组的不同品系合成的异源四倍体，在结实率方面，常常有很大的差异，表明遗传背景对结实性也有重要影响。

第五节　四倍体遗传

同源四倍体的遗传行为要比二倍体复杂得多。因为每个基因座有 4 个等位基因而不是 2 个，所以可以有 5 种可能的基因型组合。以 A 座位而言，这 5 种基因型分别为 4 显性组合（quadruplex）AAAA、三显性组合（triplex）AAAa、二显性组合（duplex）AAaa、单显性组合（simplex）Aaaa 和无显性组合（nulliplex）aaaa。基因的分离方式有两种，即依染色体为单位发生分离和依染色单体为单位发生分离。

一、依染色体和染色单体分离的配子与合子比率

依染色体为单位分离的条件是减数分裂中没有四价体形成或者基因与着丝粒之间不发生交换。在双显性 AAaa 情况下，可以产生 6 种染色体组合（$C_4^2=6$），其中 AA 1 种（$C_2^2=1$），Aa 4 种（$C_2^1 \cdot C_2^1=4$），aa 1 种（$C_2^2=1$）。形成的配子 A∶a=5∶1。自交后代 A∶a=35∶1。

如果基因离着丝粒较远，基因与着丝粒间可以自由发生交换，其结果，4 条同源染色体所产生的 8 个染色单体中，任何两条都有同等机会进入一个配子。在这种情况下，就会发生依染色单体为单位的方式分离。依染色单体为单位随机分离，同样的双显性 AAaa，产生的 AAAAaaaa 8 条染色单体，总共可以产生 28 个组合（$C_8^2=28$），其中 AA 6 个（$C_4^2=6$），Aa 16 个（$C_4^1 \cdot C_4^1=16$），aa 6 个（$C_4^2=6$）。形成的配子 A∶a=3.7∶1，自交后代 A∶a=21∶1。

无论哪种分离方式，杂合四倍体的后代出现隐性个体的比例均比二倍体的少。表 7-10 所列是在各种显隐性组合条件下，两种分离方式测交和自交后代的显隐性比例。

表 7-10　同源四倍体依染色体及染色单体分离后代的预期显隐性比例

4n 遗传组合	依染色体随机分离		依染色单体随机分离	
	测交	自交	测交	自交
	A：a	A：a	A：a	A：a
AAAA	1：0	1：0	1：0	1：0
AAAa	1：0	1：0	27：1	783：1
AAaa	5：1	35：1	3.7：1	21：1
Aaaa	1：1	3：1	13：15	2.48：1
aaaa	0：1	0：1	0：1	0：1

二、最大均等式分离与双减数频率

从表 7-10 可以看出，在三显性 AAAa 的情况下，如依染色体分离，则不可能有隐性 a 个体出现，而依染色单体分离，测交中将有 1/28 a 个体出现。结果往往更接近于后者，因为所研究的基因与着丝粒之间总会有一定的距离，从而可能发生交换。但交换不可能在每个性母细胞发生，所以很难实现依染色单体为单位进行分离。如果发生交换的染色体形成四价体，而这 4 条同源染色体在后期Ⅰ又发生完全均等式的随机分离，在后期Ⅱ，染色单体之间继续发生均等式的随机分离。其结果，两个姐妹染色单体就可能进入一个细胞，因而也会出现 aa 配子。这种染色体分离方式称为最大均等式分离（maximum equational segregation）或完全均等式分离，也叫做双减数（double reduction）。

对某个特定的基因来讲，实现双减数，在细胞学方面，应具备以下 4 个先决条件：

（1）形成四价体；

（2）基因与着丝粒间发生交换；

（3）交换后的两对染色单体后期Ⅰ进入同一极；

（4）两对染色单体在后期Ⅱ发生随机分离。

现以三显性 AAAa 为例加以说明：

首先，带有 a 基因的染色体在减数分裂时形成了四价体。这个四价体在后期Ⅰ以 2 对 2 形式分开，一条同源染色体与另外 3 条同源染色体结合的机会均等，各占 1/3（图 7-6A）。

假定后期Ⅱ依Ⅰ式进行分离，4、5 两条染色单体发生交换之后，进入同一个子细胞，aa 基因（及其姐妹染色体）发生了第一次不分离（减数）。第二次分裂时，姐妹染色单体分开，进入孢子，有两种结合方式，各占 1/2，一种为 A 与 a 结合，即非姐妹染色单体结合，另一种为 A 与 A，a 与 a 结合，即姐妹染色单体结合，发生了第二次不分离（减数）。这样就形成了具有隐性基因的 aa 配子，表现出了“双减数”的效果。

a、a 两条染色单体和 A、A 两条染色单体就是当初由姐妹染色单体来的。如果另一性别的配子也带有 aa 基因，结合后就能出 a 表现型个体。

发生双减数的频率 α 可由下述公式表示，即

$$\alpha=\frac{1}{2}AE$$

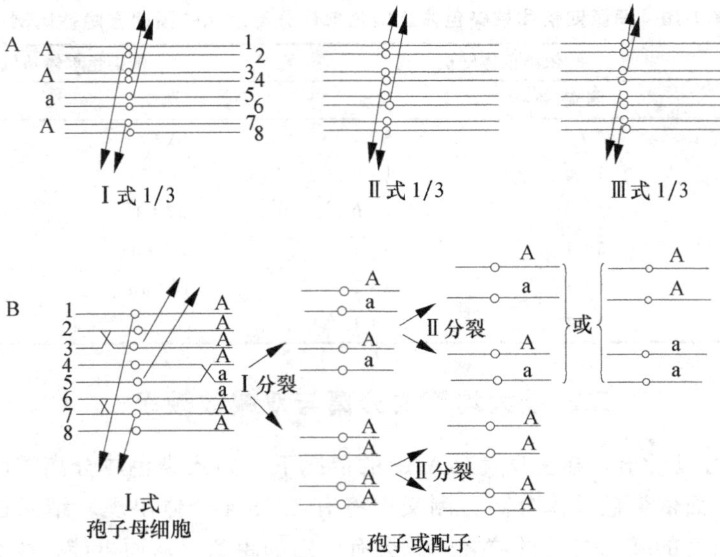

图 7-6　同源四倍体双减数模式

A. 后期Ⅰ四价体 3 种分离方式；B. 后期Ⅱ姐妹染色单体分离

式中，A 为四价体效应，等于 1/3 乘以四价体的出现频率。最小值为 0，即完全不出现四价体，最大值为$\frac{1}{3}$，即全部细胞都出现四价体。E 为基因与着丝粒之间的交叉率。最小值为 0，表明基因与着丝粒完全连锁。最大值为 1，表明 100％的细胞在基因与着丝粒间发生交叉。但正如图 7-6B 所示。即使有 100％的细胞发生交叉，产生双减数的配子也只有总配子数的 1/2。

所以双减数的最大值应为$\frac{1}{2}\times\frac{1}{3}\times 1=1/6$。这时隐性个体出现的概率最高。

依染色单体发生分离，所产生的 28 个组合（$C_8^2=28$）中，只有 4 个组合是姐妹染色单体相结合的结果，占 4/28，即 1/7。这比最大的双减数值的 1/6 要小。

三、根据 α 值计算配子比率

假定同源四倍体某个四价体上，一个等位基因的 4 个成员分别以 a、b、c、d 表示。它们与着丝粒间的遗传距离为 50％。图 7-7 表示 3 种四价体联会类型的一种。假定它们的 8 条染色单体可以自由结合，就会产生两类配子。一类为姐妹染色体相结合的配子，即 aa、bb、cc、dd；另一类为非姐妹染色单体相结合的配子。共有 6 种类型，即 ab、ac、ad、bc、bd 和 cd。这两类配子的比率是不知道的，但如果以 α 代表双减数配子，即姐妹染色单体相结合配子的总频率，那么，非双减数（即非姐妹染色单体相结合）的配子的

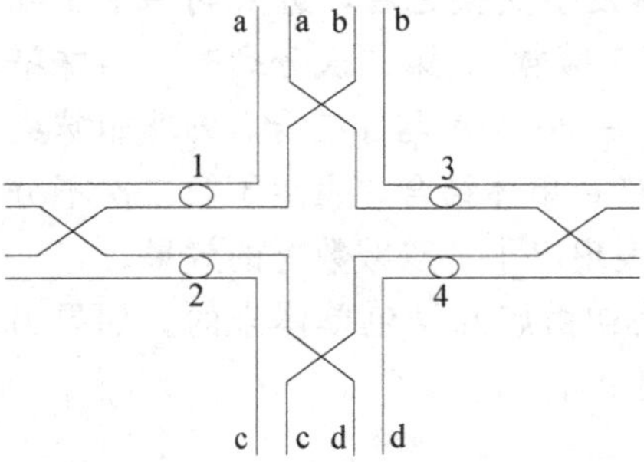

图 7-7　四价体一种可能的联会方式

a、b、c、d 代表 4 个等位基因

总频率应为 $1-\alpha$。4 种双减数配子出现的频率相等，各为 $\alpha/4$，同样，6 类非双减数配子频率也相等，各占 $(1-\alpha)/6$。这样各类配子出现频率都可以用 α 值来表示。表 7-11 所示为各类配子出现的频率和在三显性组合 AAAa 的情况下这些配子的遗传组成。

表 7-11　四体三显性组合 AAAa 产生配子的类型和以 α 值表示的频率

双减数配子			非双减数配子		
配子组合	遗传组成	频率	配子组合	遗传组成	频率
aa	AA	$\alpha/4$	ab	AA	$(1-\alpha)/6$
bb	AA	$\alpha/4$	ac	AA	$(1-\alpha)/6$
cc	AA	$\alpha/4$	ad	Aa	$(1-\alpha)/6$
dd	aa	$\alpha/4$	bc	AA	$(1-\alpha)/6$
			bd	Aa	$(1-\alpha)/6$
			cd	Aa	$(1-\alpha)/6$
总数		α			$1-\alpha$

在 AAAa 产生的全部配子中，只有一类，即 aa 是可以识别的，它全部来自双减数，占 $\alpha/4$。AA 配子有两种来源，来自双减数的占 $3\alpha/4$，来自非双减数的占 $3(1-\alpha)/6$。Aa 全部来自非双减数。以 α 值表示三种配子的频率如下：

$$AA=\frac{3\alpha}{4}+\frac{3(1-\alpha)}{6}=\frac{2+\alpha}{4}$$

$$Aa=\frac{3(1-\alpha)}{6}=\frac{2-2\alpha}{4}$$

$$aa=\frac{\alpha}{4}$$

这样，只要知道了四价体的出现频率和基因与着丝粒的遗传距离，就可以算出各类配子的实际频率。例如，假定某个染色体在 50％的性母细胞中形成四价体，当被测基因与着丝粒间有 50 个单位的遗传距离。依公式 $A=\frac{1}{2}\times\frac{1}{3}=\frac{1}{6}$，$E=1$，$\alpha=\frac{1}{2}\times\frac{1}{6}=\frac{1}{12}$。对三显性组合 AAAa 来说，AA、Aa 和 aa 配子出现频率应分别为$\frac{25}{48}$、$\frac{22}{48}$和$\frac{1}{48}$。

应用上面同样的原理，可以计算出以 α 值表示的各种 $4n$ 组合产生不同类型 $2n$ 配子的比率（表 7-12）。

表 7-12　以 α 值表示 $4n$ 各种显性组合产生 $2n$ 配子的比率

基因型	配子类型			总　数
	AA	Aa	aa	
AAAa	$\frac{2+\alpha}{4}$	$\frac{2-2\alpha}{4}$	$\frac{\alpha}{4}$	1
AAaa	$\frac{1+2\alpha}{6}$	$\frac{4-4\alpha}{6}$	$\frac{1+2\alpha}{6}$	1
Aaaa	$\frac{\alpha}{4}$	$\frac{2-2\alpha}{4}$	$\frac{2+\alpha}{4}$	1

根据 α 值就可以计算出各类显性组合自交与测交后代的显隐性比率。表 7-13 列示

了不同显性组合的杂交后代以分离方式和 α 值求得的显性比率，表下所附为相应杂交的计算公式。

表 7-13　同源 4*n* 不同显性组合和分离方式的后代预期比率

杂交组合	显性（A）：隐性（a）表现型比例			
	依染色体分离	依不同 α 值分离		依染色单体分离 $\alpha=1/7$
		$\alpha=1/12$	$\alpha=1/6$	
AAAa×AAAa	1∶0	2303∶1	575∶1	783∶1
AAAa×aaaa	1∶0	47∶1	23∶1	27∶1
AAaa×AAaa	35∶1	25.4∶1	19.3∶1	20.8∶1
AAaa×aaaa	5∶1	4.1∶1	3.5∶1	3.7∶1
Aaaa×Aaaa	3∶1	2.7∶1	2.4∶1	2.5∶1
Aaaa×aaaa	1∶1	0.92∶1	0.85∶1	0.87∶1

从表 7-13 可以看出，无论哪一种杂交方式，在 α 值最大（1/6）时，出现隐性个体的比率都高于依染色单体的分离比例。

据 α 值计算显隐性比率的相应公式：

AAAa×AAAa：$(16-\alpha^2):\alpha^2$

AAAa×aaaa：$(4-\alpha):\alpha$

AAaa×AAaa：$(35-4\alpha-4\alpha^2):(1+4\alpha+4\alpha^2)$

AAaa×aaaa：$(5-2\alpha):(1+2\alpha)$

Aaaa×Aaaa：$(12-4\alpha-\alpha^2):(4+4\alpha+\alpha^2)$

Aaaa×aaaa：$(2-\alpha):(2+\alpha)$

四、两对独立因子杂交后代的分离比例

同源四倍体独立基因之间的分离比例也比二倍体的复杂得多，假定有 A、B 两对基因，均为双显性组合，基因型为 AAaa BBbb，Aa 与 Bb 均呈完全显性，它们之间也不发生互作，其后代会出现什么样的分离比例呢？这取决于这两个基因与着丝粒的距离。可以大体分为 3 种情况，一种是两对基因均靠近着丝粒，都依染色体为单位发生分离；另一种是两对基因都远离着丝粒，都依最大均等式发生分离；第三种是一对基因靠近着丝粒，依染色体为单位发生发分离，另一对基因远离着丝粒，依最大均等式发生分离。表 7-14 所列，是在这 3 种极端情况下 F_2 代预期的表现型比率。在二倍体情况下，Ab 与 aB 两种类型分离比例完全相同，但在四倍体情况下，分离比例就不一定相同，其大小依它们离着丝粒的距离而定。

表 7-14　同源四倍体两对独立基因 F_2 代预期分离比例

表现型	A、B 均依染色体分离		A、B 均依最大均等式分离		A 依染色体分离 B 依最大均等式分离		A 依最大均等式分离 B 依染色体分离	
	数目	%	数目	%	数目	%	数目	%
AB	1225	94.5	5929	90.4	2695	92.4	2695	92.4
Ab	35	2.7	308	4.7	140	4.8	77	2.7

续表

表现型	A、B均依染色体分离		A、B均依最大均等式分离		A依染色体分离 B依最大均等式分离		A依最大均等式分离 B依染色体分离	
	数目	%	数目	%	数目	%	数目	%
aB	35	2.7	308	4.7	77	2.7	140	4.8
ab	1	0.1	16	0.2	4	0.1	4	0.1
总数	1296	100	6561	100	2916	100	2916	100

五、异源四倍体的遗传行为

异源四倍体的遗传行为，取决于两个原始物种之间的亲缘关系，以及部分同源染色体间的细胞学行为。属于双二倍体类型的异源四倍体，细胞学行为正常，基因的遗传分离也与二倍体相近，但由于两个物种之间尚有许多功能与表现型类似的基因（重复基因）存在。故它们的杂交后代会出现如15：1或63：1等重叠效应的互作分离比例。

如果两个原始物种间亲缘关系较近，染色体组间同源程度较高，减数分裂中可以发生同源和异源联会，并能够出现四价体。这样的异源四倍体的遗传行为就比较复杂。假定AA与BB为来自两个近缘物种的同源染色体，它们所携带的连锁基因AA为：QrSTUV和QrstUV，BB为：QrsTuV和Qrstuv。

又假定A与B染色体之间有较高的同源性，同源联会、异源联会，以及混合联会都会发生，也能形成四价体，那么它的自交后代显隐性分离比例依联会方式不同可分别计算如下：

(1) 同源联会，呈AA、BB两个二价体，后代Q与r均纯育，其余基因分离比例与产生的配子为：

S：s＝3：1　　T：t＝15：1

U因具有U/U、u/u组成，只产生一种Uu配子，故后代呈全显性。

V呈全显性，因V/V与V/v产生两种配子VV和Vv，后代不会出vv个体。

(2) 异源联会，呈AB、AB两个二价体。Q、r和S结果同上。

Tt，如以T/T，t/t方式配对，则只有一种配子Tt，自交后代呈纯显性；如以T/t,T/t方式配对，则能产生三种配子，1TT：2Tt：1tt，自交后代T：t呈15：1之比，测交后代T：t呈3：1之比；如两种配对各占一半，则三种配子之比为1TT：6Tt：1tt，自交后代T：t呈63：1，测交后代T：t呈7：1之比。

Uu，若以U/u，U/u方式配对，自交后代呈15：1，测交后代呈3：1之比。

Vv，全显性。

(3) 同源与异源联会随机发生，即1同源：2异源。Q、r、s、V结果同上。T与U结果也相同，现以T为例加以说明：

同源联会T/t、T/t，产生配子：1TT：2Tt：1tt

异源联会1 T/T、t/t，产生配子：4Tt

异源联会2 T/t、T/t，产生配子：1TT：2Tt：1tt

　　2TT：8Tt：2tt

T：t总比率：　5　：1

测交 T：t=5：1，自交为 35：1。

(4) 形成四价体，Q、r、s、V 结果相上，T、U 结果相同，自交为 35：1，测交为 5：1。

从遗传比例上可以反映出物种的多倍性。如果某些物种的杂交 F_2 显示 15：1 或 63：1分离比例时，表明两个亲本之间可能有异源多倍性质存在。

异源四倍体内的不同染色体组，有一定的相似程度，一个隐性突变必须在各个染色体组都成为纯合状态时，才能表现出来，否则可被另一组相应的显性基因所遮盖，这种现象叫做潜伏突变（concealed mutation)。因此，在研究异源四倍体遗传行为时，应注意潜伏突变发生的可能。

第六节　四倍体与植物育种

多倍体特别是四倍体不仅是自然界植物种形成的重要途径，而且也是人工合成物种和培育新品种的重要手段。

半个多世纪以来，植物遗传育种学家通过各种途径，已经创造出了成千上万个多倍体。特别是对秋水仙素作用的发现，使染色体加倍变成轻而易举的事情。和大量染色体加倍成功的植物相比，直接应用于生产的人工合成四倍体或多倍体植物还是极少的。在同源四倍体植物中，直接应用的四倍体植物有苜蓿、马铃薯黑麦、三叶草、芜菁、菠菜、苹果、葡萄和一些花卉植物。间接用来和二倍体杂交而种植三倍体种子的有甜菜、西瓜等。不难看出，这些植物的利用部分大都是营养体，或者是这些物种具有某种无性繁殖手段。

以收获子粒为目的的四倍体植物至今仍然难于利用，主要因为它们存在着一些共同的难以克服的缺点，如繁茂性下降，分蘖力减弱，特别是结实率降低，引起总产量降低。异源四倍体还存在有种子饱满度等问题。因此，育种家通常把获得的四倍体只是作为一种原始材料，而对它们存在的种种缺点，则常常运用各种遗传育种的途径加以克服。

(1) 选择可以提高结实率，在同源四倍体大麦、芸薹、黑麦和玉米的后代都发现有结实率的分离现象，通过一定的选择程序，可以使结实率逐步提高，在玉米、黑麦、荞麦和芸薹等作物，均有选择提高结实率的事例（表 7-9）。在异源多倍体如小黑麦的育种方面，通过诱发成功的小黑麦品种间的大量杂交，以及杂交后代的多轮选择，已大大地改善了它们的子粒饱满度。

(2) 增加四倍体的杂合性有助于提高结实率。以二倍体杂交种作引变材料获得的四倍体较之用纯合 $2n$ 自交系获得的四倍体结实率较高，也可以通过四倍体品种间的杂交或复交来提高后代的结实率。

四倍体有利于维持基因的杂合性，降低纯合体的比例（表 7-15）。在以杂种优势利用为育种手段的作物如玉米等，四倍体可以维持较长时间的杂种优势，增加后代种子利用率，因而显示出比二倍体更为优越。

表 7-15　二倍体（Aa）与同源四倍体（AAaa）自交后代纯合体出现比率的比较

自交代数	纯合体出现比率	
	二倍体（Aa）	四倍体（AAaa）
1（F_2）	0.5	0.055
2	0.75	0.194
3	0.875	0.326
4	0.938	0.438
5	0.968	0.531

（3）利用无性繁殖手段维持同源四倍体的稳定性。在具有无性繁殖方式的作物，一旦染色体加倍成功，就可以很快创造出一个新品种，不存在结实性问题，这对那些不以收获种子为目的的多年生作物具有特别重大的意义。

复 习 题

1. 同源四倍体的 4 条同源染色体在减数分裂中出现四价体的环$_4$（O_4）、链$_4$（C_4），三价体和单价体（C_3＋Ⅱ），以及两个二价体的可能原因和条件是什么？

2. 为什么检查单倍体减数分裂中的细胞学行为就能够用来判断多倍体染色体组间的同源性程度？

3. 引起同源四倍体不育性和异源四倍体不育性的原因是什么？它们之间有何不同？

4. 同源四倍体的等位基因在什么条件下依染色体为单位发生分离，在什么条件下依染色单体为单位发生分离？

5. 什么叫“双减数”？发生双减数有哪些条件？

6. 假定基因 a 与着丝粒的遗传距离为 0.5，该染色体在减数分裂中有大约 50％的细胞形成四价体，试计算 AAAa、AAaa 和 Aaaa 产生各类配子的比数，以及它们的自交与测交后代 A 与 a 的表现型比率。

7. 一株 AaBb 的植株发生了染色体加倍，得到基因型为 AAaaBBbb 的四倍体，假定 A、B 基因都表现完全显性，它们之间也不发生互作，试计算 A、B 均依染色体，A、B 均依染色单体和 A、B 均依最大均等式分离时，后代的表现型比率。

8. 什么叫潜伏突变？为什么异源多倍体会发生潜伏突变？

9. 从 3 个亲缘关系不同的二倍体植物着手育成一个纯育的异源六倍体种，使它的有关染色体在减数分裂时都能配对，试设计一个合理的育种方案。

第八章 非整倍体遗传

20世纪20年代初，A. F. Blakeslee在曼陀罗（*D. stramonium*）中发现了一种特殊的突变，称之为球形蒴果突变。这一突变与一般的基因突变不同，除引起蒴果形状发生变化之外，还引起许多其他性状的变化，如叶子的大小和形态、植株形态、生长习性和长势等。另一个不同之处是不能纯育。让其自交或作母本与正常株杂交，后代出现大约25%的球形蒴果株，但以球形蒴果突变株作父本与正常株杂交，后代没有突变株或出现极个别的突变株。后来，Blakeslee又在曼陀罗中分离出了一系列突变体，其遗传行为与球形蒴果突变相似。J. Belling（1920）发现，这些突变与正常曼陀罗相比，都多了一条染色体，正常曼陀罗有24条染色体，在减数分裂中呈12个二价体。但突变株有25条染色体，减数分裂时呈11个二价体+1个三价体（11Ⅱ+1Ⅲ）或12个二价体+1个单价体（univalent）（12Ⅱ+1Ⅰ）。Blakeslee把这种染色体组中某染色体具有3条同源染色体的个体，称为三体（trisomic）。这条额外染色体上的基因出现3次。突变个体表现型的变化是由于这条染色体及其携带的基因发生剂量变化造成的。

由于曼陀罗染色体组 $n=12$，理论上只可能出现12个三体。实际上Belling和Blakeslee却发现了更多的三体。经过细胞学的仔细分析，他们发现这条额外染色体可以有三种情况，第一种是增加了一整条染色体，这种三体称为初级三体（primary trisomic）；第二种增加的是双重半条染色体，即这条染色体的两个臂是完全相同的，称为等臂染色体（isochromosome），具有等臂染色体的三体称为次级三体（secondary trisomic）；第三种增加的额外染色体是相互易位染色体，它带有一条同源染色体的一部分，和另一条非同源染色体的一部分，这类三体称为三级三体（tertiary trisomic）。

发现曼陀罗的三体不久，又发现在异源多倍体植物中有更多类型的非整倍体染色体数目变异存在。R. E. Clausen和T. H. Goodspeed（1926）在烟草（*N. tabacum*）中首先发现两株具有比正常染色体组少一条染色体，即具有47条染色体（$2n=48$）的植株。这种类型称为单体（monosomic）。在小麦中，O. Wing（1924）和C. L. Huskins等（1928）通过对斯卑尔脱小麦的研究，也发现了减少一条染色体的单体，以及减少了一对同源染色体的缺体（nullisomic）。McClintock（1929）在二倍体玉米中也发现了单体株，但并不能传递到后代，因为具有单体植株的孢子都是不能成活的。

上述各种染色体数目的变异，有一个共同特点，就是它们的染色体组成都不是正常个体配子染色体数的完整倍数。这类变异叫做非整倍体（aneuploid）。比正常个体染色体数增加的非整倍体也叫超倍体（hyperploid），如三体（$2n+1$）、双三体（$2n+1+1$）、四体［$2n+2(1)$］等；比正常个体染色体数减少的非整倍体叫亚倍体（hypoploid），如单体（$2n-1$）和缺体［$2n-2(1)$］等。

非整倍体在自然群体里相当少见，尤其在动物中更为稀少，说明这类染色体数目变异对生物生存是不利的。但对细胞遗传学研究，非整倍体却十分有用。它有助于对减数分裂过程中染色体行为的了解，确定未知基因所属连锁群。在遗传工程中，也为染色体添加、代换和外源基因的导入提供了方便的手段。

第一节　三体遗传

在二倍体生物，由于具有 $n-1$ 条染色体的配子很难成活和传递，所以获得和保存单体或缺体是十分困难的。主要存在的非整倍体形式是各种类型的三体。

一、初级三体

初级三体是在正常 $2n$ 染色体组基础上增加了一条额外的完整染色体，形成 $2n+1$ 的核组成。它是最容易得到和最普遍存在的一种三体类型。

（一）起源与表现型效应

正常的 $2n$ 生物后代能够自发产生频率极低的三体后代。Blakeslee 分离出曼陀罗的 12 个初级三体都是自发产生的。其原因可能是性母细胞在减数分裂时，偶然发生了某条染色体的不分离（nondisjunction），形成 $n+1$ 与 $n-1$ 的配子。$n+1$ 配子与正常 n 配子相结合，便形成了一个三体个体。异常的物理和化学因素能影响染色体的正常联会行为，导致单价体出现，从而形成 $n+1$ 配子并产生出 $2n+1$ 后代。各种射线，如 X 射线、γ 射线和快中子等，均能够提高染色体的不分离频率，也会诱发三体后代。但对一般 $2n$ 植物如曼陀罗、黑麦、大麦和玉米而言，利用 $3n$ 植株染色体在减数分裂中的无规律分配，是人工获取三体最有效的途径。在多倍体植物，如小麦和棉花中，非整倍体大都来自染色体的不联会（asynapsis）或联会消失（desynapsis）。在人类和许多动物中，也会偶然出现三体。最普遍的来源是个别染色体的不分离。杂易位体的后代会出现一定数量的初级三体、三级三体和易位三体（translocation trisomic）。

与正常 $2n$ 个体相比，三体能够引起个体细胞学过程和发育节奏的改变，从而导致形态、解剖和生理上的某些变异。三体曼陀罗的 12 个初级三体都与二体不同，它们彼此之间也各不相同。包括蒴果的大小和形状，刺的大小和长度（图 8-1），叶形、花形，以及植株的大小和生长习性等。这种差别在其他植物中也都曾观察到，如紫罗兰（*Matthiola incana*）、金鱼草（*Antirrhinum majus*）、烟草属中的 *Nicotiana sylvestris*、甜菜（*Beta vulgaris*）、月见草（*Oenothera blandina*）、大麦属中的 *Hordeum spontaneum*、黑麦（*Secale cereale*）、高粱（*Sorghum vulgare*）、水稻（*Oryza sativa*）和狼尾草属的 *Pennisetum typhoides* 等。

玉米的 10 个初级三体植株虽然都比二体弱小，但它们之间在形态方面的区别远不如曼陀罗来得明显。只有三体 5、三体 7 和三体 8 形态特点比较鲜明。三体 5 叶片厚而宽、叶尖较钝、雄穗粗壮紧实、植株偏矮。三体 7 叶片硬而尖、组织结构坚韧；三体 8 植株纤弱，比正常二体开花早几天。

人类中有充分研究资料的常染色体初级三体只有 3 个，即三体 21、三体 18 和三体 13。具三体 21 的人称为 Down 综合征，除智力缺陷外，还具有斜眼、小鼻、小耳、短

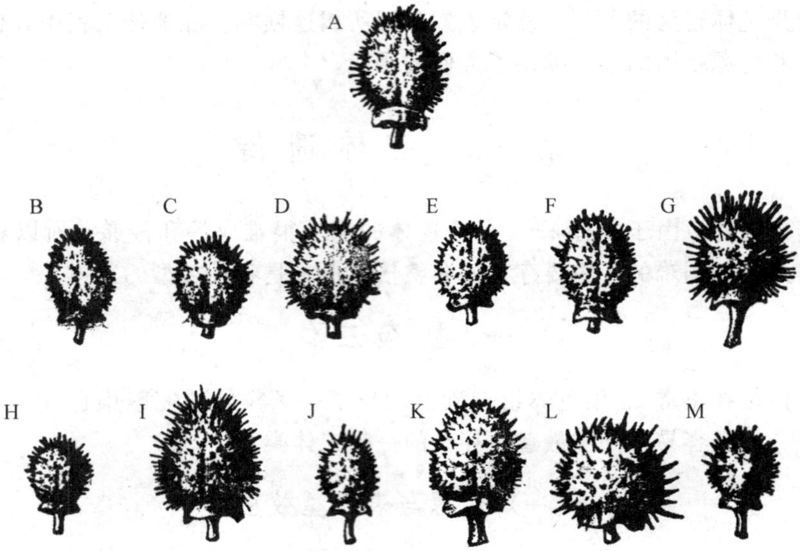

图 8-1 2*n* 曼陀罗与 12 个初级三体的蒴果形状（引自 Sybenga，1972）
A. 正常形；B. 辊轴形；C. 光滑形；D. 翘棱形；E. 小尖形；F. 缩短形；G. 大戟形；
H. 长形；I. 刺猬形；J. 苍耳形；K. 菠菜形；L. 球形；M. 冬青果形

颈、短指等许多症状，婴儿发生率估计为 1/700。母亲年纪越大，所生三体 21 子女的概率越高。例如，30 岁以下母亲生育的子女三体 21 的概率为 1/3000，但 45 岁以上母亲所生子女，其概率可达 1/40。三体 18 也有智力障碍并有一系列症状，如枕骨凸起、耳位低、手指弯曲等。一般都在婴儿期死亡，平均寿命为 238 天。三体 13 亦有智力缺陷、无眼、裂唇、裂腭、脑发育不全、无听觉，寿命不超过 150 天。

人类性染色体三体发生率较高，后果也不像常染色体严重。由于性染色体在减数分裂中不分离，有可能产生 XO、YO、XXX、XXY 及 XYY 等染色体组成的核型。其中只有 YO 是不能成活的，其余均能正常成活，但都有些生理或智力缺陷。性染色体三体之所以不像常染色体那样严重，原因之一在于其染色质组成。Y 染色体的成分主要是异染色质，而 X 染色体不管细胞中有多少条，仅有一条维持正常，其余全部异染质化，成为巴氏小体（见第九章）。

（二）细胞学行为

初级三体有三条同源染色体，而在减数分裂中，染色体的联会是一对一的，即在任何一个位点，只能涉及其中两个配偶，而且三个成员在任何点的结合又是随机的。所以三体的联会方式就不像二体（disomic）那样简单。在多数情况下，粗线期会形成三价体，但也会出现少数二价体和单价体。在玉米中，J. Einset（1943）曾经观察到，有 2%～4%的小孢子母细胞在粗线期出现单价体。McClintock 和 H. E. Hill（1931）曾发现，在玉米三体 10 的小孢子母细胞中，有 2/3 出现三价体，另外 1/3 为二价体和单价体。三价体的联会形式随交换配对位置的不同会有较大的变化（图 8-2）。

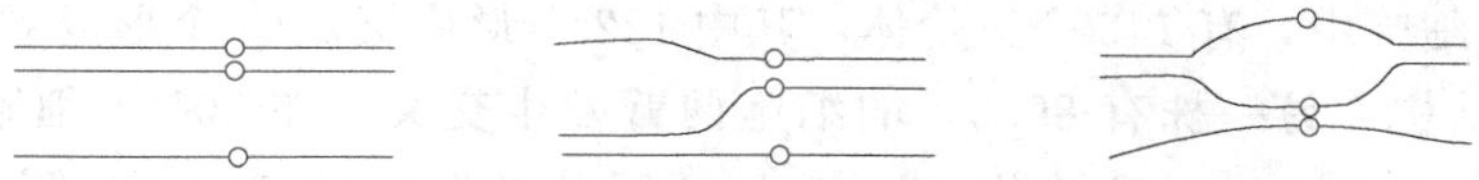

图 8-2　三体染色体粗线期的不同联会形式

不同物种的三体形成三价体频率不同。同一物种不同染色体的三体，形成三价体的频率也不相同，主要决定于染色体的长度和发生交叉的频率。一般而言，染色体越长，发生交叉越多，形成三价体的频率就越高。例如，玉米和番茄的长染色体发生交叉的频率高于它们的短染色体，形成三价体的频率也高于短染色体；大麦的各条染色体长度近似，它们的三体形成三价体的频率也差别不大（表 8-1）。

表 8-1　玉米、番茄和大麦三体在小孢子母细胞中出现三价体、二价体与单价体的频率

番茄（终变期）（占细胞/%）				玉米（粗线期）（占细胞/%）			大麦（终变期）（占细胞/%）			
三体	11Ⅱ+1Ⅲ	12Ⅱ+1Ⅰ	11Ⅱ+3Ⅰ	三体	9Ⅱ+1Ⅲ	10Ⅱ+1Ⅰ	三体	6Ⅱ+1Ⅲ	7Ⅱ+1Ⅰ	6Ⅱ+3Ⅰ
1	64	34	2	2	80	20	Bush	82.9	17.1	0.0
2	68	28	4	3	72	28	Slender	89.3	10.7	0.0
3	70	26	4	5	86	14	Pale	94.3	5.7	0.0
4	56	44	0	6	72	28	Robust	92.9	7.1	0.0
5	50	44	6	7	74	26	Pseudo-normal	79.5	20.5	0.0
7	36	48	16	8	60	40	Purple	89.0	11.0	0.0
8	24	68	8	9	56	44	Semi-erect	93.9	6.1	0.0
9	42	50	8	10	57	43				
10	46	46	8							
12	24	70	12							

中期Ⅰ染色体构型常常能反映出当初的配对关系。三价体构型变化很大，主要取决于交叉发生的部位和多少。并非所有配对染色体节段都发生交叉，特别是着丝粒与配对互换的中间段（interstitial segment），它不像杂易位中间段那样固定不动，因为互换部位可以发生在两个染色体臂的任何一点，所以中间段大小在不同细胞中变动很大。中间段太短就可能不发生交叉。图 8-3 所示，为一个三价体假定的三种交叉发生地点。第一种情形是两个配对染色体在一个染色体臂及中间段各发生一个交叉，另两个配对染色体在末端段发生一个交叉（图 8-3A 左），到中期Ⅰ，由于交叉移端的结果，会形成一个网球拍状的染色体构型；第二种情形是中间段不发生交叉，另外两个交叉依然存在，中期Ⅰ会形成一个链状结构（图 8-3B）；第三种情形是中间段和末端段发生交叉，另一臂无交叉，中期Ⅰ会出现 Y 形结构（图 8-3C）。如果末端段不发生交叉，则会出现一个二价体和一个单价体。在这几种类型中，链状结构常常占大多数。例如，在黑麦中，曾对一个带有随体的三体染色体进行观察，发现有 96.0%的细胞，染色体两臂都发生了交

叉。在300个细胞中，有145个三价体，其中122个形成链，13个形成“网球拍”状，10个为Y形结构。另一株有89.6%的细胞两臂发生交叉，在300个细胞中，观察到106个三价体，其中91个呈链状，13个呈“网球拍”状和10个Y形结构。Einset（1943）发现，玉米三体中期Ⅰ三价体出现频率总是低于粗线期。例如，三体3粗线期单价体频率为2%～4%，双线期为7%～11%，终变期为30%，中期Ⅰ为32%。这种随着细胞分裂过程的推进而发生的三价体减少和单价体增多的现象，可能的原因有两个：一是虽有交叉存在，但交叉逐步端移而后消失，同源染色体脱离；二是虽有染色体联会但未发生交叉，染色体缩短之后，同源染色体自行分离。

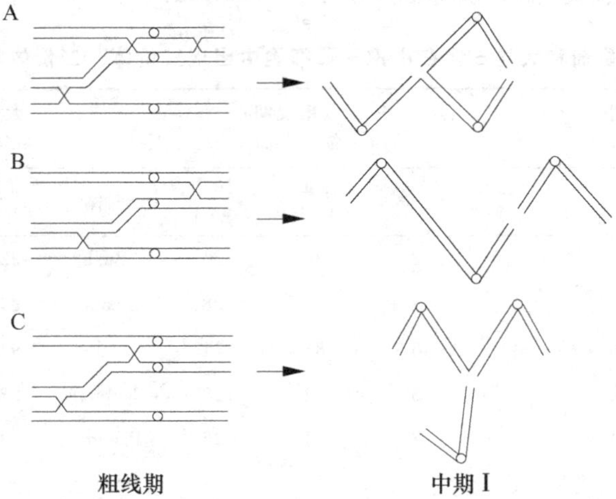

图8-3 初级三体三价体交叉发生地点与中期Ⅰ染色体构型

中期Ⅰ三价体在赤道板上的排列通常是两个着丝粒朝向一极，一个着丝粒朝向另一极。在偶然的情况下，链形染色体垂直于赤道板，呈直线排列。处在中间的那一条染色体常常因在后期Ⅰ不能走向两极而最后消失。

单价体在减数分裂中总是落后于二价体，可能因不能进入末期Ⅰ的细胞核而消失，也可能偶尔进入细胞核，在第二次分裂中行为正常。中期Ⅰ若单价体运动到赤道板上，因无同源染色体存在，后期Ⅰ的分离也不正常。它可以像有丝分裂那样姐妹染色单体彼此分开，趋向两极。但到后期Ⅱ，染色单体不能再分裂，就会再次因落后而丢失。这种现象在黑麦中发生得比较普遍，但在曼陀罗和其他生物，单价体着丝粒在中期Ⅰ会偶尔发生错分裂（misdivision），产生两个染色体，每个带有两个半条染色体或者两个相同的染色体臂和一部分着丝粒。这一部分着丝粒无论大小，都像完整的着丝粒一样，可以发挥正常功能。在后期Ⅱ，两个半条染色体可以彼此分开进入子细胞，并能传递到后代。使后代中出现带有顶端着丝染色体的三体，这种三体称为端体三体（telocentric trisomic）。另一种可能是带有两个半条染色体的断裂着丝粒愈合起来，形成一个两臂完全相同的等臂染色体（isochromosome）。等臂染色体偶尔进入后期Ⅱ细胞并传递到后代，使后代成为带有额外等臂染色体的次级三体。

（三）三体的传递

理论上，$2n+1$ 个体可以产生 n 和 $n+1$ 两种配子，各占50%。在（$2n+1$）×$2n$ 及 $2n$×（$2n+1$）交配中，都应当出现50%的 $2n+1$ 后代。而实际上，（$2n+1$）×$2n$ 的后代，$2n+1$ 个体很少超过20%；而 $2n$×（$2n+1$）的后代，极少出现或根本没有 $2n+1$ 的个体。

（$2n+1$）×$2n$ 后代中 $2n+1$ 个体比率降低的原因可能是多方面的，包括：单价染色体在减数分裂中的落后消失作用，$n+1$ 孢子或配子体相对较低的生活力，$2n+1$ 合子和胚胎发育的不正常，以及种子较低的发芽力和较弱的幼苗等。其中最主要的原因大概是单价体的落后消失作用和 $n+1$ 配子体生活力的降低。对于前者，Einset 对玉米的一套初级三体曾进行过详细研究和比较。他发现，在减数分裂中，长染色体和短染色体相比，具有较多的交叉率，三价体出现的频率较高而单价体出现的频率较低，因而具有较高的传递率。例如，3个最长的染色体，即三体2、3和5，$n+1$ 配子传递率为48%；3个中等长度染色体，即三体6、7和8，传递率为37%；而两个最短的染色体，即三体9和10，传递率只有25%。这3类三体出现 $n+1$ 孢子的比数分别为46%、40%和29%；而小孢子母细胞中单价体的出现比率为21%、31%和44%（表8-2）。

表8-2　玉米初级三体染色体长度与后代三体频率、小孢子母细胞中单价体频率及 $n+1$ 小孢子频率

染色体	相对长度	（$2n+1$）×$2n$ 后代		小孢子母细胞		小孢子	
		总数	（$2n+1$）/%	总数	具单价体细胞/%	总数	（$n+1$）/%
2	80	320	47	602	20	454	48
3	74	91	45	342	28	167	41
5	73	89	52	209	14	198	50
平均	76		48		21		46
6	60	155	38	109	28	109	34
7	56	80	41	246	26	193	50
8	57	191	31	267	40	245	36
平均	58		37		31		40
9	52	113	22	214	44	218	23
10	45	198	28	672	43	299	34
平均	49		25		44		29

与 $2n$ 植物相比，$6n$ 小麦三体的传递率要高得多，达40%～45%（Sears，1954）。额外染色体的存在，对小麦的孢子、配子体、合子和胚的生活力影响很小。三体传递率的少量降低可能全部是由额外染色体的落后消失作用造成的。

所有影响额外染色体传递率的因素在三体作父本时都依然存在。除此之外，还有一些其他原因，如 $n+1$ 花粉晚熟、花粉管生长缓慢、发育异常，以及花粉发芽率降低等，使 $n+1$ 花粉竞争力大为降低，甚至完全不能传递。在 $2n$ 植物中，只有玉米和曼陀罗通过父本能偶然传递少量三体，绝大部分是不能传递的。在动物中，由于雄体也可以正常传递三体，故三体杂交后代，会有四体（tetrasomic）出现。

（四）基因分离比与双减数

三体由于有 3 条同源染色体存在，每个等位基因也有 3 份。因此其遗传组成和遗传方式也和 $2n$ 不同。以基因 a 为例，三体应有 4 种可能的组合，即三显性 AAA、双显性 AAa、单显性 Aaa 和无显性 aaa。杂合体有两种。在单显性情况下，如果 3 条染色体随机分配且不发生丢失，应当产生 6 种比数相等的配子。假定两个 a 分别以 a_1 和 a_2 表示，则 6 种配子类型是：Aa_1、Aa_2、a_1a_2、A、a_1、a_2。3 种具有 $n+1$ 条染色体，3 种具有 n 条染色体。与 aa 测交，后代 A∶a 应为 1∶1，与 2 倍体分离比数相同。在植物中，由于 $n+1$ 配子不能通过花粉传递，故以 Aaa 作父本测交时，后代 A∶a 应当为 1∶2。Aaa 自交，F_2代 A∶a 理论上也应当为 3∶1，与 $2n$ 分离比例相同。而实际上，因父本只传递 n 配子，各类杂交后代中，隐性个体出现的比率都比预期的高。

双显性组合 AAa 是由 AAA 和 aa 杂交而来。两个 A 假定也以 A_1 和 A_2 表示，那么 A_1A_2a 理论上应产生 6 种相等的配子，即 A_1A_2、A_1a、A_2a、A_1、A_2 和 a。AAa×aa，后代 A∶a 应为 5∶1；aa×AAa，后代 A∶a 应为 2∶1。AAa 自交，在 n 与 $n+1$ 配子传递率相等的情况下，A∶a 应为 35∶1，在植物中，$n+1$ 配子不能通过花粉传递，A∶a应为 17∶1。而实际上，A 个体出现概率总是比预期的低，a 个体则比预期的高。原因之一是额外染色体在减数分裂中的落后消失作用。如前面所述，三体后代中，$2n+1$ 的个体远远低于 50%。由于 $2n+1$ 个体均为 A 类型，它的减少就意味着 a 的增加。假定通过母本有 1/3($n+1$) 配子和 2/3 n 配子传递下去，那么 AAa 自交后代 A∶a 就不是 17∶1 而是 12.5∶1（图 8-4）。

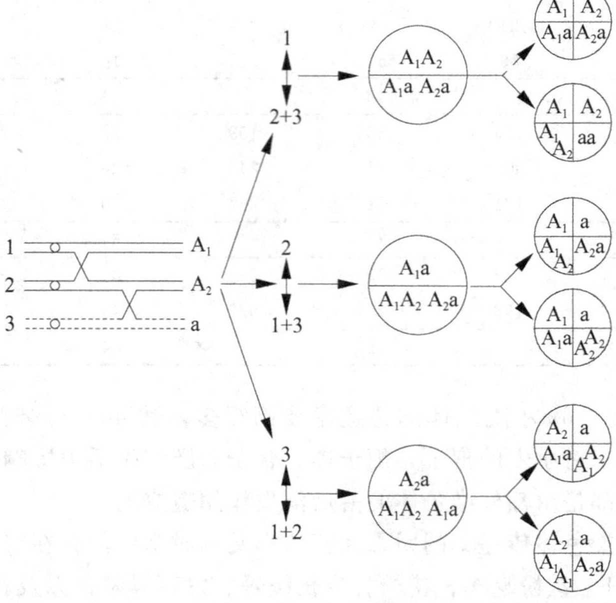

图 8-4　三体 AAa 三价体的交换与染色单体分离，双减数使姐妹染色单体进入一个孢子，12 个（$n+1$）孢子中有 3 个，即 A_1A_1、A_2A_2 和 aa 为双减数的产物

以上的分离比例都是依染色体为单位计算的，它适合于与着丝粒完全连锁的那些等位基因。依染色体为单位进行分离，AAa 个体不可能产生 $n+1$ 的 aa 配子，后代三体株也不可能有 aaa 个体。不过，在遗传实践中，AAa 的自交和测交后代均能发现比数很低的 aaa 三体株。它一定是具有 $n+1$ 的 aa 配子与 a 结合的产物。这就不能用染色体分离加以解释。

产生 aa 配子的原因可能有两个：一是有关基因离着丝粒较远，基因与着丝粒间可以自由发生交换，因而 AAa 的 6 条染色单体可以随机结合。在产生的 15 种可能的 $n+1$ 组合中，有 3 种是姐妹染色单体相结合的类型，其中一种（即 1/15）为 aa。AAa 自交，在母本 n 与 $n+1$ 配子都能正常成活的情况下，后代基因型比率为 12AAA：22AAa：10Aaa：1aaa：20AA：20Aa：5aa。A：a=14：1。在母本传递 1/3($n+1$) 配子的情况下，后代基因型比例为 12AAA：22AAa：10Aaa：1aaa：40AA：40Aa：10aa。A：a=11.27：1。二是在三价体形成的情况下，a 基因与着丝粒交换之后，由于双减数作用的存在，可以使 $n+1$ 配子中 aa 出现的比率提高到最大值。如图 8-4 所示，如果 A_1A_2a 形成了三价体，在着丝粒与基因座位之间发生了一个交叉，染色体以随机方式产生 2 对 1 的分离。第一次分裂之后产生 3 种类型的二分体（dyad），各占 1/3。第二次分裂时，每种二分体对所带基因来说又有两种分离方式。其结果，12 个（$n+1$）孢子中有 3 个即 1/4 为双减数类型（A_1A_1、A_2A_2 和 aa）。aa 出现频率为 1/12，高于依染色单体方式随机分离频率（1/15）。各类配子比数为 5AA：6Aa：1aa：8A：4a（表 8-3）；在母本 n 与（$n+1$）配子都能正常成活的情况下，自交后代比率为 10AAA：17AAa：8Aaa：1aaa：16AA：16Aa：4aa，A：a=13.4：1。低于依染色体为单位分离的 17：1 和依染色单体为单位的 14：1（表 8-4）。在母本传递 1/3($n+1$) 配子的情况下，自交后代 A：a=11：1。如果与 aa 类型测交则其后代的分离比例与配子相同。

表 8-3 玉米初级三体的配子分离

分离类型	雌配子 $n+1$：n=1：1			雌配子 $n+1$：n=1：2		
	$n+1$	n	A：a	$n+1$	n	A：a
依染色体分离	1AA：2Aa	2A：1a	5：1	1AA：2Aa	4A：2a	7：2
依染色单体分离	6AA：8Aa：1aa	10A：5a	24：6	6AA：8Aa：1aa	20A：10a	34：11
依最大均衡分离	5AA：6Aa：1aa	8A：4a	19：5	5AA：6Aa：1aa	16A：8a	27：9

表 8-4 玉米初级三体的合子分离

分离类型	雌配子 $n+1$：n=1：1			雌配子 $n+1$：n=1：2		
	$2n+1$	$2n$	总计 A：a	$2n+1$	$2n$	总计 A：a
依染色体分离	AAA：AAa：Aaa 2：5：2	AA：Aa：aa 4：4：1	17：1	AAA：AAa：Aaa 2：5：2	AA：Aa：aa 8：8：2	25：2
依染色单体分离	AAA：AAa：Aaa：aaa 12：22：10：1	AA：Aa：aa 20：20：5	14：1	AAA：AAa：Aaa：aaa 12：22：10：1	AA：Aa：aa 40：40：10	114：11
依最大均衡分离	AAA：AAa：Aaa：aaa 10：17：8：1	AA：Aa：aa 16：16：4	67：5	AAA：AAa：Aaa：aaa 10：17：8：1	AA：Aa：aa 32：32：8	97：9

由于位于三体上的基因与二体上的基因分离比例截然不同，在遗传上我们就可以利用三体作工具来测定有关基因所属的连锁群或染色体。例如，我们在某一生物中发现一个a突变。为了确定它的连锁群的归属关系，第一步要以突变体作父本，与该生物的一套 n 个三体进行杂交。F_1 有 $n-1$ 个杂交组合基因型为Aa，只有a基因所属染色体的三体基因型为AAa。让这一套 F_1 各自进行自交或测交，F_2 和 BC_1（测交一代），有 $n-1$ 个组合表现正常的3∶1和1∶1的 $2n$ 分离比例，只有一个组合（AAa）出现三体比率。a基因就位于这个三体染色体上。利用三体来测定连锁群在 $2n$ 植物中应用得比较普遍。表8-5是McClintock和H. E. Hill（1931）在玉米中用r基因与三体10测定的结果。RRr×RRr、RRr×rr，以及rr×RRr后代的分离比例都更接近于三体比率而与二体有明显的差别。显性个体出现的概率比期望数偏低是由于额外染色体传递率较低造成的。

表8-5 玉米r基因与三体10 F_1 的自交和测交结果

交配类型	糊粉层			分离比例（R∶r）	
	有色	无色	总计	观察	预期
RRr×RRr	396	41	437	10∶1	17∶1
RRr×rr	819	213	1032	4∶1	5∶1
rr×RRr	941	486	1427	2∶1	2∶1
Rrr×rr	670	836	1515	1∶1	1∶1
rr×Rrr	1392	2685	4077	1∶2	1∶2
Rr×Rr	508	204	812	3∶1	3∶1
Rr×rr	1161	1196	2357	1∶1	1∶1
rr×Rr	132	135	267	1∶1	1∶1

二、次级三体

次级三体是由两条同源染色体和一条等臂染色体组成的三体。多数起源于初级三体在减数分裂过程中额外染色体着丝粒的错分裂，也可能来自正常 $2n$ 个体在减数分裂中偶然出现的单价体着丝粒错分裂。在小麦中，Sears（1952）观察到单体5A有39.7%的细胞发生错分裂，其中有一半以上的细胞产生等臂染色体。让单体株自交，后代中有可能出现单等臂体（monoisosomic），即单体染色体是一条等臂染色体。在个别情况下，会出现单等臂二体（$2n-1$+等臂染色体）。在发生染色体不分离的情况下，单等臂二体会产生 $n+1$ 等臂染色体的配子。这样的植株接受正常的花粉，就会产生 $2n+1$ 等臂染色体的次级三体。

在减数分裂中，次级三体的配对方式有两种，一种是等臂染色体的两个臂进行自我配对，终变期或中期Ⅰ形成一个小型环状单价体（图8-5D）；另一种是等臂染色体的两个臂与两条正常染色体对应染色体臂相配对，正常染色体的另外两臂也相互配对，形成一个环状的三价体（图8-5A）。一般而言，较短染色体臂的次级三体，等臂染色体形成单价体的机会较多。中期Ⅰ染色体的构型反映出粗线期发生交叉的位置和数目（图8-5右）。

表8-6为番茄（$2n=24$）的次级三体的联会情况，不同的次级三体的联会方式会存

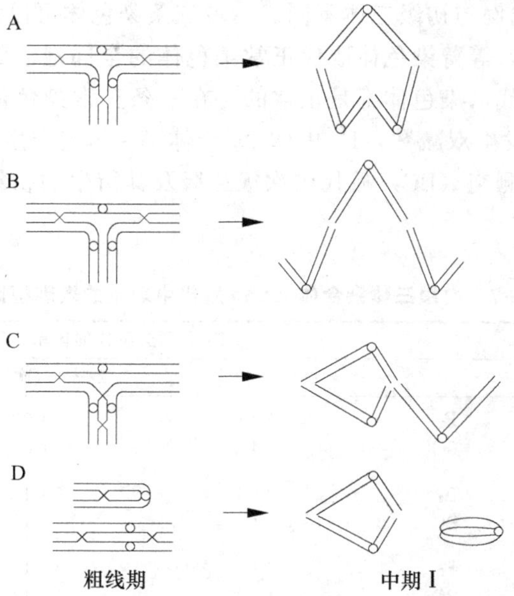

图 8-5 4种次级三体中期Ⅰ染色体的构型和它们可能的来源

在一定差异，总体上来看，染色体长臂所形成的次级三体以三价体联会为多，而染色体短臂所形成的三体则更易于形成单价体。所观察的番茄次级三体没有出现3个单价体的联会。

表 8-6 番茄次级三体的联会表现

类 型	各类染色体联会比例/%		
	11Ⅱ+1Ⅲ	12Ⅱ+1Ⅰ	11Ⅱ+3Ⅰ
2*n*+3S.3S	44	56	0
2*n*+7S.7S	32	68	0
2*n*+9S.9S	40	56	4
2*n*+6L.6L	68	32	0
2*n*+8L.8L	58	42	0
2*n*+9L.9L	62	38	0
2*n*+10L.10L	60	40	0
2*n*+12L.12L	72	28	0

具有 *n* 个二价体和一个等臂染色体单价体的孢母细胞，减数分裂会产生 *n* 和 *n*+1 等臂染色体两种类型的孢子，但在形成三价体的孢子母细胞，还能产生两种新的孢子类型。假定一个次级三体的额外染色体为 1L.1L，那么三价体可能的分离方式有两种，一种产生 *n*+1L.1L 的 *n*+1 孢子和正常的 *n* 孢子；另一种产生具有两条 1S.1L 染色体的 *n*+1 孢子和 *n*−1S.1L+1L.1L 的 *n* 孢子。在 2*n* 生物中，后者因缺失一条染色体臂而很难成活，前者额外染色体变成了正常的 1S.1L，与正常 *n* 配子结合之后，下一代又恢复成了初级三体。

次级三体的分离比例与初级三体不同。后者三条染色体可以相互取代，产生特殊的三体比率。在 $2n$ 植物，等臂染色体取代正常染色体的全部孢子都是不能成活的，所以次级三体产生的 $2n$ 后代，染色体都是正常的。在一条正常染色体带有隐性基因的杂合体（AAAa），如果不发生双减数，F_2 中的 $2n$ 个体 A∶a 应产生普通 $2n$ 的 3∶1 比率，测交应为 1∶1。F_2 和测交（BC）后代中次级三级及其衍生的初级三体，都不应当有隐性个体出现（表 8-7）。

表 8-7　次级三体杂合体 AAAa 后代中期望的表现型比率

标记基因位置		F_2 和测交后代的比率		
		$2n$	$2n+1$（次级）	$2n+1$（初级）
等臂染色体臂	F_2	3∶1*	1∶0	1∶0*
	BC	1∶1*	1∶0	1∶0*
等臂染色体的另一臂	F_2	3∶1	3∶1	1∶0*
	BC	1∶1	1∶1	1∶0
不在三体染色体	F_2	3∶1	3∶1	3∶1
	BC	1∶1	1∶1	1∶1

* 在有双减数存在时会略有变动。

三、端 体 三 体

额外染色体由端着丝染色体组成的三体为端体三体（telocentric trisomic）。其来源大致与次级三体相同，都是由单价体在减数分裂中着丝粒错分裂造成的。它的表现型效应一般没有初级三体或次级三体明显。

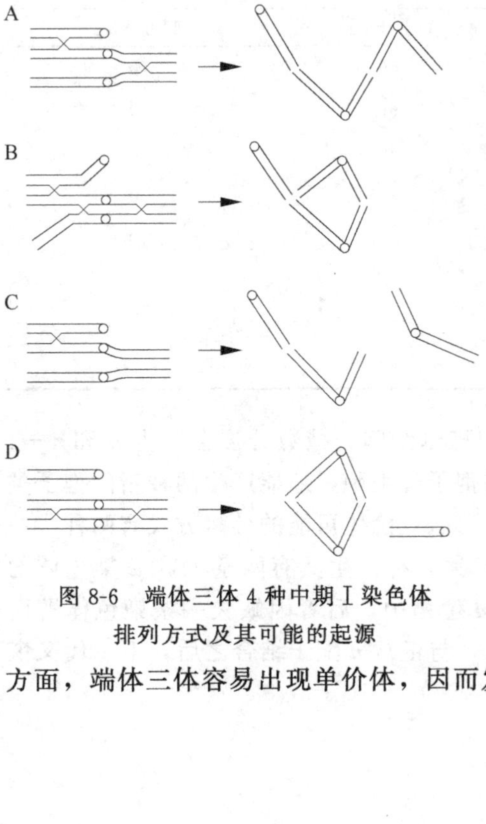

图 8-6　端体三体 4 种中期Ⅰ染色体排列方式及其可能的起源

在减数分裂中，顶端着丝染色体可以和两条正常染色体的同源染色体臂相配对，形成三价体（图 8-6A、B、C），或者不配对，变成单价体（图 8-6D）。三价体与单价体孢子母细胞出现的频率决定于端着丝染色体臂的长度和交叉出现的频率。在三价体中，端着丝染色体与两条正常染色体臂的联会部位也是变动不定的，很难形成环状三价体，大多数为带分支的结构。中期Ⅰ在赤道板上，多数呈链形排列，也有少数呈“网球拍”状或 Y 形排列，但端着丝染色体的着丝粒总是暴露在外边（图 8-6 右）。

端体三体只额外增加了一个染色体臂，和初级及次级三体相比，它引起较小的有害效应，因而传递率较高。在植物中，小形的端体三体甚至可以通过花粉而传递。但另一方面，端体三体容易出现单价体，因而发生落后消失的机会也较多。

后代分离比例与次级三体类似。因为一条染色体臂不能替代整条染色体，所以也不会出现初级三体的分离比例。在正常染色体所带基因处于杂合状态，顶端着丝染色体带有显性基因时（AAa），自交后代二体株显性∶隐性＝3∶1，三体株为1∶0；测交后代二体株为1∶1，三体株为1∶0。如果在自交后代中发现二体与三体株均表现3∶1，测交后代中二体和三体株均为1∶1，那么标志基因就可能在另一染色体臂或者三体以外的染色体上。用端体三体测定基因连锁群与次级三体一样可靠和准确，但由于端体三体比次级三体更容易获得和保存，所以比次级三体在遗传上应用得更加广泛。

四、三 级 三 体

在正常染色体组基础上多了一条易位染色体的称为三级三体（tertiary trisomic）。因为每一相互易位涉及两条染色体，所以每一易位可以产生两种三级三体。尽管正常 $2n$ 个体，三倍体或三体后代，在自然情况下会产生三级三体，但由于三级三体的产生必须涉及染色体的易位，以及易位染色体的不分离两个细胞学过程，所以发生概率是非常低的。如果杂易位早已存在，中期Ⅰ四价体染色体发生不分离，就会产生4种（$n+1$）孢子和配子，两种为正常的初级染色体，另外两种为次级易位染色体。它们的后代就为成为相应的初级三体和三级三体。杂易位体是三级三体的主要来源。

由于额外的易位染色体与另外两条同源染色体都有同源性，在粗线期，它可以和其中每一条染色体配对，或者和两者都配对，在个别情况下，也可以形成单价体。到终变期或中期Ⅰ，由于交叉发生和交叉移端的不同情况，三级三体可以形成不同的染色体结构，如（$n-2$）Ⅱ＋1Ⅴ、（$n-2$）Ⅱ＋1Ⅳ＋1Ⅰ、（$n-1$）Ⅱ＋1Ⅲ、（$n-2$）Ⅱ＋1Ⅲ＋2Ⅰ、nⅡ＋1Ⅰ、（$n-1$）Ⅱ＋3Ⅰ等。

番茄的三级三体有多种联会形式，但各种联会的形式存在较大差异。对番茄三级三体的观察结果表明，联会的形式主要有12Ⅱ＋1Ⅰ、11Ⅱ＋1Ⅲ和10Ⅱ＋Ⅳ，其他联会形式较少发生（表8-8）。

表8-8　番茄三级三体的联会表现

类　型	细胞数	12Ⅱ＋1Ⅰ	11Ⅱ＋1Ⅲ	10Ⅱ＋Ⅳ	10Ⅱ＋1Ⅳ＋1Ⅰ	10Ⅱ＋1Ⅲ＋2Ⅰ	11Ⅱ＋3Ⅰ	10Ⅱ＋5Ⅰ
$2n$＋1L. 11L	50	13	20	15	1	1	0	0
$2n$＋2L. 10L	50	12	17	12	1	6	2	0
$2n$＋4L. 10L	50	6	20	22	1	1	0	0
$2n$＋5S. 7L	50	15	20	13	0	2	0	0
$2n$＋7S. 11L	50	21	22	5	1	0	1	0
$2n$＋9L. 12L	50	19	16	14	0	0	0	1
$2n$＋9S. 12S	50	17	17	11	2	2	0	1

引自 Khush and Rick，1967。

三级三体后代的分离比例与次级和端体三体相似。三级三体测验也与其他三体相同，以具有正常等位基因的三体作母本，与 $2n$ 纯合突变材料杂交。F_1 代一条正常染色体带有隐性基因，另一条同源染色体和三级染色体带有相应显性基因。F_2 代和测交后代，全部二体株应呈现 3∶1 和 1∶1 的分离比例，三体株全部为显性。若测定基因不在三体染色体上，则二体株与三体株都将呈现正常的 3∶1 与 1∶1 比率。这样根据 3∶1 和 1∶0，以及 3∶1 和 1∶1 的分离比例来确定突变基因是否与三体有关。这种比率只有在三体与二体之间有明显表现型差异或进行过细胞学染色体计数时才能应用。如果表现型没有区别或区别不明显，染色体计数也有困难时，就只能从总体表现型分离比例来区分，其准确程度相对要差一些。如果 1/2 的雌配子传递三级三体，后代总体比率应为 7∶1，如果 1/3 雌配子传递，后代比率应为 5∶1。

五、三体在遗传育种中的应用

各类三体在遗传研究上的最主要应用是了解基因与染色体的关系，确定基因所属的连锁群或染色体臂。除此之外，三体也用来研究染色体的重复效应，包括整条染色体的重复效应、一个染色体臂的重复效应和部分染色体臂的重复效应。初级三体还可以用来鉴定相互易位所涉及的染色体。例如，让纯易位体作父本与一套三体杂交，F_1 三体株在细胞学上会出现两种情况，一种为 O_4＋1Ⅲ，表明易位染色体与三体染色体无关；另一种是出现由 5 条染色体组成的链，表明一条易位染色体与三体染色体有关。这样，通过对各杂交组合 F_1 三体株的检查，就能对易位所涉及的染色体做出准确的判断。

三级三体还可以用来繁殖细胞核雄性不育系，应用于某些自花授粉作物的杂交种生产。例如，假定有一个三级三体，两条正常染色体上带有雄性不育基因 ms，易位染色体上带有相应的正常基因＋。如果该基因与易位断点密切连锁，这样的三级三体株本身是雄性可育的。在不发生双减数的情况下，所有 $2n$ 后代都将是雄性不育的。由于通过父本不能传递 $n+1$ 配子，这样的三级三体就可以通过自交的方式大量繁殖 $2n$ 的雄花不育系和雄花正常的三级三体系（图 8-7）。

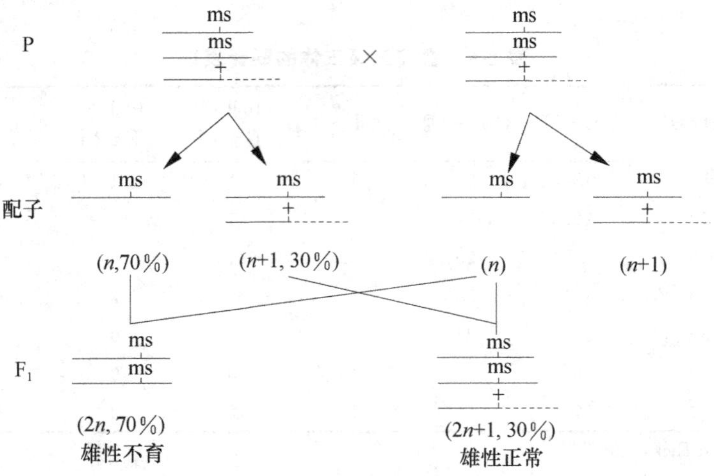

图 8-7 利用三级三体繁殖核不育系

ms＝雄花不育；＋＝ 雄花正常

第二节　单体与缺体遗传

一、单体、缺体的起源与形态特征

在 $2n$ 植物后代中，常常会出现频率极低的单体植株，这很可能是由于在细胞分裂过程中个别染色体的不分离造成的。1904 年，Nilsson-Ehle 首先在斯卑尔脱（*A. speltoid*）型小麦中分离出第一个单体。自此以后，不仅在小麦中，而且在栽培燕麦（*Avena sativa*）、烟草、陆地棉（*Gossypium hirsutum*）等许多植物中分离出单体。R. Riley 和 G. Kimber（1961）通过根尖细胞的染色体计数，检查了 631 株 SunⅡ燕麦品种的幼苗，分离出了 7 个单体株。J. B. Hacker 和 R. Riley（1963）从同一品种的 3453 个幼苗中，检查出 40 个单体。

各种异常的物理因素和化学试剂也能诱发单体的产生。低剂量的 X 射线、γ 射线或快中子照射种子、花器或花粉等都能增加单体的出现频率。运用这种方法曾在不少物种中获得了数目可观的初级单体（primary monosomic）和三级单体（tertiary monosomic）。射线诱发单体的机制还不完全清楚，很可能通过损害着丝粒的功能而影响染色体的运动，引起个别染色体的落后和消失。有时，照射引起染色体在着丝粒处断裂，非同源染色体臂在着丝粒处连接起来，产生出一个易位或三级染色体（tertiary chromosome），另外两臂丢失，从而产生一个三级单体。

由遗传控制的染色体不联会和联会消失可以引起减数分裂中大量单价体出现，这些单价体在后期Ⅰ的无规律分配，可以形成一部分 $n-1$ 的配子。这样的配子一旦接受 n 花粉，就能产生一个 $2n-1$ 的单体种子。R. E. Clausen 和 D. R. Cameron（1944）在烟草中分离到的 24 个不同单体，就是利用称为灰色不育系的染色体不联会材料与正常株杂交得到的。玉米利用 *r-X*1 系统可以有效地产生单体（Weber，1991）。以该材料具有染色体删除效应（chromosome deletion），在减数分裂的过程中引起染色体的不联会，从而使 10 条染色体中的任何一条都有可能丢失，形成单体。控制删除效应的基因位于 10 号染色体上（Weber，1983）。该特性只能通过母本传递，因此，在产生单体时需要以该材料为母本。

有些非整倍体，由于染色体的不平衡性，会引起部分同源染色体的不联会，它们的后代也会产生不同类型的单体。例如，E. R. Sears（1954）就曾从一个小麦部分不联会的缺体 3B 中分离出 17 个不同的单体。

单倍体是单体的一个重要来源。Sears（1954）曾从一个单倍体小麦后代中分离出 19 个不同的单体。J. E. Endrizzi（1966）、P. N. Rao、G. W. Stokes（1963）和 I. Nishiyama（1968）等也都分别在海岛棉（*Gossypium barbadense*）、燕麦属的 *A. byzantina* 和烟草的单倍体，或它们的单倍体与二倍体杂交后代中分离出一系列单体。单倍体后代常常会出现各种各样的非整倍体类型，如双单体（double-monosomic）、三单体（triple monosomic）以及单体-三体（mono-trisomic）等。这些复杂的非整倍体类型都是不稳定的，通过与正常 $2n$ 株回交就可以逐渐消除而分离出简单的单体。

单体是缺体的最主要的来源。单体、单端体（monotelosomic）或单等臂体的自交后代都会出现一定频率的缺体植株。六倍体小麦全部缺体类型都是通过这种途径得到的。但单体后代缺体出现的频率变动很大，主要决定于单价染色体在减数分裂中丢失的频率、$n-1$ 配子通过花粉传递的频率，以及缺体合子和幼胚的成活率。单体株产生的 $n-1$ 配子，虽然在花粉中也是有功能的，但竞争力较小，因而传递率很低。而在卵母细胞中，由于单价体的落后丢失作用，雌配子中 $n-1$ 出现的概率总是高于 50%。所以，在单体株自交后代中，出现最多的类型仍然是单体（表 8-9）。

表 8-9　小麦单体 5A 与正常株杂交后代雌配子染色体组成的频率

染色体组成	植株数	占总数的比例/%
$n=21$	129	16.4
$n-1=20$	628	80.0
$n-1+$端体$=21$	16	3.6
$n-1+$等臂体$=21$	11	
$n+$端体$=22$	1	
	总数＝785	

有些小麦单体能够诱发其他染色体的部分不联会，从而引起别的染色体丢失。如果由这种部分不联会个体产生的 $n-1$ 卵子中包含有原来的单体染色体，丢掉的是其他染色体，这个卵子与带有 n 条染色体的正常精子结合产生的单体将与当初的单体不同，这种现象叫做单体转移（monosomic shift）。

像三体一样，单体个体由于单价染色体在减数分裂中的落后，也会引起着丝粒的错分裂，从而产生两种顶端着丝染色体和两种等臂染色体，其发生频率随单体染色体不同而不同。因此，单体植株后代，除产生二体、单体和缺体之外，还会衍生出其他的异倍体变异，如单端体、单等臂体、单端二体（monotelodisomic）和单等臂二体（monoisodisomic）等。

在四倍体物种（如烟草）中各个单体都有明显的形态差异，也和正常二体不同。植株的各个部分都受到不同程度的影响，但花器部分受到影响最大。表现在花色的深浅、花瓣的形态和分散程度、花柱和花丝的长度、花萼和蒴果的大小和特征，以及许多数量性状上的差异。根据这些性状和某些重要的营养体性状如植株大小、发育速度、叶片的形状和叶色深度等，可以把各个单体区别开来。但对六倍体的小麦和燕麦来说，单体与二体在形态上区别不大，各个单体之间也没有多大差别，因此就很难从外部形态上进行辨认。小麦中只有单体 5A 具有斯卑尔脱特征可供识别。玉米单体生长较为缓慢，总体上可以正常发育。番茄的单体在苗期生长十分缓慢，在 2～3 个月后才趋于正常。

缺体就不同了，以六倍体中国春小麦为背景的各个缺体之间，缺体与二体之间都存在着鲜明的形态差异，包括幼苗性状、成株性状和穗部性状。从总体上来讲，缺体对生长势都有不利影响，因而营养体缩小，株高降低分蘖减少。有些缺体生育期延迟，有些生育期提早。有些叶片变宽，有些叶片变窄，但区别最明显的还是穗部性状（图 8-8），包括穗码的长度和密度，芒的长度和色泽，内、外颖片的挺立度，花药的大小和种子的育性等。六倍体燕麦也像小麦一样，各个缺体之间，以及缺体与二体之间在营养体性状与穗部性状方面都存在着一系列差别。

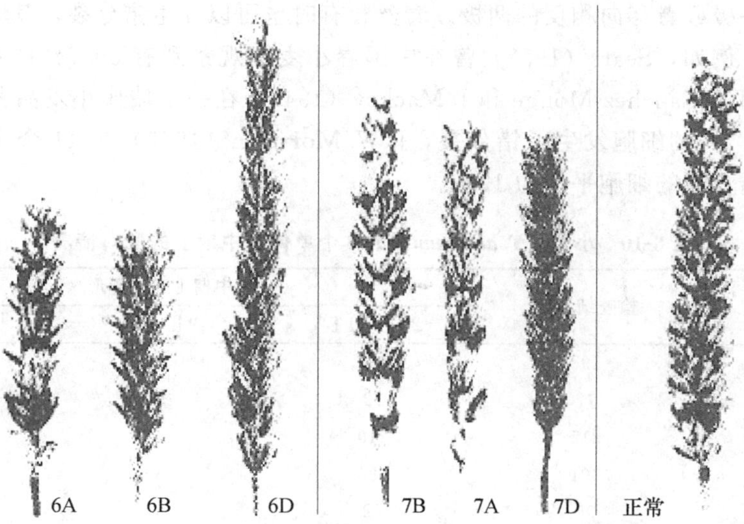

图 8-8 “中国春”小麦品种的部分缺体及正常的穗型

二、单体、缺体的细胞学行为

在一般情况下，单体株在减数分裂中会形成 $n-1$ 个二价体和一个单价体（图 8-9）。在个别情况下，可以出现两个或两个以上的单价体（表 8-10）。这是由于其他同源染色体发生不联会或联会消失之故。在极个别的情况下，由于部分同源染色体联会的结果，也会形成三价体。像三体行为一样，单体也能以某种程度扰乱染色体的配对过程。单体染色体在减数分裂前期，位置并不固定。由于它运动缓慢，到中期Ⅰ，二体染色体排列在赤道板的时候，它会滞留在赤道板一边。当二价体准备分向两极的时候，单价体才移动到赤道板。在后期Ⅰ，整个单价体可以移向一极，也可能完成纵裂，两个姐妹染色单

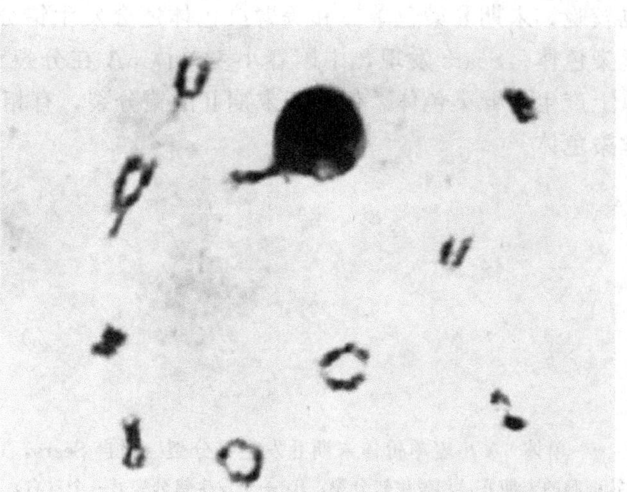

图 8-9　玉米单体 6 在减数分裂Ⅰ的终变期显示 9 个
二价体与一个单价的 6 号染色体（与核仁相连）（引自 Plewa，1975）

体同时移向一极或者移向相反的两极。着丝粒有时也可以发生错分裂，其频率随品种和染色体而变。例如，Sears（1952）曾在中国春小麦中观察到有 39.7%的单体 5A 发生了错分裂，而 E. Sanchez-Monge 和 J. Mackey（1948）在一个瑞典小麦品种中观察到单体 5A 只有 1.7%的细胞发生了错分裂。J. W. Morrison（1953）在 11 个小麦单体中观察到发生了错分裂的细胞平均为 12%。

表 8-10　小麦（*T. aestivum*）的 8 个单体在中期Ⅰ的配对情况

单体	检查细胞数	中期Ⅰ配对情形		
		20Ⅱ+1Ⅰ	19Ⅱ+3Ⅰ	18Ⅱ+1Ⅰ
1B	198	194	4	0
2A	77	72	5	0
3D	215	210	4	1
4A	391	385	6	0
4B	96	88	5	3
4D	131	129	2	0
5A	165	161	4	0
6D	169	168	1	0
总数	1442	1407	31	4
所占百分率/%		97.6	2.1	0.3

由于单体单价体的分裂要比二价体的分离晚得多，其分裂产物由于落后，常难以包含进末期Ⅰ的细胞核里，而是在细胞质中形成各自的小核。例如，在烟草中，曾经观察到，有 70%的单体细胞出现小核。

在减数分裂的第一次分裂中，如果整个单价体进入细胞核，该细胞第二次分裂是正常的，产生 *n* 染色体数的配子。如果单价体进行均等式分裂，即两条染色单体分开，或者着丝粒发生错分裂，它们产生的染色单体、端着丝染色体和等臂染色体，由于运动迟缓，进入中期Ⅱ也较晚，末期Ⅱ染色单体和等臂染色体还会发生错分裂（图 8-10），产生两个新的端着丝染色体。Sears 发现，中国春小麦单体 5A 在分裂Ⅰ发生错分裂的染色体中，有一半以上产生等臂染色体。但由于末期Ⅱ的错分裂，有相当数量的等臂染色体转变成了端着丝染色体。

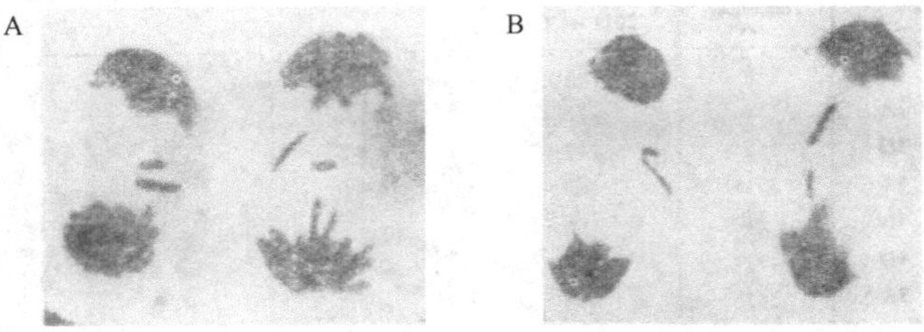

图 8-10　单体 5A 小麦单价体末期Ⅱ发生错分裂（引自 Sears，1952）

A. 两个姐妹细胞的末期Ⅱ，均发生错分裂；B. 一个发生错分裂另一个（右）可能无发生

只有少数小麦和燕麦缺体在减数分裂中能够有规律地产生 $n-1$ 个二价体，从而产生 $n-1$ 的孢子和配子。绝大部分缺体都能引起减数分裂过程某种程度的紊乱。例如，

小麦缺体 2A 和 3B 能够引起染色体部分不联会，因此缺体在减数分裂中，也会有单价体出现，而且单价体的数目也有很大的变动。拟燕麦（*A. fatuoid*）缺体是完全不联会的。其他缺体也大都具有部分不联会性。

三、小麦的 5B 效应与 Ph 基因

与一般小麦缺体引起的细胞学效应不同，缺体 5B 不仅不抑制同源染色体的联会，反而起到促进作用，而且还促进部分同源染色体之间的联会。普通小麦是异源 6 倍体（AABBDD）种，有 A、B、D 3 个染色体组，分别来自 3 个近缘二倍体种。这 3 个染色体组，每组包括 7 条染色体，它们之间都有部分同源性。但是在减数分裂中，只是同源染色体配对，全部形成二价体，从未发现三价体或多价体的存在。如何解释这种现象呢？1957 年 Kamoto 用一个四倍体小麦（AABB）的 5B 单端体与另一个人工合成的双二倍体小麦（AADD）杂交，F_1 代多数不含 5B 端体，凡是含有 5B 端体的植株，配对行为正常，AA 配对，形成二价体，B 和 D 不配对，形成单价体。不含 5B 端体的植株配对异常，A 组染色体不仅可以和 A 配对，也可以和 B、D 染色体组中的部分同源染色体配对，因而不仅出现二价体，也出现了三价体和四价体。这个试验证明 5B 染色体一个臂的存在对小麦染色体配对行为有重要影响。

1958 年 R. Riley 发现，缺少 5B 的单倍体小麦，减数分裂时出现了许多二价体，也出现了三价体。在缺体 5B，可以出现由 3、4、5 甚至由 6 条染色体组成的多价体。这种 5B 染色体的存在与否，对于部分同源染色体配对有重要作用的现象，称为 5B 效应。现在查明，控制小麦部分同源染色体配对的基因是在 5B 染色体的长臂上。A. M. Wall（1971）把这个基因称之为 Ph 基因，意即部分同源染色体配对（pairing homoeologous)。当这对基因处于显性状态时，就能够抑制部分同源染色体之间配对，促进同源染色体配对。一般小麦品种 Ph 基因都处于显性纯合状态，因而都表现出严格的同源染色体配对，很少有部分同源染色体配对现象发生。但是当 Ph 的隐性等位基因 ph 纯合或在缺体 5B，Ph 基因在染色体组中不存在时，部分同源染色体之间就可以发生配对现象。

5B 效应的存在保证了异源多倍体小麦染色体组的稳定性，但也为小麦遗传育种学家进行遗传操作带来困难。因为在小麦亚族内的大部分近缘属，如山羊草属（*Aegilops*)、黑麦属、冰草属（*Agropyron*)、簇毛麦属（*Haynaldia*)，甚至大麦属的许多种，均能和普通小麦进行杂交，但由于小麦 5B 染色体上 Ph 基因的存在，使这些物种的染色体不能和小麦的部分同源染色体配对，因而无法进行遗传物质的交流，这就给这些种的基因向小麦染色体组的转移带来困难。

基于对 5B 效应或 Ph 基因的认识，小麦遗传育种学家曾经提出了一系列的遗传设计，来导入外源优良基因，包括利用 5B 单体、5B 缺体、5B 缺体 5D 四体和双隐性的 phph 突变系等。利用这些设计已经导入了某些野生种的重要外源基因。例如，R. Riley（1966、1968）就曾利用 5B 单体，把双角山羊草（*A. bicorne*）的早熟基因和顶芒山羊草（*A. comosa*）的抗条锈（*Puccinia striiformis*）基因转移到栽培小麦；梁学礼等（1982）也曾利用 5B 单体和 5B 缺体、5D 四体把冰草属的 *A. intermedium* 的抗花叶病毒病基因转移到小麦。

四、单体、缺体的繁育行为

依照机遇法则，单体株应当产生 n 和 $n-1$ 两类相等的配子；$(2n-1)\times 2n$ 或 $2n\times(2n-1)$ 应得到 $2n$ 和 $2n-1$ 两类相等的后代；$(2n-1)$ 株自交，后代中 $2n:(2n-1):(2n-2)$ 株应呈现 1∶2∶1 的比数。实际上，无论是配子或个体都与上述比率相差甚远，其原因是多方面的。

由于在减数分裂中单价体的落后，以及着丝粒的错分裂等，使 $n-1$ 配子的比数大大提高。例如，小麦单体，$n-1$ 配子数比 n 配子数高 1 倍多；烟草 $n-1$ 配子占 80%，而燕麦 *A. sativa* 和 *A. byzantina*，$n-1$ 配子占 87%。

对六倍体小麦和两种六倍体大麦的研究表明，n 与 $n-1$ 的孢子都能正常成活，$n-1$ 配子通过母本也能正常传递，因而单体株结实率与 $2n$ 株相近。$(2n-1)\times 2n$ 后代中出现 $2n-1$ 株的频率大体上可以反映出 $n-1$ 配子通过母本的传递率，小麦 $n-1$ 配子通过母本的传递率平均为 75%，但在四倍体烟草中，$n-1$ 雌配子常能引起胚珠败育，因而 $n-1$ 配子的传递率要比 $n-1$ 配子的发生率低得多。

通过 $2n\times(2n-1)$ 杂交后代染色体数分析可以计算出 $n-1$ 配子通过父本的传递率。Sears（1944）发现 3 个小麦单体 $n-1$ 配子的传递率分别为 0.05、0.09 和 0.19。通常都以 0.04 作为小麦单体通过父本传递 $n-1$ 配子的估计数（表 8-11）。也可以从单体自交后代中缺体出现的频率来间接估计父本 $n-1$ 配子的传递率，但由于缺体成活率偏低，实际的传递率总比预期的要低一些。例如，据 Sears 报道，小麦单体 3B 在父本和母本的传递率分别为 19%和 81%，预期后代缺体出现率为 15.4%，但实际上，后代中只有 10.3%的缺体。

表 8-11　单体小麦 $n-1$ 配子传递率为 75%和 4%时后代的染色体组成

♀ \ ♂	$n=21$ 96%(90—100)	$n-1=20$ 4%(0—10)
$n=21$ 25%	$2n=42$ 24%	$2n-1=41$ 1%
$n-1=20$ 75%	$2n-1=41$ 72%	$2n-2=40$ 3%

普通小麦缺体中有大约 1/2 是母本或父本不育，其余可以自交结实，但后代染色体数也是不稳定的。最常出现的变异类型是相应于缺体染色体的部分同源染色体的三价体(19Ⅱ+1Ⅲ)。通过这种方式似乎部分地补偿了缺体的有害效应。

缺体株和正常株杂交，后代应当全部是单体。而实际上，由于多数缺体都能够引起染色体的部分不联会，杂交后代的染色体数目也有很大的变动。除单体之外，还有双单体、三单体等异倍体个体出现。

从已得到的燕麦缺体的情况来看，多数发生染色体不联会，无论自交或回交，很难得到结实的后代。

玉米 r-X1 染色体删除所产生的单体只来自于母本，花粉不能传递。10 号染色体上 R 基因可以使籽粒糊粉层产生有色。例如，R/r-X1×r r-X1 杂交后代中会有三类籽粒，一类为有色（Rr），55%～66%的籽粒，其次为无色籽粒（r r-X1），另外还有一些败育籽粒。Rr 籽粒总是二倍体，rr-X1 籽粒可能会产生比例接近的三体和单体分离，为 10%～18%，其余籽粒则可能为二倍体或其他非整倍体。r-X1 对不同染色体染色体的删除有一定差异，1 号染色体形成单体的频率较低，为 0.03%；8 号染色体形成单体的频率较高，为 3.46%（表 8-12）。

表 8-12　玉米 r-X1 染色体删除形成单体的频率

染色体	1	2	3	4	5	6	7	8	9	10
单体频率/%	0.03	1.24	0.21	0.29	0.06	1.89	1.01	3.46	0.69	1.57

五、单体、缺体在遗传研究中的应用

异源多倍体植物如小麦、烟草等，由于部分同源染色体的存在，而位于这些染色体上的基因常常具有类似的功能，因而会发生各种类型的互作关系。所以和二倍体相比，对异源多倍体性状的遗传分析要困难得多。而单体、缺体的分离与利用有力地推动了这些物种的遗传研究。

（一）单 体 分 析

单体分析是决定基因所属染色体的最有效手段。如果所测定的是隐性基因，那么，只需要把纯合突变体如 aa 作父本与一整套小麦的 21 个单体分别进行杂交，并对它们的 F_1 代性状表现及染色体组成进行分析，就可以得出结论。因为每个杂交后代都会分离出 $2n-1$ 和 $2n$ 两类植株，而且 $2n-1$ 植株占大多数。如果隐性基因位于有关单体的染色体上，则 F_1 代全部 $2n$ 株表现显性性状，而 $2n-1$ 株表现隐性性状。

即便不能从表现型上区别单体株与二体株也不要紧，因为在 21 个杂交组合中，只有一个组合有大量隐性株出现，突变基因一定位于该组合的单体染色体上。如果突变基因不在有关单体的染色体上，则 F_1 代无论 $2n$ 株或 $2n-1$ 株全部表现显性，即 F_1 代根本没有隐性个体出现。

1. 隐性标记基因在单体染色体上

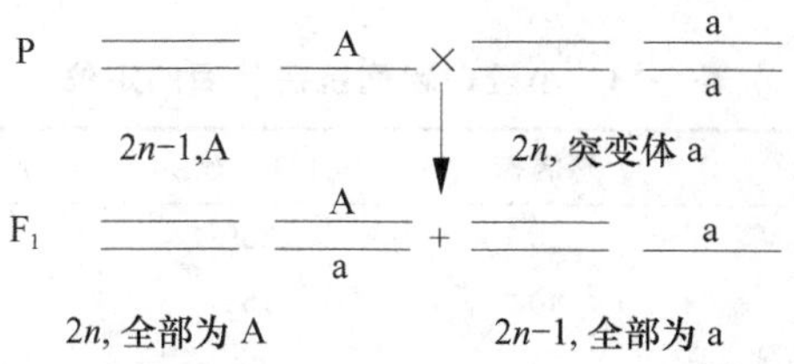

2. 隐性标记基因不在单体染色体上

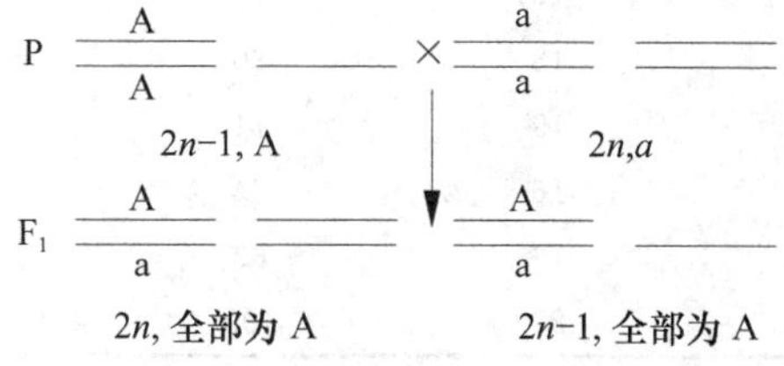

如果所测定的是显性基因，其程序略有不同。第一步也是让一套单体作母本与 $2n$ 突变体杂交，但 F_1 代全部杂交组合，无论单体或二体，均表现显性，因而无法确定突变基因所属的染色体，必须让各组合的 F_1 株进行自交。在 F_2 代，所有突变性状与单体染色体无关的组合，在 $2n$ 株与 $2n-1$ 株群体中，显性∶隐性均呈 3∶1 之比。只有突变基因所在染色体的单体杂交组合，二体株 F_2 显性∶隐性为 3∶1，但在单体株的 F_2，显性∶隐性接近 1∶0，因为只有少数能成活的缺体株才会表现隐性性状。

1. 显性标记基因在单体染色体上

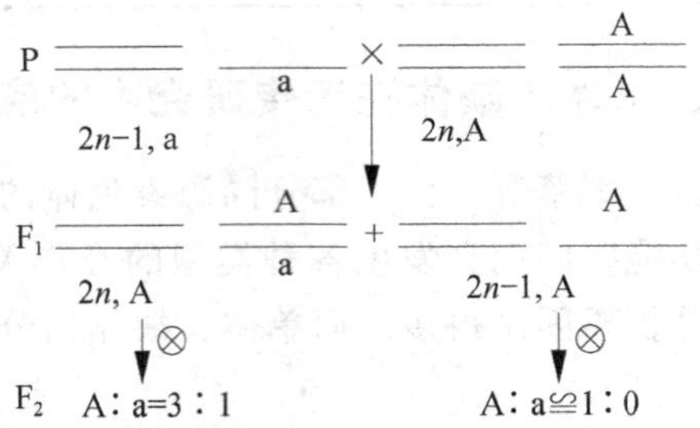

2. 显性标记基因不在单体染色体上

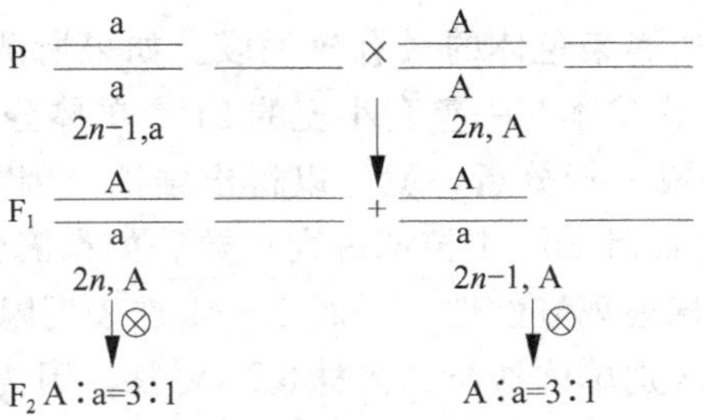

McIntosh 和 Baker（1968）利用小麦单体系对白粉病的抗病基因进行了定位。他们以带有感病基因 pm3 小麦“中国春”的一套单体系与二体抗病材料杂交，F_1 代选取单体株自交获得 F_2 代，经抗病鉴定获得结果如表 8-13 所示。由于 1A 单体株后代的抗病株数明显偏离 3∶1 理论比例，因此，可以确定抗病基因 pm3 位于染色体 1A 上。

表 8-13　小麦白粉病抗病基因的定位

单体染色体	抗病株	感病株	总　数	χ^2（3∶1）	P 值
1A	224	15	239	44.69	<0.001
1B	119	40	159	0.002	0.99～0.95
1D	51	15	66	0.18	0.95～0.50
2A	43	15	58	0.02	0.95～0.50
2B	60	16	76	0.63	0.50～0.20
2D	62	18	80	0.27	0.95～0.50
3A	52	19	71	0.12	0.95～0.50
3B	48	16	64	0.00	1.00
3D	44	19	63	0.89	0.50～0.20
4A	78	27	105	0.03	0.95～0.50

续表

单体染色体	抗病株	感病株	总　数	χ^2（3∶1）	P 值
4B	43	20	63	1.53	0.50～0.20
4D	54	20	74	0.16	0.95～0.50
5A	51	21	72	0.67	0.50～0.20
5B	56	16	72	0.30	0.95～0.50
5D	17	8	25	0.65	0.50～0.20
6A	69	16	85	1.73	0.20～0.10
6B	33	7	40	1.20	0.50～0.20
6D	65	14	79	2.23	0.20～0.10
7A	49	12	61	0.01	0.95～0.50
7B	38	18	56	1.52	0.50～0.20
7D	44	18	62	0.54	0.50～0.20

利用单端二体可以测定突变基因所属的染色体臂。所谓单端二体是指有一条同源染色体是正常的，另一条是端着丝染色体，只带有该同源染色体的一个臂。

若测定的是隐性基因，可让一套单端二体作母本与突变体杂交，观察 F_1 性状表现。所有杂交组合的二体株与单端二体株都将表现显性，只有隐性基因位于所丢失染色体臂上的组合，单端二体株才表现隐性。

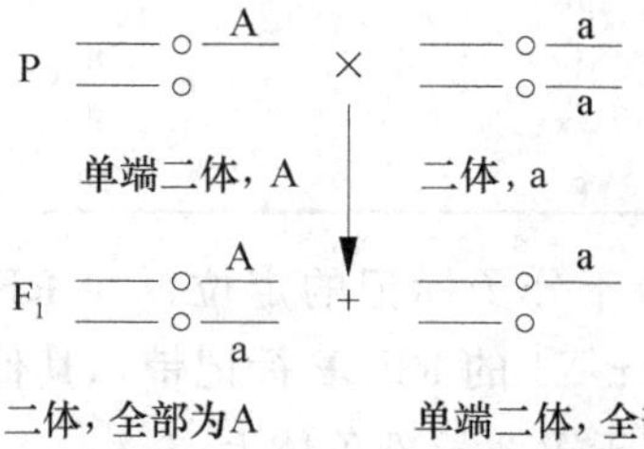

显性基因的测定程序也是进行相同的杂交，但各杂交组合的 F_1，无论是二体或单端二体均表现显性，因而无法确定所属的染色体，所以还得进行一次自交。在 F_2 代，情况就不同了，只有显性基因位于丢失染色体臂的单端二体，全部个体才表现显性性状，其他各杂交组合中二体或单端二体，显隐性均呈 3∶1 之比。

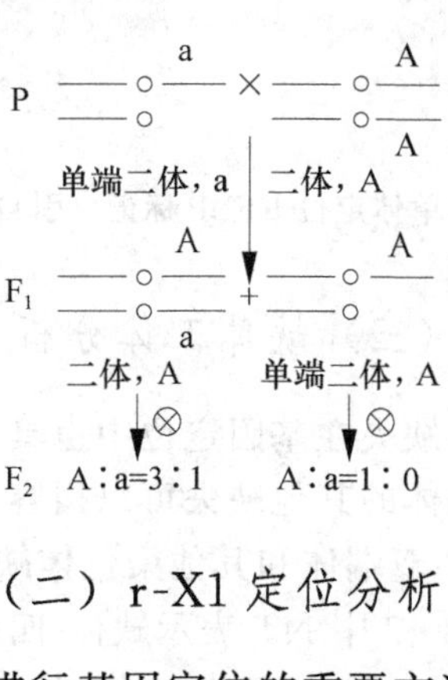

（二）r-X1 定位分析

玉米的 r-X1 单体删除也是进行基因定位的重要方法。如以 R/r-X1 为母本，需同时带有被测基因的显性等位基因，与被测隐性材料杂交，则后代如果表现隐性性状就可以判断该基因所在的染色体。为便于分析，已经有一套涵盖每个染色体的标记基因测验种材料（表 8-14），这样就可以用于定位各染色体上的基因。在所列测验种中，F_1 代选择 rr-X1 植株，有 5 个测验种即 1、2、7、8 和 10 号染色体上的标记基因可以直接观察，玉米单体生长较其正常二倍体弱，一般情况下，只要表现其中任何一个标记，则会是相应的单体，个别可能会是部分染色体丢失的个体。其他染色体上的基因标记因为是籽粒胚乳标记，而胚乳为三倍体，难以直接进行准确判断，因此需要种植并自交观察后代分离情况，由于单体可能会有 50%左右的花粉败育，可以通过花检初步判断为单体。将其与相应的隐性材料为杂交，则目标单体籽粒果穗籽粒应该全部表现为隐性籽粒，而如果是其他单体或是二倍体，则应表现为 1∶1 分离。

表 8-14 玉米单体测验种标记基因

母本 R/r-X1	父本 rr	染色体	标记基因
Bm2	bm2	1	棕色叶脉
Lg	lg	2	无叶舌
A	a	3	无花青素
Su	su	4	甜质胚乳
Pr	pr	5	糊粉层红色
Y	y	6	黄胚乳
Gl	gl	7	脆叶苗
J	j	8	条纹叶
Wx	wx	9	糯质胚乳
G	g	10	金色植株

除此之外，该系统也可以用于分子标记的定位，如 RFLP 等。图 8-11 可以看出，3 号染色体只有一条来自母本 R/r-X1 的 RFLP 标记带，其他材料则同时具有双亲带型。因此，可以将该 RFLP 标记定位于第 3 号染色体上。

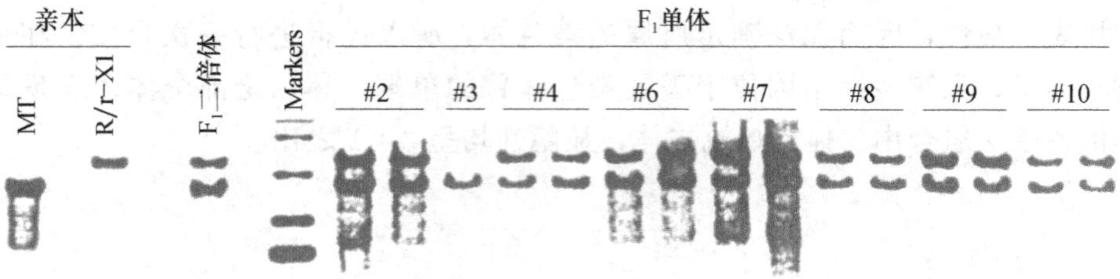

图 8-11 利用 R/r-X1 单体定位 RFLP 标记（引自 Appels *et al.*，1998）

（三）缺体四体分析

小麦缺体、四体和染色体的缺失在基因定位中也具有重要作用。在基因与分子标记的定位分析中，利用缺体和染色体的其他缺失可以很容易地判断基因或分子标记所在染色体位置。图 8-12 是利用缺体、双端体和其他染色体缺失及四体进行 EST 定位的基本模式图（Qi *et al.*，2004）。图 8-12 中 NT 表示缺体-四体（nullisomic-tetrasomic），DT 表示双端体（ditelosomic），如 N3AT3D 是指 3A 缺体 3D 四体，Dt3BL 是指 3B 染色体的长臂端体，Dt3DS 是指 3D 染色体短臂端体。图 8-12A 为 DNA 用 *Eco*RⅠ消化各材料后再与 EST 标记 BE406607 进行 Southern 杂交后显带情况，共有 3 条带型。这是由于小麦有 A、B、D 三个染色体组，基因具有重复性，因此，一般会在每个染色体组上均可能有杂交信号。CS（Chinese Spring）代表标准的“中国春”品系。中间图为所用材料的染色体缺失情况，虚线表示缺失。图 8-12B 为 EST 定位情况。从图 8-12A 可以看出，第 1 杂交片段在所有 3DS 及其相应的 NT 和 DT 材料上不显带，而第 2 个杂交片段

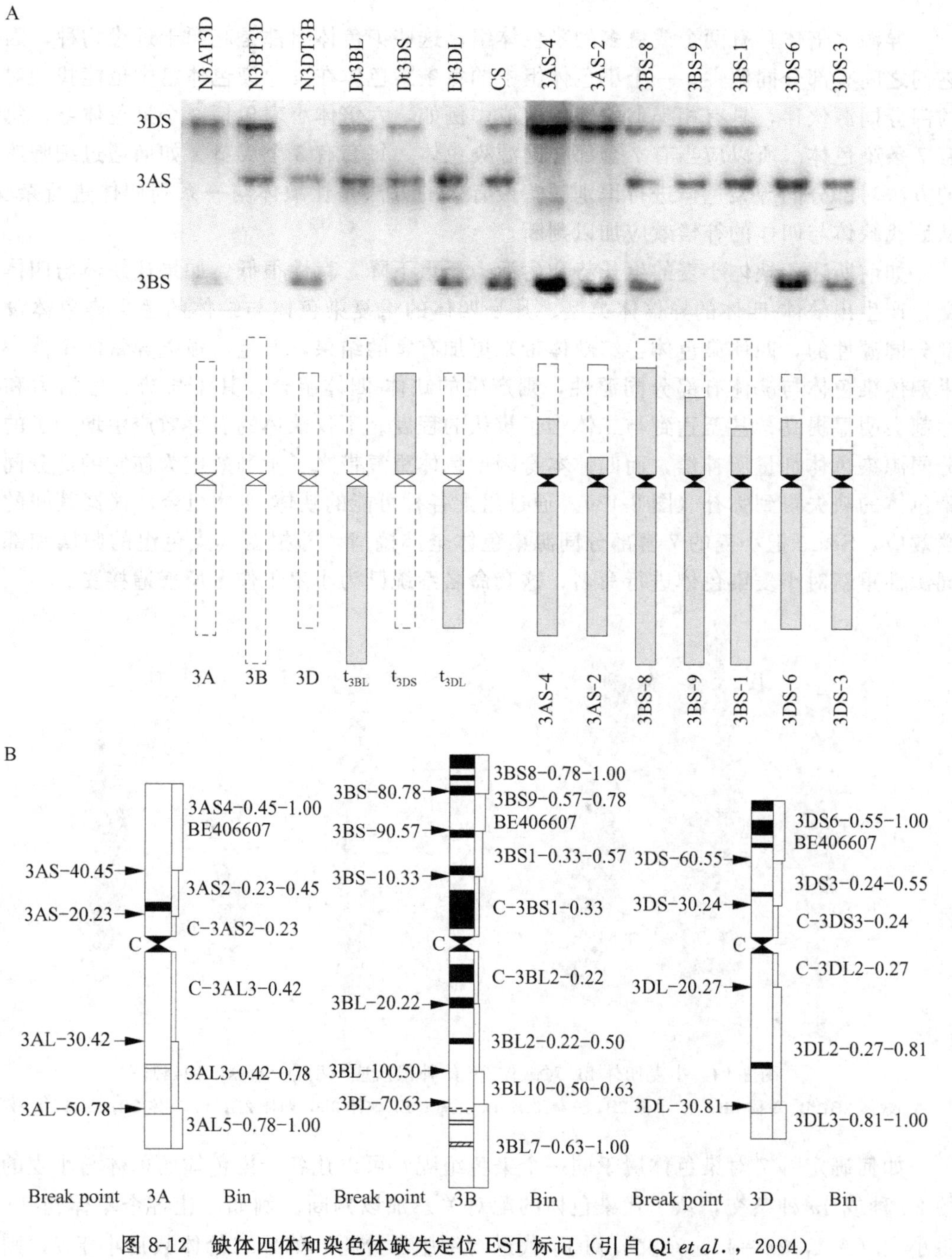

图 8-12　缺体四体和染色体缺失定位 EST 标记（引自 Qi *et al.*，2004）

则在所有 3AS 及其相应的 NT 和 DT 材料上不显带，由此可以将该 EST 定位于 D 组第 3 号和 A 组第 3 号染色体短臂上（3DS6-0.55-1.00，3AS4-0.45-1.00）。第 3 个片段在 N3BT3D、Dt3BL、3BS-1、3BS-9 没有显带，而在 3BS-8 上有杂交带，由此可以确定该 EST 在 B 组染色体上的位置为 3BS9-0.57-0.78（图 8-12B）。

（四）部分同源染色体和染色体组的鉴别

异源多倍体具有两个或更多的染色体组，这些染色体组都是起源于近缘物种，因而它们之间有部分同源性。一个染色体组中的每条染色体在其他染色体组中也能找到对应的部分同源伙伴，具有相类似的遗传组成。例如，六倍体小麦包括 3 个染色体组，每组有 7 条染色体。所以应当有 7 套部分同源染色体，每套有 3 个成员。如何通过细胞遗传的方法对部分同源染色体进行识别呢？最有效的方法是让缺体与一系列四体进行杂交，从后代缺体与四体的补偿效应加以判断。

如前所述，缺体小麦的生长势和生活力严重下降，育性很低。如果让缺体与四体杂交，产生出缺体-四体的异倍体类型，凡是四体的重复染色体与缺体的丢失染色体没有部分同源性的，四体染色体会给缺体带来更加有害的结果，产生出极端异常的个体；如果四体染色体与缺体有部分同源性，则产生的缺体-四体组合，其生长势、生活力和育性都会明显提高，甚至达到与二体难于辨认的程度。不仅缺体的有害效应由增加了的部分同源染色体剂量所补偿，而四体本身因染色体重复带来了不利效应为使它的部分同源染色体的缺失得到弥补（图 8-13）。通过组配各种可能的缺体-四体组合，根据其间的补偿效应，Sears 把小麦的 7 套部分同源染色体全部搞清，并根据其染色组的归属和部分同源性重新对小麦染色体进行命名，这套命名系统已为小麦工作者所普遍接受。

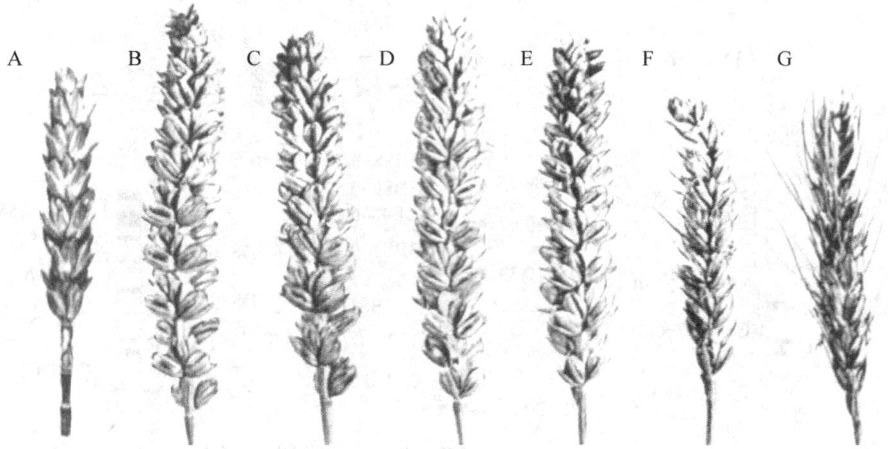

图 8-13　小麦四体 2D 对缺体 2B 的补偿效应（引自 Sears，1944）

A. 缺体 2B；B. 单体 2B；C. 单体 2B，三体 2D；D. 正常；E. 缺体 2D，四体 2B；F. 三体 2B；G. 四体 2B

如何确定哪 7 对染色体属于同一个染色组呢？可以让各个染色体的单体与小麦的原始 $2n$ 种或 $4n$ 种杂交，从子代染色体的配对关系加以判断。例如，让各个单体与 $2n$ 野生小麦（AA，$2n=14$）杂交，对 F_1 代进行细胞学分析，如果二价体数目小于 7，则该单体就属于这个种的染色体组，如果出现 7 个二价体，则单体染色体就不属于这个种的染色体组。通过一套单体与小麦原始祖先中的两个 $2n$ 种进行杂交，并对 F_1 染色体配对情况进行检查，就可以把全部 21 条染色体分配到 A、B、C 3 个不同的染色体组。

六、单体、缺体与品种改良

单体、缺体系列的分离与保存，为遗传育种学家提供了新的工具，开辟了新的领域。运用单、缺体的细胞遗传技术，可以改变栽培品种的染色体组组成，而达到遗传改良的目的。最主要或者应用最广泛的技术有两项，一项是染色体代换（chromosome substitution），即以某个品种或近缘物种的某条染色体来取代另一个栽培品种一条相应的同源染色体或部分同源染色体；另一项是染色体添加（chromosome addition），即在不改变原有栽培种染色体组结构的情况下，仅仅添加个别近缘野生种的染色体，输入某些野生种的优良性状。在染色体代换或添加基础上，还可以诱发部分同源染色体之间的交换，向栽培品种转移部分有用的外源基因或染色体。

（一）品种间染色体代换

当一个品种的一对同源染色体为另外一个品种所代换，这个被代换的品种称为代换系（substitution line）。染色体代换是小麦等作物改良一项行之有效的技术，而且也越来越普遍地用来研究基因和染色体的联系与进行数量性状分析。

全部操作过程分为两个步骤，第一步把被改良品种转换为要代换染色体的单体系，第二步完成染色体的代换过程。现举一个假定的例子来说明如何进行染色体代换和通过代换对小麦品种的某些性状进行改良。

假定北京地区主要推广小麦品种“农大 139”的蛋白质含量偏低，而且不抗成株叶锈。从原始材料分析鉴定中发现“Atlas 66”品种不仅蛋白质含量很高，对成株叶锈也高度抵抗，而且了解到这两个性状密切连锁，都在 5D 染色体上。小麦育种家决定以“Atlas 66”的 5D 染色体来取代“农大 139”的相应染色体。具体操作步骤如图 8-14。

第一步先把“农大 139”转换成 5D 单体系。如图 8-14 所示，先用已知的单体系做母本与“农大 139”杂交。由于含有 $n-1$ 配子通过母本的传递率大约为 75%，另外 25%是具有 21 条染色体的 n 配子，故杂种 F_1 有大约 25% 的植株是 $2n$ 正常株，75%是单体株，但它们的单体染色体来自“农大 139”。单体株与二体株必须通过染

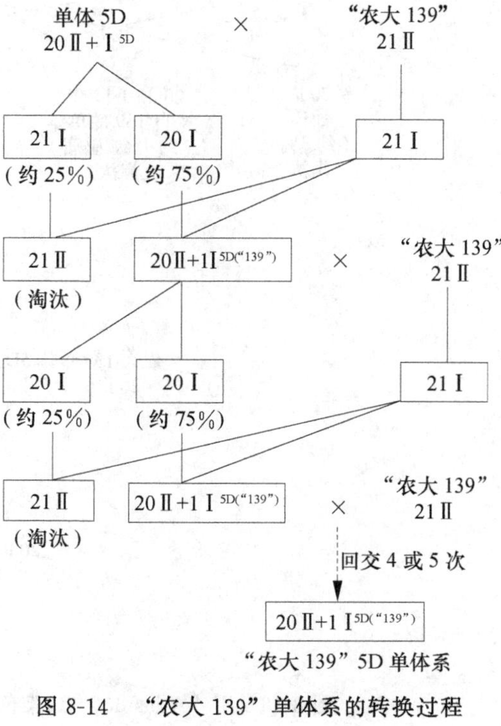

图 8-14　“农大 139”单体系的转换过程

色体数检查才能识别。用确定的单体株做母本再与“农大 139”进行回交，后代又分离大约 75%的单体株。如此继续回交4 或 5 次，待全部性状都与“农大 139”一致时，这一工作即告完成。分离的单体株即可看做“农大 139”的单体系。

第二步如图 8-15 所示，以“农大 139”的单体系做母本，与“Atlas 66”进行杂交。杂交 F_1 的单体 5D 来自“Atlas 66”，以 $I^{5D(A66)}$ 表示。用 F_1 单体作父本与“农大 139”单体系回交。由于有少量（约 4%）单体可以通过父本传递，所以 F_1 单体产生的带有“Atlas 66”5D 染色体的正常配子占大约 96%。回交一代将会出现单体、缺体和正常二体 3 种植株。在单体中，尚有少量来自“农大 139”，必须通过抗病接种才能和

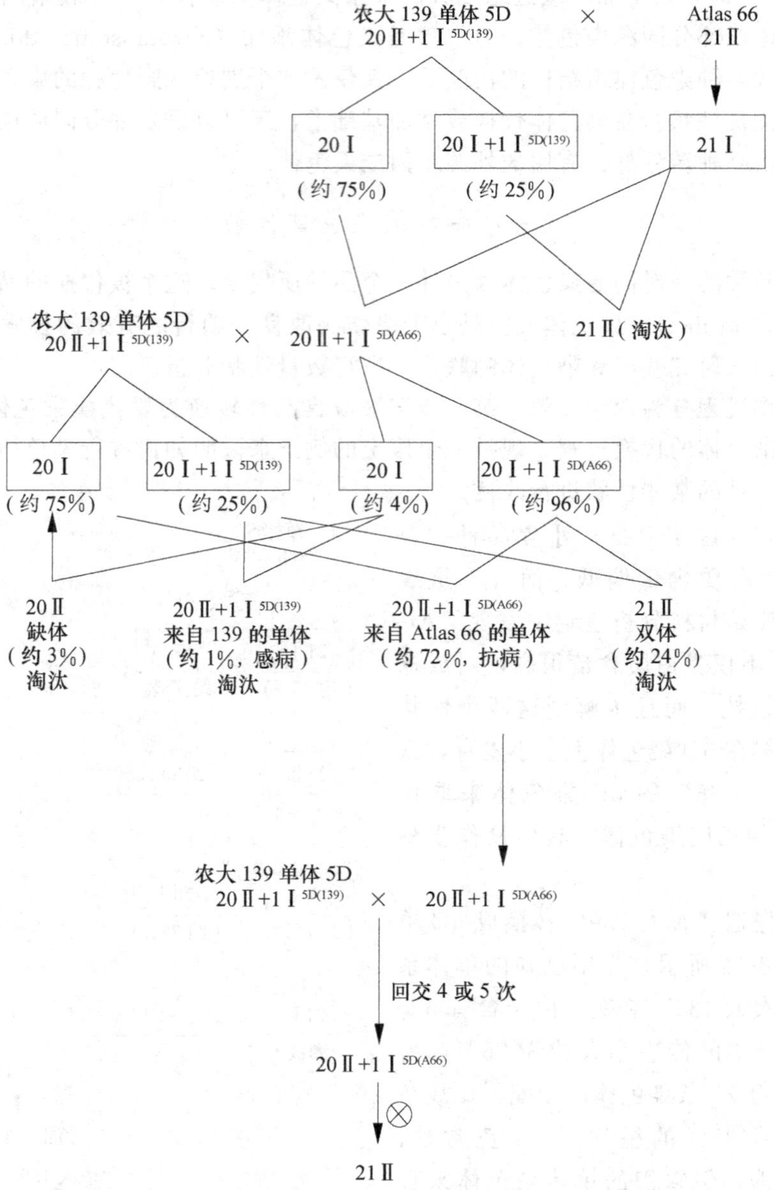

图 8-15　用“Atlas 66”5D 染色体代换“农大 139”5D 染色体的过程

来自“Atlas 66”的单体相区别。如此继续用“农大 139”单体株作母本和带有“Atlas 66”单体株作父本回交 4 或 5 代，待全部性状都与“农大 139”相同时，再选择抗病单体株自交，后代分离出的正常植株即为经过改良的高蛋白抗叶锈的“农大 139”品种。

这一程序的主要问题是，在每一个回交世代得到的单体株，其单体染色体不一定都是来自供体亲本。因为父本可以传递少量的 $n-1$ 配子，这类配子与受体的 n 配子相结合，就会产生出 $2n-1$ 株，单体染色体来自母本。为了避免目标单体的丢失，一种办法是在第一次杂交之后让单体株自交，选择其中的 $2n$ 株再作父本回交。这就需要双倍的时间和工作量。如果供体亲本染色体带有易于识别的遗传标志，如“Atlas66”单体 5D 的抗病性和高蛋白等，就可以根据标记性状来识别要转移的染色体。

利用成套的单体代换系可以研究不同背景上染色体的效应。Berke 等（1992）对两个品种间的代换系研究表明，相同染色体在不同背景上对性状可能有不同的影响（表 8-15），如 Wichita 染色体 3A 在 Cheyenne 背景上对籽粒产量具有正效应即可以增加产量，而反过来，当 Cheyenne 染色体 3A 在 Wichita 背景上时却表现负效应，即产量降低。

表 8-15　小麦不同品种染色体互代换系的性状表现

性　状	负效应	正效应
Wichita 染色体在 Cheyenne 背景上效应		
籽粒产量	3B	3A、6A
穗粒数	无	3B
粒重	3B	3A、5A、6A、2D、3D、4D
株高	3A、6A、3D	无
花期	3A、6A、3D	无
Cheyenne 染色体在 Wichita 背景上效应		
籽粒产量	3A、6A	无
穗粒数	1A、5A、7A、7D	2B、3B、1D
粒重	2B、3D、4D	2A、6A
株高	4A、3B	2B、3D
花期	无	3D

利用单端体或单等臂体来进行染色体代换操作，就可以避免目标染色体的丢失。其操作步骤与一般单体相同。也是先把被改良品种转换成单端体（或单等臂体）系，而后作母本与轮回亲本 $2n$ 供体品种杂交，F_1 代将出现单体（20Ⅱ+1Ⅰ）和单端二体（20Ⅱ+1Ⅰ+1 端着丝染色体）两种类型。选择其中的单体作父本与单端体母本进行回交，回交子代的主要类型为单体和单端二体，也可能出现极少量的缺体和单端体。全部单体株的单体染色体都是来自父本。以单体株作父本继续与轮回亲本回交，5 或 6 代之后，选择单体株自交，后代中的二体株即为所需要的代换系。

染色体代换可以直接应用于品种改良。在细胞遗传学研究中，可以用来分析特定染色体对整个染色体组的贡献，对不同品种的同源染色体进行比较，或者对整个染色体组中的每一条染色体进行比较，研究每条染色体对如抗病性、抗倒性、成熟期，以及产量等的影响。如果品种间存在有等位基因的差别，也可以确定有关基因的染色体归属。让代换系与同品种的正常系杂交，F_1 代只有一条同源染色体是杂合的，这样，也可以对逐条染色体的杂种优势及其遗传效应进行分析。

（二）染色体添加

野生种常常具有栽培种所缺少的许多优良特性，如抗病性、抗旱性、抗寒性，以及其他一些经济性状。育种学家一直在设法把这些特性引入栽培品种。但是因为大多数野生种和栽培种之间遗传差异太大，染色体间很难进行联会和重组，所以运用常规的杂交分离技术常常达不到预期的目的。通过种间杂交和 F_1 染色体加倍而获得双二倍体，可以把野生种整个染色体组并入栽培种。事实上，育种学家已经获得了大量的双二倍体，但迄今为止，其应用价值仍旧是有限的。由于外来染色体组的上位性影响或者不利的互作效应，双二倍体总是带有许多不利性状。为了克服整个染色体组并入所带的问题，细胞遗传学家设计了一些专门技术，在栽培种的染色体基础上，只添加一条或一对外源野生种染色体，或者以一对野生种染色体来取代一对栽培种的部分同源染色体。添加一条染色体的称为单体添加系（monosomic addition line），添加一对外源染色体的称为二体添加系（disomic addition line）。添加系的研究绝大部分都是以小麦（*Triticum aestivum*）的研究为基础进行的。

实现染色体添加，也需要两个步骤。第一步是让栽培种与野生种杂交，而后对种间杂交种进行染色体加倍，获得双二倍体（amphidiploid）。例如，小麦×黑麦，F_1 加倍得双二倍体小黑麦。

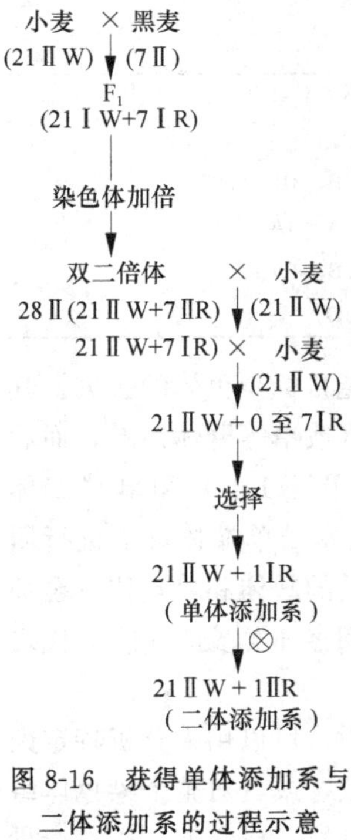

图 8-16　获得单体添加系与二体添加系的过程示意

第二步是以双二倍体作母本，以栽培种为父本进行若干次回交，从中分离出单体添加系，并从其自交后代中获得二体添加系。例如，为了获得黑麦染色体的添加系，首先要把双二倍体小黑麦与小麦回交。回交一代，有两套小麦染色体和一套黑麦染色体。减数分裂时，小麦染色体可以正常配对和分离，但黑麦染色体全部为单价体，它们在后期Ⅰ的分离是随机的，所以产生的配子，将含有一整套小麦染色体和数目变动不定的黑麦染色体（1～7 条）。如果继续与小麦回交，就能够从后代中分离出具有一条额外黑麦染色体的单体添加系。获得单体添加系之后，通过自交，就有可能得到黑麦的二体添加系（图8-16）。利用这种办法，在小麦中已获得了 7 个不同黑麦染色体的添加系和冰草属的 *A. elongatum* 等外源物种的染色体添加系。

如果添加系的受体种和供体的杂种一代结实性较好，也可以省略染色体加倍这一步骤，而从 F_1 代就开始与受体亲本进行回交。例如，R. Riley 等（1968）就没有通过染色体加倍，而是利用直接回交的办法获得了小麦的山羊草染色体添加系。

有时，单体添加系的 $n+1$ 配子由于难以通过花粉传递，利用单体添加系自交的方法来获得二体添加系就不容易实现。在这种情况下，利用小麦单体系（$2n-1$）的添加系［$2n-1$(小麦)+1(外源)］自交，就比较容易获二体添加系。因为这种异倍体材料能够通过花粉传递较多的外源染色体。

外源染色体添加系已经使小麦获得了对一些重要病害如秆锈、叶锈和白粉病（powdery mildew）的抗性，以及早熟性、抗寒性等优良特性，甚至提高了蛋白质含量。但是对许多农艺性状如分蘖性、植株高度、茎秆坚韧性，以及穗部结构都有不利影响，而且稳定性较差，育性降低，所以还不能直接应用于品种改良。

（三）外源染色体代换

在添加系的基础上，可以进行种属间部分同源染色体的代换。例如，以黑麦的 7R 来取代小麦的 7D。具体做法是先以小麦的单体 7D[20Ⅱ+1Ⅰ(7D)］为母本与小麦的黑麦 7R 二体添加系［21Ⅱ+1Ⅱ(7R)］杂交。F_1 代有两种染色体组成的植株，一种为单体添加系 21Ⅱ+1Ⅰ(7R)，有一条黑麦 7R 单价体；另一种同时具有 7D 和 7R 两条单价体，即 20Ⅱ+1Ⅰ(7D)+1Ⅰ(7R)。让后者进行自交，在后代中就能分离出 7R 取代 7D 的代换系（图 8-17）。这里有两类植株，都具有 21 个二价体，一类为 7R 代换系，另一类为正常二体。如果外源染色体带有某些遗传标记，就可以从形态上加以区分，否则，就需要把这两类植株分别与小麦杂交。二体株后代减数分裂时有 21 个二价体，而代换系则只有 20 个二价体和两个单价体。

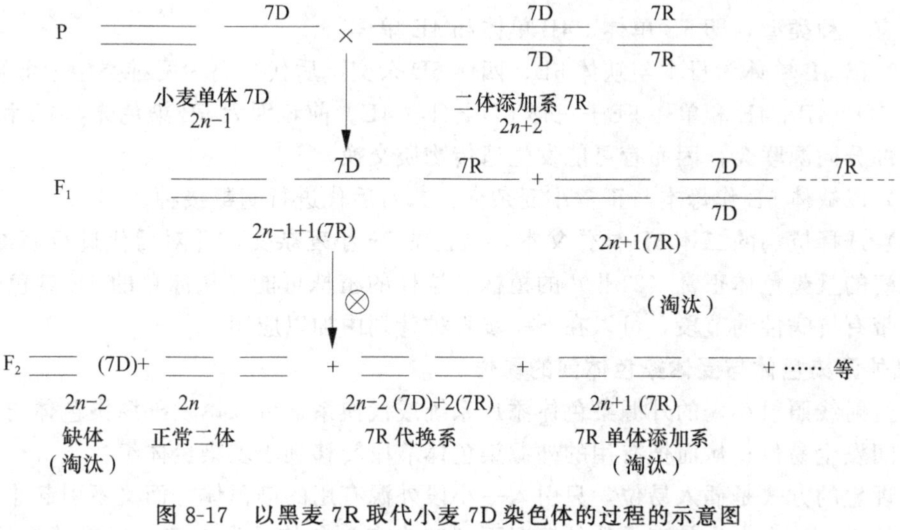

图 8-17　以黑麦 7R 取代小麦 7D 染色体的过程的示意图

从已获得的外源代换系来看，减数分裂行为大都是正常的，育性也都很好，与受体亲本在形态特征方面差别也不很大。德国有一个小麦品种，叫做 Weique，是一个冰草属的 *A. intermedium* 染色体的代换系，由于对锈病的抵抗性而得到商业推广。但大部分代换系，由于整条染色体的转入，除带进少量有利基因外，也带有更多的外源不利基因，因而也很难在育种上直接应用。

（四）部分外源染色体的导入

由于外源整条染色体的添加或代换带来的不利效应常常大于有利效应，这项技术至今还很少直接应用于品种改良。如果在染色体添加或代换基础上，设法消除带有不利基因的大部分染色体区段，仅仅使带有有利基因的染色体部分得到保留，并转移到栽培种的染色体组，这样的改良品种就可以直接在生产上应用。下面介绍两种转移部分外源染色体的技术。

1. 诱发种间染色体节段互换

由于栽培小麦与它的近缘野生种如黑麦、山羊草、冰草等的染色体组都有部分同源性，但这些种与小麦杂交时，不能和小麦的相应部分同源染色体进行配对，因而无法进行遗传物质的交流。

小麦 5B 效应的发展，使部分同源染色体不联会的障碍有所缓解。在缺体 5B 的情况下，野生种染色体可以和小麦的部分同源染色体进行联会，这就为种间染色体节段互换打下了基础。这项技术十分复杂，现以抗病毒病基因的转移为例加以说明（图 8-18）。

（1）以小麦单体 5B 为母本，与小麦的冰草代换系 15092 进行杂交（15092 是冰草的 4E 取代了小麦的 4B，4E 上带有抗花叶病毒基因）。

（2）F_1 代有两种类型，一种类型为 19 个二价体加 3 个单价体，另一种为 20 个二价体加两个单价体。选择前者进行自交。

（3）对自交后代进行病毒人工接种，选择其中染色体组成为 20Ⅱ＋1Ⅰ的抗病植株。共有三种类型，即 5B 单体、4B 单体和 4E 单体。

（4）以 5B 单体为母本与缺体 5B、四体 5D 杂交，后代分离为两种类型，即缺体 5B 十三体 5D＋4B＋4E 和单体 5B＋三体 5D＋4B＋4E。前者因无 5B 染色体，4B 和 4E 可以发生部分同源联会，因而有可能发生遗传物质交换。

（5）以缺体 5B 作母本与正常小麦杂交，并对后代进行病毒接种。

（6）选择抗病的二体 5D 株作父本，与正常 $2n$ 小麦杂交，并对后代进行病毒接种，选择抗病的且染色体正常（21Ⅱ）的植株。这样的植株可能已从冰草的 4E 染色体上获得某些带有抗病性的节段，可以在下一步育种计划中加以应用。

2. 诱发外源染色体与受体染色体间的易位

通过射线照射小麦的外源染色体添加系统或代换系，可以诱发外源染色体与小麦染色体之间发生易位，从而把有用的外源染色体节段转移到小麦染色体组。

最理想的方式是插入易位，只引入一小段外源有用的染色体，而又不引起小麦自身染色体的丢失。在发生相互易位的情况下，若小麦染色体丢失太多，后果就比较严重。如果易位发生在部分同源染色体之间，则转移来的外源染色体节段对小麦染色体的丢失可以起到部分补偿作用。从已有的实践来看，部分同源染色体之间发生易位的频率要比染色体间随机易位高。Sears 认为，之所以发生这种现象，很可能是因为在体细胞中，部分同源染色体之间有某种相互联系之故。

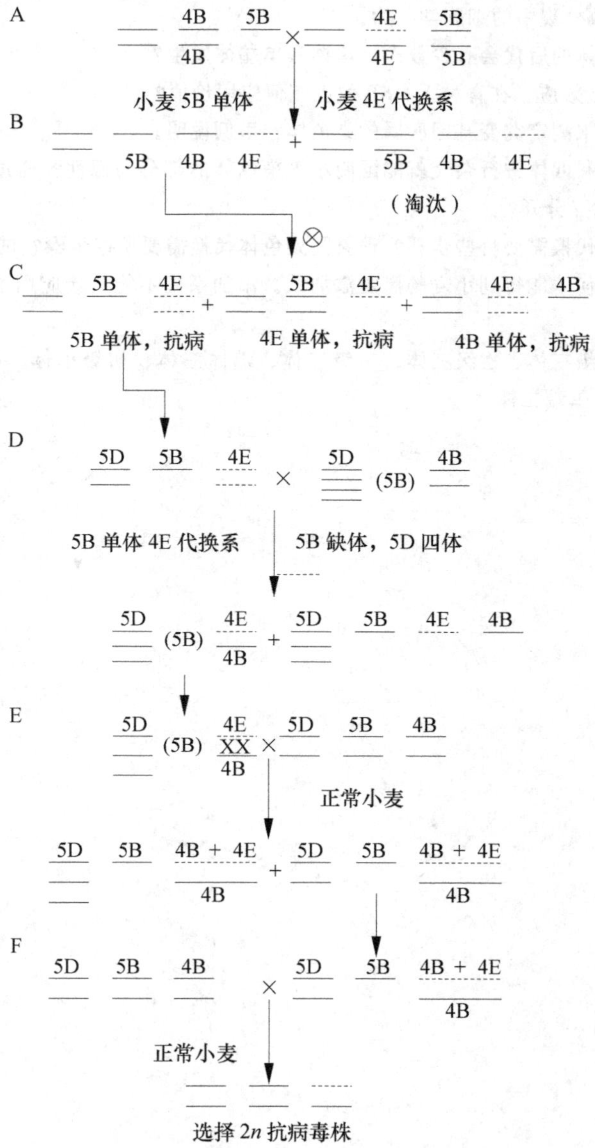

图 8-18　利用 5B 效应进行部分冰草染色体节段转移过程的示意图

复　习　题

1. 三体有哪些类型？它们都是怎样产生的？
2. 为什么成年人中只有性染色体三体存在，而常染色体三体却鲜为人知？
3. 试说明初级三体在减数分裂中期Ⅰ的Y形、链形和“网球拍”形染色体构型是如何产生的。
4. 在三体减数分裂过程中，从粗线期到中期Ⅰ为什么单价体出现频率会越来越高？
5. 三体株减数分裂中出现的单价体会发生些什么变化，结局如何？
6. 三体在细胞遗传研究中的主要用途是什么？
7. 自然界自发产生单体的原因有哪些？人工如何有效地产生单体？
8. 什么是单体转移？为什么会发生单体转移？

9. 试述单体在减数分裂中的细胞学行为。

10. 为什么初级单体的后代会有少数次级单体和单端体发生？

11. 试述小麦的5B效应。在育种上，5B效应有何应用价值？

12. 如何利用单体来测定突变基因所属的染色体？举例说明。

13. 为什么用缺体和四体进行杂交就能证明小麦染色体的部分同源性？通过什么样的程序就能把小麦的三个染色体组相互分开？

14. 品种间染色体代换需要哪些步骤？种属间染色体代换需要哪些步骤？试比较二者的异同。

15. 试绘图说明如何才能得到小麦的黑麦添加系。添加系尚不能直接应用于小麦育种，其主要困难是什么？

16. 解释名词：初级三体、次级三体、三级三体、端体三体、初级单体、次级单体、三级单体、单端体、单等臂二体、单端二体。

第九章　性别决定与性染色体

一切生物都要通过生殖作用而繁衍后代。生殖作用有两种，一种是无性生殖（asexual reproduction），另一种是有性生殖（sexual reproduction）。所谓无性生殖，是指生物不通过有性过程而获得后代，它的一部分体细胞组织可以某种方式分化为新的个体。其特点是后代的遗传组成与亲代完全一致。实际上，后代只是亲代生命的延续。所谓有性生殖，是指通过有性过程，通过雌雄配子的结合而繁殖后代。有性生殖比无性生殖有明显的优越性。只有通过有性生殖才能发生基因重组，从而给后代带来大量的遗传变异，有利变异就会被自然选择所保留而扩大分布，不利变异就会被淘汰，从而提高生物体的适应性。有性杂交还可以给后代带来旺盛的生长优势。因此，不难理解，有性生殖是全部高等动物几乎独一无二的生殖方式，也是多数植物和低等生物的主要繁殖方式。人们正是利用生物的有性生殖来进行杂交育种和杂种优势利用，不断创造出具有优良性状组合的品种和杂交种。

与有性生殖相联系的是生物雌雄性别的差异。特别是在动物方面，这种差异既表现在生理方面、形态方面，而且也表现在遗传组成上。是什么因素造成同一物种各成员雌雄个体之间截然不同的差别呢？为什么高等动物雌雄个体之间的比例会大致相等呢？

第一节　性别决定的类型

通常的 $2n$ 生物，体细胞中染色体都是成对存在。每对同源染色体有两个成员，其形态和功能相同，但细胞学观察表明，某些有性别差异的生物，其中有一对染色体，形态可能会有所不同。在形成配子时，一部分配子包含这对染色体的一个成员，另一部分包含它的相对成员。这一对染色体的差别，对后代个体的性别起着决定性作用，因而把这对染色体叫做性染色体（sex chromosome），而把其他与性别无关的染色体称为常染色体（autosome）。1891 年，德国生物学家 H. Henking 在观察直翅目昆虫的精子发生时，首先注意到了一种特殊的核结构，其中一半精子得到了这种结构，另一半没有得到。Henking 当时未了解它的功能，只是简单地把这种结构称为 X 小体（X body）。不久，C. E. McClung（1902）通过对不同种蚱蜢体细胞的观察，证实了 X 小体的存在，发现雌蚱蜢具有的染色体数比雄蚱蜢多一条。1905 年 E. B. Wilson 证明 X 小体就是性染色体，它与昆虫的性别决定有直接关系。

不同生物性别决定的机制有所不同，大多数决定于性染色体的差异，但也有一些生物并无性染色体，它们的性别差异只决定于体细胞染色体的倍数性，甚至决定于个体发育所处内、外在环境条件的不同。生物性别决定可以归纳为如下几种主要类型。

一、雄性异配子型

雄性异配子（male heterogametic）型的雌性个体只产生一种染色体组成的卵子，雄性个体可产生两种不同类型的精子。具体还可分为下述两种情况。

（一）XO　型

雄性个体只具有一条X染色体。它可以产生两种配子，一种带有X染色体，另一种没有X染色体；雌性个体具有两条X染色体，它只能产生一种具有X染色体的配子。它们的子代，所有雌性都具有偶数染色体数，而雄性为奇数染色体数。一些动物物种，如大部分的直翅目昆虫（如蝗虫、蚱蜢、蟋蟀、蟑螂等），以及臭虫、蜘蛛、多足类昆虫和线虫等属于这一类型，但在植物中尚未发现。

（二）XY　型

雌雄个体染色体数目相等，但雄体的性染色体是异形的，一个叫X染色体，一个叫Y染色体。雌体性染色体是同型的，即XX。雄体产生两种精子，一种带X，另一种带Y。雌体只产生一种带X的卵子。带X的精子与卵结合，受精卵（XX）发育为雌体；带Y的精子与卵结合，受精卵（XY）发育为雄体。人类的性别决定属于XY型，共有23对染色体，其中22对男女都一样，为常染色体。性染色体男女不同，男的为XY，女的为XX（图9-1）。男人产生两种精子，即22+X和22+Y；女人只产生一种卵子，即22+X。带Y染色体的精子与卵子结合产生男孩，带X染色体精子与卵子结合产生女孩。动物中X染色体通常比Y染色体大，如人和大猩猩等，但在植物中发现了Y染色体比X染色体大的类型，如麦瓶草属（*Silene*）（图9-2）。

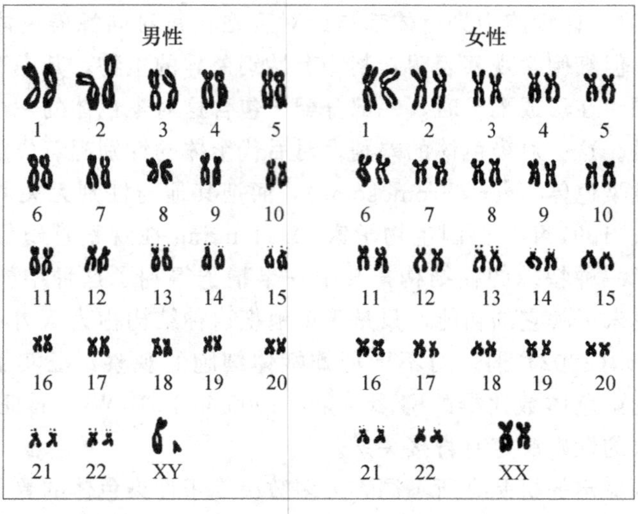

图9-1　人类染色体

左：男人，具有1个X染色体，1个小型的Y染色体和44个常染色体；

右：女人，具有两个X染色体和44个常染色体

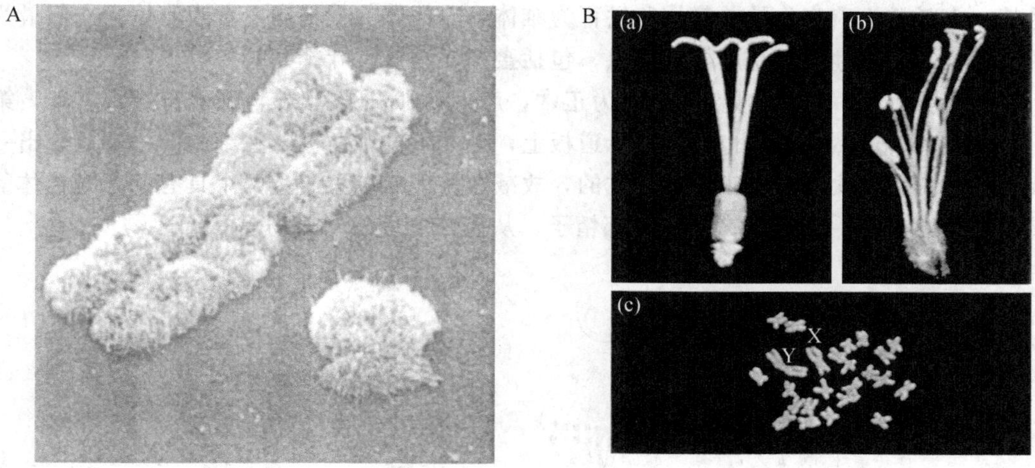

图 9-2　人类性别染色体（A）（左 X 染色体，右 Y 染色体）和
麦瓶草（*S. latifolia*）性别染色体（B）

XY 型性决定方式在生物界存在十分广泛，绝大部分哺乳动物、双翅目、鞘翅目昆虫，以及某些鱼类和两栖类为此类型。很多雌雄异株的植物也属于这一类型。

二、雌性异配子型

雌性异配子（female heterogametic）型与雄性异配子型情况相反，雌体有一对不同形状的性染色体，称为 ZW，雄体有一对同形性染色体，称为 ZZ。雌体产生两类配子，一类带有 Z 染色体，另一类带有 W 染色体。这两类配子对后代性别起决定性作用（图 9-3）。大部分鸟类和家禽、鳞翅目昆虫、一部分鱼类和两栖类属于这种类型。除 ZW 决定雌性之外，在雌性异配子型中还有一类 ZO 雌性类型，主要发生在昆虫当中。

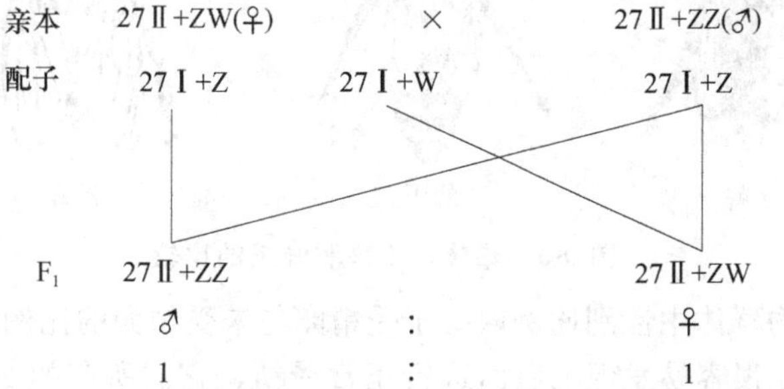

图 9-3　家蚕的性别决定

除此之外，还有一种较为复杂的复合染色体（compound chromosome）性别决定类型，见于一种线虫 *Ascaris incurva* 中，它有 8 个 X 染色体和 1 个 Y 染色体，有 26 个常染色体。雄性个体有 35 条染色体（26A＋8X＋Y），雌性有 42 条染色体（26A＋16X）。在减数分裂中，各条 X 染色体末端彼此相连，形成一个复合单位而统一行动。

三、雄性单倍性

雄性单倍性（male haploidy）没有单独的性染色体存在，其性别决定于卵细胞是否受精。由孤雌生殖产生的单倍体卵发育为雄体，二倍体的受精卵发育为雌体。人们最为熟悉的雄性单倍性类型是膜翅目昆虫，包括蜜蜂、马蜂、叶蜂和蚂蚁等。

这类昆虫 $2n$ 雌体的减数分裂行为正常，产生 $1n$ 卵子，但雄体减数分裂很特殊，第一次分裂时，虽然染色体也排列在赤道板上，但并不分到两极，在细胞的一端只分出一块细胞质。第二次分裂是正常均等式的，故减数分裂结果只产生两个具有 n 条染色体的精子（图 9-4）。一个雄体产生的全部精子，从遗传上讲是严格均等的。

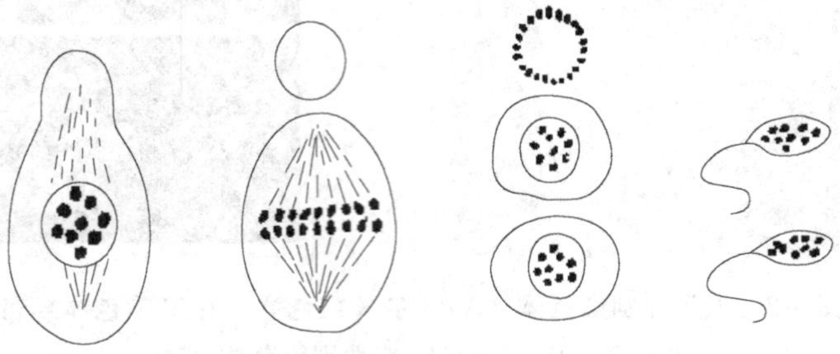

图 9-4　膜翅目昆虫的减数分裂与精子发生

单倍体雄性蜜蜂的精子发生过程大致与图 9-4 相当，只是产生的两个精子一个是有功能的，一个是败育的。二倍体的雌蜂有两种类型，即蜂王和工蜂，它们的遗传组成是相同的，但大小和形态差别很大（图 9-5）。工蜂完全没有生育能力。之所以出现这种差别，主要取决于幼虫期食物的不同。只供给 2～3 天蜂王浆的幼虫，将来发育为工蜂，而供应 5 天蜂王浆的幼虫就可以发育成蜂王。

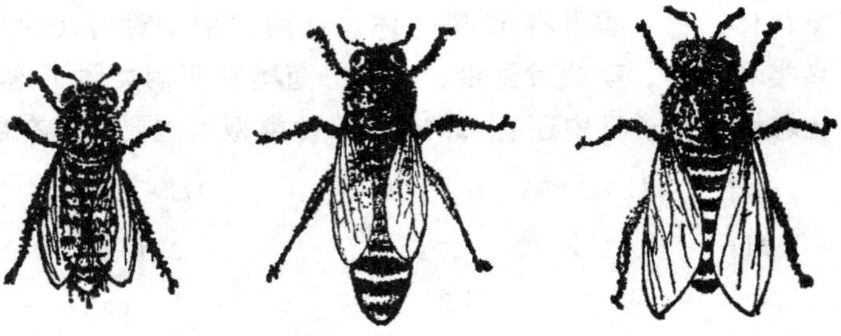

图 9-5　雄蜂、工蜂和蜂王的比较

雄性单倍性生物群体中性别比例取决于受精卵与未受精卵的比例。如果群体中雄性个体较多，雌性个体就很容易发现配偶而进行正常受精，它们所产的 $2n$ 受精卵都将发展为雌性。反之，如果群体中雄性个体过少，雌性可以不进行交配而孤雌生殖，它们所产生的单倍体卵全都发育为雄性，从而平衡群体中雌雄性别比例，实现“自动”调节。但和异配子性别决定的生物相比，在雄性单倍性生物群体中，雌雄体的比例变化范围要大得多。

四、环境决定性别的类型

（一）内 在 环 境

某些低等的雌雄同体（hermaphroditic）动物和绝大部分雌雄同株（monoecious）或雌雄同花（monoclinous）植物，并无严格性别决定的染色体机制，它们的同一个体能够分化出两种性器官，产生两种配子。例如，蚯蚓的卵巢和睾丸着生在同一个体的不同节段。苹果蜗牛（*Helix asperser*）同一性腺的不同细胞可以分别产生精子和卵子，多数显花植物的雌雄蕊也都着生在同一花朵之内。所有这些都说明，它们不同性腺和配子的产生仅仅取决于所处位置及内在发育环境的差异。环节动物中的眉轮蚕（*Ophryotrocha puerilis*），其幼龄阶段，首先发育为雄体，而后经历一个过渡时期，最终发育为功能正常的雌体。这里，决定其雌雄性别的内在因素显然是它们的年龄和大小。

（二）外在环境

有一种海生蠕虫——后螠（*Bonellia viridis*），其幼虫可以自由游泳，并无性别分化。如果落入海底，能发育为雌虫，而且体长可达5cm，比雄虫大数百倍，有一个长吻（图9-6）。如果幼虫落在雌虫的吻上，就会移居到雌虫的子宫内，发育成为微小的雄虫。雄后螠除生殖器官外，大部分身体器官都严重退化，变成十足的寄生虫。试验表明，从雌性后螠吻部提取物质处理幼虫，就足以促使其向雄性方向发展。

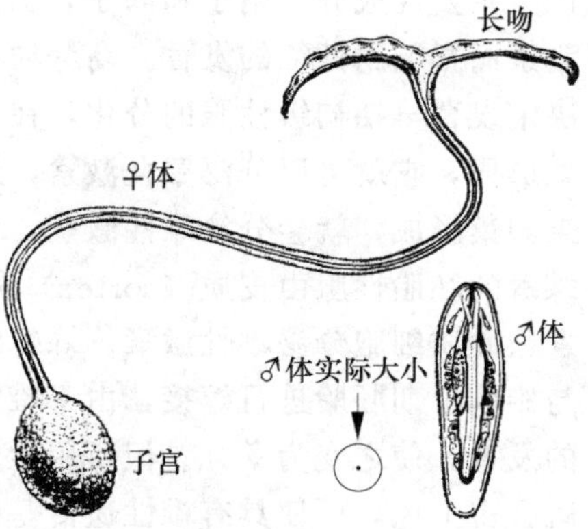

图9-6　后螠雌雄虫比较左图为雌虫，右图为雄虫放大
（引自 Merrell，1975）

顺便指出，由环境决定性别的生物并不是自身没有决定性别的遗传基础或基因，恰恰相反，这类生物很可能包含了决定雌性和雄性的两套基因，因而具有向两种性别分化的可能性。至于哪套基因能够正常的发挥作用，取决于一定的内、外在环境条件。

环境对脊椎动物性别也有影响。某些蛙类XX为雌体，XY为雄体。如果蝌蚪在20℃温度下发育，子代一半为雄，一半为雌；如让它们在30℃下发育，则全部发育为雄蛙。这里值得注意的是，高温只改变了性别发育的方向，并没有改变染色体组成。XX雌性幼虫虽然在高温下发育为雄蛙，但实验证明它们的基因型还是XX，表明环境条件只改变表现型。某些鳄鱼和乌龟的性别分化与此类似，环境条件的孵化温度决定了幼鳄和幼龟的性别。

植物中由环境条件决定性别的例子更多。这类植物也没有决定性别特殊的遗传基础，性别的分化决定于所处的内外在环境条件。瓜类是雌雄异花而同株的植物。已知对黄瓜早期施用多量氮肥可以促进雌花形成；缩短每日光照时间也可增加雌花；CO_2有促进雌花的作用。在南瓜中，如温度降低到10℃左右，特别在晚上，有利于雌花形成。如果晚间低温与白天8h光照相结合，可使雌花占绝对优势。在雌雄异株的大麻中，由于环境条件的影响，有时可以引起性返转。

第二节　性激素与性分化

性决定（sex determination）指的是通常对个体性别在遗传上起决定性作用的染色

体组成。这个过程在受精时就已经完成。但在成熟个体性别得到表达，还需要经历一个漫长的个体发育的性分化（sex differentiation）过程。在这个过程中，遗传基础要和一系列内、外在环境条件发生复杂的相互作用。

高等动物的性别表现在主性征（primary sexual character）和副性征（secondary sexual character）两个方面。前者指的是充分发育的性腺及其产生的有功能精子或卵子，后者包括一系列形态和生理特征，如血压、心跳、代谢速度等。生物的内分泌系统对性别决定过程和主性征的发育都没有直接影响，但对副性征的发育却是十分重要的。影响副性征的主要分泌腺是性腺（gonad），即卵巢或睾丸，但肾上腺（adrenal）和脑垂体（pituitary）也有重要作用。卵巢和睾丸都具有双重功能，它们的一部分细胞专门产生主要性成分，精子和卵子，另一部分细胞则专门分泌性激素（hormone），通过性激素而影响副性征的发育。高等动物的性分化分两个阶段，在第一阶段受精卵的核组成决定发育早期初级性腺的分化，在第二阶段，由初级性腺发育成为睾丸或卵巢。一旦睾丸形成，它就可以分泌睾丸激素，周转整个胚胎，促进个体向雄性方向发展。相反，如果卵巢形成，就会分泌雌性激素，促进个体向雌性方向发展。E. Witschi（1929）发现，蝾螈的胚胎性腺由皮质（cortex）和髓质（medulla）两部分组成。皮质细胞分泌雌性激素，髓质细胞分泌雄性激素。蝾螈性别发育的方向取决于这两种激素的平衡。如以雌体与雄体早期胚胎进行嫁接，由于雄体髓质分泌的雄性激素强烈，就能抑制雌性胚胎性腺的发育，使之变为睾丸。但所用雄体如果比雌体小得多，则由雌体皮质分泌的雌性激素就会占上风，可使具有雄性遗传基础的雄体胚胎性腺变成卵巢。

成体高等动物的性逆转（sex reversal）现象也时有报道，包括全面性逆转和部分性逆转。前者指的是主性征和副性征同时改变，后者只涉及副性征的改变。性逆转现象在家禽中较为常见。例如，下过蛋的母鸡，因病或别的原因使卵巢消失，原来退化的睾丸可以重新发育起来，甚至产生精子，长出漂亮的羽毛和鸡冠，学公鸡叫，即所谓“牝鸡司晨”。牛的双生胎儿如果是同一性别，都能正常发育；如果是一雌一雄，则雄性可以正常发育，雌性会变成中间性，即所谓“自由马丁”（freemartin）。它的外部生殖器官是雌性的，内部及附属器官多少带有雄性。研究表明，这是由于双生胎膜发生了合并，它们的血液可以相互流通，由于雄性激素比雌性激素产生得早，雌性胎儿在自身性激素产生以前，其性分化就受到雄性激素的影响而部分改变方向，发育成为不育的“中性犊”，但这种性逆转也是部分的。在人类中，肾上腺皮层如果长肿瘤，就能产生过量的类固醇激素，引起副性征改变，使女人男性化。从医疗观点来看，人类的这种部分性逆转完全可以通过注射相应的雌性激素来进行治疗。如前所述，对于两栖类动物，实现性逆转要容易得多，只需要在30℃高温下培养蝌蚪，雌性遗传组成的青蛙就会发育为雄性。

第三节　性别决定的理论

一、性基因平衡理论

人们发现性染色体不久，就开始认识到性别决定的机制要比一对性染色体的简单分离复杂得多。C. B. Bridges（1925）通过对果蝇性别遗传的研究，首先提出了性别决定的平衡观念（balance concept of sex determination）。其结论主要来自他的三倍体果蝇和二倍体果蝇的杂交试验。1个三倍体雌果蝇，具有3组染色体，包括Ⅱ号、Ⅲ号和Ⅳ号染色体各3个（以3A表示）和3个X染色体，即3A＋3X。当它和正常2*n*雄果蝇（2A＋XY）交配后，由于雌蝇3*n*减数分裂不正常，会产生一部分非整倍体卵子，但常染色体不平衡的卵子很难成活。能成活的卵子有4类，即2X2A、2X1A、1X2A和1X1A，它们和雄蝇的两种精子受精后，可得到如表9-1所列的遗传组成，其性别表现也各不相同。超雌或超雄性别的外形表现出比雌蝇和雄蝇的特点更有所加强，它们都是不育的，生活力也很弱。中间性也是不育的，其性状表现介于雌、雄之间，有些倾向雌性，有些倾向雄性，或者显示雌雄性状的混合，一部分器官表现雄性，另一部分器官表现雌性（图9-7）。

表9-1　三倍体与二倍体果蝇杂交后代能成活个体的遗传组成与性别表现

卵子	精子					
	1X1A			1Y1A		
		X/A	性别		X/A	性别
2X2A	3X3A	1.0	3*n* 雌	2X1Y3A	0.67	中间性
2X1A	3X2A	1.5	超雌	2X1Y2A	1.0	2*n* 雌
1X2A	2X3A	0.67	中间性	1X1Y3A	0.33	超雄
1X1A	2X2A	1.0	2*n* 雌	1X1Y2A	0.5	2*n* 雄

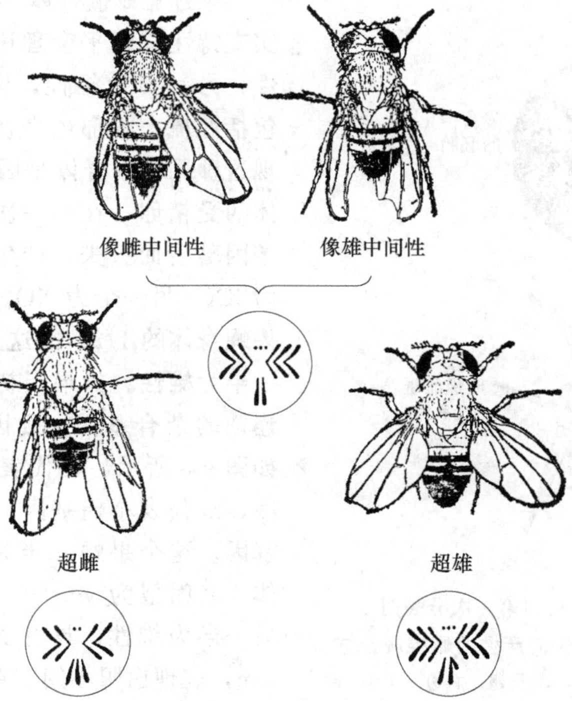

图9-7　超雌、超雄和中间性果蝇及其染色体组成（引自 King，1965）

从表 9-1 中还可以看出，性别表现并不仅仅决定于性染色体本身，而是有赖于 X 染色体与常染色体的比率。当 X∶A=1 时，不论是 2X∶2A 或 3X∶3A，一律发育为雌蝇；当 X∶A=0.5 时，一律发育为雄蝇；X∶A 介于 0.5 和 1.0 之间时，产生中间性。X∶A 的比率大于 1.0 或小于 0.5 则产生超雌和超雄。

至于 Y 染色体，对果蝇的性别似乎不起作用，因为具有 2X+Y+2A 遗传组成的果蝇仍然发育为雌蝇而且正常可育。缺少 Y 染色体，具有 XO+AA 遗传组成的果蝇也能发育为雄性，但这类果蝇在遗传上是不育的。目前已知道，有 7 个雄性育性基因分布在 Y 染色体上（Dronamraju，1965）。

根据早期研究，Bridges（1925）提出性别决定的平衡理论。认为有两套不同的基因与雌雄性别的发育有关。一套为雄性决定基因，携带在常染色体上，另一套为雌性决定基因，携带在 X 染色体上。当一个个体具有 2X 和 2A 时，X 染色体上雌性决定基因占上风，它能克服常染色体上雄性决定基因的作用，使果蝇发育为雌性；当个体只有 1 条 X 染色体时（1X+2A），常染色体上的雄性决定基因就能克服一条 X 染色体上的雌性决定基因的效应，使个体发育为雄性。对这种平衡的任何干扰，都能导致异常的性分化。

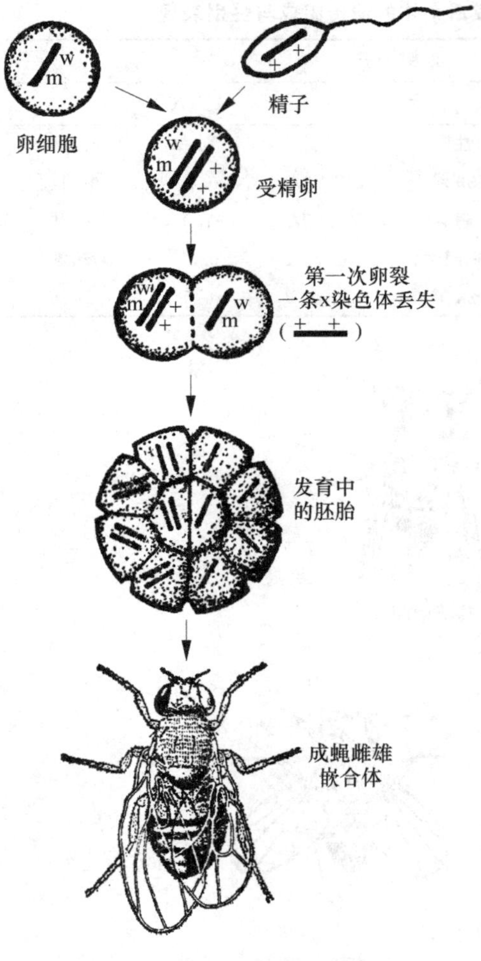

图 9-8　果蝇受精卵第一次分裂时因一条 X 染色体丢失而产生的雌雄嵌合体

左边一半为雌性，红眼长翅；右边一半为雄性，白眼小翅

果蝇雌雄嵌合体（gynandromorph）的事实支持性基因平衡理论。它身体的一半为雌性，另一半为雄性，区分明显，互不混淆，包括性梳、腹部色带及身体大小等特征。出现这种雌雄嵌合体是因为，具有两个 X 染色体的受精卵，在第一次细胞分裂时，其中一条因落后而丢失，产生的两个子细胞，一个为 XX，另一个为 XO。这两个细胞各发育成果蝇身体的 1/2，故这只果蝇一半为雌性，另一半为雄性。如果当初这个受精卵也带有性连锁的杂合基因，则因果关系会更加明显。如图 9-8 所示，w 代表 X 染色体上的白眼基因，m 代表小翅基因，+代表其相对的显性基因。这个果蝇一半为雌性，具有 XX 染色体，基因型为 wm/++，故表现红眼长翅；另一半为雄性，具有 XO 染色体，基因型为 wm，表现白眼小翅。在鳞翅目昆虫中也发现过这种现象。

二、Y 染色体决定雄性

性基因平衡理论并不能圆满解释所有雄性异配子型生物的性别决定。石竹科的女娄菜（*Melandrium apricum*）是一种雌雄异株植物，像果蝇一样，属 XY 型。雌株为 XX，雄株为 XY。曾经得到了一系列染色体组合，包括不同比数的 X 染色体和常染色体，有些组合也包括了 Y 染色体。其性别表现如表 9-2 所示。可以看出，它不符合性平衡理论，性别表现主要取决于 Y 染色体的存在与否。在无 Y 染色体存在时，不论 X 与 A 的比数如何，统统发育为雌株。相反，只要有 Y 染色体存在，不论 X 与 A 比例如何，统统发育为雄株，可见，Y 染色体有极强的雄性决定作用。

表 9-2　女娄菜性别决定与果蝇性别决定的比较

染色体组成	果　蝇	女娄菜
2X∶2A	♀	♀
3X∶3A	♀	♀
4X∶4A	♀	♀
2X∶3A	⚥	♀
2X∶4A	⚥	♀
3X∶4A	⚥	♀
XY∶2A	♂	♂
XXY∶2A	♀	♂
XXY∶3A	⚥	♂
XXXY∶3A	♀	♂

注：⚥ 代表中间性。

人类和其他哺乳动物的性别决定机制与女娄菜十分类似。20 世纪 50 年代以来，从医院临床发现了一系列性染色体异常核型。但凡是有 Y 染色体存在的，不论 X 染色体多少，都表现为男性。如 XXY、XXXY、XXXXY 等，但这些人睾丸发育不全，无生育能力，称为克氏综合征（Klinefelter's syndrome）。而没有 Y 染色体存在的，都表现为女性。如 XO、XXX、XXXX 等。其中具有 XO 核型的，称为特纳氏综合征（Turner's syndrome）其外貌为女性，但表现不育，身材矮小，智力偏低。具 XXX 或 XXXX 核型者也都有精神或智力缺陷。

S. Wachtel 等（1977）发现，男人和所有雄性哺乳动物的细胞中都有一种表面蛋白质，称为 H-Y 抗原（H-Y antigen）。女人或雌性动物则没有。编码这种蛋白质的基因位于 Y 染色体的短臂上，它的存在可以引起胚胎性腺发育为睾丸。而雄性副性征的正常发育还需要 X 染色体与 Y 染色体有关基因的互补作用。例如，S. Ohno（1971）发现，X 染色体上有一个显性基因 Tfm^{+}，编码一种可以与睾丸激素相结合的蛋白质，这种蛋白质无论在男女人的细胞质中都存在，但只有在男性胚胎中，才能和睾丸激素相结合，形成复合体。这种复合体再进入细胞核，激活雄性分化基因。已经在包括人类在内的若干种动物中发现 Tfm^{+} 的隐性突变 Tfm，引起睾丸女性化（testicular feminization）综合征。具有 Tfm/Y 基因型的胚胎细胞，不能产生与睾丸激素相结合的蛋白质，因而其成年个体所有副性征都是女性的，但性器官依旧是男性的。具有 XX 基因型的正常女人的胚胎，由于细胞质中存在有可与睾丸激素相结合的蛋白质，通过人为注射睾丸激素，也可以使其副性征向男性方向发展，成为具有内在女性器官和外在男性特征的“两性人”。

人类 Y 染色体上决定雄性性别的关键基因已经被克隆，被命名为 SRY（sex determination region Y），位于 Y 染色体短臂末端。含有 XX 染色体的个体如果含有 SRY 基因，就会发育为雄性；含有 XY 染色体的个体如果缺失 SRY 基因或 SRY 基因发生突变，就会发育成雌性。SRY 基因在哺乳动物中是非常保守的基因，与性别发育直接相关。用雄性鼠 SRY 基因转化雌性鼠的胚胎，可以获得雄性老鼠。人类的 SRY 基因是一个转录因子，它通过与缪氏抑制物质（Mullerian inhibiting substance）基因启动子区序列（CCATTGTTCT）互作，改变 DNA 的构象，调控转录，引起一系列上游和下游的与性别发育相关的基因表达发生改变，甚至调控位于 X 染色体和常染色体上的基因，从而导致性别分化的不同和一系列形态和生理上的性别差异（图 9-9）。

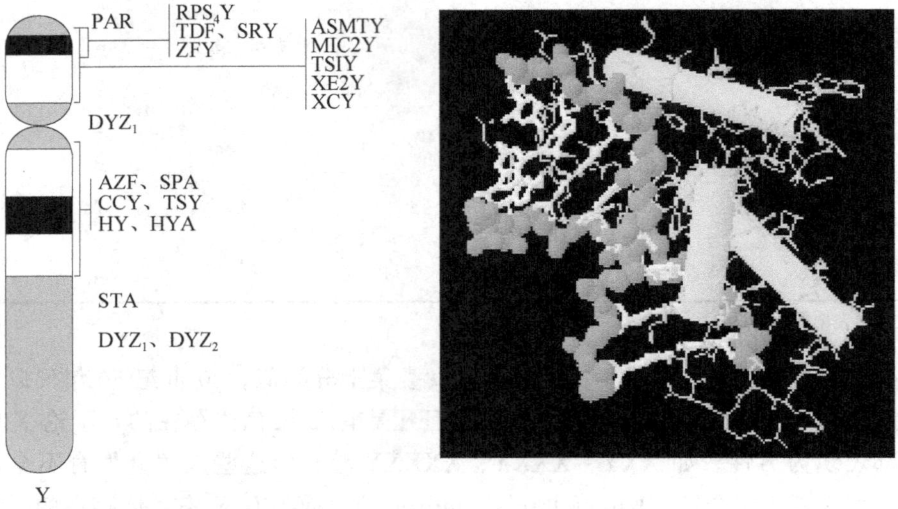

图 9-9　人类 Y 染色体上编码的基因及其性别决定基因 SRY 与 DNA 的相互作用

第四节　性别与性状表达

一、伴 性 性 状

决定某些遗传性状的基因处在性染色体上，因此，它们上下代的传递与性别有关。对于 XY 性决定系统来讲，由于父亲传递性染色体给其子女不是随机的，X 传给女儿，Y 传给儿子，因此性染色体上所携带的基因，其遗传方式也就不同于随机传递的常染色体所携带的基因。伴性性状呈伴性遗传（sex-linked inheritance），其遗传的特点由性染色体遗传规律所决定，基因的表达常不受性激素的影响。概括起来有 3 个特点：①正反交的结果不同；②后代性状的分布和性别有关；③常呈一种绞花式遗传（crisscross heritance)，即有害基因常常由母亲传给儿子，再由儿子传给孙女。

植物中有雌雄同花，雌雄异花，其中又有雌雄同株和雌雄异株之分，即使是雌雄异株的植物也并不都有异形性染色体，如石刁柏、番木瓜、杨树和柳树等。少数植物有异形性染色体分化，如女娄菜、麦瓶草和白剪秋罗（*Lychnis senno*）等均为雄性异配型。杨树属（*Pululus*）、草莓（*Fragaria ananassa*）和金露梅（*Potentilla fruticosa*）是雌性异配型。白剪秋罗叶片有宽叶和窄叶两种，将宽叶雌株和窄叶雄株杂交，F_1 无论雌雄全部为宽叶，F_1 代互交后得以的 F_2 代雌性全部是宽叶，雄株半数为宽叶半数为窄叶，这个结果（图 9-10）和果蝇眼色的遗传也完全相同。不难推论，控制叶形的基因在 X 染色体上，而且 Y 染色体上没有相应的等位基因。

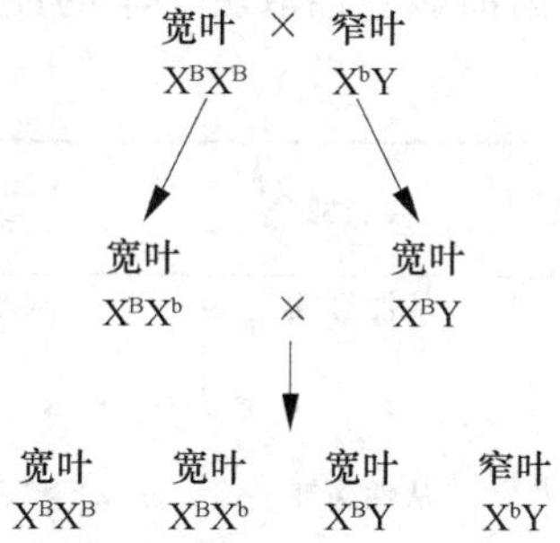

图 9-10　叶形的伴性遗传

决定伴性性状（sex-linked trait）的基因按其在染色体上的位置可分为 3 类。第一类位于 X 染色体，Y 染色体上没有它的等位基因。至今所发现的大部分伴性基因都属于这一类，例如，果蝇白眼睛基因（w），人类的红绿色盲基因（rg）等。在雄性个体，这些基因只有等位基因的一个，既非纯合子，也非杂合子，因而称之为半合子（hemizygote）。处于半合子状态的隐性基因，在雄体都能得到表现。X 染色体上的隐性基因是以交叉方式进行遗传的，即父亲把性状传给女儿，通过女儿传给外孙。女儿虽然带有隐性基因，但常常为另一条 X 染色体上的显性基因所遮盖，只有在半杂合子的外孙身上，才能重新表现。在人类中，这种性连锁性状已经发现了二百多个。如果 X 染色体上带有显性基因，则父亲把性状传给他的全体女儿，并得到表现。杂合子的女儿再把性状传递给 1/2 外孙及外孙女。

第二类性状位于 Y 染色体上，X 染色体上没有其相应等位基因，因此，其遗传方式应当是专父性的或限雄性的（holandric）。属于这类基因发现得还不多。果蝇被证实的只有 7 个雄性育性基因。在人类中，被证实的只有雄性决定基因 SRY、H-Y 抗原基因、睾丸决定基因（TDF）和耳毛基因等。可能也有一些与身高有关的基因，因为具有 XYY 基因型的男人高于平常的 XY 男人，而 XY 男人又高于 XO 女人。

第三类性状是 X 染色体和 Y 染色体同时决定的，这类基因都处在 X 和 Y 染色体的配对区，发现得也不多。果蝇的短刚毛基因 b 在 X 染色体上，但在 Y 染色体的短臂上发现了它的等位基因。人类的 X、Y 配对区，也发现了几个基因，如全色盲基因、干皮色素症基因、视网膜色素沉积基因和一种肾炎病基因。它们也能像常染色体等位基因一样分离，但又不能像常染色体那样和性别保持独立，而是发生不完全性连锁遗传。

二、从性性状

有些性状虽然由常染色体上的基因决定，但它的表达受性别的影响。例如，羊中有一个品种叫多塞特，公羊和母羊都是有角的（h^+h^+），另一个品种叫萨福尔克，公羊和母羊都是无角的（hh）。让这两个品种杂交，F_1 代的基因型为 h^+h，但所有公羊都是有角的，所有母羊都是无角的。让 F_1 代互交，F_2 代在公羊中有角（h^+h^+，h^+h）：无角

(hh)＝3∶1，在母羊中无角（hh h^+h）∶有角（h^+h^+）＝3∶1。可见在公羊中有角基因 h^+ 对无角基因 h 为显性，在母羊中无角基因 h 对有角基因 h^+ 为显性（表 9-3）。这里基因的显隐性取决于羊的性别。

表 9-3　从性遗传

类　型	范　例	基因型	表　型	
			♀	♂
从性显性	绵羊长角	h^+h^+	有角	有角
		h^+h	无角	有角
		hh	无角	无角
从性隐性	鸡羽形态	h^+h^+	雌羽	雌羽
		h^+h	雌羽	雌羽
		hh	雌羽	雄羽

人类中有一种白额发性状，一种上部侧门牙缺损和一种手指末端关节膨大症曾经被认为属于从性性状（sex-influenced trait）。还有一些性状，如兔唇、缺唇和口吃等，男人的发病率和严重程度都比女人厉害，说明性别对这些基因的表达有重要影响。

三、限 性 性 状

决定限性性状（sex-limited trait）的基因也是在常染色体上，但性状只在一个性别上表达。例如，鸟类的羽毛，雌雄差别很大，雄鸟都比较漂亮。这类性状就属于限性性状。家鸡中已知羽毛的差别受一对基因控制，母鸡羽毛决定于显性基因 h^+，公鸡羽毛决定于隐性基因 h。但研究表明，公鸡羽毛的表达不仅需要纯合的 hh 基因型，还局限于公鸡的性别。具有 hh 基因型的母鸡仍旧表现母鸡羽毛，但如果摘除性腺，公鸡羽毛就会发育起来。这表明，母鸡的雌性激素对 h 基因的表达有抑制作用。

人类的耳毛性状也是由常染色体控制，但也只限于男人才能表现（Dronamraju, 1965），说明是限性遗传（sex-limited inheritance）的。还有许多重要的经济性状，由于显而易见的原因，也都表现限性遗传。例如，哺乳动物的产奶量、多胎性等，尽管父母双方在遗传上都有同等的贡献，但只有在雌体上，性状才能得到表达。许多生理或解剖性状也是如此。

第五节　植物的性别决定

许多高等植物为雌雄同株类型，并无明显的性染色体机制存在。同株上的雌雄性器官，显然是在发育后期通过细胞分化形成的，没有什么特殊的遗传基础，但在少数雌雄异株的植物内，也有与动物类似的性别决定机制。目前所知植物的性别类型主要包括以下 9 种：

（1）两性花（hermaphrodite）：雌蕊和雄蕊同花；

（2）雌雄同株（monoecious）：雌花和雄花同株；

（3）雄花、两性花同株（andromonoecious）：雄花和两性花同株；

（4）雌花、两性花同株（gynomonoecious）：雌花和两性花同株；

（5）杂性花（polygamous）：雌花、雄花和两性花混合同株；

（6）雌雄异株（dioecious）：雌花和雄花不同株；

（7）雄花、两性花异株（androdioecious）：雄花、两性花不同株；

（8）雌花、两性花异株（gynodioecious）：雌花、两性花不同株；

（9）雌花、雄花、两性花异株（trioecious）：雌花、雄花和两性花分别着生于不同植株。

有些植物的性别表现较为复杂，如瓜类一般是雌雄异花同株，但也有全雌性、全雄性、雌花和两性花、雄花和两性花以及杂性花同株等各种类型。

植株花的发育过程有多种模式，特别是单性花的产生一般要经过双性期，即发育早期为雌雄同体花，发育到一定阶段后，通过某种机制的选择性退化使其中的雌或雄性器官停止发育，最后形成单性花。例如，芦笋（*Asparagus officinalis*）雌花中的雌雄蕊发育到减数分裂开始时，花药发育受阻随后解体，而雄花中的心皮发育受阻则在减数分裂之后。

从遗传上来看，雄异配子型在高等植物比较常见，大部分雌雄异株植物都属于这一类，雌株为XX，雄株为XY。如前面提到的石竹科中的女娄菜、人们所熟悉的大麻（*Cannabis sativa*）、银杏（*Ginkgo biloba*）、番木瓜（*Carica papaya*），以及菠菜（*Spinacia oleracea*）等。葎草属啤酒花（*Humulus lupulus*）和酸模属（*Rumex*）的3个种，也属于XY类型，雌株为XX，但雄株为XY_1Y_2，其中Y_1Y_2总是在一起（表9-4）。部分异配子型性别染色体已经发生明显的形态分化，X染色体和Y染色体可通过细胞学手段观察到形态差异，这样的性别染色体称为异型性别染色体（heteromorphic sex chromosome），如麦瓶草（*S. latifolia*）植物。部分异配子型性别染色体虽然已经发生了X染色体和Y染色体的分化，但不能通过细胞学手段观察到形态差异，这样的性别染色体称为同型性别染色体（homomorphic sex chromosome），如番木瓜（*C. papaya*）和芦笋（*A. officinalis*）。

表9-4　具有性别分化的高等植物及其性别决定机制（引自Ming et al.，2007）

科	种	雌性性别染色体	雄性性别染色体	YY基因型	性别决定
异型性别染色体					
大麻科（Cannabidaceae）	*Cannabis sativa*	XX	XY	存在	X∶A
	Humulus lupulus	XX	XY	存在	X∶A
	H. lupulus subsp *cordifolius*	$X_1X_1X_2X_2$	$X_1Y_1X_2Y_2$	—	X∶A
	H. japonicus	XX	XY_1Y_2	不存在	X∶A
石竹科（Caryophyllaceae）	*Silene latifolia*, *S. dioica*, *S. diclinis*	XX	XY	不存在	Y
葫芦科（Cucurbitaceae）	*Coccinia indica*	XX	XY	—	Y
蓼科（Polygonaceae）	*Rumex angiocarpus*	XX	XY	—	—
	R. tenuifolius	(XX) XX	(XX) XY	—	—
	R. acetosella	(XXXX) XX	(XXXX) XY	—	Y
	R. graminifolius	(XXXXXX) XX	(XXXXXX) XY	—	—
	R. hastatulus	XX	XY或$XY+XY_1Y_2$	—	X∶A
	R. acetosa	XX	XY_1Y_2	—	X∶A
	R. paucifolius	(XX) XX	(XX) XY	—	—

续表

科	种	雌性性别染色体	雄性性别染色体	YY 基因型	性别决定
同型性别染色体					
猕猴桃科（Actinidiaceae）	*Actinidia deliciosa*	—		—	Y
	A. chinensis		雄性杂合型	存在	Y
苋科（Amaranthaceae）	*Acnida species*		雄性杂合型	—	Y
天门冬科（Asparagaceae）	*Asparagus officinalis*		雄性杂合型	存在	Y
菊科（Asteraceae）	*Antennaria dioica*		雄性杂合型	不存在	—
番木瓜科（Caricaceae）	*Carica papaya*		雄性杂合型	不存在	Y
	Vasconcellea species		雄性杂合型	不存在	Y
石竹科（Caryophyllaceae）	*Silene otites*		不确定	—	—
藜科（Chenopodiaceae）	*Spinacia oleracea*		雄性杂合型	存在	Y
葫芦科（Cucurbitaceae）	*Bryonia multiflora*		雄性杂合型	—	—
	Ecballium elaterium		雄性杂合型	—	Y
薯蓣科（Dioscoreaceae）	*Dioscorea tokoro*		雄性杂合型	—	Y
大戟科（Euphorbiaceae）	*Mercurialis annua*		雄性杂合型	存在	Y
毛茛科（Ranunculaceae）	*Thalictrum species*		雄性杂合型	存在	—
蔷薇科（Rosaceae）	*Fragaria species*		雌性杂合型	—	—
葡萄科（Vitaceae）	*Vitis species*		雄性杂合型	存在	Y

属于XO雄性的有秦椒（*Zanthoxylum piperitum*）、苦草（*Vallisneria spiralis*）和薯蓣属的 *Dioscorea sinuata*。

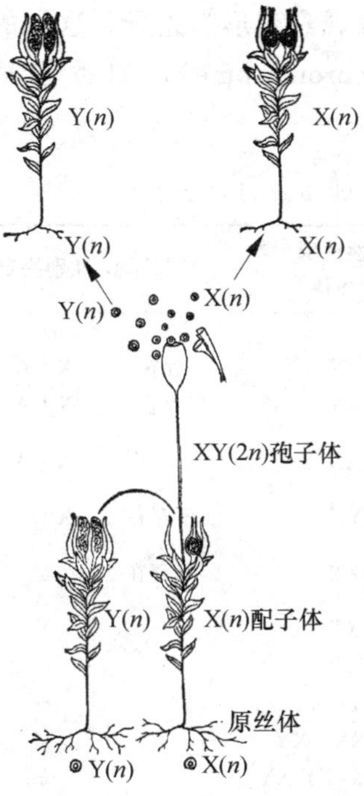

图 9-11　雌雄异株苔藓植物的性别决定（引自 Merrell，1975）

属于雌异配子型的已知有杨树属（*Populus*）、草莓属的一个种 *Fragaria elatior* 和委陵菜属的金露梅（*Potentilla fruticosa*）等，它们的雌株为 ZW，雄株为 ZZ。

欧龙牙草（liverwort）和藓类都属苔藓植物。它们的绿色体属于单倍体的配子体世代，株体大，可以独立生活。其 $2n$ 孢子体很小，寄生在配子体植株上。配子体上可以长出颈卵器（archegonia）和精子器（antheridia），分别产生卵子和精子。这类植物的有些种是雌雄同株的，即一个配子体植株能同时产生颈卵器和精子器。另一些种是雌雄异株的，雌株配子体产生颈卵器。它们性别决定的机制也属 XY 型，但不表现在孢子体，只表现在配子体。所有孢子体都带有 XY。减数分裂后，产生两类孢子，一类带 X 染色体，将来发育为雌株配子体，产生颈卵器和带有 X 染色体的卵子；另一类带 Y 染色体，将来发育为雄株配子体，产生精子器和带有 Y 染色体的精子（图 9-11）。

如前所述，Y 染色体对女娄菜的性别起着决定性作用。它的二倍体有 24 个染色体，雌株为 22A+XX，雄株为 22A+XY，其中 Y 染色体比 X 大而明显。通过 Y 染色体逐段缺失的研究，M. Westergaard（1958）发现，它的不同区段有不同的功能。如图 9-12 所示，Y 染色体的第四区与 X 染色体相应区有同源性，所以能够局部配对。其他各区则有不同的分化。Y 染色体第一区缺失，产生雌雄同花株，故该区被称为雌性抑制区；第二区缺失发育为雌株，称为雄性促进区；第三区缺失，产生雄性不育株，称为雄性育性区。尽管大部分雌性决定基因分布在 X 染色体的分化区，但 Westergaard（1958）发现常染色体对雌性决定也有一定的影响。

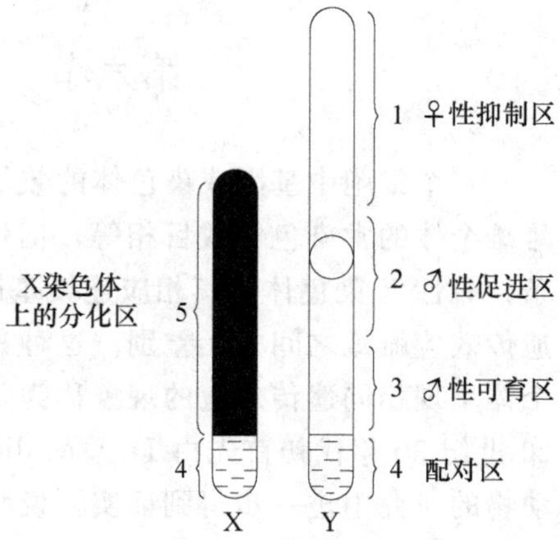

图 9-12　女娄菜性染色体的分化

另外一些植物的性别差异并不是整个性染色体所决定，而是由一对简单的孟德尔基因控制。例如，石刁柏（*Asparagus officinalis*）在正常情况下是雌雄异株植物，雌株和雄株呈 1∶1 之比。但有时在一个群体中可以见到雌雄同株的个体，它的雌花中有退化的雄蕊，而雄花中有退化而无功能的雌蕊柱头，甚至还可以产生成活的种子。如把这些种子种下，会出现 3/4 雄株和 1/4 雌株，表明是由一对基因分离的结果。如把分离出的雄株与正常雌株再行杂交，其中有大约 1/3 雄株的杂交后代完全为雄株，其余 2/3 杂交后代产生一半雄株和一半雌株，可见雄性基因对雌性基因呈完全显性作用。在群体中，雄株大都处于杂合状态。番木瓜是具有雄性、兼性和雌性性别分化的热带果树，经典的遗传学研究表明其性别决定是由一个基因座位的三个复等位基因控制的，其中 M 决定雄性，M^H 决定兼性，m 决定雌性。雄性、兼性和雌性的基因型分别为 Mm、M^Hm 和 mm，MM 和 M^HM^H 纯合时会造成合子发育致死，种子败育。兼性植株（M^Hm）自交后代会表现兼性和雌性 2 ∶ 1 的分离比例。但最近的基因组学研究结果均表明，石刁柏和番木瓜的性别决定并非是单一的性别决定基因控制，而是已经发生了早期的性别染色体分化，只是这一部分发生性别染色体分化的染色体区域只占整个染色体的一小部分，尚未在外部形态上表现出差异，不能通过光学显微镜进行鉴别。

葫芦科的一种植物喷瓜（*Ecballium elaterium*），其性别是由一个基因座的 3 个复等位基因所控制的（表 9-5），即 a^D、a^+ 和 a^d。a^D 对 a^+ 和 a^d 为显性，a^+ 对 a^d 为显性。a^D 决定雄性，a^+ 决定雌雄同株，a^d 决定雌性。它们的不同组合决定植株的性别。a^Da^+ 和 a^Da^d 为雄株，a^+a^+ 和 a^+a^d 为雌雄同株，a^da^d 为雌株。不存在纯合的 a^Da^D，表明 a^D 可能有显性纯合致死作用。

表 9-5　喷瓜的性别决定

基因和显隐性关系	决定性别	基因型
a^D	♂	a^Da^+，a^Da^d
a^+	两性	a^+a^+，a^+a^d
a^d	♀	a^da^d

第六节　性染色体的剂量补偿

一个细胞中基因或染色体的数目称为它们的剂量（dosage）。在 XY 性决定系统中，雌雄个体的常染色体数目相等，但性染色体不同。雌性有两条 X 染色体，雄性只有一条，雌性 X 染色体及其相应连锁基因的剂量比雄性高 1 倍。但观察表明，这些基因的遗传效应雌雄之间并无差别。这种具有两份或两份以上基因的个体和只具有一份基因的个体呈现相同遗传效应的现象称为剂量补偿（dosage compensation）。剂量补偿作用在 20 世纪 30 年代初首先由 H. J. Muller 在果蝇试验中观察到，后来，在人类和其他哺乳动物的研究中进一步得到证实，说明它是一种普遍存在的现象。

剂量补偿作用是如何发生的呢？在人类和哺乳动物，表现为雌性个体两条 X 染色体中有一条失去活性，变得高度螺旋化，成为异染色质，在细胞分裂中，呈现异固缩（heteropycnosis）现象。它所携带的基因，在个体发育中都丧失功能。这样一来，雌性个体与雄性个体一样，只有一条有功能的 X 染色体。第一个观察到异固缩 X 染色体的是美国学者 M. L. Barr（1949）。她发现雌猫分裂间期的神经细胞核中，有一个染色很深的物体，但雄猫没有。后来把这个物体称为巴氏小体（Barr body）。由于巴氏小体和性别及 X 染色体数目有关，故也称作 X 染色质或性染色质。通过一系列细胞学观察和核型分析，人们找到了一个一般规律，即细胞中出现最大可能的巴氏小体数目等于 X 染色体数减去 1。这样，具有 XY 的男人和具有 XO 的女人没有巴氏小体；XXY 男人和正常 XX 女人有一个巴氏小体；XXXY 男人和 XXX 女人有两个巴氏小体，如此类推。不论有多少 X 染色体，其中仅一个具有正常生理功能和染色特性（图 9-13）。

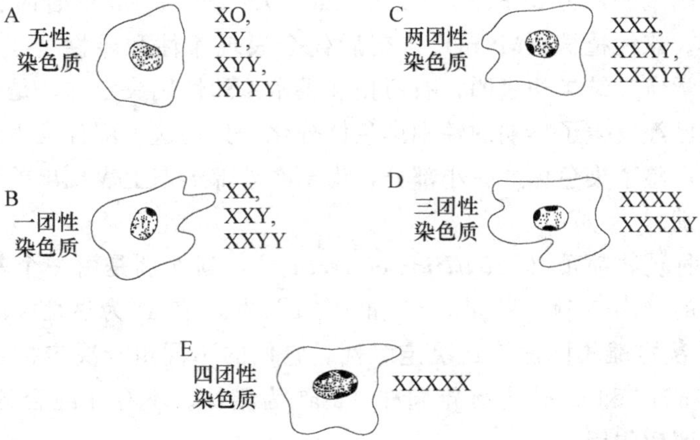

图 9-13　哺乳动物间期核性染色体和巴氏小体数目之间的关系（引自 Barr，1966）

X 染色体失活对雌性个体性连锁性状有明显的影响。例如，运用易位的方法把老鼠一个决定毛色的野生型基因（B）转移到 X 染色体上，而常染色体上保留有隐性棕色毛皮基因（b），这样，根据正常的推理，具有 XX^B（A^bA^b）基因型的雌鼠，X^BO（A^bA^b）基因型的雌鼠和 X^BY（A^bA^b）基因型的雄鼠都应当表现为野生型灰色皮毛。这种推理

对 X^BO 雌鼠和 X^BY 雄鼠均正确，但对 XX^B（A^bA^b）雌鼠来说就不正确。这种雌鼠的皮毛既不是灰色的，也不是棕色的，而是一块是灰色的，另一块是棕色的，呈斑块状。后来发现所有与 X 染色体连锁的基因，当它们处于杂合状态时，都会出现斑块状镶嵌花纹。例如，猫的皮毛色是由一对基因 Bb 决定，B 产生黑色，b 产生黄色。这对基因位于 X 染色体上。当一只雌猫具有 X^BX^b 基因型时，就会表现出黑色与黄色斑块相间的玳瑁猫花纹。但雄猫只可能是黑色的（X^BY）或黄色的（X^bY）皮毛。

M. F. Lyon（1962）根据细胞学和遗传学的观察，对上述现象提出了广为接受的莱昂假说。其主要内容如下。

（1）哺乳动物的正常发育只需要一条 X 染色体，多余的 X 染色体在遗传上都要失活。

（2）X 染色体的失活是随机的。在一些细胞中可能母本来源的 X 染色体失活，在另一些细胞中可能是父本来源的 X 染色体失活（图 9-14）。

（3）失活现象发生在胚胎发育早期，失活作用是不可逆的。性染色体失活后来被称作莱昂化作用（Lyonization）。

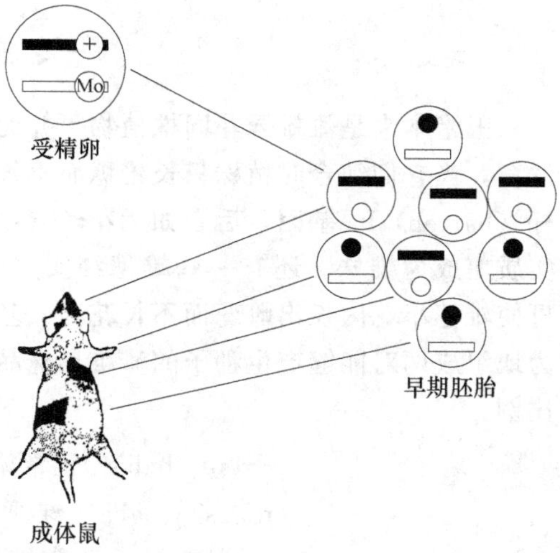

图 9-14　莱昂（Lyon）假说图示
（引自 Lyon，1963）
失活 X 染色体以圆圈表示，正常 X 染色体以长方块表示

Lyon 假说比较圆满的解释了 X 染色体上杂合基因在雌性个体上的表达，从而得到了比较广泛的支持。人类 X 染色体上的隐性基因容易以半杂合子状态在男人身上表达，在女性个体常为另一条 X 染色体上的显性基因所遮盖，但研究表明，并非总是如此。有一种排汗腺异常性状，是 X 染色体上的隐性基因突变引起的，当女人带有杂合基因时，其皮肤呈现斑块状，有些斑块排汗腺正常，另一些斑块无排汗腺。带有杂合血友病基因的女性，凝血因子有很大的变化范围，从相当于正常人的 20% 到 100%，这可能是因为产生血原基的细胞 X 染色体随机失活的不同比数造成的。失活的性染色体对个体正常的生理发育可能还有部分功能。例如，人类的 XO 和 XX 个体为女性，XY 和 XXY 为男性，他们的表现型应当相同，但实际上，只有 XX 女性和 XY 男性发育是正常的，XO 女性个体表现特纳氏综合征，XXY 男性个体表现克氏综合征。

研究表明，巴氏小体中的 X 染色体通过往返弯曲凝聚使端粒能够紧密接近。X 染色体失活是受基因 XIC（X-inactivation center）控制的，此基因在染色体失活前转录，其不编码蛋白质，但其 RNA 产物可以沿失活 X 染色体结合，可能形成染色体的“外罩”，使 X 染色体失去活性。另外，甲基化可能在 X 失活中起到重要作用。用 5-氮胞苷抑制 DNA 的甲基化作用可以使其逆转（Haaf *et al.*，1988）。

果蝇也有剂量补偿现象，但机制与哺乳动物完全不同。其雌蝇两条 X 染色体都不失活，但每条 X 染色体的功能都减半，使其总功能与雄蝇一条 X 染色体相等。

第七节　性染色体的演化

从前面的叙述可以知道，微生物不存在性别，但存在不同的交配型，不同交配型之间的差异决定于个别等位基因的分离。较原始的动、植物的性别决定也取决于简单的孟德尔式基因的分离，并无性染色体存在。从进化的观点来看，雌雄两性异体生物显然是由雌雄同体生物逐渐演化而来的。因为在动、植物中，个体间交配比同体交配（或自花授粉）具有遗传上的优越性，有性繁殖又比无性繁殖具有发展的可能。因此，可以设想，雌雄异体生物一定经过了一系列遗传基础的分化过程，其中性染色体可能是由普通常染色体逐渐演变而来。这种演变在进化中可能经过不同的途径。

一、主基因突变

玉米本来是雌雄异花同株植物，并无性染色体存在，但有些突变基因可以抑制雌穗发育，当它们纯合时植株只长雄穗而不长雌穗，或者虽然有雌穗但没有花柱。前者如空杆（barren）ba 基因，后者如无花丝（silkless）sk 基因等。具有这些纯合基因的植株，实质上成为雄株。还有一些雄穗结实（tassel seed）基因，如显性 Ts_3 和隐性 ts_2 等，可使雄穗小花内长出雌蕊而不长花药，基本上变为雌株。利用下列基因组合，就可以人为地组成两对能够产生种子的雌雄异株品系，它们的后代仍然可以保证雌雄株 1∶1 的比例。

(1)
- $+ts_2$　baba　正常雄穗，无雌穗——雄株
- $ts_2\ ts_2$　baba　雄穗上长雌花，无雌穗——雌株

(2)
- $++$baba　正常雄穗，无雌穗——雄株
- Ts_3+baba　雄穗上长雌花，无雌穗——雌株

由此可见，由于品系中引入了两个突变主基因，本来是雌雄同株的植物就转变为雌雄异株植物，使性别发生显著的差别。在上例第一对组合中，雄株是杂合的，第二组合中，雌株则是杂合的。

应当指出，在大田玉米中，也能偶然发现雄穗上长雌花或雌穗上长雄花的现象，大多是由环境条件引起的，并无特殊的遗传基础，一般也不能遗传下去。

如果位于某染色体的突变基因对性别起着主导作用，可以设想，通过长期的逐步分化，一个普通染色体可以演变为决定性别的性染色体。

玉米的雄穗结实基因 Ts2 已经被克隆出来，编码一个短链乙醇脱氢酶，并在摩擦禾（*Tripsacum dactyloides*）中发现了其直系同源基因，均对雄穗的发育有重要影响。

二、性基因的集中

正如果蝇所示，当某一种染色体集中较多的与性别有关的基因时，可以变成性染色体。X 染色体事实上已集中了许多雌性倾向基因，成为决定雌性的主要遗传基础。常染色体集中了许多雄性倾向基因，因而也对性别起作用。性基因更为集中的是某些苔类植

物的 X 染色体。如果带有雌性倾向的一小段染色体发生缺失，就会变成雄株。但缺失如果不包括这一段染色体，则和正常的 X 染色体一样，仍为雌株。易位等可能是 Y 染色体起源的重要原因，曾经发现鼠的一种异常的 Y 染色体，称为性逆转 Y 染色体，以 Ysxr 表示，它能引起 XX 基因型的老鼠发生性逆转，变成雄性。利用从雌蛇 W 染色体（雌蛇性染色体为 ZW）分离到的具有性专化性的随体 DNA 进行原位杂交试验，发现 Ysxr 染色体与普通 Y 染色体不同，Ysxr 的着丝粒区和端粒区都能和蛇的随体 DNA 杂交，而普通 Y 染色体只有着丝粒区才能和蛇的随体 DNA 杂交。X 染色体上没有可以和蛇随体 DNA 杂交的序列。但对 XYsxr 后代发生性逆转的雄鼠（具有 XX）细胞进行原位杂交试验表明，一个 X 染色体的末端区域可以和蛇随体 DNA 进行杂交。细胞学试验说明，小鼠的 X 染色体末端可以和 Y 染色体末端发生局部联会和交换。具有 XX 染色体的小鼠之所以发育为雄性，就是因为通过 XY 的交换作用，使 X 染色体上得到了一段可以和蛇随体 DNA 杂交的 Y 染色体（图 9-15）。而正是这一段 Y 染色体对雄性小鼠的发育起着决定性作用。

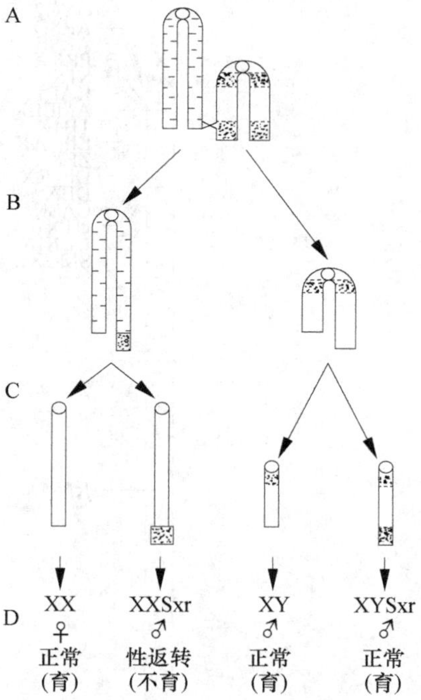

图 9-15　鼠性逆转的细胞学机制

A. 带有性逆转 Y 染色体（Ysxr），在鼠精母细胞减数分裂前期，Ysxr 和 X 染色体发生交换；B. 减数分裂后期Ⅰ；C. 减数分裂完成，产生 4 种类型的精子；D. 受精卵的染色体组成及其表现型

三、性染色体的进化

许多基因组学和分子生物学的研究均有充分的证据表明性别染色体是由常染色体进化而来。这样的进化在不同的生物中经历了不同的年限。根据人类 X 和 Y 染色体上的基因数目、等位基因序列的相似性和核苷酸的突变频率推算人类的 X 和 Y 性别染色体进化到目前的状态经历了 2.4 亿～3.2 亿年，大约可以追溯到人类与鸟类分化之后。经过如此多年的进化和分化，人类的 X 和 Y 染色体上的基因数目和同源性已经发生了巨大变化，在人类的 X 染色体上存在有 1700 个基因，在 Y 染色体上仅有 78 个蛋白质编码的基因，每一个拷贝在 Y 染色体上均有一个复本（duplication），可以形成 156 个转录本。在 X 和 Y 染色体上分别具有一些各染色体特有的基因，但仍然有部分基因在两个染色体上均保留下来（图 9-16）。根据这些 X-Y 同源基因的遗传分化程度，可将其分为大体 4 个类群，从而推测出人类的性别染色体进化大体经历了 4 个阶段（图 9-17）。

高等植物的性别染色体分化相对较晚，一般认为只有几百万年的历史，但其实在 2.2 亿年前的侏罗纪（Jurassic period），已经存在有性别分化的植物，如银杏（*Ginkgo biloba*）。由于目前尚未克隆出植物性别染色体上的性别决定关键基因，尚不明确不同性别分化植物是否存在共同的性别决定基因，但普遍认为高等植物的性别染色体分化是

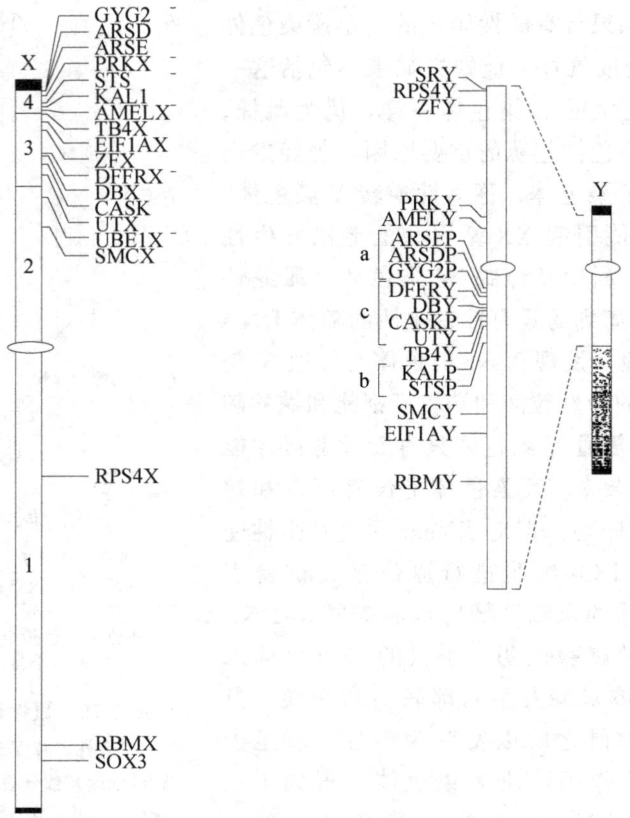

图 9-16　人类性别染色体 X 和 Y 上非重组区域的同源基因（引自 Lahn and Page，1999）

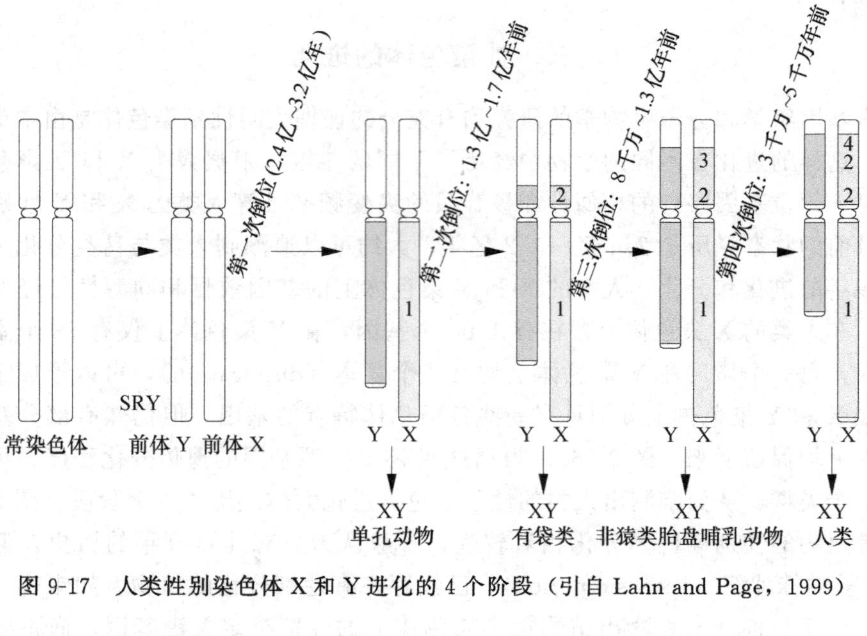

图 9-17　人类性别染色体 X 和 Y 进化的 4 个阶段（引自 Lahn and Page，1999）

在不同的物种中独立发生的，不同的物种可能具有不同的特点。

根据最近对人类、鱼类和高等植物番木瓜、麦瓶草和杨树性别染色体基因组区域的结构和基因分析，生物体性别染色体的分化可以用以下的模型来说明（图 9-18），性别染色体的进化大体经过 5 个阶段进化成目前的各种性别染色体。

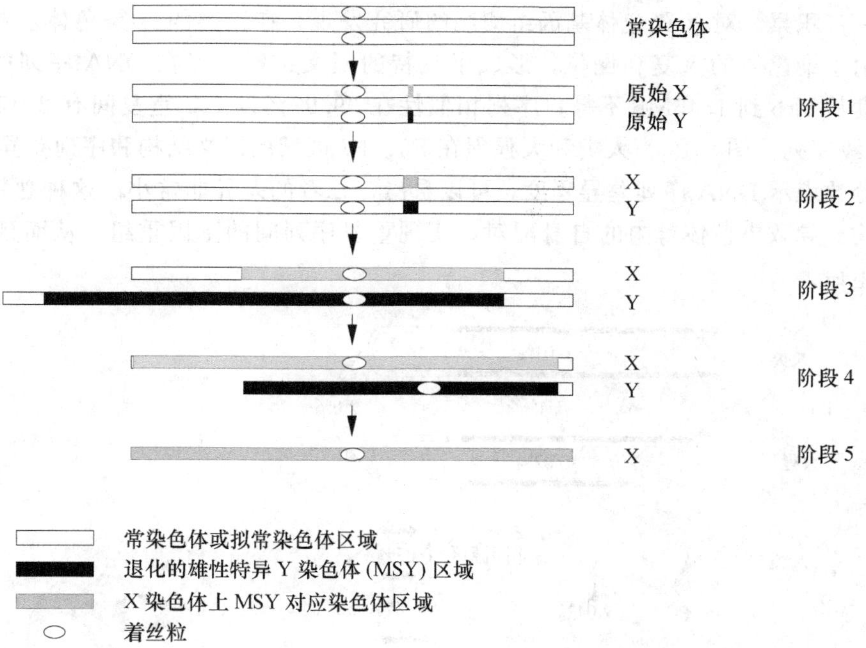

图 9-18　生物体性别染色体进化的不同阶段模式图（引自 Ming and Moore 2007）

杨树中的 ZW 性别决定和黄瓜等物种的性别决定属于第一个阶段，已经有决定性别分化的基因存在，在其基因相邻基因组区域尚未发生明显的基因组分化，或已经有明显的基因组分化，但在整个染色体上所占的比例仍然较低，如青鳉鱼（medaka fish）。性别染色体分化的第二阶段在性别决定基因相邻基因组区域已经有较大的基因组分化，称为原始的性别染色体，该区域在整条染色体上的比重少则有 1%～2%，如棘鱼（stickleback），多则可达 10%，如番木瓜。性别染色体分化的第三阶段已经形成具有形态差异的 X 和 Y 性别染色体，除部分染色体的拟同源区可以发生染色体配对重组外，大部分染色体区域已经不能发生配对重组。由于 Y 染色体缺乏有效的重组机制而消除不利的突变，在 Y 染色体上会不断地积累有害突变，使 Y 染色体上的大部分基因丧失功能，重复序列大量积聚，造成染色体在形态上可能会比 X 染色体大，如麦瓶草。随着 Y 染色体上不利的基因突变和重复序列的积聚，Y 染色体上部分区域可能在长期的进化过程中不断丢失，而只有部分对生物体重要的基因及其染色体区域被保留下来，结果导致 Y 染色体又逐渐缩小，如人类的 Y 染色体上只有与雄性发育相关的重要基因被保留下来，而在形态和大小上已经与 X 染色体具有重大区别，是为第四个进化阶段。Y 染色体的进化的最终阶段（第五个阶段）是 Y 染色体的消失。随着 Y 染色体上不利突变的继续积累，Y 染色体上的基因会最终走向完全丧失功能，从而整条染色体失去功能而被从细胞中淘汰，性别的决定变成XO类型，X染色体与常染色体的比例决定生物体的性别分化，如线虫和果蝇中与性别决定相关的性染色体已经完全被淘汰。

在人类和大猩猩等高等动物中，Y染色体上的基因为了延续自己的功能，在Y染色体上进化出了一套独特的机制而保持基因间的重组，从而减少不利突变在Y染色体上的进一步积累。对Y染色体基因组测序的研究发现，在人类的Y染色体上共有8个区域，由于染色体的重复和倒位，形成了独特的回文结构，存在DNA序列的反向重复，长度从9kb到1.45Mb不等，序列相似性在99.97%以上，重复间有2～170kb的DNA间隔序列。图9-19为人类和大猩猩在P6、P7区域的回文结构和序列差异性比较，其中百分数表示DNA序列差异程度，可以看出，二者的差异非常小。这种独特的回文序列结构会导致染色体臂内的自身配对，实现重复序列间的基因重组，从而延续Y染色体的生命。

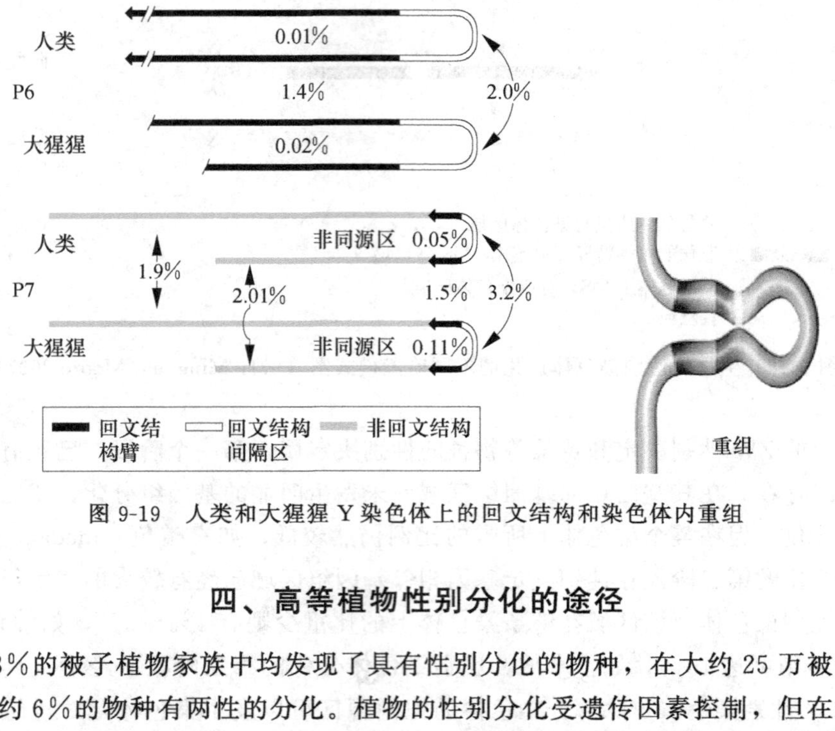

图9-19 人类和大猩猩Y染色体上的回文结构和染色体内重组

四、高等植物性别分化的途径

在38%的被子植物家族中均发现了具有性别分化的物种，在大约25万被子植物物种中，有约6%的物种有两性的分化。植物的性别分化受遗传因素控制，但在一些物种中，激素和环境条件对性别分化也有影响。高等植物的性别分化与动物相似，雌雄异株、雌雄同株异花等两性分化均源自雌雄同花的兼性植物（hermaphrodite）。在兼性植物群落中，均发现过自发产生的雄性不育（雌性株）和雌性不育（雄性株）突变。兼性植物向两性分化植物进化的过程不外乎两种途径（图9-20）：一条途径是先发生雄性不育突变，在群落中兼性株与雌性株共存，随后在某个时期兼性株发生第二次雌性不育突变，产生雄性株，成为具有雌雄两性分化的物种；另一条途径正好相反，先发生雌性不育突变，在群落中兼性株与雄性株共存，随后在某个时期兼性株发生第二次雄性不育突变，产生雌性株，成为具有雌雄两性分化的物种。普遍推测性别分化的途径可能以第一条途径为主，这与在高等植物种群中经常观察到的雄性不育突变相吻合，而雌性不育的突变则比较少见，目前仅在小麦和水稻等物种中有所报道。对番木瓜雌性、雄性和兼性3种性别植株的DNA序列比较分析揭示出雄性和兼性在DNA序列水平上仍然具有较高的相似性，但与雌性均距离较远，说明雄性植株与兼性株的分化发生较晚，而雌性株与兼性株的分化发生较早。因此，在番木瓜这种具有3种性别分化的物种中，可以推断出两性的分化经历了第一条进化途径。

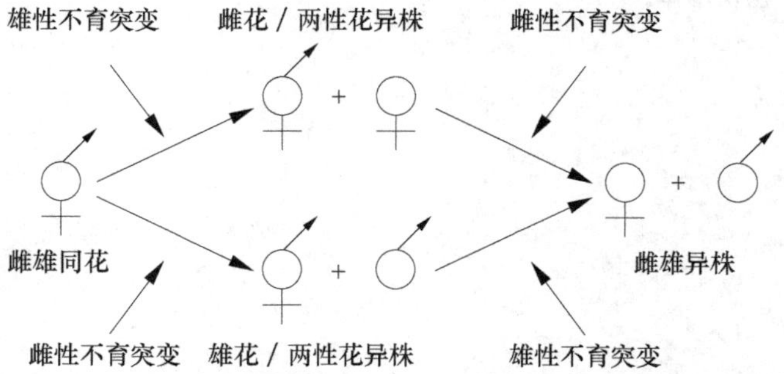

图 9-20　高等植物性别分化的途径（引自 Charleworth，1991）

复　习　题

1. 性别决定都有哪些类型？它们的机制是什么？

2. 假定果蝇和女娄菜都具有下述核型，它们各自的性别表现如何？

(1) XXY：2A　　(3) XXY：3A

(2) XXX：2A　　(4) XO：2A

3. 下属核型的人性别表现如何？每个细胞中最多能有几个巴氏小体？

(1) XY　　(4) XXY

(2) XO　　(5) XXX

(3) XX　　(6) XXXY

4. 雄性单倍性为什么不能保持雌雄性别的稳定比率？它是如何对性别进行调节的？

5. 试分别说明伴性性状、从性性状和限性性状。它们的遗传基础有何不同？

6. 为什么在昆虫中可以观察到雌雄嵌合体而在哺乳动物中观察不到？

7. 为什么猫的性连锁性状嵌合体只发生在雌猫身上？如果自然界偶然出现一只雄猫嵌合体，你如何解释这种现象？

8. 什么叫性逆转？高等动物为什么会发生性逆转现象？

9. 哺乳动物和果蝇的剂量补偿机制有何不同，哺乳动物剂量补偿的主要证据是什么？

10. 玉米的ts为隐性的雄穗结实基因，sk为雌穗无花丝基因，试设计一个实现雌雄异株的遗传方案。

11. 在鸡中，雄性羽毛由隐性基因h决定，雌性羽毛由显性基因 h^+ 决定，让纯合的 h^+h^+ 雌鸡与hh雄鸡交配，它们的 F_1 和 F_2 鸡群中雌鸡与雄鸡的羽毛各表现如何？

12. 人类的血友病是由隐性基因h所控制，位于X染色体上。一个父亲为血友病患者的正常女人与一个正常男人结婚，他们子女中会不会有血友病患者？比例如何？

13. 女娄菜X染色体上B基因（宽叶）对b基因（窄叶）为显性，b只对雄配子有致死作用，故窄叶雄株的花粉粒有半数是不育的。根据下列杂交结果，试写出各个亲本和各类后代植株的基因型及有关性染色体的组成：

(1) 宽叶（♀）×窄叶（♂）→全为宽叶♂株；

(2) 宽叶（♀）×窄叶（♂）→1 宽叶♂株：1 窄叶♂株；

(3) 宽叶（♀）×宽叶（♂）→♀株全为宽叶，♂株为宽叶：窄叶＝1：1。

14. 性别染色体的进化经历了几个阶段？具有什么典型的特征？

15. 解释名词：无性生殖、有性生殖、性染色体、常染色体、性决定、性分化、性逆转、主性征、副性征、半杂合子、巴氏小体。

第十章　无融合生殖遗传

第一节　无融合生殖的类型

以前各章所讨论的遗传规律和现象都是在有性生殖过程中发生的。有性生殖过程包括两个相互独立而必不可少的环节，即减数分裂和受精作用。通过减数分裂，产生出孢子或配子，染色体数目减半；通过受精作用，雌雄配子融合，染色体数目加倍，恢复个体的 $2n$ 组成。在有性生殖过程中，可以发生大量的基因重组，产生出丰富的遗传变异，也会给后代带来旺盛的生长优势，所以，自然界绝大多数动植物的主要繁殖方式是有性生殖。但是也有不少物种，还存在着另外一种生殖方式——无性生殖。这种生殖方式，没有雌雄配子的融合，所以也叫无融合生殖（apomixis）。根据繁殖过程中是否产生种子，又可以把无融合生殖分为两种类型，即营养体生殖（vegetative reproduction）与无融合结实（agamospermy）。前者不产生种子，它们的后代是来自亲代营养体的部分组织，不需要有性生殖的花器结构。严格地讲，营养体生殖不属于无融合生殖。后者有花器结构，也可以产生种子，但种子的产生没有经过两性的真正融合，是由胚珠中某些体细胞或性细胞直接发育而来。通常所说的无融合生殖，主要指这种类型。

根据无性幼胚起源细胞发生的部位和幼胚的发育方式，可以进一步把无融合结实或无融合生殖再分为 4 种不同的类型，即无孢子形成（apospory）、二倍性孢子形成（diplospory）、不定胚生殖（adventitious embryonic）和单性生殖（parthenogenesis）。表 10-1 所示为动、植物的有性生殖和各种无融合生殖过程，染色体组的变化，供读者对它们之间，以及无融合生殖和有性生殖之间进行比较。

表 10-1　有性生殖与各种无融合生殖方式的比较

一、有性生殖

1. 植物：

孢子体（$2n$）↗ 大孢子（n）→雌配子体（n）⟶卵（n）↘ 合子（$2n$）→孢子体（$2n$）

孢子体（$2n$）↘ 小孢子（n）→雄配子体（n）→精子（n）↗ 合子（$2n$）→孢子体（$2n$）

2. 动物：

个体($2n$) ↗ 卵子(n) ↘ 合子（$2n$）→个体（$2n$）

个体($2n$) ↘ 精子(n) ↗ 合子（$2n$）→个体（$2n$）

二、营养体生殖

1. 植物：匍匐茎、根茎、球茎、鳞茎、不定芽或其他繁殖体

2. 动物：身体断片或局部组织

三、无孢子形成

孢子体（$2n$）→胚珠体细胞（$2n$）→配子体（$2n$）→体细胞（$2n$）$\xrightarrow{\text{无孢子生殖}}$胚

种子（$2n$）→孢子体（$2n$）

续表

四、二倍性孢子形成

孢子体（$2n$）→大孢子母细胞（$2n$）→配子体（$2n$）→卵子（$2n$）$\xrightarrow{\text{单性生殖}}$胚

种子（$2n$）→孢子体（$2n$）

五、不定胚生殖

孢子体（$2n$）→胚珠体细胞（$2n$）→种子（$2n$）→孢子体（$2n$）

六、单性生殖

1. 植物：孢子体（$2n$）↗ 卵子（n）$\xrightarrow{\text{未受精}}$胚（n）→孢子体（n）

　　　　孢子体（$2n$）↘ 精子（n）$\xrightarrow{\text{进入胚囊}}$胚（$n$）→孢子体（$n$）

2. 动物：雌体（$2n$）→卵子（n）→雄体（n）

　　　　雌体（$2n$）→卵子（n）↘ 合子（$2n$）→雌体（$2n$）

　　　　雄体（$2n$）→精子（n）↗

　　　　雌体（$2n$）→卵（$2n$）→雌体（$2n$）

无融合生殖在植物界有相当的分布。已经报道的有某种无融合生殖方式存在的高等植物至少有 40 个科，400 多个种。无融合生殖是柑橘属（*Citrus*）、银胶菊属和许多多年生禾本科牧草的最普通的繁殖方式。在粒用高粱、珍珠粟中也都有所报道。无融合生殖很可能也存在于其他农作物中。植物育种学家为了创造新的遗传变异，常常不得不想方设法去克服由无融合生殖带来的生殖隔离。一旦获得了一个满意的杂交组合，他们又想求助于无融合生殖，以便使这一组合尽快稳定，并扩大繁殖。细胞遗传学家正在研究各种无融合生殖的细胞学和遗传学机制，以期无融合生殖也像有性生殖一样，成为育种家手中运用自如的工具。

无融合体（apomict）也有两种类型，一种为专性无融合体（obligate apomict），另一种为兼性无融合体（facultative apomict）。专性无融合体的全体后代都是无融合生殖的。例如，绝大部分菊科（Compositae）植物就属于这一类，而兼性无融合体的有性生殖与无融合生殖可以在同一植株上发生。多数无融合生殖植物属于这一类型，如蔷薇科（Rosaceae）的许多种，多倍体的还羊参（*Crepis capillaris*）以及早熟禾属（*Poa*）、委陵菜属（*Potentilla*）、悬钩子属（*Rubus*）和柑橘属（*Citrus*）中的许多种。

第二节　无融合生殖机制

无融合生殖机制指的是各种无融合生殖胚胎发育的细胞学基础，由此决定后代的遗传组成。这里也把营养体生殖与无融合结实一并加以讨论，尽管它并不涉及胚胎发生过程。

一、营养体生殖

生物营养体的一部分体细胞组织以某种方式分化成为一个新的个体，这种生殖方式称为营养体生殖。有相当可观的植物种可以通过这种方式进行繁殖。其繁殖部分几乎包括了植物的任何部位，如鳞茎（bulb）、珠芽（bulbil）、根茎（rhizome）、块茎（tuble）、球茎（corm）、匍匐茎（stolon）、不定芽（adventitious bud）、嫩枝（sprout），甚至叶子等。营养体生殖成为有些植物种独一无二的繁殖方式，例如，在北极地带的繁缕属（*Stellaria*）植物，委陵菜属的几个种，它们完全靠纤匐枝（runner）进行繁殖。还有一些植物，虽然长有花器部分，但不能进行有性生殖，也不产生种子，而是产生一种无性繁殖体（propagule），称为珠芽。珠芽可以直接发育为下一代植株，这种现象叫做胎萌或母株生芽（vivipary）。蓼属（*Polygonum*）、龙舌兰属（*Agave*）、虎耳草属（*Saxifraga*）、葱属（*Allium*），以及许多禾本科的属和种，就是以这种方式进行无性生殖的。

完全靠营养体生殖的种，很多是多倍体，它们丧失了生产种子的能力，而更多的植物则是营养体生殖与有性生殖兼而有之。例如，许多仙人掌属（*Opuntia*）植物，靠肉质茎进行无性生殖，但也可以开花结实，进行有性生殖。有些植物如甘薯等，在北方高纬度地区，完全靠块根或蔓进行营养体生殖，但在南方低纬度地区，除营养体生殖外，也可以正常开花结实，进行有性生殖。

二、无孢子形成

这类无融合生殖不产生孢子，而是由胚珠中不同位置的体细胞发育成为不减数的胚囊，由不减数胚囊进一步发育为具有胚和胚乳的种子。珠心层的大孢子母细胞，也像有性胚珠一样进行发育，可能也完成减数分裂过程，形成直线排列的四分体。与之同时，胚珠中有1个或几个体细胞开始膨大，形状像大孢子母细胞。在有性胚囊成熟之前，大孢子或有性胚囊败育，正在发育的无孢子胚囊取而代之。无孢子胚囊的细胞核经过一次或几次分裂，胚囊也进一步膨大，但这种分裂和膨大在不同胚珠甚至在同一个胚珠也会有很大变动。在胚囊成熟时，胚珠中可能具有1个或几个膨大的无孢子细胞，具有变动不定的不减数细胞核。这些无孢子细胞，样子像有性胚囊，但分化程度不同，有些完全没有反足细胞，其组织形态也与有性胚囊不同。但也有例外，在有些种（如粒用高粱）形成的无孢子胚囊，其分化程度与有性胚囊几乎难以区分。

在高等植物中。无孢子形成是最常见的无融合生殖类型。具有无孢子形成的无融合生殖的植物常常具有“多胚囊”现象。

三、二倍性孢子形成

种子是由染色体不减数的胚囊产生的，而胚囊来自二倍体的大孢子母细胞。这种大孢子母细胞，也像有性胚珠一样发生分化，但细胞核不进行减数分裂，而是进行有丝分裂，细胞也膨大，但细胞质不分裂。最后，它仍旧占据有性胚珠四分体所占据的位置。在第一次核分裂之后，两个 $2n$ 核移动到细胞的两端，很像有性胚珠二核期胚囊。进一步的核分裂和胚囊分化随物种的不同而有较大的变化。

少数已知二倍性孢子形成的植物，$2n$ 胚囊可以进行正常的分化，成熟时，很难和有性胚囊相区别。细胞学家只有细心地检查这种植物的早期发育阶段，才能确定胚囊的起源。还有一些二倍性孢子形成植物，大孢子母细胞能够进行减数分裂，但可能因为在减数分裂中染色体未能真正减数或者减数后又自发加倍，因而发育的胚囊仍具有二倍染色体数。如果发源于后者，杂合植株后代性状表现就不会是整齐一致的。

无孢子形成和二倍性孢子形成都保留有类似的孢子体与配子体的世代交替，它们的 $2n$ 配子体都不经过性融合而直接发育为下一代孢子体，故也称作配子体无融合生殖（gametophytic apomixis）。它们的区别在于配子体的来源，前者来源于体细胞，后者来源于大孢子母细胞。

四、不定胚生殖

不定胚生殖类似于营养体生殖或组织培养，它的胚是由珠心、珠被或子房壁的体细胞发育而来，没有胚囊形成。起初，由这些组织的体细胞进行有丝分裂，产生芽状结构的细胞团，而后才进一步分化为典型的胚。因为没有胚囊，也就没有极核，但最终发育为有胚乳的种子，其极核很可能来自正常的胚囊。

不定胚生殖是许多二倍体柑橘种最普遍的无融合生殖方式。但在多数情况下，常与染色体的高倍性有关，在四倍体或更高倍数体物种中发生的机会较多，如垂穗草属（*Bouteloua*）和黑莓等。不定胚生殖似乎大多与种间或远缘杂交有关。两个亲本的染色体组应具有足够的近似性，促使杂交成功，而又有很大的差别，足以引起生理上的一系列变化，消除生活史中的配子体时期，以不定胚的繁殖来代替减数分裂和受精作用。

五、单性生殖

在正常的有性胚囊中，卵细胞未经受精而直接发育成胚的现象称为单性生殖或雌核发育（gynogenesis），即孤雌生殖。由单性生殖产生的胚或植株都是单倍体。单性生殖在所有有性生殖植物中都能偶然发生，很难从细胞学上进行鉴别。一般而言，这只是一种随机发生的过程，可能是在双受精过程中，一个精子与极核正常结合，产生胚乳；而另外一个精子由于某种原因丧失功能，从而使未受精的卵子与正常胚乳一起发育，成为单倍体种子。在玉米和棉花中也曾发现，在各品系间雌核发育的概率有很大的差别，说明这种现象的发生也受遗传的控制。种间或属间杂交可以诱导单性生殖，如大麦（*H. vulgare*）作母本与球茎大麦（*H. bulbosum*）杂交，可以产生高频率的单倍体。利用玉米花粉可以诱导小麦产生单倍体。

与雌核发育相对应的另一种单性生殖的形式是雄核发育（androgenesis）。这是一种更为稀有的遗传现象，正常有性胚囊中的卵细胞因某种原因丧失功能，未能和精子结合，进入胚囊的一个精子占据卵细胞的位置，发育为单倍体的胚。毫无疑问，雄核发育也是一种偶发现象，很难进行细胞学检查，只有通过胚芽性状特定的标记基因才能鉴别出它的存在和频率。在玉米中曾经发现雄核发育亦受遗传背景所控制。

六、半配合生殖

半配合生殖（semigamy）是介于有性和无融合之间的一种生殖方式，也可以看做是无融合生殖的特殊形式。其是指在授粉后，雄配子核进入卵细胞后，未与卵核结合，彼此独立发育形成父母本组织嵌合异质胚的现象。

在菊科的金光菊（*Rudbeckia speciosa*）、锦葵科的海岛棉（*Gossypium barbadense*）、十字花科的拟南芥等植物中均观察到半融合生殖现象。

棉花半配合种质来自海岛棉。Turcotte 和 Feaster (1963) 发现在海岛棉 Pima S21 的一个加倍单倍体株系能够高频率产生单倍体。1967 年他们通过研究认为这一株系具有半配合生殖的特性。利用具有半配合诱导材料为母本，与海岛棉和陆地棉杂交均会出现半配合生殖现象。据测定，带有黄苗基因的半配合材料 VSG-1 (virescently marked semigamy) 和其他材料杂交的 F_1 代 90%以上为正常海陆杂种，嵌合体株率在 5%左右，父性单倍体株率在 2%～3%，也有部分母性单倍体。

第三节 无融合生殖的遗传及胚胎发育

对无融合生殖的遗传研究远没有对有性生殖研究来得容易。到目前为止，还没有彻底澄清无融合生殖严格的遗传方式，因而还无法确定无融合体具体的基因型。不过从一系列无融合体与有性个体杂交后代分析中，充分说明无融合生殖过程是一种遗传现象，受特定的遗传背景所控制。

对二倍性孢子生殖的鸭茅状摩擦禾 (*Teosinte dactyloides*) 与玉米 (*Zea mays*) 杂交后代中，观察到无融合生殖可能为一对基因控制 (Leblanc *et al.*，1995)。百喜草 (*Paspalum notatum*)、大黍 (*Panicum maximum*) 的无孢子生殖研究也可能为一对基因控制 (Martinez *et al.*，2001；Savidan，1980)。在毛茛属 (*Ranunculus*) 和山柳菊属 (*Hieracium*) 中，A 基因控制无融合生殖，其作用是保证珠心细胞不进行减数分裂形成胚囊和产生不经受精的种子，a 基因则具有相反的作用，而且在多倍体中，随着 a 基因数目的增多，无融合生殖的频率下降，表明无融合生殖还受相关基因的剂量影响。

对无孢子形成的无融合体巴费尔草 (Buffel grass) 的研究表明，有两对基因与无融合生殖方式有关。而这两对基因之间存在着上位性 (epistasis) 的互作关系。让巴费尔草中分离出极为稀少但可以进行有性生殖的植株自交，后代出现有性生殖与无融合生殖株的比例为 13∶3。当有性株与另外两个专性无融合体生态型进行杂交，后代的有性生殖与无融合生殖株都呈 5∶3 的比率。这两种结果都说明是有两对基因在起作用。假定有性生殖株的基因型为 AaBb，B 基因控制有性生殖，A 基因控制无孢子形成，B 对 A 为上位性。依此假设，两个无融合体生态型的基因型都是 Aabb。双隐性 aabb 个体，因无 A 也应当是有性生殖的。

另一个事例是对银胶菊无融合体的遗传研究。许多银胶菊无融合体都是多倍体，而且是自交不亲和的 (self-incompatible)。但二倍体的银胶菊是有性生殖的，也是自交亲和的。偶尔，在多倍体中也能发现个别有性株。许多试验表明，银胶菊无融合生殖的遗传行为是由 a、b、c 3 对基因控制的。其中 a 基因决定不减数卵子的产生，b 基因阻止受精作用，c 基因决定 $2n$ 卵子的单性发育。具有 aaBBcc 基因型的植株，会产生不减数卵子，但不能进行无融合发育。它也许可以进行受精，但受精卵为三倍体。具有 AAbbCC 基因型的植株，会产生染色体减数的卵子，但是不能受精；AABBcc 基因型具有正常的性行为。在 A 和 B 存在的情况下 c 基因不起作用，因为不仅卵细胞是减了数的，受精作用也可以正常进行。只有具有 aabbcc 基因型的个体才是无融合体。

对棉花半配合特性的遗传研究表明，该性状受显性基因 Se 控制，SeSe×sese 后代会产生1%～10%的单倍体，而SeSe自交会产生10%左右的单倍体。该基因已经定位到棉花第4染色体短臂上。该基因的作用受母本控制，具有该基因的材料只有在作母本时才可以诱导后代出现大量单倍体，作父本时后代出现嵌合体的概率很低，仅为0.05%（张海洋等，1997）。

总体上来讲，无融合生殖的遗传从基因角度分析较为复杂，有的表现为单基因控制，有的表现为多基因控制。目前，已经发现的无融合生殖基因控制模式如表10-2所示。

表10-2 无融合生殖的遗传控制

倍 性	无融合生殖基因型	无融合生殖方式
二倍体	aa	无孢子
二倍体	AA、Aa	无孢子
二倍体	AAbb、Aabb、aaBb、aabb	无孢子
二倍体	Aabb	无孢子
四倍体	aaaa	无孢子
四倍体	AAAA、AAAa、AAaa、Aaaa	二倍性孢子
四倍体	AA、Aa	半配合
多倍体	aabbcc	单性生殖

对于远缘杂交所产生的无融合生殖则可能源自于染色体排除机制。在大麦×球茎大麦杂交中，球茎大麦染色体在受精后8～10天被排除。小麦×珍珠粟（pearl millet，*Pennisetum glaucum*）杂交中观察到珍珠粟的染色体排除，排除模式如图10-1（Dorota *et al.*，2005）。其排除的步骤是：染色体分散排列（图10-1a），然后可以经过两种机制排除，一种是依赖于有丝分裂的排除（图10-1b），在细胞分裂中，两种染色体不能同步复制，珍珠粟染色体复制延迟，可能造成DNA断裂和染色体重排，形成双着丝粒或无着丝粒染色体，进一步形成异质化微核（图10-1c），最后被逐步排除（图10-1d、e）；另一途径为不依赖于有丝分裂的排除，即珍珠粟染色质在间期不断边缘化（图10-1f、g），继而形成微核排除（图10-1c、d、e）。

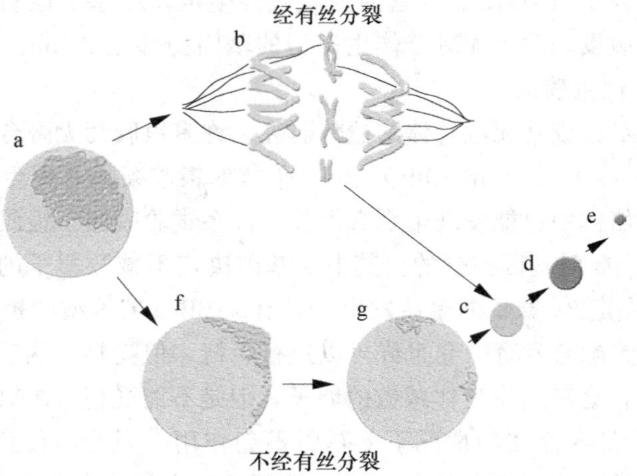

图10-1 小麦×珍珠粟杂交后代胚中珍珠粟的染色体排除

远缘杂交有利于无融合生殖的产生，因为一方面远缘杂交可以使不同染色体组结合起来，产生出适合于无融合生殖的基因组合；另一方面，杂种优势的存在，可使杂交种适应比亲本更广的生态环境。无融合生殖有利于保留那些具有适应意义的基因型，避免在减数分裂中染色体不联会和不规则分配带来的生殖困难。尤其是兼性无融合生殖，一方面通过无性方式可以大量繁殖相同基因型种子，另一方面还储备有产生变异的潜力，可以通过有性过程而进行释放。

无融合生殖给分类学带来了一些困难。因为远缘杂交、多倍性和无融合生殖模糊了物种之间的界限。特别是那些无融合与有性生殖并存的兼性无融合生殖植物，如悬钩子属、山柳菊属（*Hieracium*）、山楂属（*Crataegus*）、垂穗草属（*Grama*）和早熟禾属等植物。有成千个种已经被定名，但经过仔细研究，发现原来的分类方式有些问题，因为这些植物的每一个变异体既可以通过无融合生殖方式而扩大和保留，也可以通过有性过程产生新的变异体，引起所谓的无融合生殖复合体（apomictic complex）。

对于无融合生殖的胚胎发育的观察较容易些。一般情况下，虽然无融合体胚的发育都不需要雌雄配子的融合过程，但在多数情况下还需要进行授粉胚和胚乳才能正常发育。这种授粉的作用与一般有性生殖不同，称为假受精（pseudogamy），其功能还不完全清楚。可能起到一个刺激胚和胚乳发育的启动作用，也可能需要给极核受精后无融合体才能发育。

禾本科的无融合体都有假受精现象的存在。在大部分种中，似乎只有极核经过受精后胚乳才能发育。在早熟禾属、雀稗属（*Paspalum*）、蒺藜草属（*Cenchrus*）等禾本科植物无融合体中，曾经观察到，在授粉之前，胚已开始发育，但只有到授粉之后，胚乳才进行发育，胚才开始分化。不过大多数禾本科无融合体，在授粉之前，胚和胚乳都是不发育的。

在胚胎发育方面，无融合体和有性生殖个体没有太大差异，只是在早熟禾、雀稗和蒺藜草等属植物的无融合体，其胚的发育在受精之前，但发育到一定的时期就停止细胞分裂，一直等到授粉之后才重新开始发育。对于一般的无融合体，在授粉之后，胚乳先行发育，不减数的卵细胞分裂在胚乳细胞分裂开始之后。以后的生长与发育过程与有性植株基本上是相同的。在无孢子形成的无融合生殖体，常有两个或几个胚进行发育，但只有一个胚处在正常的位置，其他胚在胚珠中出现的位置是随机的。胚乳也在各个无孢子胚囊中发育，但以后却都融合起来，到成熟种子时，只剩下一个统一的胚乳。

第四节　无融合生殖的鉴别

在二倍体被子植物中，无融合生殖可以产生单倍体和二倍体等两种类型的后代。单倍体后代来源于在减数胚囊中的无融合生殖。但是，二倍体后代则可能来自于减数胚囊的无融合生殖、未减数胚囊中的无融合生殖或不定胚生殖。

具体而言可以根据以下几个方面进行鉴定。

(1) 形态鉴定。单倍体一般芽势较弱，生长较慢，植株较小，育性较低。例如，与二倍体相比，玉米单倍体籽粒胚一般呈楔形，略小且较尖，发芽和生长速度较慢，植株矮小，叶片一般较窄，不育度高。因此，可以根据芽苗的生长速度和植株的长相来鉴别。而二倍体无融合生殖材料具有遗传上的一致性，因此如果杂交种自交后代不分离个体，就有可能来自无融合生殖。另外，如果出现多胚苗也可能来自无融合生殖。

(2) 遗传鉴别。为便于鉴别单倍体，目前有些用于诱导单倍体的材料导入了易于识别的标记，如玉米单倍体诱导系导入了可以通过杂交的花粉直感效应使籽粒胚和胚乳表现紫色的 *Rn-j* 基因，如此，被诱导材料做母本与其杂交后即可根据其在当代籽粒的表现鉴别单倍体。玉米的无融合生殖后代的遗传鉴别还可以通过粒色和油分的花粉直感效应。如中国农业大学选育的高油型单倍体诱导系的油分含量达到7%以上，且花粉直感效应较强。以其作父本可以使被诱导普通材料的当代杂交籽粒油分明显提高。由于无融合材料的胚为单性结实，因此如果是孤雌生殖则其油分含量应与母本接近，如果是杂交籽粒则油分会明显增加，一般增加1～2个百分点。

除以上方法外，细胞学和分子鉴定也是无融合生殖个体的有效鉴别方法，通过根尖或幼叶染色体数目的观察，分子标记的分析则可对其遗传来源做出准确判断。

一株被鉴定为无融合生殖单倍体的植株，如果完全表现父本的性状，则无疑是来源于雄核发育；如果在不同的部位分别表现父本和母本的性状，则是来源于半融合；如果完全表现母本的性状或直接起源于胚囊，又经细胞胚胎学证明由卵细胞或助细胞发育而来，则是起源于孤雌生殖或无配子生殖（孟金陵，1997）。

有研究认为，胼胝质（callose）有可能用来鉴定植物的生殖方式。其对启动孢子母细胞分化是必需的，也直接参与有功能孢子的选择作用，引导着孢子向配子体的发育。在无融合生殖植物中，启动二倍体孢子生殖的大孢子母细胞在细胞壁上缺少胼胝质，无孢子起始细胞（aposporous initial cell，AIC）的细胞壁则完全缺少胼胝质。

第五节　无融合生殖与作物改良

无融合生殖引起的生殖隔离曾经给杂交育种带来极大的困难，因而长期被植物育种学家所忽视。近年来，由于在过去认为是专性无融合生殖的植物中相继发现了有性生殖体，特别是杂种优势利用越来越广泛地引入如水稻、小麦等重要农作物的育种，而杂交种子生产又遇到了重重困难的情况下，人们对无融合生殖产生了新的兴趣，并且寄予了巨大的希望。

一、固定杂种优势和优良基因型

无融合生殖在植物改良中最主要的用途在于固定杂种优势，以及特定基因型的保存。因为通过有性杂交方式，一旦获得一个优良的基因组合，或者是一个强杂种优势单株，通过无融合生殖方式，就可以加以固定，扩大繁殖，代代不变，成为一个“永久”的杂交种。与常规的杂交制种相比，无融合生殖有着巨大的优越性。它不仅节省了包括亲本繁殖和杂交种生产等一系列过程，而且能保证杂交种的纯度和质量。对于那些由于制种困难而难以利用杂种优势的某些自花授粉作物来说，利用无融合生殖来固定杂种优势，可能是一条最简单易行的途径。另外，袁隆平根据这一原理提出了“一系法”利用水稻的杂种优势的设想。

对于已经具有无融合生殖方式的作物，新品种培育的第一步是设法打破它们的生殖隔离，最好是从大量无融合生殖群体中寻找出有性株，这样才能实现杂交，因为大部分无融合体，也像有性株一样，能产生正常的成活花粉，所以可以用作杂交父本。一般而言，无融合生殖的物种，都是高度杂合的，一旦生殖隔离被打破，就会释放出许多遗传变异。对于专性无融合生殖种，在实在找不到有性株的情况下，可以通过与近缘物种的有性株进行杂交的方法来打破其生殖障碍，实现基因重组。无论是种内杂交或种间杂交，F_1 代或以后各世代都会发生无融合生殖和有性生殖株的分离。育种的重点要放在从 F_1 中选择最优良的无融合生殖杂交种，最大限度的利用杂种优势。如果碰巧选到了优良基因组合成强杂种优势单株，还要进行产量测验，而且可以通过无融合繁殖方式使之固定，并长久地繁殖下去，成为一个新的品种。在有性生殖株后代中，还会分离出无融合体和优良的基因组合，产生出优良的无融合生殖品种，但杂种优势可能会越来越小(图 10-2)。

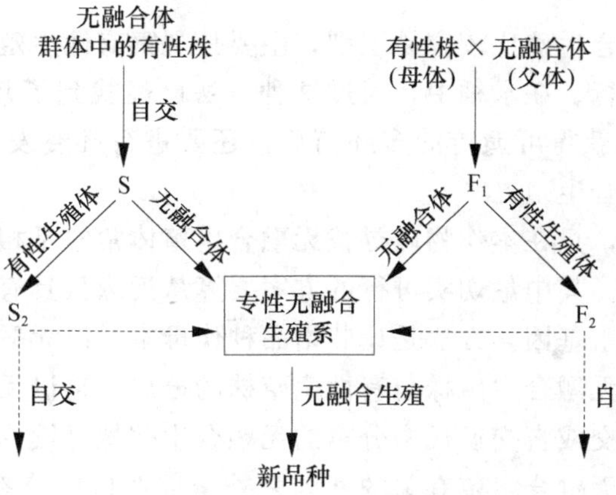

图 10-2　无融合生殖新品种的选育程序

由于无融合生殖是通过消除有性生殖机制而维持育性，因此，人们有可能获得具有专性无融合生殖方式而结实良好的种间远缘杂交种或多倍体品种。当然，影响结实性的因素也比较复杂，只靠无融合生殖并不一定能保证 100%结实。在有些具有假受精的物种，结实性与花粉育性密切相关，如果有功能的花粉太少，也会严重影响结实率。

绝大多数农作物都是一年生有性繁殖类型。近年来，由于已经对无融合生殖的生物学机制及其遗传方式有了较多认识，许多遗传育种学家开始对无融合生殖发生兴趣，并积极寻找利用无融合生殖的途径。迄今为止，已在粟草、早熟禾、草莓和柑橘等作物中育成了无融合生殖品种，在粒用高粱中已经发现了兼性无融合生殖类型。利用远缘杂交的方式，已把狼尾草属的 *P. typhoides* 的无融合生殖基因转移到了珍珠粟，并已初步育成了兼性无融合生殖品系，具有很强的杂种优势，其生物学产量比珍珠粟高 1 倍以上。玉米、小麦、水稻和棉花等也开展了大量研究，并取得了一些进展。

对于大多数尚未发现无融合生殖方式的作物，是否也可以在育种中利用这一生殖方式呢？关键在于能否找到可供利用的无融合生殖资源，如从现有的品种资源中发现和分离无融合体。因为有些作物，尤其是异花受粉作物，可能存在着无融合生殖基因。在粒用高粱中发现兼性无融合生殖体就是一个例子，其他作物也可能有这种情况。

在没有遗传标记的自由受粉群体中识别无融合生殖体是困难的。为此，就需要在高度异质化或人工控制的杂交后代中进行系谱观察。有性后代表现性状严重分离，而无融合体后代则整齐一致，与母本表现相同。当然，一下子发现一个专性无融合体是十分困难的。不过，在一个杂交后代中，如果分离比数比预期数相差太远，特别是多数个体倾向于母本时，就应当做进一步的考查。对于兼性无融合生殖体的识别难度更大，也只能从后代中高比例的类似母本个体和性状的整齐一致性加以判断。

三倍体、远缘杂交 F_1 以及某些非整倍体类型，它们本来都应当是高度不育的，如果出现育性正常的个体，就表明可能有无融合生殖体存在。也可用异属花粉授粉，从当代的结实性及 F_1 的育性进行判断。

让被测作物群体作母本与带有多个显性标记性状的测验种进行杂交，F_1 代个体都应当表现父本显性性状。如果发现个别后代，全部表现母本隐性性状。它就有可能来自于无融合生殖。

不定胚形式的无融合生殖比较容易识别，主要是观察有性生殖后代中出现的双生苗或多胚苗。此法简单易行。在水稻中，通过这种方法已经找到了几个稳定的遗传材料，多胚苗比例高于 30%，获得可遗传的多胚苗后，还要进行胚囊发育的细胞学观察，判断是否属于真正的无融合生殖。

对于多数作物来说，只在本作物内寻找无融合生殖体常常是相当困难的，在这种情况下，就需要另觅出路。其中最切实可行的方案要算从近缘且具有无融合生殖方式的野生物种中引进无融合生殖基因。方法是让栽培品种作母本，以无融合生殖野生种作父本进行杂交，后代中会有无融合生殖株与有性生殖株的分离。再以无融合生殖株作父本与栽培种进行回交，从回交或自交后代中分离的无融合生殖株继续作父本和栽培种进行回交，直至野生种中除与无融合生殖有关的基因之外全部遗传成分都被栽培种取代为止，基因转移工作才算完成。事实证明，这可能是许多栽培植物获取无融合生殖基因的一条捷径。例如，珍珠粟的无融合生殖基因就是从与其近缘种狼尾草（*P. alopecuroides*）杂交的后代中分离到的。玉米育种家也从摩擦禾属（*Tripsacum*）植物中分离到了无融合生殖基因，该基因是从四倍体玉米与具有 72 条染色体的无融合生殖种鸭茅状摩擦禾（*T. dactyloides*）杂交后代中得到的。

二、单倍体诱导和应用

单倍体诱导这项技术主要是利用植物的单性生殖。植物的单性生殖，无论是雌核发育或雄核发育，都可以直接产生单倍体（monoploid），而后进行自然或人工染色体加倍，就可以获得纯合二倍体自交系。但是这种单性生殖在植物中只不过是一种自发的随机的过程，发生频率很低，也很难在后代中查找。利用特定的遗传标记，就可以帮助我们迅速识别单性生殖个体，从而大大提高工作效率。早在 20 世纪 70 年代，大麦育种就已利用诱导单性结实途径开展了单倍体育种工作，目前，小麦、玉米的单倍体育种工作也已经成为育种中常用方法。

在玉米中，由于种子的糊粉层、淀粉层、盾状体和胚芽都有一系列标记性状可供识别，而且都具有花粉直感特性，因此可以有各种遗传设计来鉴别单倍体。其中利用R-nj基因最为理想，它引起籽粒顶部产生色素，像一个帽子，基部没有色素，称为纳沃霍(Navajo) 斑纹。此基因具有双重标记的性质，胚中有 R-nj 基因时，表现出有色胚芽。在测定由雌核发育产生的单倍体时，让被测玉米（rr）作母本，纯合 R-nj 材料作父本进行杂交，在母本株上收获的种子中，属于正常双受精的，胚乳基因型为 R-njrr，胚基因型为 R-njr，由于 R-nj 对 r 为完全显性，故胚和胚乳均表现有色。如果母本卵细胞（n）进行雌核发育，未经受精而发育为单倍体的胚，胚乳仍旧正常受精，这粒种子胚乳基因型仍为 R-njrr，表现有色，而胚的基因型为 r，表现无色（图 10-3）。

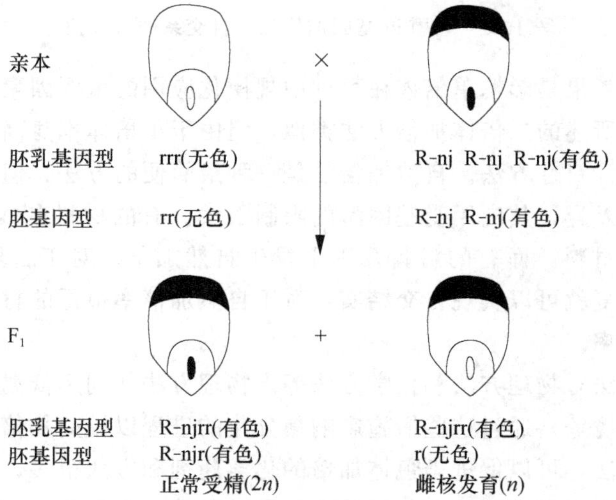

图 10-3　以 R-nj 测验种检查玉米雌核发育单倍体

在测定由雄核发育产生单倍体时，情况相反。要以 R-nj 测验种作母本，被测种作父本进行杂交，从母本上收获种子，凡是胚乳有色胚无色的，可能是由雄核发育产生的单倍体。由于雄核发育比雌核发育发生的频率还要低得多，所以即使利用遗传测验种进行鉴别，仍然难于在实际上加以应用。但雄性单性生殖的应用价值更大，因为它不仅像雌性单性生殖一样可以用作快速培育自交系，还可以用作快速核移植或细胞质代换。1969 年，J. L. Kermicle 发现了一个不定配子体（indeterminate gametophyte）因子 ig，可以使雄性单性生殖的频率提高到 3%。以 ig 基因与遗传标记基因（如 R-nj）相结合，就可以大大提高核移植的效率（图 10-4）。迄今为止，利用 ig 基因已在玉米的 3 种不同雄花不育细胞质中转移进了许多纯合自交系。由于 ig 基因是在配子体时期发挥作用，只要卵细胞具有 ig 基因，就具有诱发雄性单倍体的功能，故杂合体 Igig 作母本时，引起雄性单倍体的频率是纯合体 igig 的 1/2。

在以上两种方法中，生物诱导的孤雌生殖单倍体育种技术已经成为国内外重要的玉米育种新技术，诱导系的单倍体诱导能力可以达到 10%以上。诱导产生的单倍体经过加倍形成双单倍体系（double haploid，DH），进一步选择即可以直接用于育种过程，改变了以系谱法为主的育种程序。目前，有些国外公司由此法选系的比例已经达到 60%以上。

亲　本	自交系 A	×	自交系 B
核组成	R-nj R-nj ig ig（有色）	↓	rr lg lg（无色）
细胞质	（A）	F_1	（B）
F_1 核组成	R-nj r Ig ig （$2n$，有色）	＋	r Ig （n，无色）
细胞质	（A）		（A）
			↓染色体加倍
			rrIgIg（A） B 系细胞核 A 系细胞质

图 10-4　利用 ig 基因加快玉米自交系的核代换

单倍体的加倍效果是影响单倍体在育种中规模化应用的重要因素。总体上来看，单倍体加倍与第七章所述的二倍体加倍方法类似，但由于单倍体本身高度不育的特点，因此加倍时需要考虑针对性方法。自然加倍法是一种最简便的方法，但是不同材料的自然加倍率存在显著性差异，其应用受基因型的限制很大。有的材料自然加倍率可达 10%，如瑞德系统的部分材料，而有的材料几乎不发生自然加倍。对于自然恢复能力强的材料，依靠育性的恢复就可以实现自交结实，对于自然加倍率很低的材料只有通过人工加倍才能提高其加倍率。

人工加倍的方法有物理方法和化学方法等。物理方法如利用低温、高温等处理，或选择适当的地点环境等，通过这些措施影响穗分化的进程以提高加倍效果。化学方法是目前效果最好的方法，可以促进染色体加倍的化学药剂和方法很多，如苗期喷施氟乐灵等除草剂，但较为常用且效果较好的是秋水仙素，如在大麦单倍体的加倍中，利用低浓度的秋水仙素处理可以使单倍体的加倍率大为提高，加倍率有时可达 70%以上。

利用秋水仙素加倍时，一般用二甲基亚砜（DMSO）或其他表明活性剂等作为助剂以提高效率。在处理方法上，可以直接处理单倍体种子，也可以处理芽苗或在苗期注射等。例如，玉米单倍体种子处理的浓度一般为 0.06%～0.08%，助溶剂 DMSO 浓度为 2%，处理时间控制在 12～16h，加倍效果可以达到 10%以上。更好的处理方法是芽苗法，即在种子发芽至 1～2cm 时，切去芽冠形成小的伤口，然后用 0.06%～0.08%秋水仙素加 2%的 DMSO 处理 8～12h，继之清洗，直接种到大田，也可以放置在育苗盘中长至 4 或 5 片叶时再移栽至大田。这种方法可以使单倍体加倍率提高到 20%以上，有些材料甚至可以达到 50%乃至更高。

复　习　题

1. 无融合生殖与有性生殖在遗传上有何异同？对于植物育种来说，它们都有哪些有利和不利之处？

2. 营养体生殖的机制是什么？就你所知，目前有哪些农作物和园艺作物具有营养体繁殖方式？它们育种的特点是什么？

3. 试述无孢子生殖和二倍性孢子形成的机制，它们的主要区别是什么？

4. 巴费尔草和银胶菊无融合体的遗传机制有何不同？

5. 试述无融合生殖植物的育种程序。

6. 通过什么方式来识别无融合生殖体？其根据是什么？

7. 从栽培种与野生种的杂交中如何分离无融合生殖体？

8. 试述利用玉米雌核发育与雄核发育快速培育单倍体和核代换的过程。

9. 解释名词：无融合生殖、营养体生殖、无孢子生殖、二倍性孢子生殖、不定胚生殖、兼性无融合体、专性无融合体、假受精、单倍体、单性生殖、二倍体、单性生殖。

第十一章　组织培养与体细胞遗传

植物组织培养（tissue culture）是指植物的离体细胞、组织或器官在人工培养基上的生长、维持或分化。1935 年，R. J. Gautheret 使用欧亚槭（*Acer pseudoplatanus*）的形成层韧皮部组织首次培养出愈伤组织（callus），30 年后，V. Vasil（1965）在烟草的杂交种 *N. glutinosa*×*N. tabacum* 细胞培养中，第一次诱发出了再生植株。在此之后，组织培养迅速发展，扩展到各种作物，并且已经取得了可观的成就。随着 20 世纪末转基因植物的出现和迅速发展，组织培养技术在植物改良中的应用得到了进一步深化。组织培养技术可以使结构十分复杂的高等植物“微生物化”，能像对微生物一样，进行各种遗传操作，如各种遗传变异的诱发与筛选、种属间的原生质体融合，以及外源细胞器或 DNA 的导入等。近代克隆技术的发展为组织培养开辟了新的空间。“克隆”（clone）指无性繁殖，如细胞克隆是指由一个单一的共同祖先细胞分裂所形成的一个细胞群体，而个体克隆是指基因完全相同的两个或更多的个体组成的一个群体。例如，两个同卵双胞胎即为一个克隆。通过细胞核移植所得到的遗传背景完全相同的动物或植物也是克隆，如从一棵胡萝卜中的两个以上体细胞发育而成的胡萝卜群体就是克隆。而英国科学家维尔穆特领导的小组，于 1997 年成功地“复制”出的第一只绵羊“多莉”更使克隆技术广为人知。

组织培养及其相关的克隆技术不仅为植物改良提供了一个新的技术平台，也为植物生理、生化和个体发育的研究开辟了一个新领域。在组织培养条件下，植物发生遗传变异的规律也与在植物体内发生规律有所不同。利用组织培养方法进行遗传变异规律的研究，形成了遗传学的一个新分支——体细胞遗传学（somatic cell genetics）。

第一节　细胞的全能性

高等动植物体具有十分复杂的组织和器官。构成这些组织或器官的细胞，其形态和功能也是各不相同的，但它们都是同一个受精卵的后代，都是细胞有丝分裂的产物。有丝分裂的均等性保证了这些细胞都具有相同的遗传组成。它们在形态和功能上的差异是后天分化造成的，是生物体自我控制系统对不同基因表达严格调节的结果。因为在个体发育过程中，并非所有基因都同时发挥作用，只有极少数基因终生发挥作用，绝大多数基因发挥作用的时间很短。它们表达的时间、位置与程度受体内调节系统的严格控制。R. B. Goldberg（1978）证明，在烟草叶肉细胞的全部基因组 DNA 中，只有 5%得到表达。在其他组织，表达基因的比例大致也在这个范围，只不过表达的基因类型不完全相同而已。

由于各种组织中的细胞，即使是十分特化了的细胞，都具有相同的遗传组成，因而在合适的环境条件下，还可以解除分化，发挥出当初合子的功能，发育成一个新的个体。细胞发育成完整个体的潜在能力称为“全能性”（totipotency）。在动物中，这种全能性曾在非洲爪蟾蝌蚪肠壁细胞的核移植试验中得到证明（Gurdon，1960）。1965年，I. K. Vasil等首次从烟草成熟组织的细胞培养中获得再生株，证明植物体细胞的全能性。在几乎相同的时间，S. Guha等（1964）对毛曼陀罗（*D. inoxia*）进行了花药培养，并诱发出单倍体植株，证明单倍体染色体数的配子体细胞也具有全能性。1971年，I. Takebe从烟草的原生质体诱发出再生株，说明细胞的全能性与细胞壁的存在与否没有关系。到目前为止，几乎从所有植物的特化组织，都诱发出了再生株。这表明，在大部分植物特化组织，都存在着细胞的全能性，而且细胞的分化是可以逆转的。组织培养的全部实践都是以细胞的这种全能性和体细胞有丝分裂的均等性为依据的。

第二节 组织培养的类型与作用

植物组织培养根据外植体来源和培养目标的不同可分为愈伤组织培养（callus culture）、器官培养（organ culture）、分生组织培养（meristem culture）、细胞悬浮培养（cell suspension culture）和原生质体培养（protoplast culture）等类型。

一、愈伤组织培养

培养的目的在于诱发愈伤组织，从事细胞系的保存，或者诱发形态发生。采用固体或琼脂培养基（agar media）。外植体取自幼苗或植株的其他部分。一般来说，幼嫩组织比较容易形成愈伤组织，如嫩芽、嫩枝条、根尖、发育中的幼胚等。但也可以从果实、花器、块茎和鳞茎，以及许多具有活细胞的组织诱发愈伤组织。在生长调节剂（growth regulator）的刺激下，甚至可以从高度特化了的组织如韧皮部、叶肉等诱发出愈伤组织。

通常是把经过消毒的一块外植体组织，接种到琼脂培养基上，经过2～4周时间，围绕外植体就会出现一团无分化、无组织的细胞团即愈伤组织，待愈伤组织长大后，可以再分割成小块，转移到新的琼脂培养基进行继代培养，无限期的培养下去。通过这种办法可以进行细胞系（cell lines）或种质的保存，或者在此基础上，调整培养基中的植物生长素和细胞分裂素的浓度，诱发器官发生。

二、器官培养

器官培养是以离体器官作外植体进行的培养，包括花药培养（anther culture）、胚培养（embryo culture）、子房或其他植物器官的培养。下面以花药和胚培养为例加以说明。

花药培养的目的在于从小孢子或花粉诱发单倍体或纯合二倍体植株。用作外植体的花药中花粉粒的发育时期是能否成功的关键。经验证明，花药培养的适合时期是从四分体时期到小孢子后减数分裂的二核期。要使这样的小孢子停止正常发育路线，不再向雄配子体方向发展，而转向雄核发育的机制，由单倍体的胚胎发生进而发育成单倍体的植株，就需要创造一种全新的，不同于小孢子在母体植株上的生长环境条件。

首先是温度条件，降低培养温度可以终止小孢子原来的正常代谢路线，而开始新的营养细胞分裂的代谢路线。低温的需要随植物而异。例如，茄科植物和小麦需要 6℃低温处理 3～15 天，而玉米则需要 14℃温度处理至少 3 天。

其次是培养基的成分，一般而言，MS 培养基中的大量元素也都是需要的，但比例需要进行一些改变，如增加 NH_4 的浓度等。对于诱发雄核发育的胚胎发生来说，微量元素和维生素都不是必需的，但对植株再生来说，这些又是十分重要的。蔗糖的需要量随植物而异，如茄科最适的用量为 2%～3%，小麦和水稻为 6%，而玉米则需要 12%。植物生长素和细胞分裂素对于诱发胚胎发生，不仅没有好处，甚至是有害的。

花药或花粉培养可以通过胚状体再生而发育为单倍体植株，也可能是先形成愈伤组织，而后再分化为单倍体植株，这取决于植物类型，培养基成分和培养环境条件。把经过消毒的花药接种于特定的固体或液体培养基，在合适的条件下，经过 3～8 周培养就可能有胚状体或小植株出现。这些胚状体或小植株不一定都是单 n 的，也可能来自 $2n$ 的花药组织、花粉母细胞或不减数孢子。单 n 株可能是直接来自小孢子，也可能是由二核期的生殖核或管核发育的结果（图 11-1）。胡含（1978）在水稻花药培养诱发出的 2496 株幼苗中，曾发现有 35.5%为单倍体，53.4%为二倍体，5.2%为多倍体和 6.0%为混倍体。

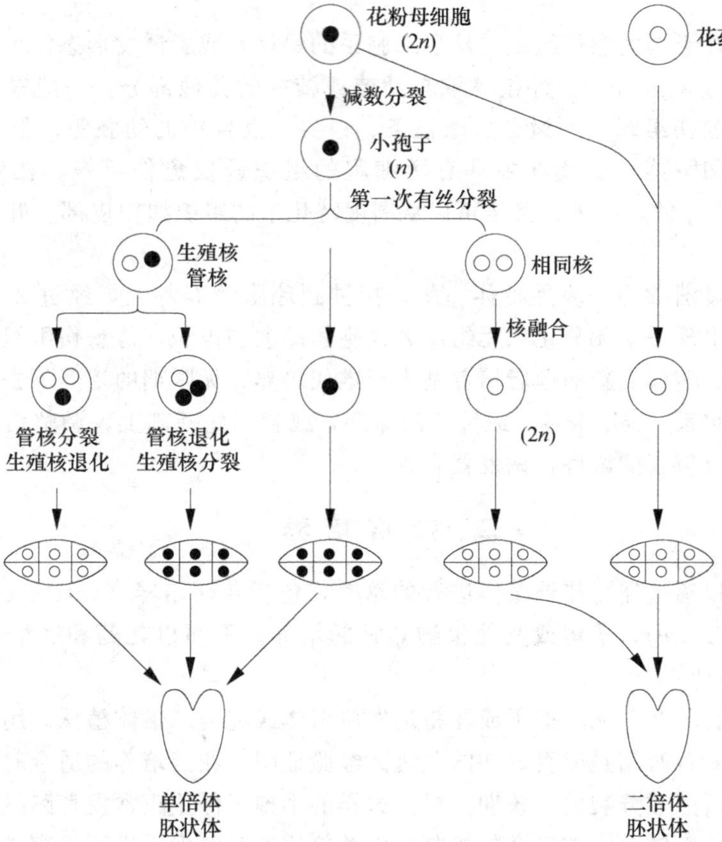

图 11-1　花药培养诱发胚状体几种可能的核来源

花药培养已在小麦、水稻和玉米等一系列作物中获得成功。这项技术大大缩短了纯合自交系和品种培育的年限，也使那些具有自交不亲和（self-incompatible）物种自交系的培育成为可能。单倍体植株或加倍后的 $2n$ 株，都能够直接显示出隐性突变，因而有利于高等植物诱发突变的研究。

胚培养是指把未成熟或者已经成熟的胚分离出来，在适当的固体培养基上进行培养，其目的在于获得成活的植株或者愈伤组织，进而诱发再生植株。

胚培养是植物育种的一种新手段。例如，在玉米转基因研究中，可以利用基因枪对培养的幼胚进行转基因操作，培育转基因品种。在种属间远缘杂交中，由于亲本间的遗传不亲和性，杂种种子常常不能发育，而利用胚培养就能克服这种败育性，获得成活的杂种植株。有一些植物种的种子有相当长的休眠期，而控制休眠的机制存在于种皮或胚乳中，利用胚培养就能够打破种子休眠而迅速获得成活植株。对某些远缘杂种的胚培养来说，还可以通过染色体排除（chromosome elimination）而获得单倍体。例如，在对大麦属的 *H. vulgare* 和 *H. bulbosum* 杂种的胚培养中，发现 *H. bulbosum* 的染色体逐个被排除，成活的植株为单倍体的 *H. vulgare*。由于幼胚细胞再生能力都比较强，因而在禾本科植物，通过幼胚培养比较容易产生愈伤组织，从而诱发植株再生而实现无性繁殖的目的。

对于体外无性繁殖来说，一般程序是先消毒种子或子房，解剖出胚，而后把胚置于试管或培养皿适合的固体培养基上。胚在植株上发育时间越长越容易培养，胚越嫩对培养基要求也越严。但无论成熟胚或未成熟胚的培养都需要大量元素、微量元素和糖分，生长素和细胞分裂素一般是不需要的，而维生素及复合物质的需要也因培养目的及植物的不同而异。待胚发育为小植株以后，就可以移植到消过毒的土壤中。

三、分生组织培养

分生组织培养的目的有两个，一是进行快速无性繁殖，二是生产无病原菌或无病毒植物。因为许多植物病原体，如病毒、细菌和真菌的繁殖与植物自身的代谢密切相关，可以通过植物的无性繁殖一代代传递，甚至可以通过植物的生殖过程传递。例如，在已知大约600种植物病毒中，能通过种子传递的至少有80种。这种植物内部所携带的病原菌，特别是病毒，严重地影响作物的产量和品质，而且很难通过化学方法加以消除。研究表明，在植物体内，病原菌的分布并不是均匀的，而是老组织中浓度高，新组织中浓度低，而茎尖或根尖分生组织的细胞中则完全没有。利用这一特点，我们就可以用茎尖或根尖的分生组织做外植体进行培养，达到短期内排除病原体，生产出无病毒或无其他病原体植株的目的。通过分生组织培养已知消除病毒的作物有豌豆、马铃薯、烟草、甘蓝、木茹薯等；消除病毒的木本植物有樱桃、桃、杏、柑橘、葡萄和山茶（*Camellia japonica*）等；消除细菌的有草莓、秋海棠属的 *Begonia elatior*、天竺葵（*Pelargonium hortorum*）等；消除真菌的有石竹、唐菖蒲属植物等。

四、细胞悬浮培养

在液体培养基中对细胞或细胞团进行的培养称为悬浮培养（suspension culture）。

悬浮培养的主要目的在于加快细胞的生长和分裂速度，获得分散良好，分布均匀的成活细胞，以及创造一种细胞同步分裂的系统。悬浮培养也有利于诱发胚状体的发生。

为了使培养基中有足够的氧气供应，悬浮培养的容器必须放在摇床上进行不停地振动。振动的速度决定于细胞生长速度、培养器的大小、形状及培养液的多少。在培养的开始阶段，所接种的外植体常常是未分化的愈伤组织。经过一定时间的振动作用，愈伤组织会逐步散开，成为单个细胞或不同大小的细胞团悬浮在液体培养基中。当然，也可以用分化的植物组织，如下胚轴、子叶等作外植体进行接种，但它们变成悬浮细胞或细胞团所需时间要长得多。

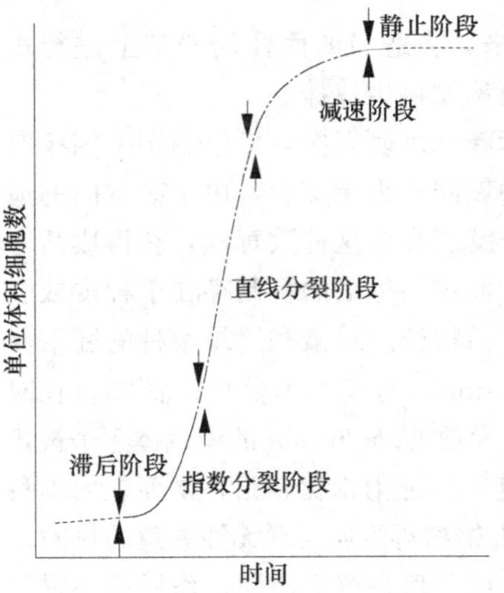

图 11-2 悬浮培养细胞生长曲线

悬浮培养中细胞的生长可分 5 个阶段，即接种初期细胞分裂滞后阶段、指数分裂阶段、直线分裂阶段、减速阶段和静止阶段（图 11-2）。对大部分悬浮培养来说，在细胞密度达到最大时就应当进行继代培养，一般在细胞分裂的减速阶段进行。在到达停止分裂阶段以后，必须马上进行继代培养，否则细胞就会死亡。在悬浮培养中，细胞分裂较快，最短 18h 就可以繁殖一代，一般情况下，24～48h 繁殖一代。

五、原生质体培养与体细胞杂交

植物原生质体（protoplast）是指去掉细胞壁的“裸露”植物细胞。这种裸露细胞在适当的外界条件下，还可以形成细胞壁，进行有丝分裂，形成愈伤组织和诱发再生植株，因而仍然具有细胞的全能性。原生质体培养就是指以这种裸露细胞作为外植体所进行的离体培养。原生质体培养的主要目的是实现远缘物种的体细胞杂交，以及外源染色体、DNA 或细胞器的导入，以这种生物学手段对植物进行改良。

在常规的植物育种中，远缘种属之间由于遗传或生理障碍的存在，很难杂交成功。而通过原生质体融合，它们之间有可能以无性的方式，进行体细胞杂交（somatic hybridization），从而克服生殖障碍，实现遗传物质的交流。

全部技术包括原生质体分离、原生质体培养、体细胞杂交、细胞壁诱发和再生植株产生等环节。原生质体分离有机械和酶解两种方法，现在一般都采用酶解法。方法是把经过消毒和洗净的植物组织置于纤维素酶＋果胶酶＋半纤维素酶的混合制剂中，使细胞壁降解，获得原生质体悬浮液，再经过一定的离心程序，就可以分离出较纯的原生质体。

在细胞壁被溶解以后，胞间连丝（plasmodesmata）会发生膨大，相邻细胞的原生质和细胞器通过膨大的胞间连丝可以流到一起，实现原生质体的自发融合。这种自发融合一般只限于一个物种之内。为了实现远缘物种之间的融合，常常需要某些“遗传融合剂”（fusigenic agent）的帮助。已知若干种化合物，有促进原生质体融合的作用。例如，J. B. Power 等（1970）发现，在培养基中增加硝酸钠的浓度可以促进燕麦和玉米根原全质体的融合。高温（37℃）、高 pH（10.5）和高钙离子浓度（50mmol/L $CaCl_2 \cdot 2H_2O$）也有促进原生质体融合的效应，但就目前所知，最有效的遗传融合剂则是聚乙二醇（PEG）。

把不同来源的原生质体混合，加入PEG，而后进行低速离心，就能产生一定数量的原生质体融合产品。原生质体融合有几种不同的形式。一种是细胞质发生融合，但细胞核未融合，两个核处在共同胞质中，这种情况叫异核体（heterokaryon）或异核细胞（heterokaryocyte）；如果双核异核体的细胞核也发生融合，就会产生真正的杂种原生质体或合子细胞（synkaryocyte）；两个相同原生质体若发生融合，其产物称之为同核体（homokaryon）；异核体中的两个细胞核，若亲缘关系太远，其中一个核中的染色体会一个个被排除掉，甚至整个核完全消失，但细胞质依旧是杂合的，这种融合产物叫细胞质杂种（cybrid）（图 11-3）。

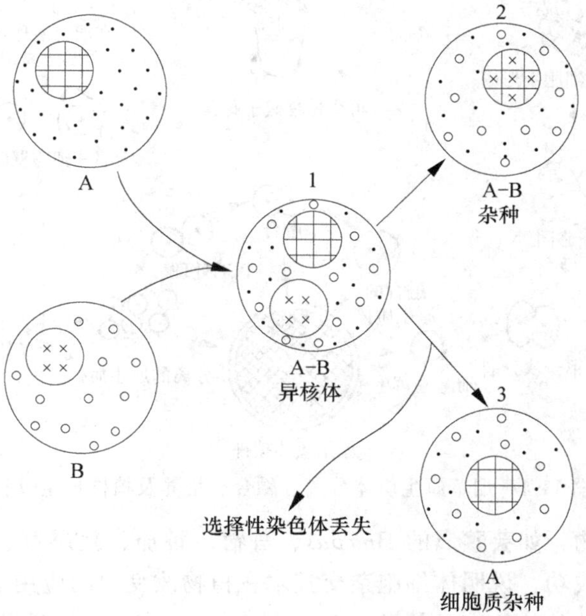

图 11-3　原生质体融合的不同产物

1. A、B 原生质体融合产生 A-B 双核异核体；2. A、B 两核融合产生四倍体原生质体杂种；3. 异核体中一个核完全消失，形成细胞质杂种

下一步是对经过融合处理后的混合原生质体进行培养。通常采用较软的固体培养基，以利于支撑原生质体，也便于观察其发育过程。原生质体培养包括几个重要环节，即细胞壁再生、细胞有丝分裂、愈伤组织形成和器官或胚胎发生等。这里特别值得注意的是，要有一个设计周密的选择程序，以便及时而准确地识别出体细胞杂种或细胞质杂种。图 11-4 是以烟草为例来说明原生质体培养的全部过程。

体细胞杂种与有性杂种遗传上也不完全相同。体细胞杂种包括两亲细胞核和细胞质的双重融合，二者都是杂合的，但有性杂种只是细胞核发生了融合，而细胞质基本上是从母本得到的。

Carlson 等（1972）第一次在烟草中获得了 *N. glauca*×*N. langsdorffii* 的体细胞杂种植株。十几年来随着技术的进步，体细胞杂交成功的事例越来越多，特别是在那

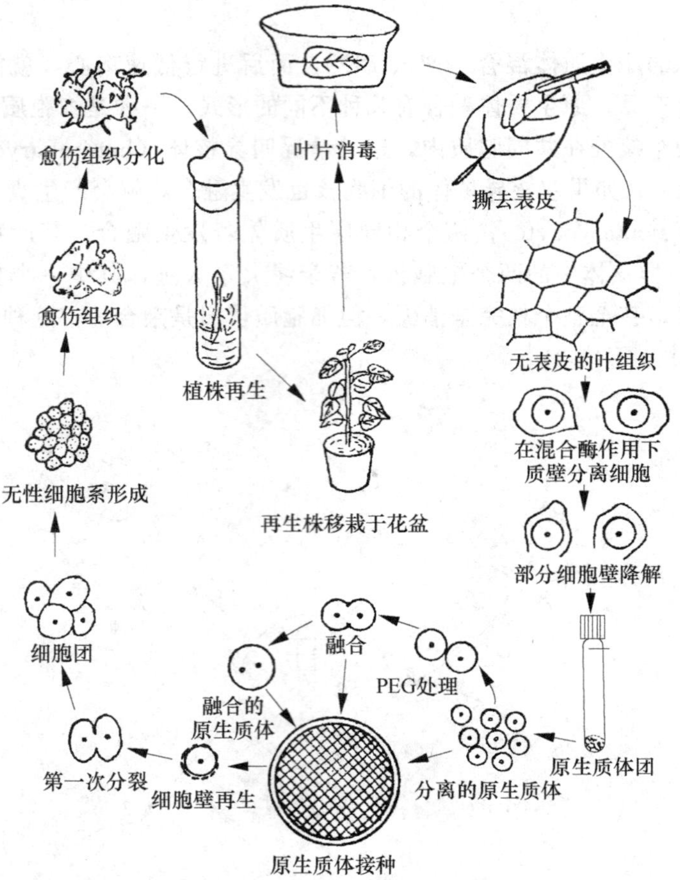

图 11-4 烟草原生质体分离、融合、培养及植株再生过程

些有经济价值的植物，如芸薹属的 *Bnapus*、苜蓿、番茄、狼尾草、茄、胡萝卜和烟草等属植物都已取得成功，说明体细胞杂交技术在植物改良中的应用前景是乐观的。不同属间体细胞杂交成功的植物有马铃薯（*Solanum tuberosum*）×番茄（*Lycopersicon lycopersicum*）、*B. rassicanigra*×拟南芥（*Arabidopsis thaliana*）及胡萝卜（*Daucus carota*）×羊角芹（*Aegopodium podagraria*）等，这表明无法进行有性杂交的不同属植物实现体细胞杂交是有可能的。

除体细胞杂交外，原生质体培养也有可能用来进行个别外源染色体或染色体节段的导入。例如，用 PEG 处理植物原生质体与染色体悬浮液，可使原生质体吸收个别染色体（Szabados，1981）。T. Praznovszky 等曾用此法把一条带有抗病基因的胡萝卜染色体导入一粒小麦（*T. monococcum*）的原生质体中。

第三节 染色体变异

人们普遍认为，对于一个正常植物来讲，异常有丝分裂和染色体数目变化仅仅发生在某些异常组织。因为组织培养所形成的愈伤组织或再生植株，细胞的分裂方式都是有丝分裂，因而它们都是当初原始细胞的克隆后裔，基因型应当是一致的，不应当有遗传变异存在。随着植物组织培养的广泛开展，人们开始对细胞核和染色体行为有了新的认识。染色体完全正常的外植体或细胞系经过一定时间的组织培养，其愈伤组织或诱发的再生植株，染色体数目和结构会发生广泛的变异。在愈伤组织的诱发阶段，变异较少，随着继代培养次数的增多和培养时间的延长，变异会越来越多，与正常细胞染色体组中染色体数目和结构的偏离会越来越大。

染色体数目变异可分为整倍体变异与非整倍体变异两类。其主要原因有三方面：①纺锤体不正常；②染色体断裂；③DNA 复制重复进行而没有进行有丝分裂。

在多数情况下，体细胞再生株具有正常 $2n$ 染色体数，在有些种，再生株全都是 $2n$ 的，尽管诱发植株再生的愈伤组织中有各种倍数的细胞存在，说明 $2n$ 细胞在植株再生中有选择上的优势。但在另一些种，也会有核畸变而产生不同染色体组倍数的再生株。例如，至今已从一系列 $2n$ 种的组织培养中获得了四倍体再生植株，包括石刁柏、甘蓝、烟草、水稻、麝香、百合（*L. longiflorum*）等。有些再生植株，除 $2n$ 细胞之外，还有 $4n$、$8n$ 乃至 $16n$ 的多倍体细胞存在，这种现象称为体细胞多倍性（polysomaty），是由于在一次细胞分裂过程中，染色体进行一次以上的分裂造成的。细胞的这种分裂过程叫做内多倍性作用（endopolyploidization）。内多倍性作用在组织培养中发生的相当普遍，特别是在那些主要以无性手段进行繁殖的植物更是如此。从单细胞系诱发的再生株，也存在这种体细胞多倍性，说明染色体的倍数性变异并非来自外植体本身早已存在的倍数性变异，而是发生在组织培养过程中，由核内有丝分裂（endomitosis）引起的（图 11-5）。

难以预料的染色体倍数性变异给组织培养带来了一些麻烦，但也为某些作物的改良带来了机会。由于可能出现不同倍性的细胞，因此就可以获得多倍的有用材料。例如，我们可以利用组织培养的手段来获得四倍体的马铃薯，对甘蔗来说更是如此，因为运用常规方法几乎无法使甘蔗染色体加倍，组织培养技术为我们开辟了一个新的染色体加倍的途径。

组织培养中所发生的另一类染色体数目变异是非整倍体。即使从一个细胞系得到的克隆，染色体数目也不稳定，除整倍体变异外，还会有个别染色体的增加或丢失。引起非整倍体变异的原因还不完全清楚，最简单的方式可能是个别染色体消除。这种现象发生在细胞分裂过程中，由于某些未知的原因引起个

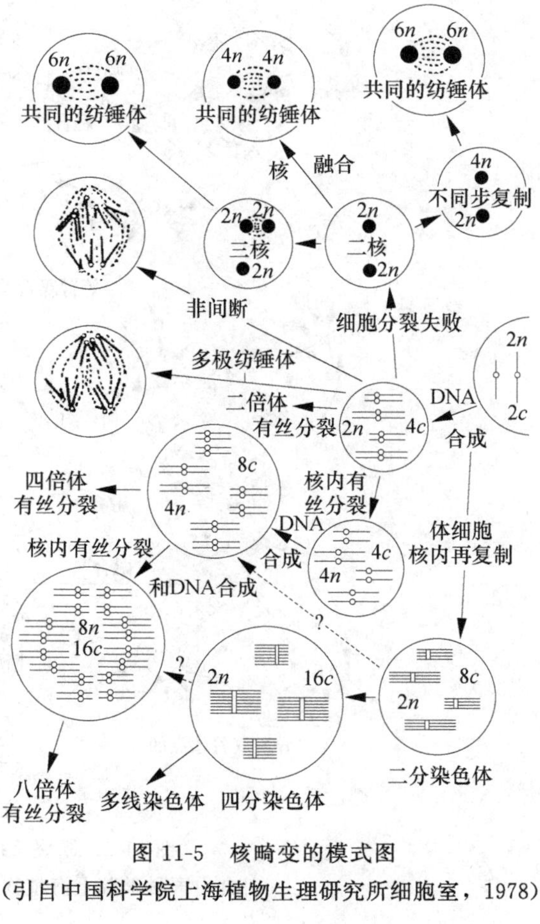

图 11-5 核畸变的模式图
（引自中国科学院上海植物生理研究所细胞室，1978）

别染色体滞后，从而被排除在新形成的子细胞核之外，消失在细胞质中。或者由于个别染色体的不分离作用，导致一个子细胞染色体数增加和另一个子细胞染色体数减少。一整条染色体，甚至是染色体的一个臂的丢失，对二倍体生物来讲，后果都是严重的。它可能引起整个细胞的消失。多倍体植物对这种丢失作用有比较强的忍耐力。从烟草和曼陀罗组织培养的再生植株中，曾经发现了不少非整倍体。

结构变异在组织培养中发生得更为普遍，但涉及遗传物质数量变化的类型，如缺失等很难在细胞群体中保留下来。相互易位是发生频率最高，也是在再生株中最容易发现的类型。曾经在普通小麦、一粒小麦、胡萝卜等植物中观察到双着丝粒（dicentric）染色体、无着丝粒（acentric）染色体、环状染色体，以及后期染色质桥等。Marks 和 Sunderland（1966）在对单冠毛菊愈伤组织的研究中，观察到双着丝粒染色体并有类似于 McClintok（1951）在玉米中发现的断裂-融合-桥周期（图 11-6）。

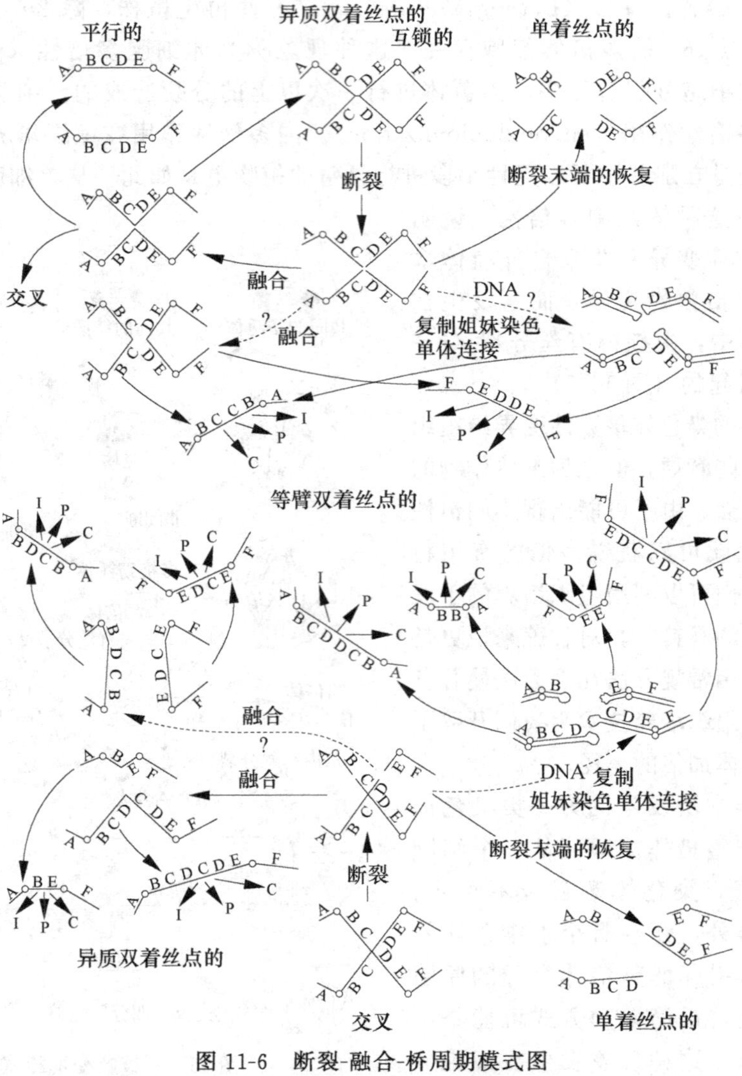

图 11-6 断裂-融合-桥周期模式图

（引自中国科学院上海植物生理研究所细胞室，1978）

染色体变异或细胞学异常再生植株出现的频率与植物类型有关，也与外植体基因型和组织培养时间长短有关。T.J.McCoy 等（1982）对两个燕麦品种 Tippecanoe 和 Lodi 的幼胚进行组织培养，并获得了再生植株。产生再生株的期间是培养的 4～20 个月。细胞学分析表明，有相当多的再生植株发生了细胞学的变异，但变异的频率不同，存在着培养时间和基因型两种明显的效应。培养 4 个月的再生植株，在 Tippecanoe 品种，有 12%在细胞学上是异常的，而在 Lodi 品种，则有 50%属细胞学异常的。就培养时间而言，两个品种的趋势相同，即愈伤组织培养时间越长，再生植株细胞学异常率越高（表 11-1）。

表 11-1　燕麦品种 Tippecanoe 和 Lodi 经过 4、8、12、16 和 20 个月培养再生植株细胞学异常发生率*

培养时间/个月	Tippecanoe/%	Lodi/%
4	11.5 (7/61)	49.1 (29/59)
8	20.3 (12/59)	41.6 (30/72)
12	36.8 (21/57)	51.2 (43/84)
16	33.3 (23/69)	80.0 (56/61)
20	49.2 (37/77)	87.5 (49/56)
总计	31.0 (100/323)	60.5 (201/332)

* 资料引自 McCoy *et al.*，1982。

就变异类型而言，在燕麦中出现频率最高的是端着丝染色体变异，第二位的是相互易位，第三是单体。两个品种变异的类型近似，但 Lodi 发生变异率较高（表 11-2）。在玉米组织培养产生的再生植株中，据 G. Benzion（1984）、M. Lee（1984）和 C. A. Rhoades（1984）等的观察，染色体变异株 80%以上是由染色体断裂引起的，其中 42%为染色体缺失，40%为相互易位，非整倍体变异发生的频率很低（表 11-3）。

表 11-2　燕麦组织培养中再生植株发生染色体变异的类型和频率*

染色体变异类型	变异株数		变异频率/%		变异株/总变异株/%	
	Tipp.	Lodi	Tipp.	Lodi	Tipp.	Lodi
多倍体	0	0	0	0	0	0
非整倍体						
单体	8	28	2.5	5.9	11.1	18.1
三体	2	5	0.6	1.0	2.8	3.2
结构变异						
易位	12	36	3.7	7.5	16.7	23.2
倒位	1	1	0.3	0.2	1.4	0.7
端着丝	49	85	15.3	17.8	68.1	54.8
观察总株数	321	478				
变异总株数	72**	155**				

* 资料引自 McCoy *et al.*，1982；

** 有些变异株可能含有 1 个以上变异。

表 11-3　玉米组织培养再生株中的染色体变异*

染色体变异类型	变异频率 Benzion (1984)、Lee (1984) 和 Rhode (1984)		
		株数/%	
多倍体	1 (0.3)	2 (0.7)	37 (14.4)
非整倍体	0	0	14 (5.4)
结构变异			
易位	23 (6.2)	45 (16.9)	32 (12.5)
倒位	0	2 (0.7)	0
缺失	12 (3.2)	59 (22.1)	36 (14.0)
总株数	370	267	257

* 资料引自 Phillips *et al.*, 1985。

玉米异染色质 DNA 复制与燕麦一样，也是延迟的（Pryor *et al.*, 1980），但情况有所不同。因为它的异染色质并不像燕麦那样都集中在着丝粒附近，而是除着丝粒外，也分散在染色体臂的其他部分，形成大小不等各具特征的染色纽。如果 DNA 的复制周期也与燕麦相同，常染色质先复制，异染色质染色纽后复制，那么，当染色体的其他部分完成复制，纵裂为二时，染色纽部分由于复制没有完成而彼此依旧相连。到了细胞分裂后期，就会出现染色质桥（图 11-7）。

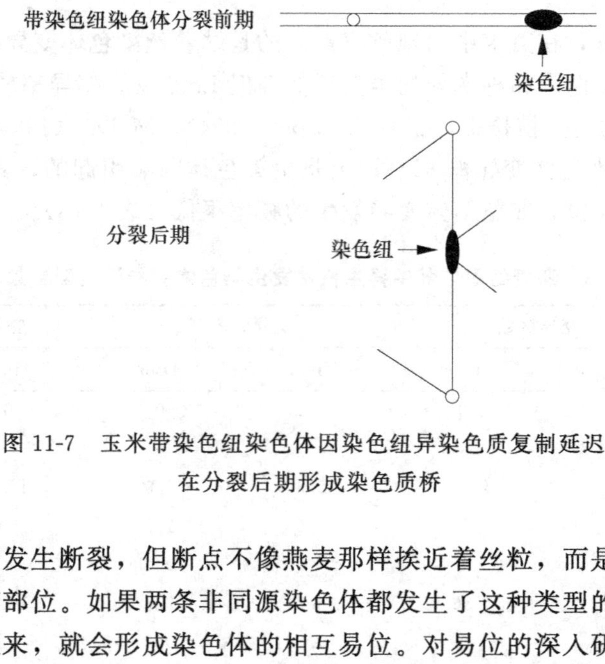

图 11-7　玉米带染色纽染色体因染色纽异染色质复制延迟，在分裂后期形成染色质桥

染色质桥也要发生断裂，但断点不像燕麦那样挨近着丝粒，而是可能发生在从染色纽到着丝粒的任何部位。如果两条非同源染色体都发生了这种类型的染色体断裂，它们之间又相互连接起来，就会形成染色体的相互易位。对易位的深入研究表明，易位发生频率最高的是 5 号、7 号和 8 号染色体。它们都具有染色纽，而且易位断点都发生在染色纽中。Rhoades (1984) 观察到 5 号染色体的缺失，断点也发生在染色纽处。对小黑麦、蚕豆（*Vicia faba*）等作物再生植株的细胞学分析表明，发生易位和端着丝染色体变异的断点，也都发生在异染色质或接近异染色质处。

第四节　基因突变

在组织培养过程中，有很多因素可以使基因发生突变，这些突变依其来源可以大致分为三类，一是外因引起的突变，如理化因素、突变剂等；二是内因引起的突变，如基因复制紊乱、错配等导致的突变；三是转座子引起的突变。

一、核基因突变与胞质基因突变

由组织培养所产生的再生植株中，也存在着大量的基因突变，包括核基因突变和胞质基因突变。这种变异也称为体细胞无性变异（somaclonal variation）。最容易识别的突变为形态方面的变异。在玉米中，R. L. Phillips 等（1987）曾从再生植株中分离出了45个形态突变，包括缺陷型胚乳（defective endosperm）突变、矮生（dwarf）株突变、斑马状（zebra）条纹叶突变、日本型条纹叶（japonica）突变、多分枝（ramosa）突变，以及雄花不育（male sterile）突变等。这些突变与过去曾经在玉米中发现的自发突变一样，属于单基因控制的。但也有一些突变可能是多基因控制的，如他们曾分离出了一些早熟突变系。早熟性遗传是比较复杂的。在马铃薯再生植株的观察中，V. A. Wheeler 等（1985）也发现许多与玉米类似的简单突变，如花色、叶形、果皮色、果肉色，以及芽眼的深度和形状等，但也有一些数量性状变异，如节间长度和薯块数量等变异。

在再生植株体细胞无性变异中，抗病性变异出现的频率一般比较高，如在甘蔗再生植株变异中，抗斐济病、霜霉病和眼斑病的频率较高，马铃薯的再生株中，有大约1%是抗早疫病菌（*Alternaria solani*）和晚疫病菌（*Phytophthora infestans*）的。

McCoy（1980）对不同培养时间的燕麦和玉米愈伤组织诱发的再生株进行了观察，发现突变发生频率与组织培养时间长短有关。例如，培养3～4个月的愈伤组织产生的再生株，有33%的后代有突变分离，而8～9个月的愈伤组织产生的再生株，有77%的后代有突变分离。Bush 等（1976）对茼蒿（*Chrysanthemum morifolium*）的再生植株观察中，发现短期培养的愈伤组织，再生植株中变异株很少，但保留9年愈伤组织产生的再生植株，则存在着多方面的变异，如植株矮化、叶子变形、花变得小而不规则、侧芽繁茂等。

一个再生株，可以发生不止一个突变。例如，在燕麦，3～4个月培养的再生植株中，有10%的植株带有2或3个新突变，而8～9个月培养的再生植株，有40%的个体带有2～5个新突变。平均而言，3～4个月培养的再生植株，每株有0.5个新突变，而8～9个月培养的再生植株，每株带有1.3个新突变。

还有一些突变，在一般的情况下很难观察到，因为它们对植株的外部形态没有影响或者影响较小。属于这类突变的有同工酶（isozyme）突变、营养缺陷型（auxotrophic）突变、氮代谢或碳代谢突变，以及一系列的抗性突变，包括抗药性（如抗抗生素、抗除莠剂等）突变、抗逆性（抗旱、抗盐等）突变、抗病性突变和抗抗代谢物（antimetabolite）突变等。对这一类突变体的识别、分离和研究，不仅将帮助我们了解植物的某些基本代谢过程，也为植物改良提供了丰富的变异资源。

玉米雄花不育中有一类是由线粒体基因组所控制因而是细胞质遗传的。全世界的雄性不育细胞质分为 3 种类型，即 T 型、C 型和 S 型。它们之间的差异，取决于线粒体 DNA 序列的差异。玉米小斑病菌（*Helminthosporium maydis*）是危害玉米的重要病菌之一，已发现 T、O 和 C 共 3 个小种。它们对玉米的浸染都带有专一性，如 T 小种主要浸染 T 型细胞质，引起 T 型细胞质玉米严重减产而对 C 和 S 型细胞质玉米危害很轻。1977 年 B. G Gengenbach 把一定浓度的 T 小种病菌毒素加在培养基因中，作为 T 型雄性不育玉米愈伤组织的选择培养基。培养结果，绝大部分愈伤组织死亡。从成活愈伤组织诱导的再生株，不仅抗 T 小种，而且是雄性可育的。Gengenbach 分析了再生植株的线粒体 DNA 序列，发现有 5 个碱基对发生了变化。而且再生植株细胞中失去了一种13×10^3的蛋白质。由此推测，可能是线粒体 DNA 上的 5 个碱基对的变化，抑制了13×10^3蛋白质的合成，导致从不育到可育的表现型变化。但这种假设还不能解释由对 T 小种感染到产生抗性的变化。

北京农业大学的梁根庆（1989，硕士论文），以玉米小斑病 C 小种毒素作成选择培养基，也选到了抗 C 小种的再生植株，但选到的再生植株仍旧是细胞质雄性不育的。

二、转座因子活化与基因突变

因为组织培养改变了细胞分裂的正常周期，使异染色质 DNA 复制更加延迟，从而使带有异染色质区的染色体在细胞分裂过程中发生断裂，引起染色体畸变。遗传学家还知道，染色体断裂能够激活转座因子（transposable element）和反转录转座子。McClintock曾经证明，无论通过细胞学手段，X 射线或任何其他途径，只要引起染色体断裂，就可以诱发转座因子。那么组织培养引起的染色体断裂，是否也能诱发转座因子呢？组织培养再生株较高的突变率是否与转座因子的活动有关呢？Phillips 等（1984）通过对玉米转座控制因子系统中的 Ac 因子所做的测验，部分地回答了这个问题。

他们所使用的测验种是由 McClintock 所提供的。该测验种具有糊粉层色泽互补因子 C 和解离因子 Ds，Ds 处于 C 座位与着丝粒之间的染色体上。Ds 和 Ac 属于同一个控制系统（见第十二章）。Ac 为自主控制因子，Ds 为非自主控制因子，在 Ac 因子存在时，Ds 既可作为染色体断裂位点，引起染色体断裂和发生结构变异，也可以在染色体组中发生转座，插入或离开某些基因座，引起基因突变或回复突变。由于测验种中无 Ac 因子，故 Ds 是稳定的，不会引起染色体断裂和基因突变，整个子粒糊粉层由于有 C 基因存在（A、R 和 Bz 也是显性纯合的），因而是均匀有色的。

让测验种作母本，与由组织培养产生的再生植株杂交，可以是 R_0、R_1 或 R_2。杂种子粒的 $3n$ 胚乳中，两份来自测验种，带有显性因子 C 和解离因子 Ds。从父本来的是隐性基因 c，但没有 Ds。胚乳基因型为 CCc，表现为均匀的深色糊粉层（图 11-8A）。如果再生株带有 Ac 因子，它就会在杂交种的糊粉层得到表现：

（1）Ac 因子没有引起染色体在 Ds 处断裂，C 基因没有丢失，这类细胞的基因型为 CCc，与图 11-8A 相同，可以产生较深颜色的糊粉层。

（2）Ac 因子引起两条来自母本染色体中的一条，在 Ds 处断裂，Ds 以外的染色体节段丢失，C 基因随之丢失。这类细胞只具有一个显性基因 C，基因型为 Cc，只能产生较淡色的糊粉层。

(3) Ac 因子使两条带 Ds 的染色体都在 Ds 处断裂，两个 C 基因全部丢失，由这种细胞产生的糊粉层完全是无色的。

上述情况如果发生在一个玉米种子上，那么，在这粒种子上就可以出现有深色糊粉层、浅色糊粉层和无色糊粉层的镶嵌花纹（图 11-8B）。

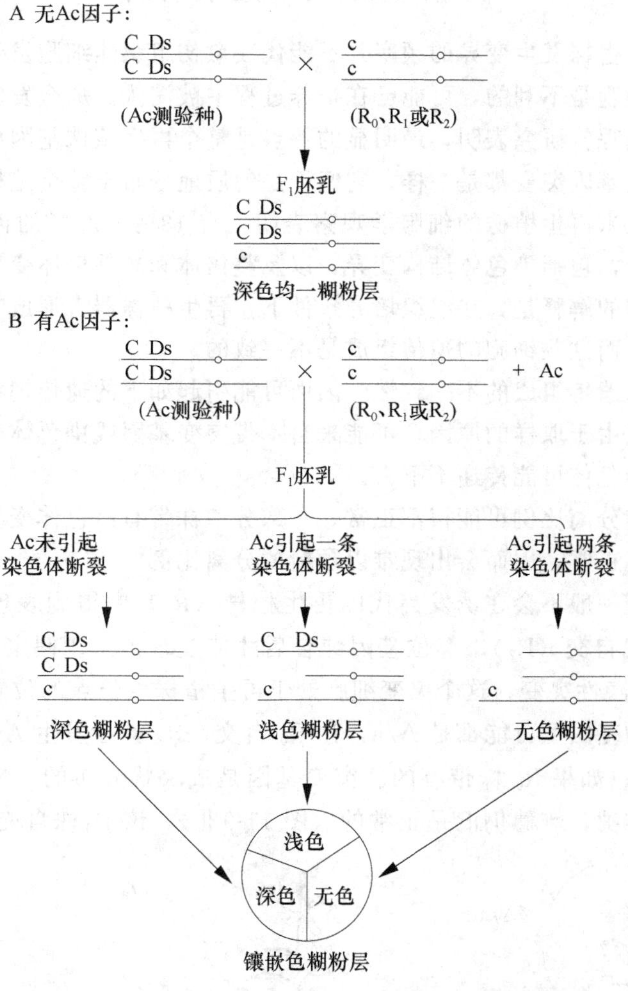

图 11-8　有 Ac 和无 Ac 因子时玉米糊粉层的性状表现

根据上述的表现型标记，Phillips 等在 12 000 个测验杂交中，发现有 54 个再生植株有 Ac 因子存在。追溯它们的谱系，是来自 301 个原始再生株（R_0），其中 11 株显示有 Ac 存在，占 3.7%。若以细胞系来表示，则在 94 个细胞系中有 3 个有 Ac，占 3.2%。而未经组织培养留在植株上的那一半果穗，用同样方法进行测验，没有发现有 Ac 因子存在。

Ac 因子在同一个细胞系不同细胞之间的分布是不均一的，有一些细胞有，另一些细胞没有。所以，从同一细胞系产生的再生植株，有些带有 Ac，另一些不带 Ac。

根据对 Ac 的测验，可以设想，其他转座因子也可能在组织培养中被激活或被释放。转座因子的活动或许是引起再生植株染色体变异与基因突变的重要原因。

第五节 体细胞变异的遗传

一、体细胞变异的遗传特点

组织培养中再生株发生变异的频率并不能代表愈伤组织体细胞发生变异的频率。因为大部分突变对细胞是不利的，可能已在培养过程中被淘汰。那么发生变异的再生株又具有什么样的特点呢？研究表明，最明显的特点是整个再生植株基因型的不一致性。无论是染色体变异或基因突变都是一样，它们不是匀质地分布于整个植株，而是呈块状不均匀分布的。对玉米再生植株的细胞学观察表明，有 13%～23%的再生株雄穗有块状分布的细胞学变异，包括染色体结构变异，以及整倍体和非整倍体变异。为什么会出现这种情况呢？合理的解释是，在组织培养条件下，再生植株器官形成时，可能有许多愈伤组织细胞参与，而这些细胞的遗传组成是不一致的。

由于再生植株遗传组成的不一致性，因而可能引起如下的遗传现象。

（1）性母细胞由于取样的原因，可能来自不带突变基因或染色体变异的细胞，因而变异性状和变异染色体可能传递不下去。

（2）后代遗传分离比例可能很不正常。一部分植株带有染色体变异或基因突变，而另一部分植株表现正常，因而会出现难以预料的分离比例。

（3）隐性突变一般不会在诱发当代的再生植株（R_0）中得到表现，必须经过一代自交（R_1）或两代自交（R_2），等位基因纯合后才能表现出来。假定再生植株 R_0 发生了一个由 A→a 的隐性突变，这个突变细胞处于再生植株生长点的位置，那么这个植株的雌雄花序细胞的基因型可能都是 A/a，让 R_0 自交，R_1 就会发生 A∶a＝3∶1 的分离比例（图 11-9Ⅰ）；如果 R_0 株带有的新突变基因是成块状分布的，情况就不一样。假定新突变发生在雄穗，雌穗仍旧是正常的（图 11-9Ⅱ），该 R_0 株自交，R_1 就不会出现

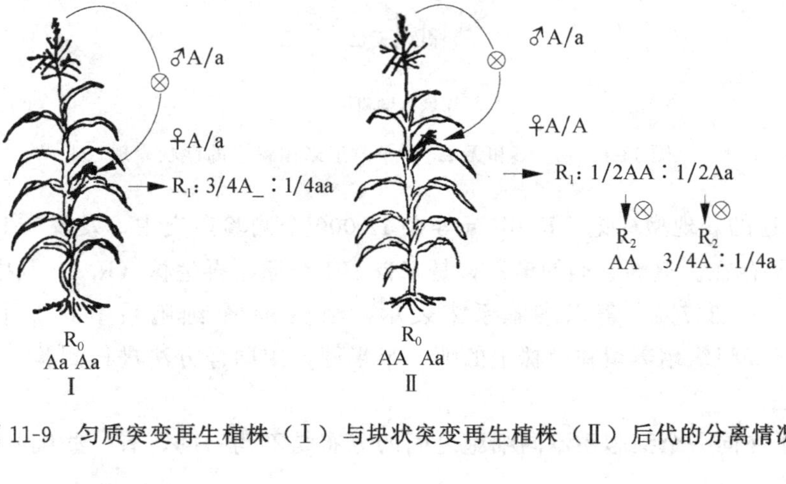

图 11-9 匀质突变再生植株（Ⅰ）与块状突变再生植株（Ⅱ）后代的分离情况

表现型分离，而是 AA 与 Aa 各占 1/2。R_1 再自交，在 R_2 中，Aa 自交的，就会出现 A∶a＝3∶1的分离。因此，组织培养再生植株，可以在几代发生分离，也可以在 R_2 代发生分离。

二、组织培养中的外遗传变异

以上所谈的变异都是可遗传的，它们都是由于遗传物质的改变引起的。在组织培养中，还能观察到另一类变异，只是由于基因表达方式不同造成的，是细胞内部调节系统活动的结果。这种变异不能通过有性方式传递给后代，因而是不遗传的。不遗传变异又可区别为生理适应（physiologic adaptation）变异和外遗传（epigenetic）变异。生理适应是指由某种外界条件存在而引起变异，一旦这种外界条件不存在，变异也就自行消失。例如，硝酸盐的存在能够引起硝酸还原酶活性的增强，但硝酸盐不存在时，硝酸还原酶活性就又恢复到原来的水平。外遗传变异虽然也是由外界条件所诱发，但外界条件消失以后，变异依旧随着细胞的分裂而持续存在。这种变异是细胞中原有遗传基础的遗传潜力在组织培养的特定条件下得到表达的结果。例如，烟草的愈伤组织只有在培养基中加入生长素的条件下才能正常生长，说明外源生长素对细胞的生长是必需的。但是，在这种有生长素的培养基上经过较长时间的培养之后，再转移到无生长素的培养基上也能正常生长，并且在以后的继代培养中，再也不需要添加生长素。说明细胞自身已经获得合成生长素的能力，变成了生长素自养（autotrophic）类型。但这种生长素自养变异并不是遗传的。因为由这样的愈伤组织诱发成为再生植株时，其生长素自养能力就将消失。取再生植株任何部分组织作外植体进行组织培养，培养基中仍旧需要添加生长素。

外遗传的生长素自养型变异与由基因突变引起的自养型变异很难从表现型上加以区分。这就需要检查大量的细胞系后代，属于外遗传的，其后代做进一步培养时，一般都会恢复生长素依赖性，而由基因突变细胞的后代，依旧是生长素自养类型。如有回复突变，其频率也是非常低的。

第六节　组织培养与植物改良

组织培养作为一种克隆技术和育种手段，对植物改良有重要价值，这里只对其中两个方面进行讨论。

一、加快育种进程，拓宽种质范围

通过常规方法的杂交育种，一个重要困难是花费时间太长。从选择亲本杂交，到 F_2 代选择单株，直至获得一个相对稳定的品系，至少需要 6～8 年时间，即便如此，可能还有许多基因仍旧会有分离。但如果对杂种 F_1 进行花药培养，诱发出单倍体植株，再进行染色体加倍，获得纯合二倍体，可能只需要 1～2 年就能够完成，而且纯度也高得多，这就大大提高了工作效率。花药培养已在 200 多个植物种中获得成功（Dunwell，1986）。运用花药培养技术已经获得新品种的重要作物有水稻、小麦和大麦等。通过花药培养也育成了一批纯合玉米自交系。

远缘杂交是植物育种的一个重要方面。通过远缘杂交，可以获得品种间杂交难以得到的变异类型。通过栽培种和野生种间的杂交，还可以从野生种那里得到如抗病性和对恶劣环境适应性等经济性状。但远缘杂交也存在许多困难，其中之一是杂种胚乳不能正常发育，杂种胚也会因饥饿而死亡。通过离体幼胚培养，就有可能克服这方面的困难。例如，大麦和黑麦通过常规的方法杂交，无法得到杂种种子，而通过幼胚组织培养的方法，K. V. Cooper（1978）不仅获得了 F_1 的再生植株，而且使一部分再生植株抽出了穗。B. R. Thomas（1981）用同样的办法获得了番茄属 *L. esculentum* 和 *L. peruvianum* 的 F_1 种间杂交种再生植株。

二、诱发与筛选遗传变异

突变育种对高等植物远不如对微生物有效。原因是多方面的，而最主要的原因是基因突变率较低（$1\times10^{-5}\sim10^{-8}$），而个体正常生长所占的空间较大。与之相比较，每毫升容积就可以培养 10^8 个细菌。此外，高等植物都是高度分化的，生长环境也不能像对微生物那样进行控制。其结果，没有十分有效的方法来检查发生的突变。组织培养使高等植物“微生物化”，因而可以克服上述缺点，进行有效的突变育种。

在组织培养条件下，无论有无诱变剂存在，都有较高的突变率，再生株中存在着丰富的遗传变异。但从再生株所观察到的只限于植株形态方面的变异，而大量的化学突变，如同工酶突变、营养缺陷型突变或基因 DNA 序列方面的某些突变，就很难通过常规的方法进行观察。而这些突变，除应用于某些生物学过程的基础研究之外，对植物育种也可能是十分有用的，因此，有必要根据育种目标，发展出对不同化学突变体的筛选技术。离体筛选比田间选择有许多优点：①不受时间的限制，可以在任何季节进行；②可以人为地创造严格的培养条件；③可以避免田间或温室条件下可能出现的灾害；④大大缩小选择所需的空间和时间。下面仅以氨基酸反馈突变（feedback mutation）和植物的抗性突变为例加以说明。

（一）氨基酸反馈突变

单胃动物的几个重要限制氨基酸，如赖氨酸、苏氨酸、甲硫氨酸和异亮氨酸都是以天冬氨酸为底物，同一个植物生化合成途径的产物（图 11-10）。它们的合成有着异常复杂的调节机制，多数是通过末端产品对有关合成步骤中酶的抑制作用来实现的。这种抑制作用称为反馈抑制（feedback inhibition）。例如，在培养基中添加一定浓度的赖氨酸，它就会抑制二氢二甲基吡啶合酶（dihydrodipicolinate synthetase）的活性，因而赖氨酸在细胞内的合成就不能进行。同样，在培养基中如果加入赖氨酸和苏氨酸，细胞的生长就会受到严重抑制。研究表明，这是由于这两种氨基酸抑制了天冬氨酸激酶（aspartate kinase）活性，引起细胞中甲硫氨酸饥饿造成的。因而在培养基中加入适量的甲硫氨酸就可以解除这种抑制作用。

根据反馈抑制的原理，在培养基中，加入一定量的赖氨酸和苏氨酸，即构成选择培养基。最好也加入一定浓度的诱变剂如叠氮化钠等来提高愈伤组织的突变频率。在这种培养基上进行培养，绝大部分细胞会因甲硫氨酸饥饿而死亡，能够成活下来的细胞一定

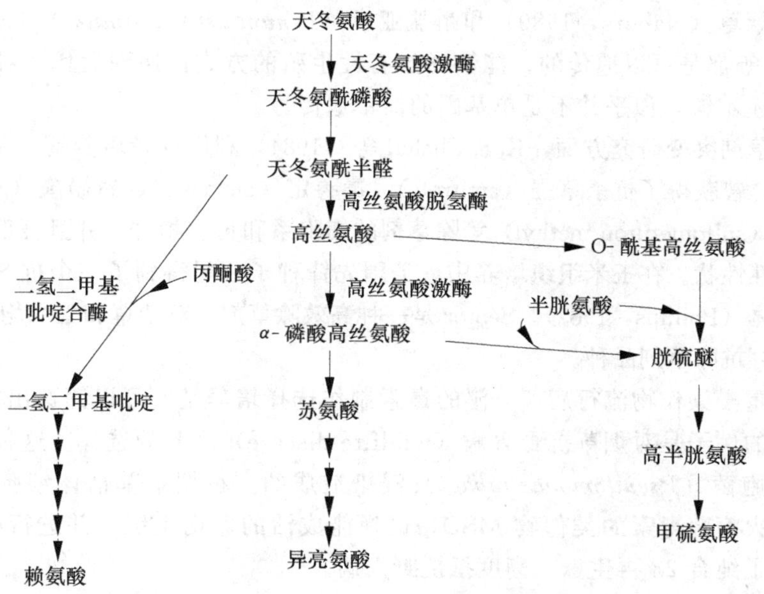

图 11-10　赖氨酸、甲硫氨酸、苏氨酸和异亮氨酸在高等植物中的生化代谢途径

是发生了突变。突变细胞产生的天冬氨酸激酶活性，对两种氨基酸不敏感。这种突变称为反馈突变。到目前止，已在大麦、玉米等 6 种作物的愈伤组织培养中获得了抗赖氨酸和苏氨酸的反馈突变体，它们都是由显性基因或半显性基因所控制。

反馈突变的选择已成为作物品质改良的一个有力手段。例如，从玉米组织培养中选择到抗赖氨酸和苏氨酸的反馈突变系，其纯合体种子的自由苏氨酸超过正常玉米 80 倍，自由丝氨酸和甲硫氨酸分别超过正常玉米的 3 倍和 4 倍，而杂合体种子的自由苏氨酸也超过正常玉米的 30 倍（Hibberd *et al.*，未发表）。

在培养基中加入甲硫氨酸的类似物也能获得过量生产甲硫氨酸的反馈突变系。例如，J. M. Widholm（1976）用胡萝卜进行组织培养，在培养基里加入甲硫氨酸的类似物乙硫氨酸而获得的反馈突变系，自由甲硫氨酸含量提高了 10 倍以上。用同样方法得到的 6 个大豆突变系，自由甲硫氨酸提高了 4～15 倍。在 *N. sylvestris* 的原生质体培养中，加入赖氨酸的类似物——氨乙基半胱氨酸（aminoethylcysteine）选出的突变系，无论在愈伤组织或再生植株叶片中，赖氨酸含量都比正常系提高了 30 多倍（Negrutiu *et al.*，1984）。

（二）抗逆、抗药和抗病性突变

由于组织培养的环境条件可以严格地加以控制，我们就有可能模拟各种自然灾害条件，如调节培养基中 NaCl 的浓度、pH，添加对某些作物危害最大的流行病菌毒素或者最有效的除莠剂等，组成各种特异性选择培养基，从而筛选出具有对特殊自然灾害抗性、抗药性或抗病性细胞系或再生株，为作物改良提供宝贵的基因来源或种质资源。

在组织培养条件下进行抗盐性选择，开展得较早，也比较广泛，但效果不很理想。因为有许多抗盐细胞系并不能遗传，它们是生理适应的结果。但确实也有一部分耐盐变异，如耐盐烟草（Nabors，1980）和耐盐亚麻（*Linum usitatissimum*）（McHughen *et al.*，1984）等都是可以遗传的，能够通过有性生殖的方式传递到后代。对它们的遗传方式研究得还不够，似乎并不是单基因的简单遗传。

在抗除草剂突变研究方面，K. S. Chaleff 等（1984）利用选择培养基，在单倍体愈伤组织培养中，曾获得了抗杀草强（amitrole）、毒莠定（picloram）、氯磺隆（chlorsulfuron）和甲嘧磺隆（sulfometuron methyl）等除草剂的细胞系和再生植株，并且证明它们都是简单遗传的隐性性状。在玉米组织培养中，美国先锋种子公司得到了一个抗 Septor 的体细胞无性突变体（Phillips，1987）。Septor 是一种高效除草剂，对杂草和玉米均有杀伤作用，由此可以选育抗除草剂品种。

利用严重浸染作物流行病菌分泌的毒素制作选择培养基，可以筛选出抗病细胞系。第一个成功的例子是对烟草抗野火病（wildfire disease）品系的选择。这种病害是由一种烟草假单胞菌（*Pseudomonas tabaci*）浸染造成的。在烟草单倍体细胞的组织培养中，加入野火病菌毒素的类似物 MSD，选择能成活的愈伤组织，并进行染色体加倍，最终诱导出了纯合 $2n$ 再生株，高度抵抗野火病。

复 习 题

1. 为什么植物细胞会具有全能性？如何证明这种全能性？植物和动物细胞在全能性能力方面的区别如何？

2. 什么叫外植体？选择外植体要考虑哪些条件？

3. 自然界的胚胎发生与组织培养的胚胎发生有何异同？

4. 为什么要进行花药培养，在花药培养中要注意哪些技术关键？

5. 胚培养与花药培养的主要区别是什么？胚培养在作物改良上有何用途？

6. 为什么分生组织培养能消除植物所携带的病原体？这项技术在农业生产中有何实际意义？

7. 原生质体培养有哪些主要目的？为什么要进行体细胞杂交？实现原生质体培养和体细胞杂交有哪些关键技术？

8. 在组织培养条件下产生整倍体与非整倍体的可能机制是什么？为什么燕麦出现端着丝染色体变异频率较高，而玉米的则很少？你能解释发生这种现象的原因吗？

9. 组织培养再生植株变异的特点是什么？是什么原因引起的？它会给后代带来什么样的遗传现象？

10. 为什么转座因子的激活或释放有可能与再生植株的遗传变异有关？

11. 如何区别外遗传变异、生理适应变异与基因突变引起的变异？

12. 在培养基中加入赖氨酸和苏氨酸为什么会筛选出高甲硫氨酸突变系，这种选择是根据什么原理进行的？

13. 组织培养在植物转基因研究中有何应用？转基因的遗传变异如何？

14. 解释名词：愈伤组织、再植体、细胞全能性、器官发生、同核体、异核体、胞质杂种、体细胞多倍性、体细胞无性变异、反馈抑制、反馈突变。

第十二章　转座遗传因子

转座遗传因子（transposable genetic element）又叫做可移动因子（mobile element）、跳动基因（jumping gene）或转座子（transposon），是指一段特定的DNA序列，它可以在染色体组内移动，从一个位点切除，插入到一个新的位点。这种切除和移动，能够引起基因的突变或染色体重组。由于生物染色体组内存在着许多不同的转座遗传因子系统，它们活动的结果，不仅对许多性状的表达和变异产生深刻的影响，而且也直接间接地影响着个体发育过程甚至生物的进化过程。

早在20世纪初，R. A. Emerson（1914）在研究玉米果皮色素遗传时，发现一种特殊的突变类型——花斑果皮。这种突变与一般的突变不同，能够在籽粒发育过程中，发生多次回复突变（reversional mutation），从而产生宽窄不同，红色与白色相间的条纹。各籽粒之间斑纹的大小和多少变化很大。Emerson意识到这种花斑条纹的产生在于突变基因的不稳定性，但他并不明白是什么原因造成这种不稳定突变。M. M. Rhoades（1938）在研究玉米糊粉层色素遗传时，首次报道一个基因的遗传不稳定性受到另外一个独立基因的控制。他发现，与籽粒糊粉层色素产生有关的 a_1 基因，在另一个独立基因 dt 处于隐性状态时，遗传是稳定的，糊粉层不产生色素，但在显性基因 Dt 存在时，就能产生频率不等的回复突变，即由 a_1 突变为 A_1。具有 A_1 的糊粉层细胞，能够产生色素，所以整个籽粒的糊粉层，表现为在无色背景上分布着许多大小不等的有色斑点。Rhoades把这个引起 a_1 遗传不稳定的基因称为产生斑点（dotted）基因。

20世纪40年代初，McClintock开始研究玉米花斑糊粉层和植株色素产生的遗传基础。她发现色素的变化与一系列染色体重组有关。她特别对染色单体的“断裂-融合-桥”在细胞分裂中周期性循环的细胞学现象发生兴趣。她观察到染色体的断裂或解离（dissociation）有一个特定的位点，称作Ds。但Ds并不能自行断裂，它受一个激活因子（activator，Ac）所控制。Ac可以像普通基因一样进行传递，但有时表现很特殊，可以离开原座位，运动到同一条染色体或者不同染色体的另一个座位。Ds也能运动，不过只有在Ac存在时才能发生。McClintock对Ds的运动和色素不稳定性的关系做了一系列细致的观察。在一个试验中，Ds从原来的位点转移到C基因座。C是玉米糊粉层色素的有关互补基因之一，显性C产生有色糊粉层，隐性c产生无色糊粉层。Ds插入C座位引起的第一种现象是染色体在C位点发生断裂，正像Ds在原座位所产生的细胞学行为一样；第二种现象是引起由C→c的基因突变。这种突变在Ac因子不存在时是稳定的，种子糊粉层无色，植株也不产生色素，但在Ac存在时，有些细胞可以发生由c→C的回复突变，所以种子糊粉层和植株都会出现有色斑点。McClintock把Ac和Ds称为控制因子（controlling element）或转座因子（transposable element），因为它们能够控制结构基因的表达，而且能够在染色体组中运动或转座。1953年Peterson发现 *En* 因子，1954年，McClintock发现 *Spm* 因子，*En* 和 *Spm* 被证明是同一类转座因子。

1961年Robertson发现一个淡黄胚乳的突变体 *y*9，该突变体需要杂合保存，其与其他材料杂交后代再杂交，会出现很高的新的苗期突变。该转座因子后来被命名为 *Mutator*（Robertson，1978）。

转座遗传因子是遗传学上的重大发现之一。尽管McClintock对她的发现有大量的准确资料和详细论证，但这个超时代的发现并不为当时科学界所理解。20世纪60年代以来，不仅在微生物中发现了带有抗药性基因的转座子（transposon），而且在包括人类在内的几乎所有经过仔细研究的生物都找到了这种因子，McClintock发现的重要性才重新为世人所重视，并因而获得了1983年度的诺贝尔奖。1984年，Shepherd首次报道了另一种转座因子——反转录转座子（retrotransposon）。其后，许多学者对其进行了大量研究，发现反转录转座子广泛存在于高等植物基因组中，而且是目前所知的数量最大的一类可活动的遗传成分。明显不同于转座子，反转录转座子每转座一次其拷贝数就增加一份。这类反转录转座子对基因组的大小、结构、功能和进化都有重要作用。目前，转座子和反转录转座子已成为基因发现和克隆以及基因功能研究的重要手段。本章将重点介绍与细胞遗传学发展关系密切的转座子。

第一节 转座遗传因子的分类与鉴别

在高等植物中，对转座遗传因子的研究以玉米的资料为最多，它或许具有一定的代表性。所以这里主要以玉米作为实例进行讨论。

一、转座遗传因子的分类

玉米的转座因子，包括两个相互联系的组成部分，一个为自主控制因子（autonomous controlling element），又叫调节因子（regulatory element）。它能够独立地在染色体组中运动或转座，也能够引起结构基因的突变。另一个为非自主控制因子（non-autonomous controlling element），也叫控制因子或接受因子（receptor）。它可以插入一个结构基因，引起稳定突变。在没有自主因子存在时，非自主控制因子被禁锢在固定的位置，既不能引起结构基因的回复突变，也不能转座和对染色体进行切割。自主控制因子可以活化非自主控制因子，引起非自主控制因子转座和其他遗传变化。每一个自主控制因子都有它自己特有的识别系统，或者特定的核苷酸序列，因而只能活化与其相对应的非自主控制因子。非自主控制因子也只能对特定自主控制因子发出的信号做出反应。根据这种自主与非自主控制因子间选择性的互作关系，可以把各种生物的转座遗传因子分为不同的家族或系统。例如，我们把需要鉴定的未知自主控制因子引入一个植株，它具有一个已知非自主控制因子的插入突变，如果产生了回复突变，就说明要鉴定的自主控制因子与已知的非自主控制因子属于同一个系统。如果突变保持稳定，没有回复突变发生，就说明二者属于不同的系统。遵循这一标准，在玉米中至今已鉴定出了至少11个转座遗传因子系统。或许这不过是存在于玉米控制因子系统的一小部分而已。表12-1所列是我们即将讨论的3个系统相应的自主控制因子、非自主控制因子和受其控制的部分结构基因。在微生物中，也已经发现了40多种不同类型的转座子。

表 12-1　玉米的 3 个转座遗传因子系统及其控制的部分结构基因所属系统

所属系统	自主控制因子	非自主控制因子	受控制的结构基因
Dt-rDt	Dt	rDt	a　a-m_1
Ac-Ds	Ac	Ds	a-m_3　a-m_4　a_2-m_4　c-m_1 sh-m_1　sh-m_2　bz-m_1　bz-m_4 wx-m_1　wx-m_5　wx-m_6　wx-m_7 wx-m_9
	Mp（Ac）	Ds	P-vv
	M（Ac）	Ds	bz_2-m
Spm-En	Spm	Spm（缺损）	a-m_1（Spm）　a-m_2　a-m_5 c_2-m_1　c_2-m_2　a_2-m_1　a_2-m_5 pr-m_2　pr-m_3　c-m_5　wx-m_8
	En（Spm）	I	bz_2-m

为了对转座遗传因子进行研究，首先要正确判断和识别转座因子的存在，进而确定它们的类型和系统。至今，在高等动植物中，对转座遗传因子的研究主要限于区别明显的质量性状。就玉米来说，大都集中在与叶绿素和花青素有关的变异，以及子粒胚乳的各种缺陷或淀粉类型的变异。这类变异与一般基因突变的主要区别在于它的不稳定性，有不同频率的显性回复突变发生。其表现型特征为在隐性突变性状背景上有斑点状、条纹状或扇面状显性性状分布其间，呈现特有的镶嵌状斑纹。

二、转座遗传因子的鉴别

假定在一个玉米品系中发现了一个糊粉层花斑状遗传变异。从表现型判断，它一定是由于转座遗传因子的插入而引起的。那么就需要通过以下几个步骤来确定该因子的类别和系统。

(1) 首先要确定该基因突变发生在哪个基因座。这就需要把突变体和一系列糊粉层测验种进行杂交。如果在这些杂交中，只有与 a_1 测验种（$a_1A_2C_1C_2RBz_1Bz_2$）杂交后代表现隐性性状而与其他各测验种杂交后代均表现显性有色性状，这就证明该插入突变发生在 a_1 基因座。

(2) 确定该突变是由自主控制因子插入造成的或是非自主控制因子插入造成的。方法是把突变体与一个纯合显性有色糊粉层植株杂交，F_1（显性有色）再进行自交，观察 F_2 分离情况。若 F_2 出现有色∶花斑＝3∶1 的比数，说明该突变是由自主控制因子的插入造成的。若 F_2 出现有色∶花斑∶无色＝12∶3∶1 的比数，就说明该突变是由非自主控制因子的插入引起的，而该非自主因子又受一个独立自主因子的调节。

(3) 确定自主控制因子的类别。让突变体与一系列自主控制因子测验种（具有已知的非自主因子插入突变而没有相应的自主因子存在）杂交，这些测验种的插入基因位点都不是 a_1。F_1 再与各相应的测验种进行一次回交。如果回交后代表现隐性性状的子粒上有显性花斑出现，就说明突变体具有引起该测验种回复突变的自主控制因子。假定我们使用的测验种为 c-m_1，它是由 Ds 因子插入而引起的突变，在 Ac 因子不存在时，性状是稳定的，测验过程如下图所示：

突变体 × 测验种

a_1-m a_1-m C_1C_1 A_1A_1 c_1-m_1c_1-m_1（Ds）

↓

A_1a_1-mC_1c_1-m_1 ×$A_1A_1c_1-m_1c_1$-m_1（Ds）

（有色） ↓

$A_1A_1C_1c_1$-m_1（有色）

A_1a_1-mC_1c_1-m_1（有色）

$A_1A_1c_1$-m_1 c_1-m_1（无色，有花斑粒出现）

A_1a_1-mc_1-m_1 c_1-m_1（无色，有花斑粒出现）

由于回交后代的无色粒都是 c_1-m_1 的纯合体，花斑性状的出现一定是在 Ac 因子的作用下，Ds 转座的结果，所以就证明了突变体中一定有 Ac 因子存在。但仍然不能证明突变体本身的花斑性状就是 Ac 因子造成的。

(4) 证明控制遗传因子所属的系统。如果在步骤 2 的自交 F_2 中分离出了无花斑性状的突变体 a_1-m（约 1/16），可以让这类个体做亲本与各种非自主控制因子测验种（只存在自主控制因子，但无非自主控制因子）杂交，并令其 F_1 自交，若 F_2 的隐性子粒中有回复突变子粒出现，就说明突变体中的非自主因子与测验种中的自主控制因子是属于一个系统。

第二节 玉米的重要转座遗传因子系统

一、Dt-rDt 系统

Dt 系统是 20 世纪 30 年代在墨西哥黑甜玉米中发现的，其自主控制因子 Dt，位于 9 号染色体短臂末端。至今已经发现了 6 个独立的 Dt 基因突变，它们只能特异性地引起 a_1 座位某些等位基因的不稳定突变。它的非自主控制因子为 rDt。rDt 能够插入 a_1 座位，并对 Dt 发出的信号做出反应，引起 a_1 的回复突变。除 a_1 基因之外，是否还有其他基因受 Dt 系统所控制，也还有待于进一步试验。

没有活性的 a_1 和 a_1-m，在 dt 存在时，表现是稳定的，但在 Dt 存在时，都能发生特定频率的回复突变，出现不同活性水平的 A_1。回复突变可以发生在个体发育的任何时期。在能够产生花青素的组织，引起叶片、花药、籽粒等产生大小不同的有色斑点（图 12-1）。如果 Dt 引起的由 a_1-m→A_1 回复突变发生得晚，频率低，那么在 a_1-m Dt 子粒的糊粉层，只能观察到少量的小型有色斑点。若 Dt 引起的 a_1-m 的回复突变发生得早且频率高，在 a_1-m Dt 子粒的糊粉层，就可以观察到数目较多的较大型斑点，其遗传方式见图 12-2。a_1-m 也可以突变为 a_1-s，一种稳定的类型，不再与 Dt 起反应。

当 Dt 剂量固定时，增加 a_1 或 a_1-m 的剂量，回复突变斑点的数目与 a_1 或 a_1-m 的剂量呈直线关系，但不影响突变的时间、类型和位置；固定 a_1 或 a_1-m，增加 Dt，则突变斑点与 Dt 剂量呈指数关系，但也不影响突变时间、类型和位置。

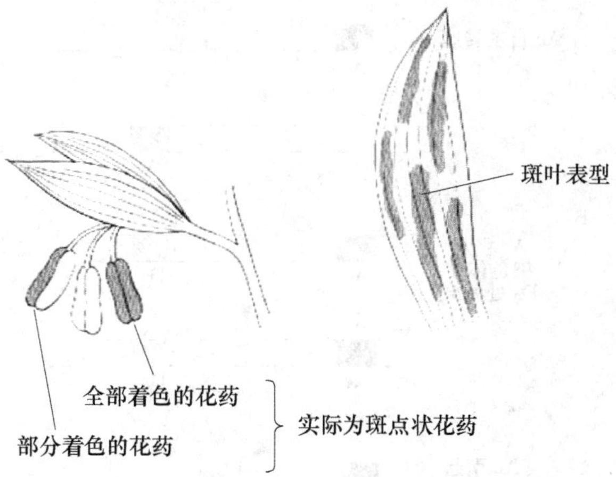

图 12-1　Dt-rDt 系统对花药和叶片色素的影响

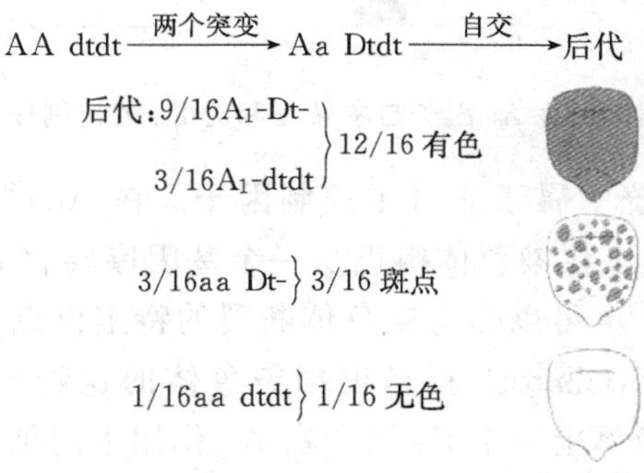

图 12-2　Dt-rDt 系统的遗传

二、Ac-Ds 系统

如前所述，Ac-Ds 系统是 McClintock（1950）最早发现的转座遗传系统。对这个系统的研究，无论在遗传方面或分子生物学方面都比较充分。它包括 Ac 和 Ds 两个成分，Ac 为自主控制因子，McClintock 称其为激活因子（activator）。它可以自主地在染色体组中运动，也能插入结构基因，引起不稳定的基因突变。McClintock 就曾发现由 Ac 因子插入 A_1、A_2、C_1、Sh_1、Bz_1 和 Wx 等位点的插入突变 10 多个。Emerson 于 20 世纪初所发现的玉米花斑果皮突变经 R. A. Brink 等（1952）证明，就是由于 Ac 因子插入 P（玉米果皮色泽基因）座位引起的。Brink 曾经把这个控制因子称之为果皮调整因子（modulator），以 Mp 表示。后来证实，Mp 因子就是 Ac 因子。Ac 因子一般情况下不能引起染色体断裂，但当一个全长 Ac 和一个断裂的 Ac 处于邻近位置如在 P1 的内含子中时，则可以引起染色体断裂重排（Zhang and Peterson，1999）。

Ac 对 Ds 的调节作用表现在它能够使 Ds 因子活化，离开原来位点，转移到新的位点，通过 Ds 因子而控制结构基因的表达。Ac 也能引起染色体在 Ds 位点断裂，导致染色体丢失或重组。图 12-3 表示 Ac 因子在染色体组中的自主转座和对 Ds 因子的控制。

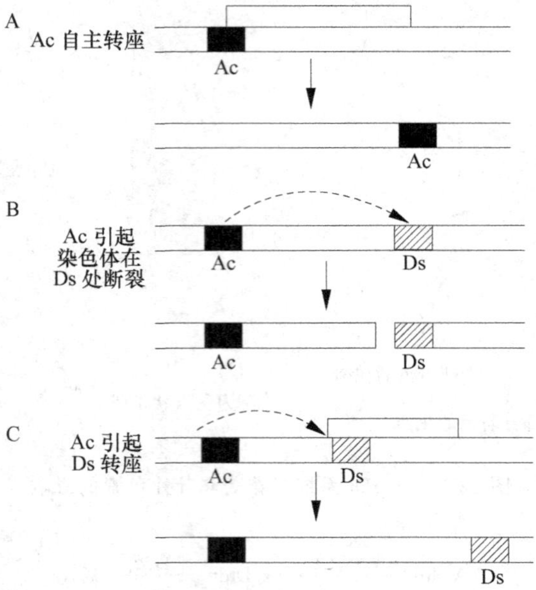

图 12-3　Ac 因子自主转座和对 Ds 的控制作用

Ds 因子在 Ac-Ds 系统中属于非自主控制因子。在 Ac 作用下，它可以活化起来，发挥其特有的功能。它可以在染色体组里从一个基因座转移到另一个基因座，控制某些结构基因的活性水平。也可以作为染色体断裂的特定位点，引起染色体重组和某些断片的丢失。事实上，McClintock 正是根据染色体的这种异常行为发现 Ds 因子的。图 12-4 说明玉米 9 号染色体上一个 Ds 因子在 Ac 作用下的细胞学行为。这个细胞有关

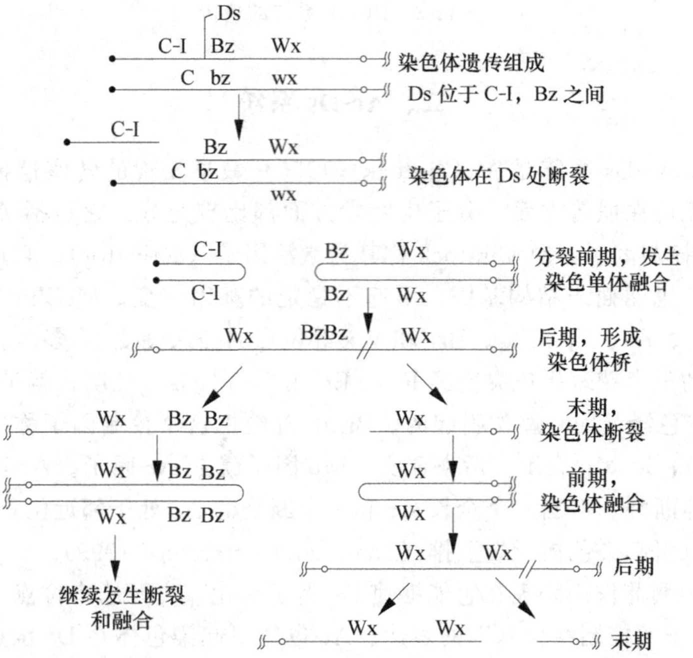

图 12-4　玉米 9 号染色体在 Ac-Ds 作用下引起的染色单体“断裂-融合-桥”循环

连锁性状的基因型为 C-I BzWx/C bz wx，Ds 因子插入位点在 C-I 与 Bz 之间。由于 Ac 的作用，染色体在 Ds 处断裂，复制后的子染色体，可以在断头处融合，形成无着丝粒的断片和具双着丝粒的染色体。无着丝粒断片在下一次细胞分裂中常常丢失，具双着丝粒染色体在细胞分裂后期能够形成染色体“桥”，接着“桥”发生断裂，断头可以产生在“桥”的任何部位。断裂后的染色体进入子细胞，在下一次细胞分裂中，重复上述“断裂-融合-桥”（BFB）的循环过程。Ds 以外的 C-I 基因，随着断片染色体丢失而消失。在下一轮的 BFB 循环中，还会有新的基因丢失，因而这粒种子的糊粉层就会呈现出在无色非糯背景上（C-IbzWx/Cbzwx）出现有色非糯（BzBzWx/Cbzwx、BzWx/Cbzwx）、无色非糯（WxWx/Cbzwx、Wx/Cbzwx）和无色糯质（缺失/Cbzwx）等大小不同的斑块（图 12-4）。

Ac 因子有两种状态，即活化状态（active phase）和失活状态（inactive phase）。只有在 Ac 处于活化状态时，它才能够进行自身转座，并引起 Ds 因子转座和染色体断裂。失活的 Ac 因子，尽管丧失了上述功能，但对所插入座位结构基因的表达仍旧发挥控制作用。McClintock 也发现，活化状态与失活状态的 Ac 因子能够进行周期性的变化，称为相变（change in phase），很类似后面将要谈到的 Spm 因子。失活的 Ac 因子可以对染色体组中活化的 Ac 因子发生反应，其性质类似于 Ds 因子。

Ac 因子可以插入同一个结构基因的不同位点，产生类似的插入突变，McClintock 和 O. E. Nelson 等对玉米的 Wx、A_1 和 R_1 等座位的 Ac 插入突变进行了细致分析，发现每一个座位的不同插入突变位点之间都可以发生重组。插入结构基因的 Ac 因子的表达程度很可能也受到结构基因本身的控制，这要由结构基因发育程序或插入位点的 DNA 序列来决定。Ac 也会发生突变，主要表现在引起 Ds 活动时间的变化，转座频率的变化，以及自身转座能力的变化。

Ac 和 Ds 因子可能处在同一条染色体上，但在大多数情况下，它们处在不同的染色体上。

Ac 具有不寻常的剂量效应，在增加 Ac 剂量时，由它所调节的全部细胞学和遗传学事件都将延迟发生。

Ds 因子也有不同状态的变化。首先表现在对结构基因抑制程度的不同；其次是引起结构基因回复突变时间的不同；第三是引起结构基因回复突变频率的不同。在 Ac 不存在时，这几种状态可以作为稳定的特性保持不变，也可以在杂交后代中发生分离，像是稳定的等位基因一样。McClintock 认为，不同状态的 Ds 因子代表等位基因的不同形态，可能是由于 Ds 本身的结构不同或者由于 Ds 插入位点的成分不同引起的。

Ds 插入突变有两种类型，一类是 Ds 插入在结构基因的转录区，从而改变了结构基因的活性。另一类是 Ds 插入在结构基因之外，但也能够抑制结构基因的表达。例如，由 Ds 因子诱发的一个玉米凹陷胚乳突变，Ds 的插入位点离 sh 基因 5′端还有 2kb 的距离。这个距离显然超过了 sh 基因转录的启动区。在果蝇的白眼控制因子突变中，已知有 4 个控制因子都插在离转录区 3kb 以外的距离。在此情况下，Ds 不大可能直接控制结构基因，很可能只对结构基因的邻近成分发生影响，而这种邻近成分对结构基因正常发挥功能又是必不可少的。

有一系列的 Ds 因子，都能够引起结构基因插入突变并对 Ac 因子发生反应。但有可靠证据表明，并非所有 Ds 因子都能引起染色体断裂。只有一种称作“双重 Ds”(double Ds) 的类型才有使染色体断裂的能力 (Döring，1986)。这种双重 Ds 因子由两个只有 2041bp 的 Ds 拷贝组成，其中一个拷贝以反向方式插入另一个拷贝分子中，它的末端反向 DNA 序列重复 4 次，其他部分也以反向方式重复两次，其转座所致染色体断裂过程如图 12-5 所示。

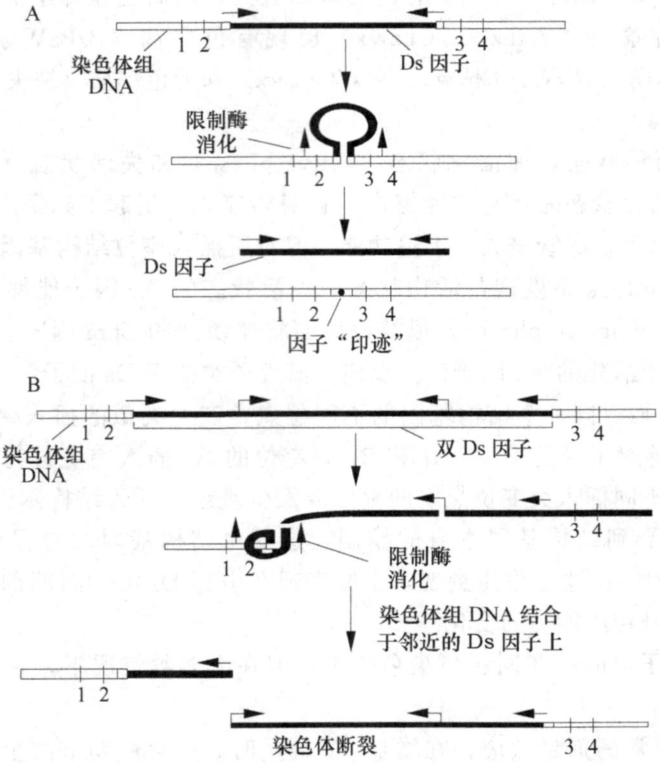

图 12-5 双 Ds 转座引起染色体断裂

下面举一个实际例子来说明 Ac-Ds 系统对结构基因和染色体断裂的控制作用，以及在它们的作用之下后代表现型的变化。

在图 12-6A 显示第 9 号染色体断裂造成染色体片段及其上基因丢失的情况；图 12-6B 所示为 3 个杂交组合后代的遗传情况，3 个组合都涉及 9 号染色体短臂上的 4 个连锁基因，基因型是一样的。Ds 因子处于着丝粒与 wx 基因座之间无遗传标记的部位。与之连锁的 4 个显性基因分别为 C-I (无色糊粉层)、Sh (饱满胚乳)、Bz (有色株) 和 Wx (非糯子粒)。在无 Ac 存在时，这些基因遗传行为正常。与带有相应隐性性状的个体杂交，F_1 所有显性基因都得到正常表现 (杂交 A)。在 Ac 存在时，有两种可能的结果。一种是染色体在 Ds 处断裂 (杂交 B)，Ds 因子以外染色体断片上的全部标记基因在细胞分裂中丢失，Ds 因子以内的染色体经过复制，断头融合，变成双着丝粒染色体，并进行 BFB 的循环过程 (图 12-4)。由于从着丝粒至 Ds 因子之间无基因标记，故 BFB

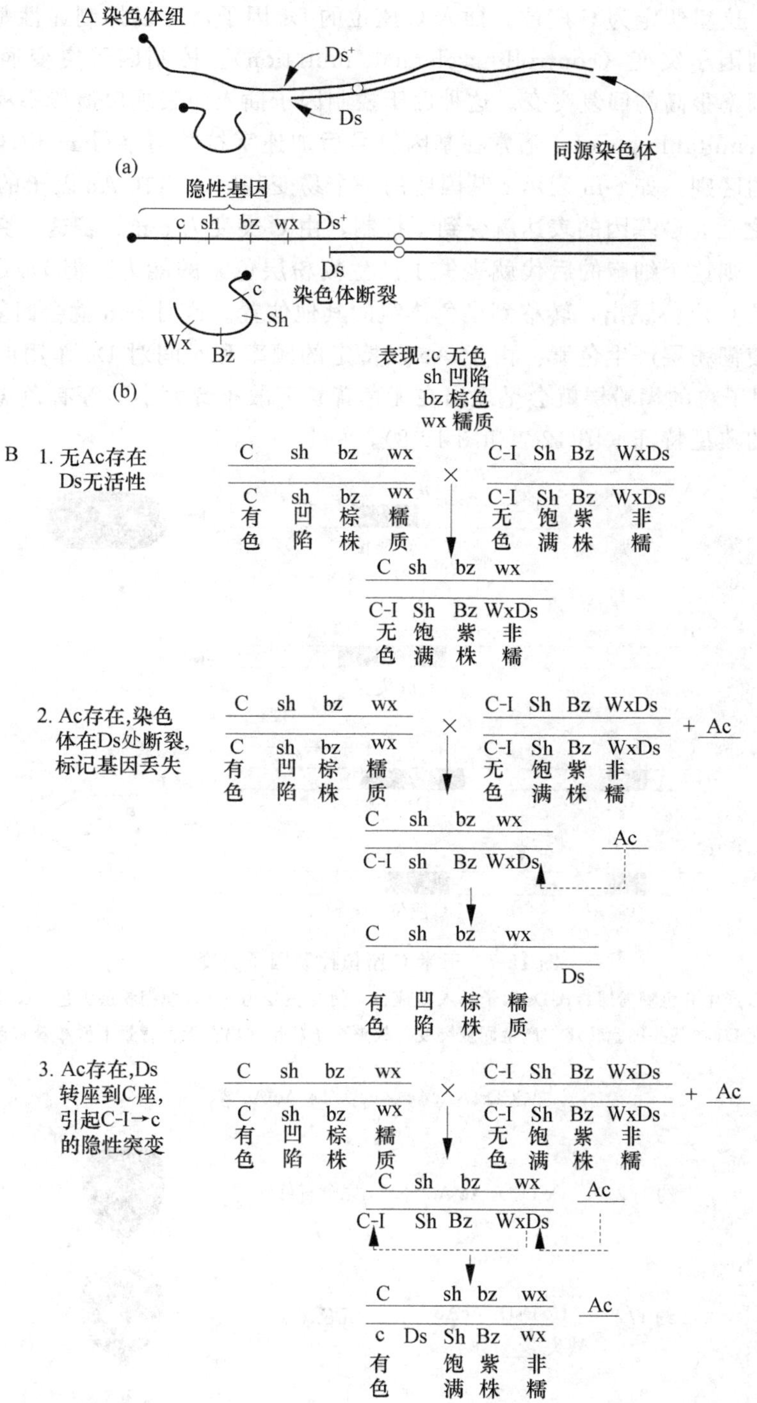

图 12-6　在 Ac 作用下，Ds 造成染色体的断裂（A）；在 Ac-Ds 系统的控制下，玉米 9 号染色体短臂上几个标记性状在杂交后代的中表现（B）

循环再产生的缺失和重复，没有可供识别的表现型。杂种 F_1 的全部细胞都呈现 C sh bz wx 的性状。另一种是 Ac 引起 Ds 转座（杂交 C），从原插入位点走开，移动到附近的另一个座位。这里假定为C座位。插入C座位的Ds因子，可以抑制显性基因C-I的活性，产生控制因子突变（controlling element mutation）。控制因子突变通常是不稳定的，能产生频率很高的回复突变。这种由于控制因子插入而表现出遗传不稳定的基因叫做易变基因（mutable gene）。通常在基因符号后加连字符并与字母m相连，以示和一般隐性突变的区别。如c-m表示c基因座的一个易变基因。当在Ac因子的作用下，Ds插入C座位之后，C基因的表达就受到了抑制，由C突变为c-m。若这一突变发生在一粒玉米种子，则这个细胞的后代就丧失了产生糊粉层色素的能力。但Ds因子在Ac作用下还可以从C座位跳出，转移到染色体组的其他位置。这时c-m就会回复成C，它的后代又可以使糊粉层产生色素。由于Ac以特定的频率和时间对Ds作用的结果。带有c-m易变基因子粒的糊粉层就会呈现出在无色背景下散布着大小不等有色斑点。这是控制因子突变的典型特征（图12-7和图12-8）。

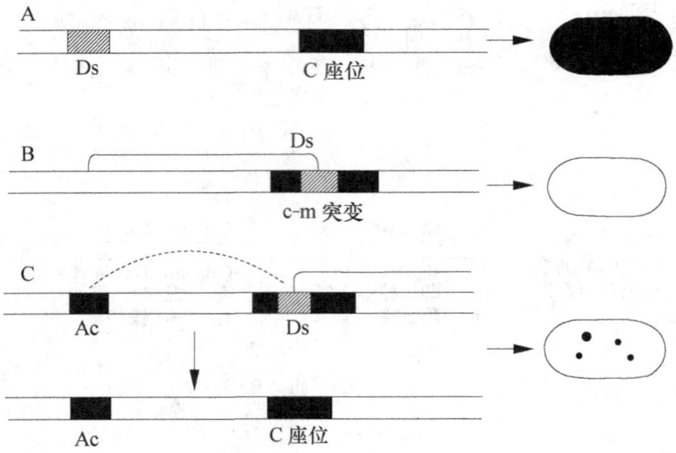

图 12-7 玉米C座位控制因子突变

A. 显性基因C产生有色糊粉层；B. Ds因子插入C座位，使C突变为c-m，使糊粉层无色；C. 在Ac存在时，可引起Ds在某些细胞转座，产生回复突变，故整个子粒呈现出在无色背景下散布着有色斑点

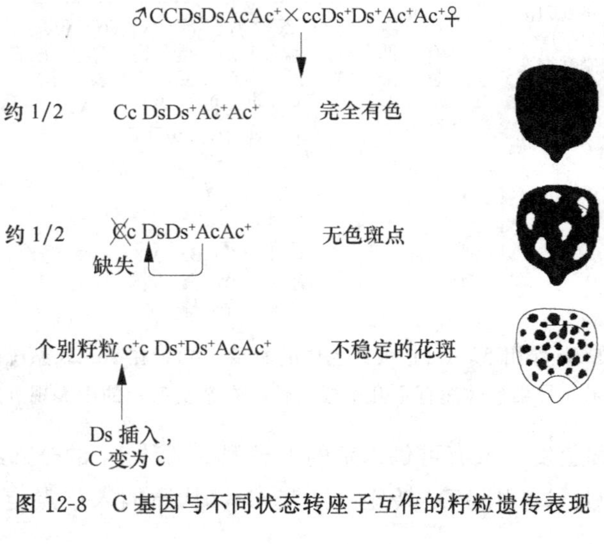

图 12-8 C基因与不同状态转座子互作的籽粒遗传表现

三、Spm 系统

像 Ac-Ds 系统一样，Spm 控制因子系统也包括自主控制因子和非自主控制因子两个组成部分。这个系统是由 P. A. Peterson（1953）和 McClintock（1952）各自独立发现的。McClintock 把它的自主控制因子称之为抑制-增变因子（suppressor-mutator），以 Spm 表示；Peterson 称之为增强子 enhancer，以 En 表示。对于非自主控制因子，McClintock 没有给予特殊的名称和符号，只是一般的称之为操纵基因（operator），Peterson 称之为抑制基因（inhibitor），以 I（或 dSpm）表示。在以下的叙述中，为了方便起见，我们把两种符号合而为一，以 Spm 表示自主因子，以 I 表示非自主因子。

Spm 系统与 Ac-Ds 系统，在功能上有许多相似之处，但也有许多明显的区别。尽管这个系统也会引起染色体断裂，但至今尚未观察到有规律的无着丝粒-双着丝粒染色体形成。它的自主控制因子 Spm，类似于 Ac，但却是一个比 Ac 远为复杂的复合调节因子。它由两个部分组成，一部分为抑制基因（suppressor），以 Sp 表示，通过控制因子对结构基因的表达起到完全抑制的作用；另一部分为增变因子（mutator），能够引起控制因子转座和状态变化，同时也调节抑制因子的变化，控制整个 Spm 因子转座。

抑制因子 I 插入结构基因，并不能像 Ds 因子一样完全抑制结构基因的活性。结构基因原来控制的性状还能够得到部分表现。例如，可以使一个产生花青素的基因继续产生少量色素。这种突变称为遗漏突变（leaky mutation）。但是在 Spm 的抑制因子 Sp 处于活化状态时，结构基因的效应就能完全被抑制。如完全不产生色素等。I 因子可以转座，引起结构基因的回复突变，但也只有在引变因子 m 处于活化的情况下才能发生。图 12-9 表示 Spm 系统作用于一个糊粉层花青素基因 A 座位后子粒的性状表现。图 12-9A 为 Spm 整个系统作用之前，A 基因使糊粉层表现有色；图 12-9B 表示控制因子 I

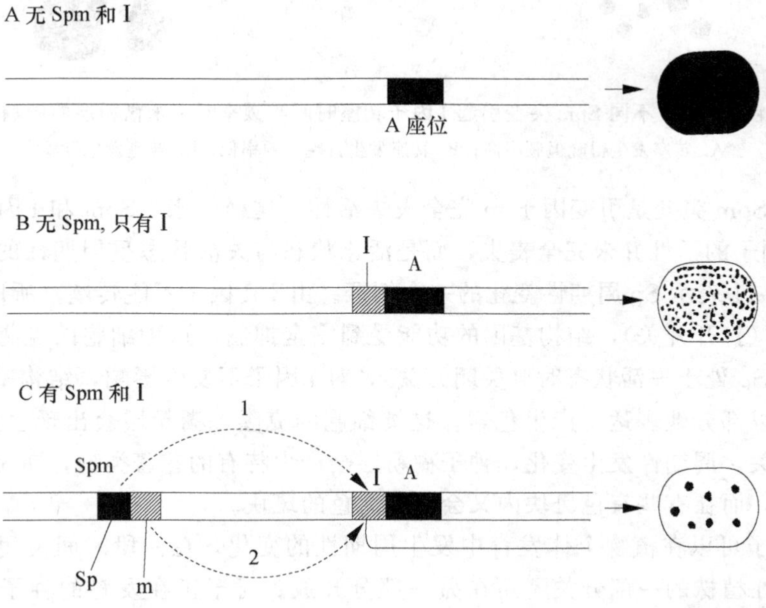

图 12-9　Spm 系统与结构基因 A 的相互作用，以及玉米糊粉层的性状表现

插入A座位，部分地抑制了A的功能，使糊粉层色素变为淡色；图12-9C表示Sp因子彻底抑制了A的功能，使糊粉层变为无色，但m因子使I在一部分细胞中发生转座，产生回复突变A。回复突变的后代细胞，糊粉层都是有色的。它们共同作用的结果，就产生了一种以无色为背景带有有色斑点糊粉层的子粒。

McClintock曾发现两类Spm突变。一类突变是Sp功能正常，m发生状态的变化，这种类型只影响回复突变发生的时间和发生的频率。不同突变表现为发生突变的时间早晚和频率高低的差别，因而表现为斑点的大小和多少的不同。因为每个斑点都来自一个转座细胞的克隆，在种子发育过程中，如果I因子转座发生得晚，每个斑点只由少数细胞所组成，斑点就会很小；如果转座发生得早，斑点就会大。斑点的多少取决于基因转座的频率。图12-10说明I因子发生转座的时间和频率不同，玉米糊粉层斑点的表现类型也不同。是什么原因引起转座发生时间和发生频率的不同？转座因子怎么能知道何时何处发生转座？是否每个转座因子本身的核苷酸序列都包含一种像“发育钟”一样的遗传信号或者这种信号由被插入基因的序列所控制？这些饶有兴趣的问题目前尚无令人满意的答案。上述问题的解决，很可能有助于我们对个体发育时间表中极为复杂的遗传信号的理解。

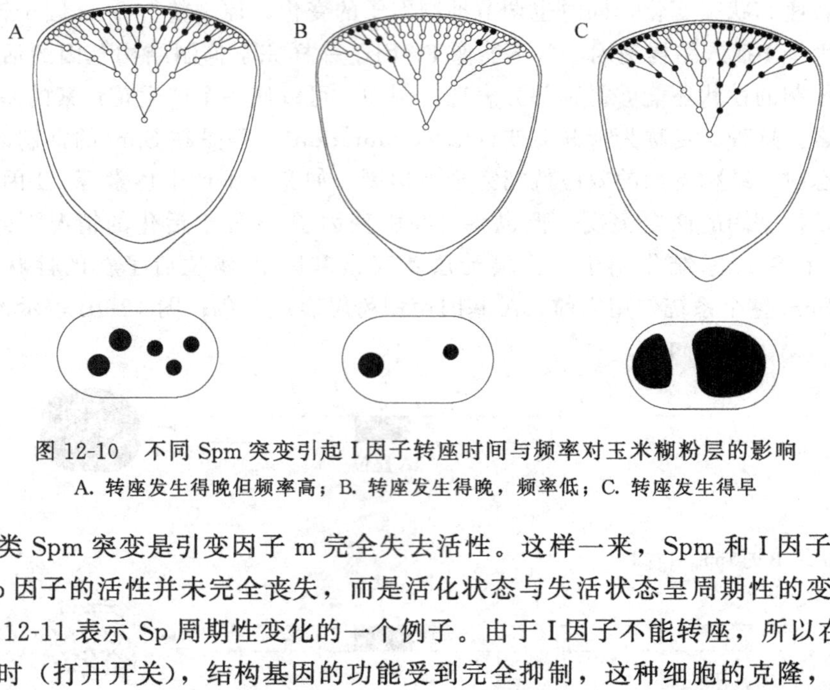

图12-10　不同Spm突变引起I因子转座时间与频率对玉米糊粉层的影响

A. 转座发生得晚但频率高；B. 转座发生得晚，频率低；C. 转座发生得早

另一类Spm突变是引变因子m完全失去活性。这样一来，Spm和I因子都不能转座，但Sp因子的活性并未完全丧失，而是活化状态与失活状态呈周期性的变化，时开时关。图12-11表示Sp周期性变化的一个例子。由于I因子不能转座，所以在Sp处于活化状态时（打开开关），结构基因的功能受到完全抑制，这种细胞的克隆，糊粉层表现无色，但Sp处于失活状态时（关闭开关），对I因子不发生影响，结构基因在I的控制下，还可以部分地表达，产生色素。这类细胞的克隆，糊粉层会出现色素。由于Sp因子时开时关，周期性发生变化，种子糊粉层会产生特有的花斑类型，在无色背景上出现有色斑块，而在有些有色斑块内又会出现无色的斑块。

Spm因子可以在植物个体发育中发生周期性的变化，在一段时间关闭，在另一段时间开放；在植株的一部分关闭而在另一部分开放。对于正在发育的种子，Spm可以在顶部关闭而在基部开放，或者只在主茎果穗上开放而在分蘖果穗上关闭等。这种现象

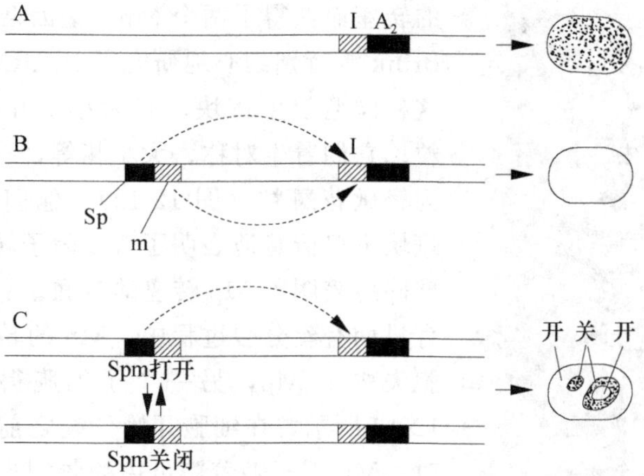

图 12-11　Spm 系统中，引变因子 m 失活，抑制因子 Sp 发生周期性变化对 A_2 基因的影响，以及引起玉米糊粉层色素的变化

A. 无 Spm；B. Spm 存在，但 m 无活性；C. Spm 存在，m 无活性，Sp 发生周期性变化

表明，Spm 因子能够对植物个体发育或某些组织发出的信号做出反应。

Sp 和 m 之间存在着相互作用，只有在 Sp 因子处于活化状态下，m 因子才能有效地发挥功能。

McClintock 还发现了 Spm 系统的显性修饰因子。它们的存在，能够显著地增加 I 因子诱发回复突变的频率，但修饰因子的作用也只有在 Sp 处于活化状态下才能充分发挥。在没有活化 m 因子的 Spm 系统，修饰因子可以弥补 m 的作用，而且也能够进行转座。增加活化的 Spm 因子剂量或修饰因子剂量并不影响 I 因子的功能或影响回复突变的频率。

第三节　转座发生的时间与控制因子突变的性质

一、转座发生的时间

各种转座子转座发生的时间尚不完全清楚，这里介绍 Mp（即 Ac）因子对玉米果皮色泽 P 基因座的插入与转座方面的研究。

玉米 1 号染色体长臂上的 P 基因，控制玉米果皮和穗轴色素的形成。它有一系列复等位基因。其中一个是 P-VV，能够使果皮和穗轴产生花斑颜色。Brink 等证明，花斑的产生是由于控制因子 Mp 对 p 基因座的插入和转座造成的。显性基因 P-RR 产生红色果皮和红色穗轴，当 Mp 因子插入 P 基因座后，使 P-RR 突变为 p，产生白色果皮和白色穗轴。Mp 离开 P 基因座以后，P 基因又回复为 P-RR。Mp 不断转座的结果，果皮和穗轴就呈现出以白色为背景的红色斑纹。Brink 和 I. M. Greeblatt（1954）发现，杂合体 P-RR Mp/p 产生的果穗，表现中等程度的花斑，具有两份剂量 Mp 的杂合体（P-RR MpMp/p），由于 Mp 异常的剂量效应，其果穗只能出现轻微的花斑。他们观察到，在 P-RR Mp/p 中等花斑果皮的穗子上，常出现一些纯红色和轻微花斑的子粒，其数量大致相等。他们认为，前者是由于细胞有丝分裂中染色体复制时，Mp 因子离开了 P 基因座，由这个细胞发育的种子没有 Mp 因子，基因型变成为 P-RR/p。后者是因 Mp 因子

图 12-12　玉米果穗发育早期基因型为 P-RRMp/p 的细胞因 Mp 因子转座而产生的同型双生对称变异（引自 Brink and Nilan，1952）

的转座而获得了两个 Mp，基因型为 P-RR MpMp/p。Brink 等特别细心地研究了 P-RRMp/p 果穗中出现的这种同型双生斑块，其大小从几个子粒至数十个子粒。它们着生对称，大小相等，一半为纯红粒，一半为轻微花斑粒（图 12-12）。他们认为这种同型双生斑块不仅清楚地表明了 Mp 因子转座的后果，而且也准确地表明了 Mp 转座的时间。它一定发生在果穗发育早期有丝分裂过程中，Mp 的转座使其中一个子细胞失去了 Mp，另一个子细胞得到两个 Mp。如图 12-13 所示，在细胞开始分裂之前，染色体进行复制时，Mp 因子随着染色体的复制也复制为二，其中一个进行转座。通常，Mp 因子只转座到同一染色体附近的位点。如果受体位点染色体尚未复制，转座来的 Mp 可与受体位点一起再行复制一次。其结果，复制后的一条染色体具有两个 Mp，另一条只有一个 Mp，而且不在 P 基因座。在细胞分裂时，它们进入不同的子细胞。由这两个细胞产生的果皮，就会表现出同型双生的轻微花斑及红色对称类型。如果受体位点是已经完成复制的染色子体，其结果，一个染色子体具有两个 Mp，另一个完全失去 Mp。它们进入子细胞，其遗传后果

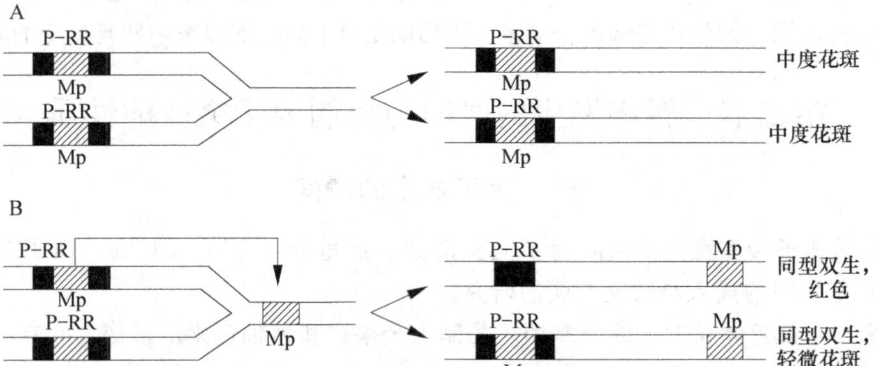

图 12-13　Mp 因子在染色体复制中转座的类型

A. Mp 随染色体复制而复制，没有发生转座；B. 复制后的 Mp 因子转座到尚未复制的染色体上，随着染色体再复制一次，结果一条染色体有一个 Mp，另一条有两个；C. 复制后的 Mp 因子转座到已经完成复制的染色子体上，结果，一条染色体有两个 Mp，另一条没有 Mp

与前面一类完全相同。如果上述 Mp 因子转座发生在一粒种子的果皮细胞，这粒种子的果皮就会出现有色与无色条纹相间的镶嵌性状。上述推论的正确性，通过对同型双生红果皮子粒和轻微花斑子粒的后代进行的细胞遗传学测验得到充分证明。红色果皮子植产生的植株，P 基因座已不再有 Mp 因子存在，而轻微花斑粒植株具有两个 Mp 因子，一个在 P 基因座，另一个在 P 基因座附近，其间的遗传距离只有 4 或 5 个交换单位。

二、控制因子突变的性质

不同的控制因子可以插入到同一个基因座，引起表现型类似的控制因子突变。例如，在 Wx 基因座，就曾发现由 Ac、Ds 和 Spm 分别插入而引起的一系列突变。Wx 是一个编码 Wx 蛋白的一个结构基因。正常的玉米非糯子粒，具有这种 Wx 蛋白，它是一种尿苷二磷酸葡萄糖转移酶（UDPG），相对分子质量为 60 000。O. E. Nelson（1968，1976）对其中 5 个不同控制因子突变，即 B_1（AC 型）、B_4（Ds 型）、m-1（Ds 型）、m-6（Ds 型）和 m-8（Spm 型）进行了遗传学和分子生物学分析。发现，它们之间可以发生重组，产生野生型 Wx，表明这些突变是由于控制因子插入在这个基因座的不同位点引起的。这些突变基因的产物也不相同。m-1、m-6 和 B_4 完全不能产生 Wx 蛋白；m-8 产生的 Wx 蛋白也极少；B_1 产生的 Wx 蛋白，分子质量与正常型的 Wx 蛋白完全相同，但所带的电荷不同。

Dooner 和 Nelson（1977）对由 Ds 插入 Bz 基因座的控制因子突变进行了研究。Bz 是产生玉米花青素的互补基因之一。而花青素是一种结构复杂的酚类化合物，称为类黄酮（flavonoid）。Bz 属于类黄酮葡萄糖转移酶（UFGT）的结构基因。在 Dooner 分析的 6 个由 Ds 插入而引起的 bz 突变中，只有 bz-m_4 和 Bz-wm 的糊粉层中有少量色素产生，其余 4 个完全不产生色素。对这些突变体在胚乳发育不同时期的 UFGT 酶活性测定表明，在胚乳发育早期，bz-m_4 和 Bz-wm 均有 UFGT 酶活性，而且 bz-m_4 的酶活性甚至比正常胚乳 Bz 酶活性高得多，但随着玉米子粒趋于成熟，正常胚乳 Bz 酶活性迅速提高，而 bz-m_4 和 Bz-wm 胚乳酶活性迅速下降，直至消失。另一方面，bz-m_4 和 Bz-wm 产生的 UFGT 酶在 55℃下迅速失去活性，说明在热稳定性方面，它们与 Bz 产生的酶也是不相同的。

上述现象说明，Ds 在 Bz 座位诱发了两类突变，第一类没有产生任何可以觉察的基因产物。它们可能完全丧失了转录能力，或者虽然仍能转录，但合成的是不完全的多肽或者是不同类型的蛋白质。另一类突变是 bz-m_4 和 Bz-wm。它们虽然可以转录 UFGT 酶，但这种酶具有高度的热不稳定性，而且这种酶在胚乳发育的早期阶段出现，持续时间很短，说明在发育过程中基因表达的方式不同，也说明在化学性质上，这种酶与 Bz 产生的酸也是有所不同的。

第四节　转座遗传因子的分子基础

一、分 子 基 础

N. V. Fedoroff 等（1983）对插入 Wx 基因座的 Ac 因子插入突变 wx-m9 和 Ds 因子

插入突变 wx-m9 进行了分子生物学的研究；N. Schwarz-Sommer（1984）和 A. Pereira（1985）等对插入 Wx 基因座的 Spm 系统的控制因子突变 Wx-m8 和 wx-84-4 也进行了类似的研究。他们从 Wx 基因座分离出插入的各个控制因子，研究了它们的分子结构和核苷酸组成。这些研究对转座因子如何发挥其遗传控制功能，以及转座机制的理解都是十分有帮助的。

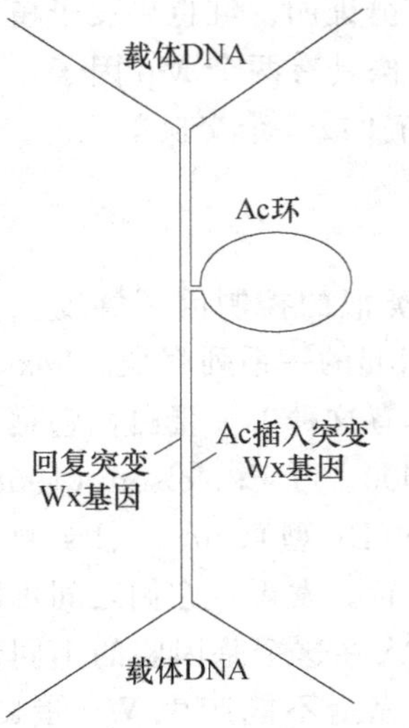

图 12-14　带有 Ac 因子的 wx 基因的单链 DNA 与不带 Ac 因子的回复突变 Wx 基因单链 DNA 分子杂交示意图
Wx 基因与 wx 基因大部分区段可以发生联会，形成双链。只有 wx 上的 Ac 因子因无互补序列而形成单链环

为了分离插入 Wx 基因座的 Ac 因子，Fedoroff 等（1988）从它的回复突变（Ac 因子离开 Wx 座位）个体分离出由 Wx 基因编码合成 Wx 蛋白的 mRNA，通过反转录得到它的互补 DNA（cDNA）。利用大肠杆菌质粒使其扩增，获得 cDNA 克隆。利用 cDNA 作为分子探针（molecular probe），分离出了具有正常功能的 Wx 基因，进而分离出有 Ac 因子插入而引起的 wx-m9 基因。如此类推，逐个分离出了带有 Ds 的 wx-m9 基因以及带有 Spm 和 I 因子的 Wx 突变基因等，并对它们进行克隆和分析。

让带有 Ac 因子的 wx-m9 基因单链 DNA 与它的回复突变 Wx 基因单链 DNA 进行杂交。而后在电镜下观察杂种分子，发现两个基因大部分 DNA 序列是互补性的，可以形成双链 DNA 分子，但在 wx-m9 分子上却出现一个单链的环状物，如图 12-14 所示。说明 Wx 基因分子上没有环状 DNA 的互补成分。由于 Wx 基因是 Ac 从 wx 座位转座后的回复突变，所以环状单股 DNA 一定是 Ac 因子所在的部位。

Fedoroff 等（1983）对从 Wx 座位分离出的 Ac 因子和 Ds 因子的核苷酸序列进行了测定，证明 Ac 因子由 4563 个核苷酸组成，有一个由 11 个核苷酸组成的末端反向重复（terminal inverted repeat，TIR）区。带有两个与转座有关的基因，一个大基因和一个小基因。这两个酶基因从一个连接它们的共同起点开始，分别向两个方向进行转录。在两个基因末端还有两个不编码的序列，最后是由 11 个核苷酸组成的反向重复区（图 12-15）。它通过由 8 个核苷酸组成的靶子位点重复（target site duplication，TSD）DNA 与受体基因连接起来。

从分离到的几个 Ds 因子来看，其大小差别很大。第一个 Ds 很像 Ac，只是缺失了 194 个核苷酸，这部分缺失恰好发生在大基因编码区。由于 Ds 的转座必须有 Ac 存在，所以可以想象，这 194 个核苷酸的缺失，正好破坏了转座酶基因。第二个 Ds 只有 Ac 长度的一半。一个最小的 Ds 因子是 W. J. Peacock（1984）分离出来的，它只有 Ac 长度的 1/10，仅仅包括了 Ac 因子的末端反向重复区。

是否所有 Ds 因子都来自 Ac 的简单缺失，还没有足够的证据。不过从上述比较中，可以使我们设想，染色体上任何具有与 Ac 相似的反向末端重复序列的成分都可能起到 Ds 的作用。这部分序列很可能已经包含了全部有关转座酶需要的识别、切除和转座的信息。Ac 因子则不然，在结构上不可能有太大的区别，因为它必须具有编码和表达转

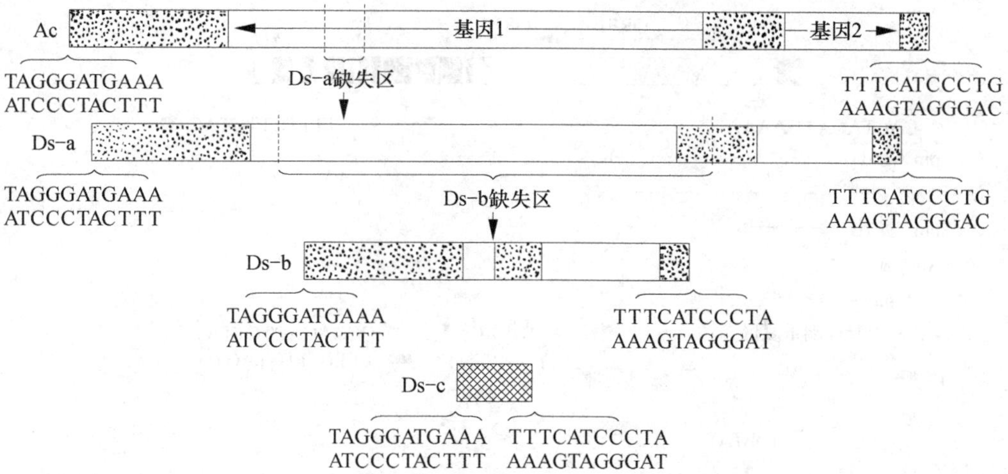

图 12-15　Ac 因子与 3 个不同 Ds 因子的分子组成比较

Ds-a 只在 Ac 大基因编码区缺失了 194 个核苷酸；Ds-b 缺失了 Ac 核苷酸的 1/2；Ds-c 只保留了 Ac 因子的反向重复区

座酶的能力。从已经分离到的 3 个 Ac 的情况来看，它们几乎是完全相等的。

Ac 中编码转座酶的长度为 2421bp 的可读框（ORF）。有证据表明，转座酶的结合序列为目标 DNA 上的 AAACGGG，并且需要该序列 6 次以上的重复才能稳定结合（Becker and Kunze，1997）。甲基化对上述结合有很大影响，两条链上的 C 被甲基化后，则不能结合，只有一条链甲基化则显著影响结合。因此，甲基化可能在转座过程中发挥重要作用。

正常结合：AAACGGG
　　　　　TTTGCCC

结合弱化：AAA^{m}CGGG
　　　　　TTT GCCC

Spm 因子（从 wx-84-4 得到）和 I 因子（从 wx-m8 得到）分子的基本结构与 Ac 和 Ds 因子很相似。它们分子的两端有一个由 13 个碱基对组成的反向重复序列 TIR（CACTACAAGAAAA）。紧挨着 TIR，是由以 12 个碱基对为基本单位（CCGA-CACTCTTA），以顺向或反向重复若干次，形成的各由大约 200 个碱基对组成的“柄”（stem），柄中间是它们的功能单位（图 12-16A）。Spm 因子由 8248bp 组成，I 因子由 2.2kb 组成。它们之间的 6.2kb 的差异导致了 I 因子转座能力的丧失。Spm 因子在 883 碱基处失去了 6.2kb 的 DNA 序列，就形成了 I 因子（图 12-16B）。对一系列分离到的 I 因子测定的结果，发现它们大都是由于 Spm 因子内部缺失造成的。但有一个 I（dSpm）因子，其分子长度与 Spm 完全相同，可能是由于点突变或者 DNA 分子的某些修饰作用所致，这种点突变或 DNA 修饰作用使 Spm 丧失了自主转座能力。

与 Ac 类似，Spm 的活性也受甲基化影响，甲基化抑制其转座能力。但具体的调控方式还不完全清楚。Fedoroff（1995）认为，Spm 5′端至转录起始点的上游控制区域（UCR）甲基化与其失活有关。Spm 编码产生的两个蛋白质 TNPA 和 TNPD 是转座所必需的，两个蛋白质通过与 Spm 端部结合，促使 Spm 与 DNA 的紧密结合。TNPA 结

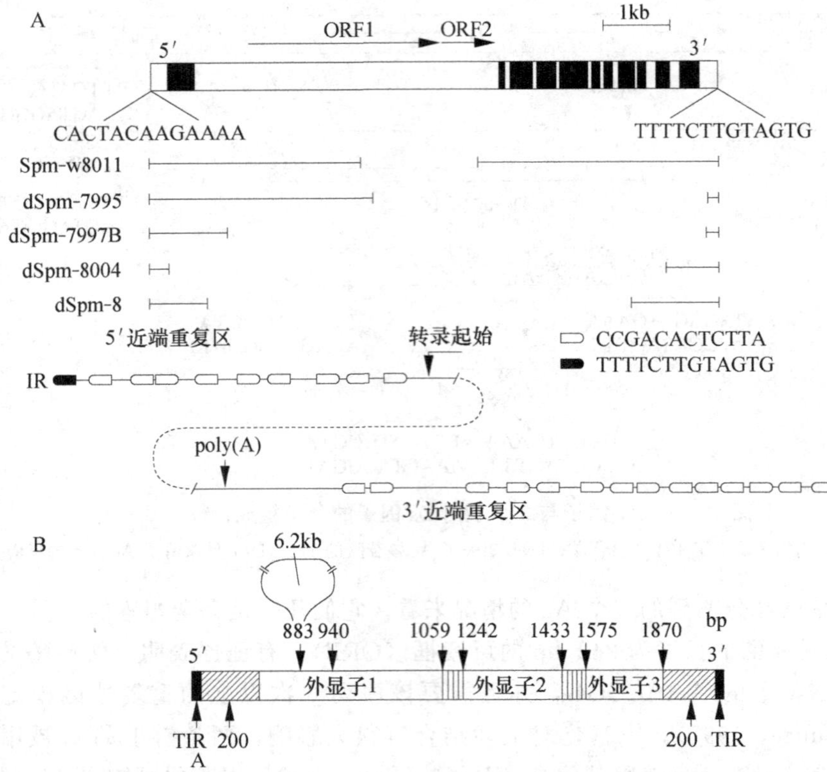

图 12-16　Spm 与 dSpm（I）因子的基本结构（A）及 I-8 因子的分子结构（B）

图 A 引自 Esra Galun，2003；图 B 中包含 3 个外显子，它和 Spm 之间的差异在于在 883 碱基处缺失了 6.2kb 的 DNA 序列

合于 Spm 靠近端部的重复区域，可以使 Spm 启动子脱甲基化。同时，通过影响转录和转座实现 Spm 的调控。图 12-17 为 Spm 的分子调控模式。

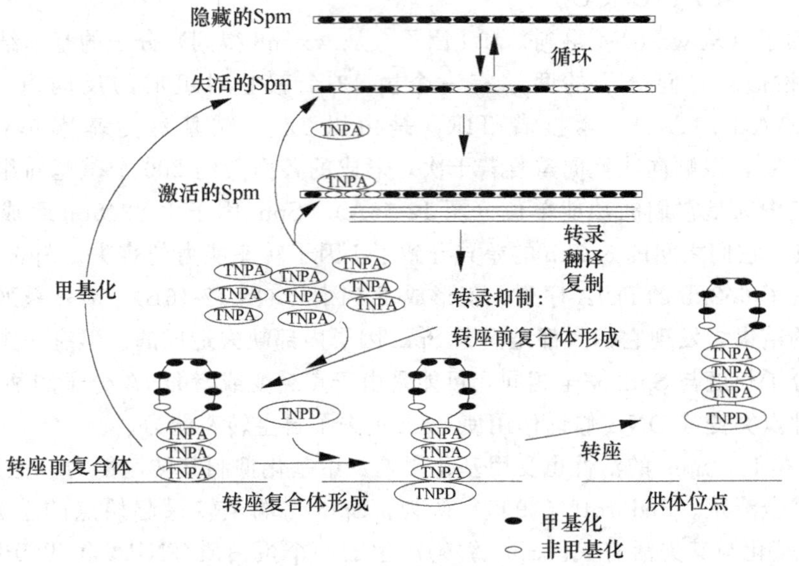

图 12-17　Spm 甲基化调控模式

控制因子利用其特定的靶子位点重复（target site duplication，TSD）DNA 与受体基因相连接，插入基因座。在它们离开插入位点时，TSD 与转座因子一起消失。但在植物中，转座因子离开之后，TSD 常常被遗留下来形成印迹（footprint），不过这种遗留下来的 TSD，有时与原来的 TSD 有所不同，个别碱基可能被替代或丢失（图 12-18 和图 12-19）。如果转座因子的插入和跳出发生在内含子或基因前导序列（leader sequence），其后果很难觉察得到。如果发生在外显子，在遗留的 TSD 碱基不是 3 的倍

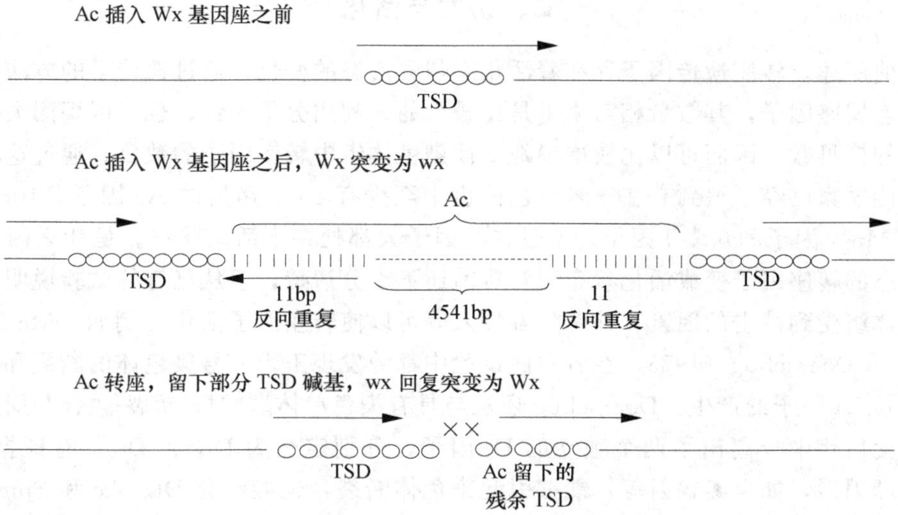

图 12-18　Ac 因子插入 Wx 基因座前后，以及 Ac 从 Wx 基因座移开后 Wx 基因分子结构的变化

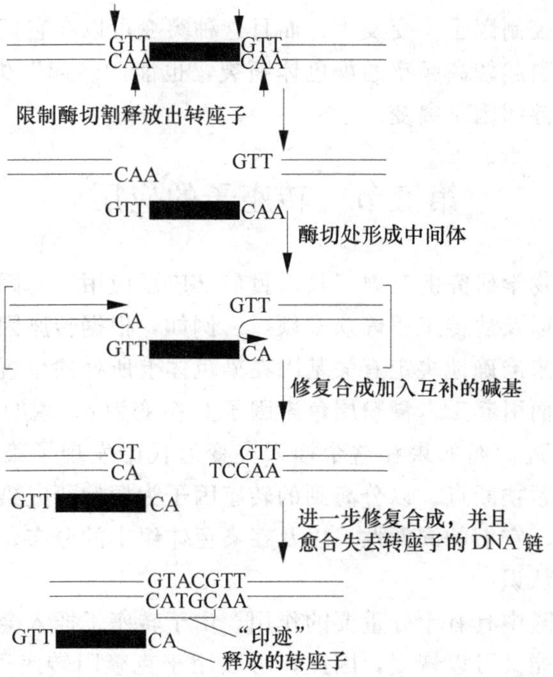

图 12-19　转座子转座形成印迹

数时，有可能产生移码突变（frameshift mutation），是 3 的倍数时，TSD 碱基有可能增加少数氨基酸，使回复突变的蛋白质与原始类型有所不同。例如，adh1-2F11 是由 Ds_2 因子插入在玉米编码乙醇脱氢酶基因的第 4 个外显子而引起的控制因子突变。当它的 TSD 8 个核苷酸与 Ds_2 一起离开 adh1 座位时，回复突变完全恢复了酶活性，但 Ds_2 离开 adh1 座位而遗留下 6 个 TSD 碱基时，回复突变酶活性就低，因为这 6 个碱基编码了两个额外的氨基酸——胱氨酸和组氨酸。

二、诱发与活化

如前所述，转座遗传因子存在着活化态与失活态的变化。通过遗传学的方法只能检查活化态转座因子，其数量相对来讲是比较少的。利用分子探针，也可以探测失活态转座因子的拷贝数，因而可以比较准确地估计染色体组中转座因子的数目。通过这种办法玉米遗传学家已经了解到，在玉米染色体组中至少有 40 个拷贝的 Ac 因子，10～80 个拷贝的 Mu-1 因子和众多 I 因子。不过这些因子大都处在不活动状态。是什么因素促使失活状态的转座因子变成活化状态呢？目前还不十分清楚，但从已有的试验说明，某些使染色体组受到冲击的因素、外源病毒侵入等可以使转座因子活化。例如，McClintock 和 E. B. Doerschug（1973）在各自的试验中都曾发现玉米 9 号染色体的断裂和融合可以诱发新 Dt 因子的产生。Doerschug 还从与具有染色单体型“桥-断裂-融合”周期遗传材料杂交后代中分离出了两个独立的 Dt 因子，分别定名为 Dt_4 和 Dt_5。有证据说明，某些物理因素，如电离辐射等，能够引起染色体断裂，也能活化 Dt、Ac 和 Spm 因子。G. F. Sprague 和 H. H. McKinney（1966，1971）用大麦条斑花叶病毒（BSMV）和小麦条斑花叶病毒（WSMV）处理玉米植株，发现当代感染病毒病植株有较高频率的染色体断裂，同时也有控制因子突变发生，而且这种突变可以在它们的健康后代中继续得到表达。组织培养能引起较高频率的染色体断裂，也能“唤起”失活状态的控制因子，使其活跃起来，产生控制因子突变。

第五节　转座子的应用

转座子是现代生物学研究的有力工具。目前已广泛应用于基因标记和克隆，突变体创造和基因功能研究以及遗传工程等众多领域。例如，根据转座因子插入基因座引起的细胞学和遗传学效应来准确地决定有关基因在染色体上所处的位置。如前所述，如果发现由于引入控制因子而引起玉米糊粉层色素因子 C 突变为 c，说明转座因子插入了 C 基因座或处于 C 位点附近。而如果在这个插入突变后代中发现了染色体断裂，就说明 C 基因位于断点处或者紧挨断点。以分离到的转座因子为探针研究染色体的组成、染色体上控制因子的拷贝数、它们的同源性，以及在染色体组中的分布，从而对各种生物的染色体组有更加全面的认识。

转座子在基因克隆中具有十分重要的作用。由于转座子插入会引起基因失活，而当它割离之后基因的功能又可以恢复，因此，可以用于克隆因转座子插入而失活的基因。当某基因的突变是由于转座子的插入造成时，以转座子 DNA 为探针，就可以从变异株的基因文库中筛选出带有此转座子的克隆，它必定含有与转座子邻接的突变基因的部分序列，再以此序列为探针，就可以从野生型基因文库中克隆出完整的基因。这一方法称为转座子标签法（transposon tagging）（Searles，1982）。在玉米中，运用这一手段已经分离出了 Bz_2、C_1、C_2、P 和 R 等基因。在其他生物中，也可以使用类似的方法进行基因的克隆工作。目前已将 Ac-Ds 系统引入水稻、大麦、拟南芥等植物中。*Mu* 因子具有较广泛的转座范围和诱变能力，也已经成为基因克隆的重要手段。从理论上讲，任何可引起表型变化的失活基因都能利用转座子标签进行克隆，而且用该法分离基因不需要鉴定基因产物和表达特征。因此，可以相信，随着对转座子特性的认识不断加深，其将在遗传学研究中发挥更大作用。

复　习　题

1. 解释名词：自主控制因子、非自主控制因子、控制因子突变、易变基因、回复突变、移码突变、遗漏突变、末端重复序列。
2. 根据什么标准对转座遗传因子系统进行分类？
3. 控制因子突变的特征是什么？从表现型如何判断控制因子突变与非控制因子突变？
4. 如何从遗传上证明自主因子控制突变和非自主因子突变？如何确定它们所属的系统？
5. 试述活化态与失活态 Ac 因子的遗传特性。
6. Ds 因子状态变化的表现形式是什么？
7. 以 Ac-Ds 系统作用于玉米 C 基因为例说明 Ac、Ds 因子如何对结构基因进行控制的。
8. 比较 Spm 系统与 Ac-Ds 系统自主与非自主因子功能的异同。
9. 以 Spm 系统控制 A 基因座为例说明 Spm 系统的自主和非自主因子是如何发挥功能的。
10. Mp 因子是如何转座的？转座时间和位点不同会有什么样的遗传效果？
11. 同一基因座相同表现型的控制因子突变及其回复突变其性质上是否相同？举例说明。
12. 试比较 Ac 和 Ds、Spm 和 I 因子的分子结构。它们之间有何类似和不同之处？
13. 转座因子插入内含子和外显子的遗传后果有何不同？转座因子离开时，又会产生何种影响？
14. 有哪些内外在因素可以诱发或激活转座因子？可能的原因是什么？
15. 转座因子对生物进化可能的作用有哪些方面？
16. 转座因子对近代生物学有哪些重要用途？

第十三章　原位杂交技术

原位杂交（*in situ* hybridization，ISH）是分子生物学、组织化学和细胞学相结合的产物，是细胞遗传学研究的重要手段。该技术是根据核酸碱基互补配对原则，将放射性或非放射性标记的外源核酸（探针）与染色体经过变性的单链 DNA 互补配对，结合成专一的核酸杂交分子。经过一定的检测手段，可利用显微镜直接观察到所研究的目的序列在细胞或染色体上的位置和分布。为宏观的细胞学与微观的分子生物学研究架起了一座桥梁，形成了一门新的交叉学科——分子细胞遗传学（molecular cytogenetics）。原位杂交技术是由 Gall 和 Pardue 利用同位素标记的 rDNA 探针与非洲爪蟾细胞核杂交，于 20 世纪 60 年代末首次获得成功。

图　版

第一节　原位杂交基本程序

原位杂交的基本程序包括 5 个基本步骤（图版Ⅰ-1）。

第一步是制备用来进行原位杂交的染色体制片，方法与普通染色体制片完全相同。材料可以是体细胞（如根尖细胞），也可以是花粉母细胞。以甲醇/乙醇：冰乙酸（3：1）固定材料，而后做直接压片法或酶解火焰干燥法制片，选择具有理想的细胞分裂时期的片子以备后用。

第二步是对染色体 DNA 进行变性处理。先把盖玻片揭开，用 RNA 酶处理制片，消化掉染色体上的内源 RNA，而后用碱、酸、甲酰胺或高温处理，使 DNA 变性，成为单链状态。

第三步进行杂交。用以进行杂交的 DNA 或 RNA 分子探针通常利用切刻平移法或随机引物标记法标记上放射性的^{3}H、^{125}I 或非放射性的生物素（biotin）、地高辛（digoxigenin）。目前常用的是把非放射性探针、甲酰胺、硫酸葡聚糖、鲑鱼精 DNA（ssDNA）、磷酸缓冲液（SSC）配成杂交液，置于制片上，盖上盖玻片，在 37℃的温箱中保温过夜，使探针同与其碱基序列具有互补性的单链 DNA 分子进行充分杂交，形成双链。而后打开盖玻片，冲洗掉多余未杂交的探针。

第四步信号检出和对染色体进行染色。对于使用放射性标记探针的，先将制片浸入一定浓度的感光乳剂溶液，并缓慢取出，使制片表面涂上一层均匀的感光乳剂，而后把制片放入暗箱，进行 2～3 天的感光，接着进行显影和定影。最后用 Giemsa 染料对染色体进行染色。对于使用非放射性标记探针的，通常可用两种方法检出：一种是酶联显色系统如 DAB 检测，用 Giemsa 染料对染色体进行染色；另一种是荧光检出系统。利用标记有荧光素的抗体对信号进行级联放大，然后用 DAPI 或 PI 对染色体进行染色。

第五步显微镜检查。除荧光检出需要使用荧光显微镜，其他检出用普通光学显微镜即可。

第二节　原位杂交技术的发展

衡量ISH的几个重要参数有分辨率、灵敏度、容量及杂交特异性。经过近几十年的发展，ISH的各种技术参数有了显著的进步。大体的发展趋势是：标记方法由放射性标记向非放射性标记发展；检出系统由非荧光检出向荧光检出（FISH，fluorescence ISH）发展；探针类型从重复序列向低拷贝或单拷贝的DNA序列发展；同时检出目标由单一向多个（即由单色FISH向多色FISH）发展；从体细胞中期染色体FISH向粗线期染色体FISH再向fiber FISH发展；灵敏度和分辨率不断提高。

一、探针标记方法

探针标记方法大体上可分为放射性标记和非放射性标记两类。原位杂交技术的发展初期普遍采用放射性标记方法，将含有放射性同位素的核苷酸掺入探针中，杂交后再通过放射自显影技术显示杂交位置。该方法对于组织和染色体样本制备的要求不太高，且具有较高的灵敏度，但是对杂交信号的分析比较困难，同时存在放射性防护等问题，因而制约了这一技术的发展与应用，现逐渐被非放射性标记所取代。

Langer等（1982）将偶联有生物素的核苷酸（biotin-11-dUTP）通过切刻平移（nick translation）标记掺入DNA探针进行染色体原位杂交，从而开始了非放射性原位杂交时期。根据标记和检测特点的不同可将非放射性原位杂交分为直接法和间接法。直接法如同位素标记探针一样，掺入到探针中的标记物在杂交后可被直接检测到。这种标记物通常在激发光下能发荧光，常用的标记物有异硫氰酸荧光素（FITC）、罗丹明（rhodamine）等。杂交后可用荧光显微镜直接观察结果。所谓间接法，是指掺入到探针中的标记物不能被直接观察到，必须通过偶联复合物专一地结合到杂交后的探针标记物上，经特殊的检测方法来显示杂交位点。常用的非放射性标记物是生物素、地高辛。与放射性标记法相比，非放射性标记具有相对安全简便，标记物可以长期保存、背景清晰，信号能级联放大，能进行多重标记等优点，从而被广泛采用。随着植物染色体制备技术的改进，Rayburn等（1985）最早将非放射性检测系统应用到植物染色体原位杂交。

二、检 出 方 法

在采用非放射性标记法的初期，大多数检出系统采用的是酶联显色检测系统［如辣根过氧化物酶（HRP）检测系统和碱性磷酸酶（AKP）检测系统］。此检测方法成本低廉，仅利用普通显微镜就可观察；杂交结果（信号）可长期保存，反复使用。缺陷是信号与载体背景的颜色反差不大，并一次只能定位一个目标序列，ISH的灵敏度有限。20世纪80年代末，出现了利用荧光素进行标记或检测的ISH，即FISH。荧光检测系统是将荧光素连接到抗体上，通过抗原抗体级联放大，利用荧光显微镜将很容易检测到标记位点，使ISH灵敏度显著提高，并为利用不同荧光素来同时定位多个目标序列提供了依据。而且，FISH实验过程比酶联显色检测简单，信号与载体背景的颜色对比鲜明，从而逐渐替代酶联显色检测而迅速发展起来。

三、多色荧光原位杂交

FISH一个最大的特点是可利用不同颜色的荧光素标记不同的探针，同时对一张制片进行杂交，从而对不同的靶DNA同时进行定位和分析，并能对不同探针在染色体上的位置进行排序，即多色荧光原位杂交（multicolor-FISH，mFISH)。但是，由于不同荧光素之间的光谱重叠，一般只限于同时用三种不同颜色进行标记。为了满足分子细胞遗传学特别是基因组学日益发展的需要，需进一步扩大FISH的容量。目前常用的方法是利用组合标记技术，即一个探针同时利用几种不同颜色的半抗原或荧光素进行标记，使mFISH的容量大大增加。组合标记原则上可标记的探针数为$2n-1$（n为半抗原或荧光素的个数)。若用不同比例的各种荧光素对每个探针进行标记，组合标记FISH的容量将更进一步增加，并能进行定量分析。当应用于这一目的时，组合标记FISH便称为“比例标记FISH”。人类细胞遗传学研究中的多色染色体涂色是利用组合标记FISH或比例标记FISH对染色体、染色体臂或染色体带特异性涂色探针进行标记而进行的mFISH（图版Ⅰ-2)，其灵敏度和分辨率都有一定的限制。要进行定量分析，必须配合相应的商业化定量荧光数字图像分析系统。高分辨率的显微装置和专业化图像分析系统对mFISH是至关重要的。将来人们或许能找到大量光学性能很好的荧光染料，以克服组合标记FISH和比例标记FISH中固有的一些分辨率低的缺点。

四、提高分辨率的方法

如何提高FISH技术的分辨率是一个重要课题。而FISH的分辨率取决于载体DNA的浓缩程度。衡量FISH技术的两个最重要的参数是检测灵敏度（sensitivity）和空间分辨力（resolution)。检测灵敏度是指能够毫不含糊地在靶位被检测到的最短DNA序列。在实践中，它相当于能在两个姐妹染色单体的相同位置或同源染色体的对应位置显现杂交信号的被观察靶DNA的10%～20%。在最佳的杂交和检测条件并使用最灵敏的CCD照相机的情况下，检测灵敏度主要依赖于探针分子与靶DNA的易接近程度，因而取决于染色质的凝缩程度。FISH的空间分辨率是指在荧光显微镜下能够区分的两个相邻信号的最小物理距离。在光学显微镜的最大分辨率（为0.2μm）已限定的情况下，FISH实验中靶序列的作图分辨力由它们在染色体DNA上的自然距离决定，而这种距离随染色质凝缩水平的变化而有显著的变动。基因组大小、细胞类型、异染色质化程度，特别是细胞核分裂时期的不同，染色质的凝缩程度都会发生变化，因而FISH的分辨力也不相同。染色质凝缩水平越低，FISH的分辨力就越高。植物FISH技术主要围绕增加灵敏度和提高分辨力而不断得到革新，其应用领域也因为技术的进步而不断得以拓展。

（一）在中期染色体上的荧光原位杂交

植物 FISH 实验使用得最多的靶 DNA 载体是有丝分裂早中期和中期染色体，一方面它是传统遗传学的基础，另一方面它的制片技术也比较容易掌握，并且中期染色体的着丝粒、端粒和次缢痕等形态特征容易识别，有助于染色体的鉴别和杂交信号的定向。许多人都曾成功地在中期染色体上用 FISH 技术构建了染色体分子图谱。一个典型的例子是 Lichter 等（1990）选用了 50 个人类第 11 条染色体的 cosmid 克隆，在人的中期染色体上进行荧光原位杂交，排列出所有探针在染色体上的顺序。他们进一步用两个或更多的探针同时进行原位杂交来判断较近的 DNA 序列之间的相对关系，由此构建出人类第 11 条染色体的分子图谱。但由于早中期和中期染色体的染色质凝缩程度很高，因而 FISH 的灵敏度和分辨力都不高。如果两个探针之间的距离小到一定程度之后，FISH 技术就不能分辨出它们之间的相互关系。而这个分辨率的水平在人的中期染色体上为 1～3Mb（百万碱基对），检测灵敏度为 10kb 左右。类似的结果在不同的植物中都有报道。最近，Cheng 等在水稻的 FISH 分析中显示，早中期染色体的分辨力有所提高，但仍不能区分距离小于 2Mb 的相邻序列。近年来，植物中期染色体制片技术得到改进。目前最常用的是用果胶酶和纤维素酶消化掉根尖的果胶层、细胞壁；将酶解处理过的细胞滴于载玻片上，用乙醇：冰乙酸（3：1）固定液展开；火焰干燥。此方法可获取大量的去壁间期细胞及分散很好的早中期、中期染色体。因而，中期染色体上的荧光原位杂交得到广泛应用（图版Ⅰ-3）。然而，早中期和中期染色体 FISH 技术仅适合于对较大的单个 DNA 序列以及两个或多个相距较远的 DNA 序列进行物理定位。当需要对两个靠得较近的 DNA 序列同时定位并分析它们在染色体上的排列和方向时，中期染色体 FISH 技术就不适用了。

（二）在拉长的中期染色体上的荧光原位杂交

由于中期染色体 1～3Mb 的分辨率水平非常有限，很难满足精细物理图谱构建的需要。另外，中期染色体高度浓缩，对于一些基因组较小的种类，如拟南芥、番茄、水稻等，在光学显微镜下很难根据每条染色体的结构分辨出单条染色体。为提高 FISH 技术的分辨率水平，人们想到使用浓缩度低的染色体作为靶 DNA 的载体。Haaf 和 Ward（1994）发展了一项技术，可用离心机械力将中期染色体拉长 5～20 倍。在这种拉长的中期染色体上进行荧光原位杂交，可将分辨率水平提高到 200kb 左右。但利用这种受机械力拉长的中期染色体，其染色体结构可能会受到一定程度的破坏，并且不同区域的染色体拉长的程度也可能不同，会给图谱的准确性带来人为的干扰。Valarik 等（2004）报道利用细胞流式仪分拣大麦、小麦的中期染色体，然后经过蛋白酶 K 处理，再利用乙醇：冰乙酸（3：1）表面张力拉伸染色体，使灵敏度提高到 1kb，分辨率最高可达 70kb。然而不足之处是，此方法仅适用于少数几种基因组较大的植物，且设施成本和技术要求都很高。

（三）在减数分裂粗线期染色体上的荧光原位杂交

减数分裂粗线期（pachytene）染色体浓缩程度比中期染色体大为降低，其长度通常比相应的中期染色体长 10～20 倍，具有提高原位杂交分辨率的潜力。而且这一时期染色体的形态也十分特殊，着丝点和端粒的结构很容易识别，并且每条染色体的异染色质和常染色质区都有可识别的结构特征。以番茄为例，Ramanna 和 Prakken 早在 1967 年就建立了一套根据粗线期着丝点的位置、短臂和长臂的比例以及异染色质和常染色质的结构特征来识别 12 条番茄染色体的方法。另外，这一时期的染色体已经完成了同源染色体的配对，这样使目的区域增加了 1 倍，因而 FISH 的灵敏度也得到提高。Zhong 等（1996）在番茄粗线期染色体上进行双色荧光原位杂交，证实其分辨率能够达到低于 100kb 的水平。Cheng 等（2001）在水稻粗线期染色体上的结果显示粗线期早期染色体的分辨水平可达 40kb。Jin 等（2004）利用玉米粗线期 FISH 把两种物理距离很近的着丝粒序列 CentC 和 Cent4 清晰地分辨开（图版Ⅰ-4）。由此可见，以粗线期染色体作为靶 DNA 载体，不仅可以在不破坏染色体结构的情况下大大提高 FISH 的分辨率，还可弥补中期染色体不能识别单条染色体的缺陷。这些优点使粗线期染色体 FISH 更适合于定位单拷贝 DNA 序列、阐明重复序列在染色体上的组织，以及整合基因组的遗传图和物理图。不过，粗线期染色体 FISH 也有一些不足：FISH 在粗线期染色体上的应用还要取决于制片技术的难易程度，对于有些动、植物种类，提取性细胞很困难。多倍体的粗线期染色体因为有复杂的配对构型、不联会和染色体粘连等情况而使分析特别困难；大基因组的粗线期染色体很长，难以追溯和识别单个的染色体。

（四）在间期细胞核上的荧光原位杂交

在制备染色体切片时，很容易得到大量的间期细胞核。这些细胞核没有典型的染色体结构，但其染色质在这一时期却比分裂时期的染色体浓缩程度低很多，荧光原位杂交的分辨率也会比染色体高很多。Lawrence 等（1988）首先观察到两个 DNA 探针的实际距离与在间期细胞核上的荧光原位杂交信号的距离有一定的关系。Trask 等用一系列的实验证实间期细胞核上的荧光原位杂交可以用于构建高分辨率的分子图谱。通过对 50kb～1Mb 范围内的 DNA 探针序列的间期细胞核荧光原位杂交分析表明，DNA 序列在间期细胞核的距离与 DNA 分子的直线距离有很强的相关性（Trask *et al.*，1989），两个相距 50kb 的 DNA 序列能够在间期细胞核中检测到信号分离。用三色间期细胞核荧光原位杂交技术，Trask 等（1992）测定出 500kb 范围内三个探针的相关序列和之间的距离。但 DNA 序列在间期细胞核的距离与 DNA 分子的直线距离的相关性在超过 2Mb 之后相应减弱，这可能与间期细胞核中染色质的三维空间结构有关。Jiang 等（1995）首先将间期核 FISH 技术应用到植物基因组分析中，在玉米中发现相距 140kb 的两个序列在间期细胞核的间距为 0.5μm，以此为依据，判断出另外两个在间期细胞核中相距 2.32μm 的 DNA 序列的物理距离大约是 650kb。可见间期细胞核 FISH 可以作为定量地分析物理图谱中相邻重叠群间隙的一种工具。

尽管染色质上的 DNA 结构已比染色体上的浓缩度降低了许多，但它仍保持着细胞中原有的空间结构。这种结构决定了 FISH 的分辨率水平只能达到 50kb 左右。另外，间期细胞核缺乏可辨别的染色体结构，无法分辨单个的染色体，不能确定 FISH 信号相对于着丝粒、端粒和其他染色体标记的位置；而且在不同的细胞类型和染色体区域，染色质的凝缩模式和程度不同，必须有相应的对照标准。这些不利因素限制了间期细胞核FISH的应用。

（五）在游离染色质或DNA纤维上的荧光原位杂交

要突破FISH分辨率的限制另外一条途径就是人为地改变染色质的原有空间结构。Heng等（1992）首先提出，用碱性溶胞剂对处于G_1期和G_2期之间的间期细胞核进行处理，释放出游离的染色质丝，这种染色质丝已经失去了原有的细胞空间结构，其DNA的浓缩度更进一步降低。在对350kb范围内的5个cosmid克隆进行FISH定位之后，两个相距21kb的克隆能够在游离染色质上完全被分开，杂交信号之间的距离与DNA的实际距离之间存在良好的线性关系。根据实验统计，每微米游离染色质丝大约相当于80kb的DNA分子长度。其FISH分辨率的水平能接近10kb，可用于分析1Mb范围内DNA序列的位置关系。在Heng等（1992）的思路的基础上，Wiegant等（1992）、Parra和Windle（1993）进一步想到用更强的变性剂对染色质丝进行处理，让DNA分子完全从蛋白质中分离出来，制备出DNA纤维（extended DNA fibre）。制备伸展DNA纤维的方法几经改进，使DNA纤维的伸展程度从最初的80kb/μm达到了2.5～3.5kb/μm。这一数值与B型DNA双螺旋分子的理论值2.97kb/μm十分接近。fiber FISH技术在1996年被Fransz等引入植物分子细胞遗传学研究。与动物细胞不同，植物细胞的细胞壁是制备DNA纤维一个很大的障碍，所以在植物研究中，首先从叶片中提出游离的细胞核，再将这些细胞核涂在载玻片上，经过STE裂解缓冲液（含SDS、EDTA和Tris）的处理制备伸展的DNA纤维。DNA纤维的伸展程度在拟南芥和水稻中分别约为3.27kb/μm和3.21kb/μm。在这种DNA纤维上进行多色FISH，能够直接观察到3～5kb的质粒（plasmid）DNA探针在DNA分子上的直线排列。这时观察到的荧光杂交信号已不再是单个的点，而是由许多点组成的线。探针分子的长度能够通过。高度伸展的植物DNA纤维使FISH的灵敏度和分辨力大大提高：分辨力达到1～2kb，灵敏度可达到<700bp。这些强大的优势使得fiber FISH能够直接显示DNA序列的线性位置，分析不同DNA序列的线性排列关系。而且，还可以根据对荧光信号长度的测量来推算DNA序列的长度和拷贝数，以及两个相邻DNA序列之间间隙或重叠的大小，从而直接对DNA进行定量分析。不过，fiber FISH也有它的不足，主要是它不能阐明靶序列相对于着丝粒、端粒和异染色质块等染色体标记的位置和取向，如果没有已知位置的DNA标记的共定位则不能鉴别染色体。DNA纤维的随机断裂和DNA纤维伸展的程度不一可能导致同一探针的信号长度不一致。

综上所述，由于所使用的靶DNA切片的染色体或DNA分子结构的不同，FISH技术所能达到的分辨率水平有很大的差别。以番茄染色体为例，粗线期染色体的浓缩度比中期染色体的要低10～15倍，而DNA纤维的浓缩度比中期染色体的低900倍左右。这里我们对各种FISH技术的特点，包括分辨率水平、可检测DNA序列的范围，以及优点和缺点进行了总结和比较（表13-1）。高分辨率的DNA荧光原位杂交技术能够快速准确地得到探针序列之间的顺序、方向和真实的物理距离。在具体应用这一技术时，根据不同染色体和DNA纤维的结构特征，选择适当的靶DNA载体是很重要的。

表 13-1 在不同靶 DNA 上荧光原位杂交技术的比较

DNA 结构	分辨率水平	可检测 DNA 序列范围	优点（+）和缺点（-）
中期染色体	1～3Mb	＞1Mb	保持染色体结构，切片容易制备（+） 分辨率水平低，识别染色体困难（-）
前期染色体	200kb	＞200kb	保持染色体结构（+） 分辨率水平居中，切片不易制备，识别染色体困难（-）
拉长的中期染色体	200kb	＞200kb	保持染色体着丝点端粒结构（+） 分辨率水平居中，拉长染色体不均匀，识别染色体困难（-）
粗线期染色体	100kb	＞200kb	保持染色体结构，识别染色体可能，分辨率水平较高（+） 切片不容易制备（-）
间期细胞核	50kb	50kb～2Mb	分辨率水平高，切片容易制备（+） 无染色体结构（-）
游离染色质丝	10kb	10kb～1Mb	分辨率水平高（+） 无染色体结构（-）
DNA 纤维	1kb	1kb～1Mb	分辨率水平高（+） 无染色体结构（-）

引自钟筱波，1997。

五、不同探针 DNA 序列的 FISH 技术

可以利用不同 DNA 序列作为探针进行 FISH，如基因组 DNA、重复序列、单拷贝序列等（图版Ⅰ-5）。

在植物 FISH 实验中应用得最多的探针分子是重复 DNA 序列，典型的是 rDNA、着丝粒序列等。重复 DNA 序列在靶位上的拷贝数多，在染色体上可达上百 kb 或几个 Mb，其 FISH 的检出率很高，重复性好，结果可靠。

在 FISH 实验中也可选用单拷贝或低拷贝 DNA 序列作探针。这类探针包括某个基因的 DNA 克隆、RFLP 或 RAPD 标记，通常 DNA 序列只有 1～2kb。在植物原位杂交中定位几个 kb 大小的单拷贝或低拷贝 DNA 序列在技术上比较困难，原因是：植物材料的染色体制片往往有较多的背景（细胞质、细胞壁碎片），杂交经检测程序后常常会产生一些背景信号，使真正的杂交信号不易与背景信号相区分；而且，由于靶 DNA 序列小，探针接触靶 DNA 的概率小，探针不易与靶 DNA 杂交，或杂交后显出的信号弱，容易淬灭，因此要及时捕捉杂交信号也是不容易的，致使杂交的检出率很低，实验的重复性较差。一般认为植物中期染色体在通过信号的放大并用 CCD 照相，则可检测 2～3kb 的靶 DNA，但技术要求较高。

采用植物基因组的大片段克隆（即 BAC 和 YAC 克隆）作探针的 FISH 技术克服了单拷贝或低拷贝序列难以杂交和不易检测的困难。BAC 克隆的插入片段为 100～

200kb，YAC 克隆更大，与靶 DNA 的杂交概率大大增加，而且杂交信号的强度和检出率显著提高。BAC FISH 和 YAC FISH 技术不仅能够有效地进行单拷贝或低拷贝基因的物理作图，而且，BAC FISH 还在植物分子细胞遗传图的构建、染色体的识别与核型分析以及小基因组染色体的涂染等多个方面显示了强大的优势，极大地促进了 FISH 技术在植物中的应用。不过，大片段克隆中常常含有重复序列，这些重复序列会在靶位之外的染色体区域产生非专一的杂交，因此需要在杂交液中加入过量的非标记 Cot1DNA 来封阻重复序列，一般来说，该技术在基因组较小的物种，如拟南芥、水稻中得到了广泛应用；在基因组较大的物种，如小麦等中的应用还存在困难。

因为植物基因组的差别主要源于它们的重复 DNA 序列的不同，而且植物基因组中都有高含量的专一重复序列，因此整个基因组的 DNA 可作为 FISH 探针来识别植物杂种、异源多倍体和重组的育种品系中不同来源的染色体和染色体片段，这一重要的 FISH 技术变型称为基因组原位杂交（genomic *in situ* hybridization，GISH）。在 GISH 中一般需要在杂交液中加入过量的来自另外一个亲本基因组的总 DNA 来封阻非专一的交叉杂交，使不同的基因组得以区分。在人类和动物中，用来自流式分拣或微切割染色体的 DNA 序列构建的探针池可以涂染有丝分裂或减数分裂期和间期核的单个染色体，但这种染色体原位抑制（chromosome *in situ* suppression，CISS）FISH 技术并不适用于植物。微切割或流式分拣的单个植物染色体的 DOP PCR 扩增探针常常涂染了基因组的所有染色体，这可能是由于在植物基因组中存在大量快速均质化的分散重复序列的缘故。

六、提高灵敏度的方法

（一）酪胺信号放大-FISH（tyramide signal amplification-FISH，TSA-FISH）

辣根过氧化物酶（HRP）是一种应用较广的酶，它能使与许多底物反应产生有色物质，但其中很少是荧光物质。Kersten 等（1995）发现某些荧光素标记的 tyramide 可作为 HRP 的底物，从而为利用 HRP 来提高灵敏度提供了很好的前景。HRP 与 H_2O_2 和标记的 tyramide 的苯环部分反应，产生一种类似喹啉的结构，这个活化的 tyramide 与 HRP 附近的酪氨酸残基共价结合，使得许多标记的 tyramide 在直接带有或间接带有 HRP 的探针周围沉淀，信号因此得以放大。它可提高 FISH 灵敏度 2～100 倍。Khrustaleva 等（2001）利用酪胺信号放大系统在转基因洋葱的中期染色体成功地检测到 710bp 的 T-DNA 插入。除灵敏度高外，TSA-FISH 也有操作简便、快速等优点。还可利用多色荧光素标记 tyramide 增加其容量。此外，用 HRP 标记寡核苷酸或用荧光素直接标记 tyramide 能够提高其特异性。

TSA-FISH 技术的出现是一个重要里程碑。但是，检测时易产生很高的背景信号是 TSA-FISH 的主要技术障碍之一。另外，由于 tyramide 的沉淀反应很快，而反应时间对信号的强度影响很大，因此很难控制好反应时间以得到最佳信号强度。

（二）原位 PCR 技术

原位 PCR（*in situ* PCR）技术利用寡聚核苷酸引物对细胞残余和浓缩染色质的高

渗透性提高原位杂交的效率和灵敏度。原位PCR技术是通过在单细胞或染色体水平上对特定的DNA序列进行原位PCR扩增后，根据带有标记的扩增产物来检测定位。原位PCR与ISH技术的结合，其灵敏度比常规ISH高2个数量级。Uchiumi等（1998）将原位PCR技术与荧光显色系统结合，成功地在菜豆属植物中进行了豆红蛋白基因的定位研究。另外，可以在PCR底物中加入标记好的核苷酸，扩增后直接进行检测，省去杂交程序。原位PCR在低（单）拷贝基因的ISH中具有较大的发展前途。但其缺点是：细胞样品处理中会使DNA受不同程度的破坏，产生缺口或片段化，经PCR扩增后便会出现假阳性信号，而且PCR产物容易扩散，制片过程中也会使染色体出现变形现象。

第三节　FISH技术的应用

FISH技术是直观地在染色体、间期核和DNA纤维上显示DNA序列，使基因组的DNA序列组成与染色体、间期核的结构和组织直接联系起来，因此能够提供许多其他方法（如纯粹的分子生物学方法）所不能揭示的有关植物基因组的组织、动态变化和进化等方面的信息。FISH技术在植物基因组分析中主要有以下几个方面的应用。

一、物理定位DNA序列，并为染色体的识别提供有效的标记

FISH技术能够将单拷贝或低拷贝基因和重复DNA序列直接定位到染色体上，提供基因或重复DNA序列在染色体上的物理位置信息。对具有重要经济价值的单拷贝或低拷贝基因进行FISH物理作图，在基因的图位克隆和其他的物理作图策略中有十分重要的价值。

染色体的准确识别和精确的核型分析是植物基因组研究的基础。在多数植物中，单凭染色体的形态学特征难以识别全部的染色体。DNA序列的FISH信号为染色体提供了有效的细胞遗传学标记，使很多植物的全部或部分染色体得以准确识别，由此建立了精确的核型。常用的标记是rDNA、重复序列和BAC克隆。

rDNA的FISH信号是使用得最多的染色体识别标记。45S和5S rDNA位点产生杂交信号，杂交信号的有无、数目、位置和大小均可作为染色体识别的标记。在有些植物中，如大麦、拟南芥和芸薹属的一些物种，45S和5S rDNA的双色FISH能够区分基因组的所有或大多数染色体。

重复序列也是常用的标记。在小麦族的物种中，串联重复卫星序列和某些微卫星序列的FISH定位可产生特征性的杂交带型，使全部或多数染色体得以识别。例如，来自节节麦的克隆pAs1能够识别整个D组染色体，而来自黑麦的克隆pSc119.2主要与B组染色体杂交。这两个克隆的双色FISH带型能够识别普通小麦的17对染色体。在玉米中，多种重复序列的FISH信号标记提供了改进的减数分裂和有丝分裂染色体的核型分析方法。Kato等（2004）用新分离的3个玉米重复序列克隆和包括CentC、染色组专一序列、45S rDNA、TR21等在内的6个重复序列，发展了一个多色FISH程序，使14个玉米品系体细胞的10对染色体中的每一对都产生了独特的杂交带型和颜色图形，

据此能够准确识别玉米的体细胞染色体。图版Ⅱ-6为自交系KYS和B73体细胞染色体的标记结果。

BAC FISH也能够提供新的有效的细胞遗传学标记。Dong等（2000）用RFLP标记从马铃薯的BAC文库中分离了一套分别对马铃薯12对染色体专一的BAC克隆，这些克隆的FISH信号可以作为识别马铃薯单个染色体的有效标记。Cheng等（2001）用相同方法结合CentO、45S rDNA等进行的FISH分析，准确地识别了水稻的粗线期染色体。Kim等（2002）用靠近高粱连锁遗传图末端的分子标记筛选的BAC克隆混合物进行的同时荧光原位杂交可以同时识别高粱的10对染色体。

二、基因组进化的研究

rDNA的FISH物理定位提供的信息也可用于研究植物近缘种属的系统学关系和异源多倍体的起源，以及与进化相联系的染色体结构变化。rDNA位点的染色体位置在近缘物种中一般是保守的，例如，小麦的祖先种和它们衍生的多倍体种在经历了长时间的平行进化后rDNA的位置仍然保守；在芸薹属植物中，A基因组特征性的臂中间的rDNA位点可用作双二倍体中A基因组来源的指示标记。多倍体物种的rDNA位点数应预期是祖先二倍体物种位点数之和，但许多属的异源多倍体物种的rDNA位点数并不总是它们祖先二倍体物种位点数之和。例如，在四倍体棉花（*Gossypium hirsutum*）中45S rDNA主位点数相对于两个推定的二倍体祖先种的位点数减少了。有许多报道显示，同属的二倍体物种间的rDNA位点数也有较大的变化。例如，稻属（*Oryza*）的6个二倍体种的rDNA位点数从1对到3对不等，rDNA位点所在的染色体位置和rDNA重复单位的拷贝数也出现变化。rDNA位点在亚种间甚至不同的栽培种间也表现出差异的情况。栽培稻的粳稻（*O. sativum* ssp. *japonica*）只有1对45S rDNA位点，而籼稻（*O. sativum* ssp. *indica*）则有2对位点。在较大的分类单位内的物种间比较，同属禾本科的水稻、玉米和小麦基因组的基因顺序是保守的，但这种基因顺序的保守性并不适用于rDNA位点。

基因组原位杂交（genomic *in situ* hybridization；GISH）技术作为一种有效手段，可对人工培育或天然多倍体植物的基因组之间亲缘关系、基因组组成及起源以及杂种中来源不同的染色体组成分析等方面进行研究。Snowdon等（1997）利用GISH技术对芸薹属四倍体种甘蓝型油菜*B. napus*（AACC）（$2n=4x=38$）、芥菜（*B. juncea*）（AABB）（$2n=4x=36$）和埃塞俄比亚芥*B. carinata*（BBCC）（$2n=4x=34$）进行基因组分析，结果显示A基因组和B基因组之间，B基因组与C基因组之间可以区分开；但A基因组和C基因组不能区分开。这一结果说明在长期的进化过程中，芸薹属中B基因组与A和C基因组间分化程度较大，而A基因组与C基因组分化较小，两基因组的亲缘关系较近。1989年，Schwarzacher等首次用基因组原位杂交技术对智利大麦（*Hordeum chilense*）与非洲黑麦（*Secale africanum*）的杂种后代基因组组成进行分析和鉴定，成功地将杂种中来自非洲黑麦的染色体和来自智利大麦的染色体分开。另外，GISH技术也可以用于易位系、代换系和附加系中外源染色质的检测和定位，确定外源染色体片段的来源、大小、数目及对发生位点进行分析。

三、构建植物基因组的物理图谱

FISH 技术已成为植物基因组物理作图的重要工具之一。与使用大插入片段 DNA 克隆进行的重叠群组装以及通过缺失系和易位系等细胞遗传学材料将 DNA 定位到染色体片段等物理作图方法相比，FISH 物理作图具有许多优势：它可以直接显示不同 DNA 序列的排列次序并测量它们之间的物理距离；可提供不同水平的空间分辨力；它不需要特殊的细胞学材料，可适用于许多物种。尤为突出的是，FISH 技术能比较简便地将连锁遗传图和物理图整合，构建植物基因组的分子细胞遗传图。通常植物基因组物理作图的策略是：用 RFLP 从基因组文库筛选含大插入片段的 BAC 克隆，然后用这些克隆在粗线期和（或）有丝分裂中期染色体上进行 FISH 物理作图，而不是直接用 1～2kb 的 RFLP DNA 序列的小探针进行 FISH，因为这在技术上比较难。由于用于作图的 BAC 克隆在遗传图上的位置是已知的，即同时实现了物理图和遗传图的整合（图版Ⅱ-7）。Cheng 等（2001）采用水稻 10 号染色体上 18 个 RFLP 锚定的 BAC 克隆，结合 rDNA 和着丝粒序列 pRCS2，对该染色体进行了粗线期 FISH 物理作图，并将物理图与该染色体的遗传图进行了完全的整合。这一研究不仅重新确定了该染色体着丝粒的遗传位置，而且还发现遗传重组沿 10 号染色体主要呈均匀分布，但高度异染色质化的短臂显示了比主要是常染色质的长臂较低的重组频率。采用相近技术 Kim 等（2005）已绘制了高粱 1、2 和 8 号染色体的分子细胞遗传学图。比较这些染色体的遗传图和细胞学图发现，重组频率在染色体不同区域有较大的差异，近着丝粒区的异染色质在很大程度上缺乏重组，重组主要发生在基本属常染色质的远端区，例如，含有 NOR 的 1 号染色体的近着丝粒区占了该染色体的 60%，但这个区域只代表了该染色体的 0.7%的遗传图距。值得指出的是，在玉米、大麦、小麦等大基因组植物中，BAC 克隆含有很多的重复序列，常常会获得非特异性信号。因此大基因组难以用 BAC FISH 进行基因组物理作图。Stephens 等（2004）采用高灵敏度的 TSA FISH 技术，直接对大麦的 RFLP（cD2NA 克隆）进行了物理作图尝试，显示这种技术可以作为大基因组 FISH 物理作图的一种可选择的方法。

四、揭示特定染色体区域的 DNA 分子组织

采用 Pachytene FISH 技术可以显示某一染色体区域内不同 DNA 序列相对于着丝粒、端粒、NOR 和其他特殊染色体区域的位置信息，而 fiber FISH 技术可以直接显示 DNA 序列在染色体上的线性位置，阐明特定区域内不同 DNA 序列相互间的排列关系。因此这两种高分辨的 FISH 技术在阐明端粒、着丝粒和其他特定染色体区域的 DNA 分子组织方面能够发挥不可替代的作用。例如，在水稻、玉米中，利用 Pachytene FISH 和 fiber FISH 阐明了水稻和玉米的着丝粒是由夹杂排列着的着丝粒卫星 DNA（Cent0/CentC）和着丝粒专一的反转录转座子（CRR/CRM）构成（Cheng *et al.*，2002；Jin *et al.*，2004）。对玉米 4 号染色体着丝粒区域的基本结构和组成进行分析的结果显示，重复序列 Cent4 由 3 簇组成（图版Ⅱ-8），并不处于着丝粒的核心区域，与核心的 CentC 还有大于 500kb 的间隔。

五、分析间期细胞核中染色质的组织和细胞周期中染色体的动态变化

通过端粒和着丝粒重复序列对间期细胞核的双色 FISH 定位可以分析着丝粒和端粒在体细胞间期细胞核中的配置情况，从而分析间期细胞核染色体的组织方式。FISH 研究发现，在小麦、黑麦和大麦等大基因组物种中，间期细胞核的染色体呈现经典的 Rabl 构型，即着丝粒和端粒位于核被膜相对的两侧，说明在这些物种解凝缩的间期染色体仍保持了分裂后期的排列方式。但在水稻这样具有小基因组的物种中，间期细胞核的端粒和着丝粒并不呈现 Rabl 构型，推测 Rabl 构型的保持可能仅仅是大染色体或大基因组植物细胞核染色质的扩散受到约束的结果（Dong *et al.*，1998）。Bass 等（1997）还利用端粒和（或）着丝粒 FISH 研究植物前减数分裂间期细胞的端粒与着丝粒的配置和减数分裂同源染色体联会前和整个前期Ⅰ的染色体动态变化，以及筛选和鉴别减数分裂突变型。

FISH 技术也可用于研究植物单个染色体在间期细胞核中的组织方式。普通小麦的黑麦染色体附加系、燕麦的玉米染色体附加系和含有黑麦 B 染色体的黑麦或普通小麦品系，可通过用附加染色体所属的基因组 DNA 探针或 B 染色体专一的 DNA 序列探针进行 FISH 分析，涂染附加的染色体或 B 染色体，从而研究体细胞或减数分裂细胞间期核染色体的组织、细胞周期中染色体的行为，以及基因突变等因素对染色质组织的影响。对于小基因组的拟南芥，也可通过利用覆盖一条染色体或一个染色体臂的 BAC 克隆群和 YAC 克隆群对间期核的某一染色体或某一染色体臂进行 FISH 涂染，可以直接观察染色体在间期核的组织。FISH 涂染分析表明，拟南芥的间期单条染色体组织成为异染色质的染色中心（chromocenter），由从中心发散出的常染色质环所组成。（Schubert *et al.*，2001；Fransz *et al.*，2002）。

六、鉴定转基因植物

FISH 技术是鉴定植物转基因的有力工具。转基因的 FISH 分析是用包括载体和目的基因在内的 DNA（delivered DNA）探针与转化植株的染色体、DNA 纤维或间期核杂交。转基因的 FISH 分析与传统的转基因表型分析、Southern 印迹分析相比有明显的优势，是对传统分析方法的有力补充。对转基因植株中期染色体的 FISH 分析可对整合的转基因进行精确的染色体物理定位和确定转基因的整合位点数，还可以较简便地鉴别转基因植株是杂合子还是纯合子。Jin 等（2001，2002）通过对转基因水稻 FISH 分析显示，通过根癌农杆菌转化的植物一般只有一个转基因位点。而在通过微弹轰击转化的植物中常常可观察到一个以上的转基因位点。大多数的转基因植物的 FISH 分析都显示，转基因在染色体上的整合不是随机的，往往是优先整合到染色体的远端区（基因丰富区）。这种趋势在根癌农杆菌转化中表现得更明显。FISH 技术还可以揭示转基因位点的结构。Jacson 等（2001）研究表明，在小麦中，转基因有 3 种基本的插入模式，即大的串联重复整合插入、大的串联重复整合夹杂基因组 DNA 插入及小的可能是单个转基因拷贝的插入。在微弹轰击转化获得的燕麦、小麦和小黑麦转基因植物的中期或早中期染色体上，许多被当作单个 FISH 信号检测的转基因位点显示是由两个或多个整合位

点构成的簇，这表明在某些位点转基因组织成簇，其间夹杂着很大的基因组 DNA 片段(Pedersen *et al.*，1997；Abranches *et al.*，2000)。对小麦间期核转基因 FISH 信号的 3D 分析显示，中期染色体上相隔很远的整合位点在间期核中相互靠近，这提示了一种通过微弹轰击转化的转基因整合机制。

复 习 题

1. 简述近年来原位杂交技术的基本原理和步骤。
2. 如何提高 FISH 的分辨率？试比较不同类型靶 DNA 上 FISH 的优缺点。
3. 如何提高 FISH 的灵敏度？
4. 荧光原位杂交技术在遗传学研究中有哪些应用？

主要参考文献

敖光明，刘瑞凝，赵世绪等．1987．细胞生物学．北京：中国农业大学出版社

巴拉诺夫 П А．1959．植物多倍体．鲍文奎译．北京：科学出版社

鲍文奎．1988．多倍体．见：蔡旭．植物遗传育种学．第二版．北京：科学出版社

比克莫尔 W，克雷格 J．2000．染色体带：基因组的图型．房德兴，齐名，吴文智等译．北京：科学出版社

蔡旭．1988．植物遗传育种学．第二版．北京：科学出版社

加德纳 E J．1984．遗传学原理．杨纪珂，汪安琦译．北京：科学出版社

黎中明，林文君．1988．细胞遗传学．成都：四川大学出版社

李集临．1980．小麦染色体工程．遗传，2（1）：1～4

刘祖洞，江绍慧．1979．遗传学．北京：人民教育出版社

路易斯 W H．1984．多倍体在植物和动物中的地位．严育瑞和张士达．贵阳：贵州人民出版社

孟金陵，刘定富，罗鹏等．1997．植物生殖遗传学．北京：科学出版社

穆尔 D M．1982．植物细胞遗传学．莫慧英译．北京：科学出版社

斯坦特 G S．1978．分子遗传学．中国科学院遗传所《分子遗传学》翻译小组译．北京：科学出版社

吴兰佩．1986．小麦 Ph 基因及其应用．遗传，8（1）：6～8

西尔斯 E R．1980．普通小麦非整倍体．戴松恩译．北京：科学出版社

徐志森，张海洋．1997．棉花半配生殖遗传特性的初步分析．作物品种资源，1：16～17

许耀奎．1998．基因的重组、连锁和交换．北京：中国农业出版社

余朝文．2006．植物着丝粒结构和功能的研究进展．遗传，28（12）：1597～1606

袁隆平．1986．利用无融合生殖改良作物潜力．作物杂志，3：1～3

浙江农业大学．1986．遗传学．第二版．北京：中国农业出版社

中国科学院上海植物生理研究所细胞室．1978．植物组织和细胞培养．上海：上海科学技术出版社

朱澂．1984．植物染色体及染色体技术．北京：科学出版社

Abranches R，Santos A P，Wegel E *et al*．2000．Widely separated multiple transgene integration sites in wheat chromosomes are brought together at interphase. *Plant J*，24（6）：713～723

Apples R *et al*．1998．Chromosome Biology．Boston：Kluwer Academic Publishers

Armstrong C L，Phillips R L．1988．Genetic and cytogenetic variation in plants regenerated from organogenic and friable embryogenic tissue cultures of maize．*Crop Sci*，28：263～269

Ashburner M．1967．Patterns of puffing activity in the salivary gland chromosomes drosophila．*Chromosoma*，21：398～428

Asker S．1979．Progress in apomixes research．*Heredity*，91：231～240

Avala F J，Kiger J A．1984．Modern Genetics．San Francisco：The Benjiamin/Cummings Publishing Company，Inc

Barr M L，Bertram E G．1949．A morphological distinction between neurons of the male and female，and the behavior of the nucleolar satellite during accelerated nucleoprotein synthesis．*Nature*，168：676～677

Bashaw E C. 1980. Apomixis and its application in crop improvement. *In*: Fehr W R, Hadley H H. Hybridization of Crop Plants. New York: American Society of Agronomy, Inc. 45～63

Beckett J B. 1978. B-A translocations in maize. *The Journal of Heredity*, 69: 27～36

Beckett J B. 1982. Locating genes to chromosomes: B-A translocations. *In*: Sheridan W F. Maize for Biological Research. Grand Forks: University Press of N Dakota. 71～74

Bitchler J A. 1982. The mapping of genes by the use of simple and compound translocations. *In*: Sheridan W F. Maize for Biological Research. Grand Forks: University Press of N Dakota. 75～78

Blower M D, Sullivun B A, Karpen G H. 2002. Conserved organization of centromeric chromatin in flies and humans. *Dev Cell*, 2: 319～330

Bostock C J, Summer A T. 1978. The Eukaryotic Chromosome. Amsterdam: North-Holland Publishing Co

Bridges C B. 1925. Sex in reaction to chromosomes and genes. *Amer Nat*, 59: 127～137

Briggs F N, Knowles P F. 1967. Introduction to plant breeding. New York: Reinhold Publishing Co

Bright S W J, Ooms G, Foulger D *et al*. 1986. Mutation and tissue culture. *In*: Withers L A, Alderson P G. Plant Tissue Culture and Its Agricultural Applications. Cambridge: Cambridge University Press. 431～450

Brink R A, Nilan R A. 1952. The relation between light variegated and medium variegated pericarp in maize. *Genetics*, 37: 519～544

Burnham C R. 1962. Discussions in cytogenetics. Minneapolis: Burgess Publishing Co

Burnham C R. 1982. The locating of genes to chromosomes by the use of chromosomal interchanges. *In*: Sheridan W F. Maize for Biological Research. Grand Forks: University Press of N Dakota. 65～69

Carlson S R, Rudgers G W, Zieler H *et al*. 2007. Meiotic transmission of an *in vitro*-assembled autonomous maize minichromosome. *PLoS Genet*, 3: 1965～1974

Carlson W R. 1977. The cytogenetics of corn. *In*: Sprague G F. Corn and Corn Improvement. New York: American Society of Agronomy Inc. 225～304

Carlson W R. 1988. The cytogenetics of corn. *In*: Sprague G F, Dudley J W. Corn and Corn Improvement. 3rd ed. New York: American Society of Agronomy Inc. 259～344

Chaleff R S. 1981. Genetics of high plants application of cell culture. Cambridge: Cambridge University Press

Charlesworth B. 1991. The evolution of sex chromosomes. *Science*, 251: 1030～1033

Chase S S. 1969. Monoploids and monoploid-derivatives of maize (*Zea mays* L.). *Bot Rew*, 35: 117～167

Cheng Z, Buell C R, Wing R A *et al*. 2001. Toward a cytological characterization of the rice genome. *Genome Res*, 11: 2133～2141

Choo K H. 2001. Enginerring human chromosomes for gene therapy studies. *Tends Mol Med*, 7 (6): 235～237

Coe E H J, Neuffer M G. 1977. The genetics of corn. *In*: Sprague G F. Corn and Corn Improvement. New York: American Society of Agronomy Inc. 111～224

Cohen S N, Shapiro J A. 1980. Transposable genetic elements. *Scientific American*, 2: 40～49

Constabel F, Vasil I K. 1987. Cell culture and somatic cell genetics of plants. New York: Academic Press. Inc

De Wet J M J, Harlan J R, Engle L M *et al*. 1973. Breeding behavior of Maize-Tripsacum hybrids. *Crop Sci*, 13: 254～256

Dix P J, McLysaght U A, Plunkett A *et al*. 1986. Salt stress: resistance mechanisms and *in vitro* selection procedures. *In*: Withers L A, Alderson P G. Plant tissue culture and its agricultural applications. London: Cambridge University Press. 469～478

Doershug E B. 1973. Studies of dotted, a regulatory element in maize. *Theorei Appl Gen*, 43: 192～189

Dong F G, Miller J T, Jackson S A *et al*. 1998. Rice (*Oryza sativa*) centromeric regions consist of complex DNA. *Pro Natl Acad Sci USA*, 95: 8135～8140

Dudley J W. 1988. Corn and corn improvement. 3rd ed. New York: American Society of Agronomy. 346～388

Duncan D R, Widholm J M. 1986. Cell selection for crop improvement. *In*: Janick. Plant Breeding Review. Vol. 4. Westport: Avi Publishing Company, Inc. 153～173

Döring H P, Starlinger P. 1986. Molecular genetics of transposable elements in plants. *Ann Rev Genet*, 20: 175～200

Epdrizzi J E, Kohd R J. 1966. Use of telosomes in mapping three chromosomes in cotton. *Genetics*, 54: 535～550

Evans D A, Sharp W R, Ammirato P V *et al*. 1983. Handbook of Plant Cell Culture. Vol 1. London: Macmillan Pub Co

Fedoroff N V. 1982. Introduction to transposable controlling elements in maize. *In*: Sheridan W F. Maize for Biological Research. Grand Forks: University Press of N Dakota. 203～210

Fedoroff N V. 1983. Controlling elements in maize. *In*: Shapiro J A. Mobile Genetic Elements. New York: Academic Press, Inc. 1～57

Fedoroff N V. 1984. Transposable genetic elements in maize. *Scientific America*, 6: 65～74

Femroff N V, Bank J A. 1988. Is the suppressor-mutator element controlled by a basic developmental regulatory mechanism? *Genetics*, 120 (2): 559～577

Fransz P F, Stam M, Montijn B *et al*. 1996. Detection of single-copy genes and chromosome rearrangements in *Petunia hybrida* by fluorescence *in situ* hybridization. *Plant J*, 9: 767～774

Fuchs J, Houben A, Brandes A *et al*. 1996. Chromosome painting in plants——a feasible technique? *Chromosoma*, 104: 315～320

Gall J G, Pardue M L. 1969. Formation and detection RNA-DNA hybrid molecules in cytological preparations. *Proc Natl Acad Sci USA*, 63: 378～383

Galun E. 2003. Transposable Elements. Amsterdam: Kluwer Academic Publishers

Gardner E J, Snustad D P. 1981. Principles of Genetics. 6th ed. New York: John Wiley &Sons, Inc

Gengen Bach B G, Walter T J, Green C E *et al*. 1978. Feedback regulation of lysine, threonine, and methionine biosynthetic enzymes in corn. *Crop Sci*, 18: 472～476

George H L. 1991. 植物遗传学. 顾铭洪，黄铁城译. 北京：中国农业大学出版社

Gernand D, Rutten T, Varshney A *et al*. 2005. Uniparental chromosome elimination at mitosis and interphase in wheat and pearl millet crosses involves micronucleus formation, progressive heterochromatinization, and DNA fragmentation. *The Plant Cell*, 17: 2431～2438

Gill B S, Kimber G. 1974. The giemsa C-banded karyotype of rye. *Proc Nat Acad Sci USA*, 71 (4): 1247～1249

Gilles A, Randolph L G. 1951. Reduction of quadrivalent frequency in autotetraploid maize during a period of ten years. *Am J Botany*, 38: 12～17

Grimes B R, Schindelhauer D, McGill N I *et al*. 2001. Stable gene expression from a mammalian artificial chromosome. *EMBO Rep*, 2 (10): 910～914

Göbel E, Ozias-Akins P, Lörz H. 1986. Cell and protoplast culture of rice. *In*: Withers L A, Alderson P G. Plant tissue culture and its agricultural applications. London: Cambridge University Press. 349～358

Haaf T, Ott G, Schmid M. 1988. Inhibition of condensation in late-replicating X chromosome induced by 5-azadeoxycytidine in human lymphocyte cultures. *Hum Gene*, 79: 18～23

Hanna W W, Bashaw E C. 1987. Apomixis: its identification and use in plant breeding. *Crop Sci*, 27 (6): 1136～1139

Hanna W W, Powell J B. 1973. Study head, an induced facultative apomict in pearl millet. *Crop Sci*, 13: 726～728

Hanna W W, Schertz K F, Bashaw E C. 1970. Apospory in *Sorghum bicolor* (L.) Moenen. *Science*, 170: 338～338

Henikoff S, Ahmad K, Malik H S *et al*. 2001. The centromere paradox: stable inheritance with rapidly evolving DNA. *Science*, 293: 1098～1102

Holden J J, Ashburner M. 1978. Patterns of puffing activity in the salivary gland chromosomes of *Drosophila*. *Chromosoma*, 68: 205～ 227

Hsu T C, Arrighi F E. 1971. Distribution of constitutive heterochromatin in mammalian chromosomes. *Chromosoma*, 34: 243～253

Hu C, Wang P. 1986. Embryo culture: technique and application. *In*: Evan D A, Sharp W R, Ammirato P V *et al*. Handbook of Plant Cell Culture. Vol 1. London: Macmillan Inc. 43～84

Hu H. 1978. Advances in another culture investigation in China. Beijing. Proceedings of the Beijing Symposium of Plant Tissue Culture: 3～10

Ikeno M, Grimes B, Okazaki T *et al*. 1998. Construction of YAC-based mammalian artificial chromosomes. *Nature Biotechnology*, 16: 431～439

Janick J. 1985. Plant Breeding Reviews. Westport: Avi Publishing Company, Inc

Jiang J, Gill B S. 1994. Nonisotopic *in situ* hybridization and plant genome mapping: the first 10 years. *Genome*, 37: 717～725

Jiang J, Gill B S. 2006. Current status and the future of fluorescence *in situ* hybridization (FISH) in plant genome research. *Genome*, 49: 1057～1068

Jin W W, Lamb J C, Vega J M *et al*. 2005. Molecular and functional dissection of the maize B centromere. *The Plant Cell*, 17: 1412～1423

Jin W W, Melo J R, Nagaki K *et al*. 2004. Maize centromeres: organization and functional adaptation in the genetic background of oat. *The Plant Cell*, 16: 571

Kato A K, Lamb J C, Birchler J A. 2004. Chromosome painting using repetitive DNA sequences as probes for somatic chromosome identification in maize. *Proc Natl Acad Sci USA*, 101: 13554～13559

Kermicle J L. 1969. Androgenesis conditioned by a mutation in maize. *Science*, 166: 1422～1424

Khush G S. 1973. Cytogenetics of Aneuploids. New York: Academic Press, Inc

Kornberg R D. 1974. Chromatin structure: a repeating unit of histones and DNA. *Science*, 184:

868～871

Kuroiwa Y, Tomizuka K, Shinohara T *et al*. 2000. Manipulation of human minichromosomes to carry greater than megabase-sized chromosome inserts. *Nat Biotechnol*, 18 (10): 1086～1090

Lahn B T, Page D C. 1999. Four evolutionary strata on the human X chromosome. *Science*, 286: 964～967

Lee E A, Coe E H, Darrah L L. 1996. Genetic variation in dosage effects in maize aneuploids. *Genome*, 39: 711～721

Lee E A, Darrah L L, Coe E H. 1996. Genetic effects on morphological and quantitative traits in maize aneuploids. *Genome*, 39: 898～908

Lee H R, Zhang W L, Langdon T *et al*. 2005. ChIP cloning reveals a rapid and erratic evolutionary pattern of the centromeric DNA in *Oryza* species. *Proc Natl Acad Sci USA*, 102 (33): 11793～11798

Lersten N R. 1980. Reproduction and seed development. *In*: Fehr W R, Hadley H H. Hybridization of Crop Plants. New York: The American Society of Agronomy, Inc. 17～43

Lewin B. 1985. Genes. New York: John Wiley &Sons, Inc

Lima-de-Faria A. 1976. The chromosome field prediction of the location of ribosomal cistrans. *Hereditas*, 83: 1～12

Liosd J R. 1986. Genes and Chromosomes. Oxford: Macmillan Education Ltd

Lyon M F. 1962. Sex chromatin and gene action in mammalian X-chromosomes. *Am J Human Genet*, 14: 135～148

Masson P, Rutherford G, Fedoroff N. 1989. Studies on the transposase function of Spm in tobacco. *Maize Genet Coop News Lett*, 63: 27～28

McClintock B. 1951. Chromosome organization and gene expression. *Cold Spring Harbor Symp Quant Biol*, 16: 13～47

McClintock B. 1965. The control of gene action in maize. *Brookhaven Symp Biol*, 18: 162～184

McCoy T T, Phillips R L, Rines H W. 1982. Cytogenetic analysis of plants regenerated from oat (*Avena sativa*) tissue cultures: high frequency of partial chromosome loss. *Can J Genet Cytol*, 24: 37～50

Mejiía J E, Willmott A, Levy E *et al*. 2001. Functional complementation of a genetic deficiency with human artificial chromosomes. *American Journal of Human Genetics*, 69 (2): 315～326

Merrell D J. 1975. An Introduction to Genetics. New York: W. W. Norton &Company, Inc

Miao S H, Kuo C S, Kwei Y L *et al*. 1978. Introduction of pollen plants of maize and observation on their progeny. Beijing: Proceeding of Beijing Symposium of Plant Tissue Culture. 23～33

Ming R, Wang J P, Moore P H *et al*. 2007. Sex chromosomes in flowering plants. *American Journal of Botany*, 94: 141～150

Monaco A P, Larin Z. 1994. YACs, BACs, PACs and MACs: Artificial chromosomes as research tools. *Trends Biotechnol*, 12: 280～286

Muller H J, Kaplan W D. 1966. Dosage compensation of *Drosophila* and mammals as showing the accuracy of the normal type. *Genet Res*, 8: 41～59

Muller-Neumann M, Yoder J I, Starlinger P. 1984. The DNA sequence of the transposable element Ac of *Zea mays* L. *Mol Gen Genet*, 198: 19～24

Murray A W, Szostak J W. 1983. Construction of artificial chromosomes in yeast. *Nature*, 305:

189～193

Nagaki K，Talbert P B，Zhong C X *et al*. 2003. Chromatin immunoprecipitation reveals that the 180-bp satellite repeat is the key functional DNA element of *Arabidopsis thaliana* centromeres. *Genetics*，163：1221～1225

Natarajan A T，Mullenders L H F. 1987. Sister chromatid exchanges. *In*：Gunter O，Armin B. Cytogenetics，Basis and Applied Aspects. Berlin，Heidelgerg：Springer-Verlag. 338～344

Nelson O E. 1962. The waxy locus in maize，*L. intralocus* recombination frequency estimates by pollen and by conventional analysis. *Genetics*，47：737～742

Nelson O E. 1968. The waxy locus in maize，Ⅱ. The location of the controlling element alleles. *Genetics*，60：507～524

Nuffer M G. 1955. Dosage effect of multiple Dt loci on mutation of a in the maize endosperm. *Science*，121：399～400

Nuffer M G. 1961. Mutation studies at Al locus in maize. *Genetics*，54：249～166

Patterson E B. 1978. Properties and use of Duplicate-Deficient chromosome complements in maize. *In*：Walden D B. Maize Breeding and Genetics. Hoboken：John Wiley &Sons，Inc. 693～710

Pepin G W，Funk C R. 1971. Interspecific hybridization as a method of breeding Kentucky bluegrass（*Pao pratensis* L.）for turf. *Crop Sci*，11：445～448

Peterson P A. 1986. Mobile elements in maize. *Plant Breeding Rew*，4：81～122

Petrov D F. 1984. Apomixis and its role in evolution and breeding. New Delhi：Raj Bandhu Industria Co

Phillips R L Morris. P R，Wold F，*et al*. 1981. Seedling screening for lysine plus-threonine resistant maize. *Crop Sci*，21：601～607

Phillips R L，Burnham C R. 1977. Cytogenetics，Dowden. New York：Hutohingon &Ross，Inc

Phillips R L，KLeese R A，Wang S S. 1971. The nucleolus organizer region of Maize（*Zea mays* L.）：chromosomal site of DNA complementary to ribosomal RNA. *Chromosoma*（*Berl.*），36：79～88

Phillips R L，Peschke R M. 1988. Cell/tissue culture and *in vitro* manipulation. *In*：Sprague G F，Dudley J W. Corn and Corn Improvement. 3rd ed. Hoboken：American Society of Agronomy，Inc. 346～388

Phillips R L，Wang A S. 1982. *In situ* hybridization with maize meiotic cells. *In*：Sheriden W F. Maize for biological research. Grand Forks：University Press of N Dakota. 121～122

Phillips R L，Wang A S. 1984. Chromosome analysis. *In*：Vasil I K. Cell Culture and Somatic Cell Genetics of Plants. Vol 1. New York：Academic Press，Inc

Phillips R L. 1978. Molecular cytogenetics of nucleolus organizer region. *In*：Walden D B. Maize Breeding and Genetics. New York：John Wiley &Sons，Inc. 711～742

Phillips R L. 1985. Developmentally timed changes in maize endosperm DNA in plant genetics. New York：Alan R. Liss，Inc. 739～754

Plewa M J，Weber D F. 1975. Monosomic analysis of fatty acid composition in embryo lipids of *Zea mays* L. *Genetics*，81：277～286

Qi L L，Chalier E B，Chao S，*et al*. 2004. A chromosome bin map of 16 000 expressed sequence tag loci and distribution of genes among the three genomes of polyploid wheat. *Genetics*，168：701～712

Quisenberry K S，Reitz L P. 1967. Wheat and Wheat Improvement. London：American Society of

Agronomy, Inc

Rhoades M M. 1952. Preferential segregation in maize. In: Gowen J W. Heterosis. Oxford: Iowa State College Press, Ames, IA. 66～80

Richards A J. 1986. Plant Breeding Systems. London: George Allen and Unwin Ltd

Rilcy R, Chapman V. 1958. The genetic control of the cytologically diploid behaviour of hexaploid wheat. *Nature*, 182: 713～715

Russel L B. 1961. Genetics of mammalian sex chromosome. *Science*, 133: 1795～1803

Sax K. 1931. Chromosome ring formation in *Rhoeo discolor*. *Cytologia*, 3: 3653

Sax K. 1935. Chromosome structure in meiotic chromosomes of *Rhoeo discolor* Hance. *J Arnold Arb*, 16: 216～224

Schulz-Schaeffer J. 1980. Cytogenetics, Plants, Animals, Humans. New York: Springer-Verlag, Inc

Sears E R. 1939. Cytogenetic studies with polyploid species of wheat. I. Chromosomal aberrations in the progeny of a progeny of a haploid of triticum vulgare. *Genetics*, 24: 509～523

Sears E R. 1944. Cytogenetic studies with polyploid species of wheat. II. Additional chromosomal aberrations in *Triticum vulgure*. *Genetic*, 29: 232～246

Sears E R. 1952. Misdivision of univalents in common wheat. *Chromosoma*, 4: 535～550

Sears E R. 1953. Nullisomic analysis in common wheat. *Amer Nat*, 87: 245～352

Sears E R. 1969. Wheat cytogenetics. *Ann Rev Genet*, 3: 451～468

Sears E R. 1976. Genetic control of chromosome pairing in wheat. *Inn Rov Genet*, 10: 31～52

Sharma A K, Sbarma A M. 1985. Chromosome and Cell Genetics. New Delhi: Oxford &IBH Publishing Co

Singh R J. 2002. Plant Cytogenetics. Boca Raton: CRC Press

Skaletsky H Kuroda-Kawaguchi T, Minx P J *et al*. 2003. The male-specific region of the human Y chromosome is a mosaic of discrete sequence classes. *Nature*, 423: 825～837

Snyder L A, Freifelder D, Hartl D L *et al*. 1985. General Genetics. Sudbury: Jones and Bartlett Publishing, Inc

Stansfield W D. 1983. Schaum's Outline of Theory and Problems of Genetics. Mcgraw-Hill Book Co

Storey W B. 1953. Genetics of the papaya. *J Heredity*, 44: 70～78

Svlenga J. 1972. General Cytogenetics. Amsterdam: North-Holland Publishing Co

Swanson C P, Mtrz T, Young W J. 1981. Cytogenetics, the chromosome in division, inheritance and evolution. New Jersey: Prentice-Hall Inc

Ta Marn R H. 1982. Principles of Genetics. Hoboken: R. R. Donnelly & Sons Co

Tatiaferro C M, Bashaw E C. 1966. Inheritance and control of obligate apomixes in breeding buffelgass, *Pennisetum cilliare*. *Crop Sci*, 6: 473～476

Thorpe T A. 1981. Plant tissue culture, method and application in agriculture. New York: Academic Press, Inc

Tomizuka K, Yoshida H, Uejima H *et al*. 1997. Functional expression and germline transmission of a human chromosome fragment in chimaeric mice. *Nature genetics*, 16, 133～143

Trask B, Pinkel D, Engh G. 1989. The proximity of DNA sequences in interphase cell nuclei is correlated to genomic distance and permits ordering of cosmids spanning 250 kilobase pairs. *Genomics*, 5: 710～717

Varley J M, Morgan G T. 1978. Silver staining of the lampbrush chromosomes of *Triturus cristatus carnifex*. *Chromosoma*, 67: 233～244

Vasil I K. 1985. Cell culture and somatic cell genetics of plants. Vol 2. New York: Academic Press, Inc

Voet T, Vermeesch J, Carens A *et al*. 2001. Efficient male and female germline transmission of a human chromosomal vector in mice. *Genome Research*, 11: 124～136

Wacltel S. 1977. H-Y antigen and the genetics of sex determination. *Science*, 198: 797～799

Walbot V, Messing J. 1988. Molecular genetics of corn. *In*: Sprague G F, Dudley J W. Corn and Corn Improvement. 3rd ed. New York: American Society of Agronomy, Inc. 389～430

Weber J E, Campbell C S. 1989. Breeding system of a hybrid between a sexual and an apomictic species of *Amelanchier*, shadbush (*Rosaceae Maloideae*). *Amer J Botany*, 76: 341～347

Westergaard M. 1958. The mechanism of sex determination in flowering plants. *Adv Genet*, 9: 217～281

Williams E G, Maheswaran G, Hutschinson J F *et al*. 1986. Embryo and ovule culture in crop improvement. *In*: Janick J. Plant Breeding Reviews. Vol 5. New York: Van Nostrand Reinhold Company, Inc. 181～236

Witschi E. 1957. Sex chromatin and sex differentiation in human embryos. *Science*, 126: 1288～1290

Yin T M, DiFazio S P, Gunter L E, *et al*. 2008. Genome structure and emerging evidence of an incipient sex chromosome in *Populus*. *Genome Res*, 18: 422～430

Yu W, Han F, Gao Z *et al*. 2007. Construction and behavior of engineered minichromosomes in maize. *Proc Natl Acad Sci USA*, 104: 8924～8929

Zhong X B, Fransz P F, Hans de Jong J, *et al*. 1997. High resolution physical mapping by fluorescence *in situ* hybridization. Hereditas, 19 (3): 44～48

索引与中英文术语对照表

A

矮生　dwarf　225
氨乙基半胱氨酸　aminoethylcysteine　231

B

巴尔比亚尼环　Balbiani ring　39
巴费尔草　Buffel grass　205
巴氏小体　Barr body　34
靶子位点重复　target site duplication　248
白粉病　powdery mildew　173
白屈菜属　*Chelidonium*　113
百合属　*Lilium*　21
斑马状　zebra　225
半不育性　semisterility　98
半翅目　Hemiptera　25
伴性遗传　sex-linkage inheritance　47
孢子发生　sporogenesis　8
孢子体　sporophyte　7
胞核期交替　alternation of nuclear phases　6
臂内倒位　paracentric inversion　78
冰草属　*Agropyron*　161
菠菜　*Spinacia oleracea*　189
不定胚生殖　adventitious embryonic　201
不定配子体　indeterminate gametophyte　211
不定芽　adventitious bud　202
不分离　nondisjunction　41
部分同源染色体　homoeologous chromosome　133
部分同源染色体配对　pairing homoeologous　161
部分异源四倍体　segmental allotetraploid　133

C

菜豆　*Phaseolus vulgaris*　39
蚕豆　*Vicia faba*　33
操纵基因　operator　243
测验种　tester　17
常染色体　autosome　47
常染色质　euchromatin　32
超倍体　hyperploid　41
超数染色体　supernumerary chromosome　40
初级单体　primary monosomic　157
初缢痕　primary constriction　22
雌核发育　gynogenesis　204
雌配子　female gamete　8
雌配子体　female gametophyte　8
雌蕊　pistil　7
雌性异配子　female heterogametic　179
雌雄嵌合体　gynandromorph　184
雌雄同花　monoclinous　180
雌雄同体　hermaphroditic　180
雌雄同株　monoecious　180
次级三体　secondary trisomic　18
从性性状　sex-influenced trait　188
葱属　*Allium*　21
簇毛麦属　*Haynaldia*　161
错分裂　misdivision　24
错配对　displaced synapsis　62

D

D. nebulosa　93
D. persimilis　93
D. pseudoobscura　93
大孢子　megaspore　8
大孢子竞争　megaspore competition　8
大孢子母细胞　megasporocyte　8
大豆　*Glycine max*　131
大麻　*Cannabis sativa*　189
大麦　*Hordeum vulgare*　105
大黍　*Panicum maximum*　205
代换系　substitution line　169

单等臂二体　monoisodisomic　158
单等臂体　monoisosomic　152
单端二体　monotelodisomic　18
单端体　monotelosomic　158
单价体　univalent　49
单体　monosomic　18
单体添加系　monosomic addition line　172
单体转移　monosomic shift　158
单显性组合　simplex　136
单性生殖　parthenogenesis　6
倒位　inversion　78
倒位段　inversion segment　81
倒位环　inversion loop　78
灯刷染色体　lampbrush chromosome　38
灯心草属　*Juncus*　21
等臂染色体　isochromosome　24
地杨梅　*Luzula multiflora*　25
调节因子　regulatory element　234
调整因子　modulator　237
定向受精　directed fertilization　41
独立倒位　independent inversion　78
独立易位　independent translocation　106
端粒　telomere　32
端体三体　telocentric trisomic　148
端着丝　telocentric　22
多线染色体　polytene chromosome　38

E

萼片　sepal　7
二倍-单倍性生物　diplo-haplont　7
二倍体　diploid　6
二倍性孢子形成　diplospory　201
二倍性生物　diplont　6
二甲基亚砜　dimethyl sulfoxide，DMSO　129
二价体　bivalent　49
二角小麦　*T. bicorne*　161
二氢二甲基吡啶合酶　dihydrodipicolinate synthetase　230
二体　disomic　18
二体添加系　disomic addition line　172

F

反馈突变　feedback mutation　230
反馈抑制　feedback inhibition　230
反向衔接倒位　reversed tandem inversion　79
反足细胞　antipodal cell　8
非对等交换　unequal crossing over　62
非洲爪蟾　*Xenopus laevis*　31
非自主控制因子　non-autonomous controlling element　234
分散型着丝粒　diffuse centromere　25
分生孢子　conidium　53
分生组织培养　meristem culture　215
分子探针　molecular probe　248
风铃草　*Campanula mediun*　105
符合系数　coincidence coefficient　56
负干扰　negative interference　56
附着 X 染色体　attached X-chromosome　52
复合染色体　compound chromosome　179
复性　renaturation　43
副缢痕　secondary constriction　31

G

柑橘属　*Citrus*　202
高粱　*Sorghum vulgare*　145
睾丸女性化　testicular feminization　185
功能型异染色质　facultative heterochromatin　33
管核　tube nucleus　10
管细胞　tube cell　10
海岛棉　*Gossypium barbadense*　157
蒿柳　*Salix viminalis*　192

H

H-Y 抗原　H-Y antigen　185
合子细胞　synkaryocyte　219
核内有丝分裂　endomitosis　221
核仁　nucleolus　31
核仁组织者　nucleolus organizer　31
核型　karyotype　35
褐鼠　*R. norvegicus*　93

黑腹果蝇 *Drosophila melanogaster* 2
黑麦 *Secale cereale* 45
黑麦草 *Lolium perenne* 129
黑鼠 *Rattus rattus* 93
红色链孢霉 *Neurospora crassa* 53
后减数分裂 postmeiosis division 10
后螠 *Bonellia viridis* 181
虎耳草属 *Saxifraga* 203
互补基因 complementary gene 17
花粉母细胞 pollen mother cell 9
花粉直感 xenia effect 11
花丝 filament 7
花药 anther 7
花药培养 anther culture 215
花柱 style 7
还羊参 *Crepis capillaris* 202
活化状态 active phase 239

J

间带区 interband region 38
基本核型 fundamental karyotype 36
基部段 proximal segment 81
激活因子 activator，Ac 233
激素 hormone 182
极核 polar nuclei 8
蒺藜草属 *Cenchrus* 207
剂量 dosage 192
剂量补偿 dosage compensation 192
剂量效应 dosage effect 12
加强因子 intensifier 17
假连锁 pseudo-linkage 110
尖眼蕈蚊 *Sciara pectoralis* 84
间隔段 spacer 38
兼性无融合体 facultative apomict 202
减数分裂驱动 meiotic drive 41
交叉干扰 chiasma interference 56
交换 crossover 55
交换抑制因子 crossover suppressor 78
交配型 mating type 53
焦灼刚毛 singed bristle 57
接受因子 receptor 234
结构杂种 structural hybrid 110
解离 dissociation 233
芥子喹吖因 quinacrine mustard 42
金露梅 *Potentilla fruticosa* 187
金丝桃属 *Hypericum* 113
金鱼草 *Antirrhinum majus* 145
近端着丝 acrocentric 22
精子 sperm 10
精子器 antheridia 190
颈卵器 archegonia 190
菊科 Asteraceae 190
蕨类植物 pteridophyta 7
菌丝体 mycelium 53

K

抗代谢物 antimetabolite 225
抗性孢子 resistant spore 6
可移动因子 mobile element 233
克拉花属 *Clarkia* 113
克氏综合征 Klinefelter's syndrome 185
控制因子 controlling element 233
控制因子突变 controlling element mutation 242
苦草 *Vallisneria spiralis* 190
块茎 tuble 202
喹吖因 quinacrine 42

L

莱昂化作用 Lyonization 34
类黄酮 flavonoid 247
类玉米 *Teosinte* 33
楞纳氏复组 Renner's complex 111
连锁群 linkage group 18
连锁图 linkage map 37
联会消失 desynaptic 19
链霉蛋白酶 pronase 43
蓼科 Polygonaceae 189
林蛙 *Rana temporaria* 39
鳞茎 bulb 202
龙葵 *Solanum. nigrum* 133
龙舌兰属 *Agave* 203
陆地棉 *Gossypium hirsutum* 157
卵器 egg apparatus 8
萝卜 *Rophanus sativus* 131

M

马铃薯　*Solanum tuberosum*　220
曼陀罗　*D. stramonium*　144
茅膏菜　*Drosera peltata*　33
眉轮蚕　*Ophryotrocha puerilis*　181
摩擦禾　*T. dactyloides*　194
摩擦禾属　*Tripsacum*　210
末端段　distal region　81
母体遗传　maternal inheritance　11
牡丹草属　*Leontice*　21

N

脑垂体　pituitary　182
内多倍性作用　endopolyploidization　221
内含倒位　included inversion　79
嫩枝　sprout　202
拟南芥　*Arabidopsis thaliana*　220
拟燕麦　*A. fatuoid*　161
黏性末端　sticky end　84
女娄菜　*Melandrium apricum*　185

O

欧龙牙草　*Liverwort*　190
欧亚槭　*Acer pseudoplatanus*　214

P

胚囊　embryo sac　8
胚培养　embryo culture　215
胚珠　ovule　7
配子发生　gametogenesis　8
配子体　gametophyte　7
配子体无融合生殖　gametophytic apomixis　204
喷瓜　*Ecballium elaterium*　191
膨突　puff　39
皮质　cortex　182
偏分离　preferential segregation　31
平衡隐性致死　balanced recessive lethal　112
苹果蜗牛　*Helix asperser*　181
匍匐茎　stolon　202
普通月见草　*Oenothera lamarckiana*　98

Q

器官培养　organ culture　215
前导序列　leader sequence　251
蔷薇科　Rosaceae　190
翘翅倒位　curly inversion　92
秦椒　*Zanthoxylum piperitum*　190
琼脂培养基　agar media　215
秋水仙　*Colchicum autumnale*　128
球茎　corm　202
趋化性识别系统　chemotropic recognition system　112
全能性　totipotency　214
缺体　nullisomic　144
缺陷型胚乳　defective endosperm　225
雀稗属　*Paspalum*　207

R

染色单体干扰　chromatid interference　56
染色单体纽带效应　chromatid tie effect　84
染色粒　chromomere　32
染色纽　knob　30
染色体　chromosome　2
染色体代换　chromosome substitution　169
染色体干扰　chromosome interference　56
染色体排除　chromosome elimination　217
染色体添加　chromosome addition　169
染色体易位　chromosome translocation　98
染色体直线图　chromosome linear map　36
染色中心　chromocenter　265
日本型条纹叶　japonica　225
蝾螈属　*Triturus*　39

S

三单体　triple monosomic　157
三级单体　tertiary monosomic　157
三级染色体　tertiary chromosome　157
三级三体　tertiary trisomic　18
三价体　trivalent　49
三体　trisomic　18
三显性组合　triplex　136
山茶　*Camellia japorica*　217
山柳菊属　*Hieracium*　205
山桃草属　*Gaura*　113
山羊草　*A. comosa*　161
山羊草属　*Aegilops*　161

山楂属 *Crataegus* 207
上位性 epistasis 205
伸长 elongate 19
肾上腺 adrenal 182
生理适应 physiologic adaptation 229
生物素 biotin 254
生殖细胞 generative cell 10
失活状态 inactive phase 239
十字花科 Cruciferae 129
石刁柏 *Asparagus officinalis* 191
世代交替 alternation of generation 6
双单体 double-monosomic 157
双减数 double reduction 137
双受精 double fertilization 11
水稻 *Oryza sativa* 145
四分孢子 quartet 10
四价体 quadrivalent 130
四体 tetrasomic 150
酸模属 *Rumex* 189
髓质 medulla 182

T

苔藓植物 bryophyta 7
薹草属 *Carex* 21
特化染色体 specialized chromosome 38
特纳氏综合征 Turner's syndrome 185
体细胞交换 somatic crossing over 57
体细胞无性变异 somaclonal variation 225
体细胞杂交 somatic hybridization 218
天冬氨酸激酶 aspartate kinase 230
天竺葵 *Pelargonium hortorum* 217
甜菜 *Beta vulgaris* 145
跳动基因 jumping gene 233
庭荠 *Alyssum maritinum* 131
同瓣草 *Laurentia longiflora* 113
同工酶 isozyme 225
同核体 homokaryon 219
同源多倍体 allopolyploid 125
茼蒿 *Chrysanthemum morifolium* 225

W

外遗传 epigenetic 229
外珠被 integument 7
万寿菊 *Tagetes erecta* 131
委陵菜属 *Potentilla* 202
无孢子形成 apospory 201
无花丝 silkless 194
无融合结实 agamospermy 201
无融合体 apomict 202
无显性组合 nulliplex 136
无性繁殖体 propagule 203
无性生殖 asexual reproduction 177
无着丝粒 acentric 222

X

X小体 X body 177
细胞系 cell lines 215
细胞学 cytology 1
细胞遗传学 cytogenetics 1
细胞质杂种 cybrid 219
仙人掌属 *Opuntia* 203
限性性状 sex-limited trait 188
限性遗传 sex-limited inheritance 188
相变 change in phase 239
相斥相 repulsion phase 67
相引相 coupling phase 67
小斑病菌 *Helminthosporium maydis* 226
小孢子 microspore 9
小孢子母细胞 microsporocyte 9
小麦 *Triticum aestivum* 45
新生着丝粒 neocentromere 30
性决定 sex determination 181
性逆转 sex reversal 182
性染色体 sex chromosome 38
性染色质 sex chromatin 34
雄核发育 androgenesis 204
雄花不育 male sterile 225
雄配子 male gamete 10
雄配子体 male gametophyte 10
雄穗结实 tassel seed 194
雄性单倍性 male haploidy 179
叙利亚仓鼠 *Syrian hamster* 33
悬浮培养 suspension culture 215
悬钩子属 *Rubus* 202
选择性配子致死 selective gametic

lethality 112
循环易位 cyclical translocation 106

Y

鸭跖草 *Commelina communis* 98
鸭跖草属 *Commelina* 21
亚倍体 hypoploid 41
亚麻 *Linum usitatissimum* 232
亚中着丝 submetacentric 22
烟草 *N. tabacum* 144
烟草假单胞菌 *Pseudomonas tabaci* 232
烟草属 *Nicotiana* 129
延龄草属 *Trillium* 21
燕麦 *Avena sativa* 157
羊角芹 *Aegopodium podagraria* 220
杨树属 *Populus* 190
野火病 wildfire disease 232
Ascaris incurva 179
一粒小麦 *T. monococcum* 220
胰蛋白酶 trypsin 43
移码突变 frameshift mutation 252
遗传融合剂 fusigenic agent 218
遗传图 genetic map 37
遗漏突变 leaky mutation 243
异固缩 heteropycnosis 33
异核体 heterokaryon 219
抑制基因 inhibitor 243
抑制因子 controlling element 78
易位复合体 translocation complex 107
易位三体 translocation trisomic 145
银杏 *Ginkgo biloba* 189
营养缺陷型 auxotrophic 225
营养体生殖 vegetative reproduction 6
营养细胞 vegetative cell 10
油菜 *Brassica campestris* 135
有丝分裂 mitosis 2
有性多倍体化 sexual polyploidization 125
有性生殖 sexual reproduction 177
郁金香属 *Tulipa* 21
愈伤组织培养 callus culture 215
原生质体 protoplast 218
原生质体培养 protoplast culture 215
原位杂交 *in situ* hybridization，ISH 254
月见草 *Oenothera odorata* 33

Z

早熟禾属 *Poa* 202
造孢细胞 sporogenous cell 9
增强子 enhancer 243
正干扰 positive interference 56
正向衔接倒位 direct tandem inversion 79
中间段 interstitial segment 101
中间异染色质 intercalary heterochromatin 44
种子植物 spermatophyte 7
重叠倒位 overlapping inversion 79
珠孔 micropyle 8
珠心 nucellus 7
珠芽 bulbil 202
助细胞 synergid 8
柱头 stigma 7
专性无融合体 obligate apomict 202
转座遗传因子 transposable genetic element 3
转座子 transposon 233
着丝点 spindle fiber attachment point 27
孜然芹 *Cuminum cyminum* 131
子房 ovary 7
子囊孢子 ascospore 53
紫罗兰 *Matthiola incana* 145
紫苜蓿 *Medicago sativa* 125
紫万年青 *Rhoeo discolor* 105
自动调节效应 homeostatic efect 88
自交不亲和系统 self-incompatibility system 130
自养 autotrophic 229
自由马丁 freemartin 182
自主控制因子 autonomous controlling element 234
组织培养 tissue culture 214
最大均等式分离 maximum equational segregation 137